Hayatı Daha İyi Anlayabilmek İçin

Kendime Yardım Etmek İstiyorum

ISBN: 978-605-151-220-4
Sertifika No: 12451

Hayat Yayınları	: 612
Aile	: 17
Kitabın Adı	: Kendime Yardım Etmek İstiyorum
Kitabın Yazarı	: Saliha Erdim
Yayın Editörü	: Erol Şahnacı
İç ve Kapak Tasarım	: Hayat Yayınları
Baskı Yeri & Tarihi	: Ankara, 2020
Baskı & Cilt	: Ertem Basım Başkent Organize Sanayi Bölgesi 22. Cadde No: 8 Malıköy - Temelli / Ankara Tel: (0312) 284 18 14 Sertifika No: 16031

Hayat Yayın Grubu

Molla Gürani Mahallesi, Oğuzhan Caddesi No: 15 Kat: 3
Fındıkzade - Fatih / İstanbul
Tel: 0212 613 11 00 Gsm: 0530 290 99 78 Faks: 0212 613 11 55
www.hayatyayinlari.com - e-posta: hayat@hayatyayinlari.com
/hayatyayinlari /hayatyayinlari

aile danışmanı

saliha erdim

Hayatı Daha İyi Anlayabilmek İçin

Kendime Yardım Etmek İstiyorum

Hayat

SALİHA ERDİM

1956 Samsun, Havza doğumlu. İlkokulu Vezirköprü'de, ortaokulu Çorum Sağlık Okulu'nda, liseyi Zeynep Kâmil Sağlık Meslek Lisesi'nde okudu. Açık Öğretim Fakültesi Sosyal Bilimler bölümünü bitirip Sosyolojiye geçiş yaptı. Şimdi Sosyoloji son sınıf öğrencisi. Uluslararası Newport Üniversitesi'nin Davranış Bilimleri Bölümü'nü bitirdi ve aynı bölümde yüksek lisans yaptı.

Kognitif ve Davranış Terapileri Derneği (KDTD)'nin süre ve içerik olarak Avrupa Davranış ve Kognitif Terapiler Birliği (European Association for Behavioural and Cognitive Therapies-EABCT) standartlarına uygun olarak düzenlediği teorik ve uygulamalı 'Kognitif ve Davranış Terapileri Eğitimi'ni 2012 yılında başarıyla tamamlayarak, 'Kognitif ve Davranış Terapisti' unvanını almaya hak kazandı.

Çeşitli vakıflarda, derneklerde ve sosyal organizasyonlarda "çocuk ve aile" üzerine konferanslar, seminerler verdi. Bir eğitim derneği tarafından "Yılın Annesi" seçildi. Seyr FM'de yaptığı "Aile İçi İletişim" programı ile Medya Etik Ödülü aldı. Yeryüzü Eğitim Danışmanlık firmasının kurucu ortağı oldu ve profesyonel eğitimci-danışman kimliği ile hizmetlerine devam ediyor.

"Hanımefendi" ve "Aile Okulu" isimli radyo ve TV programlarını eşi ile ve münferiden hazırlayıp sundu. Mektup, Ferzan, Beyan, Yenidünya, Hanımefendi, Elif Elif ve başka dergilerde çocuk ve aile konularıyla ilgili yazılar yazdı, Hanımefendi dergisinin başyazarlığını ve editörlüğünü yaptı. Ulusal ve uluslararası düzeyde çeşitli panellerde ve sempozyumlarda tebliğler sundu. Yazılarından bir kısmı kitaba dönüştürülerek önce Sıradan Konulara Sıradışı Yaklaşımlar adıyla, sonra ilâveleriyle birlikte Hayat Filminden Kurtarıcı Kareler adıyla iki kitap olarak yayınlandı. Aynı kitap daha sonra birleştirilmiş ve düzeltilmiş haliyle "Kendime Yardım Etmek İstiyorum" adıyla okura sunuldu. Ayrıca 'Eşimi Anlamak İstiyorum' adıyla diğer kitabı da okuyucuyla buluşmuştur.

Hâlen, aile eğitimi ve danışmanlığı hizmetlerine, yurt içinde ve yurt dışında alanıyla ilgili konferanslara, seminerlere; Moral Fm'de "Aile Okulu" programlarına devam ediyor. Aynı zamanda Açık Öğretim Fakültesi Sosyoloji Bölümü öğrencisi olan yazar, evli ve 6 çocuk annesi.

İletişim Bilgileri
Yeryüzü Eğitim Danışmanlık
Murat Reis Mah. Nuh Kuyusu Cad. Refah Apt. No:289/4
Üsküdar / İSTANBUL
Tel: 0216 474 00 50 | www.**yeryuzudanismanlik**.com
E-posta: salihaerdim@gmail.com
www.**salihaerdim**.com

İÇİNDEKİLER

BİRİNCİ BÖLÜM

İKİNCİ BÖLÜM

ÜÇÜNCÜ BÖLÜM

DÖRDÜNCÜ BÖLÜM

BEŞİNCİ BÖLÜM

ALTINCI BÖLÜM

YAYINCININ NOTU

Saliha Erdim hanımefendi, *"İnsanların en hayırlısı insanlara faydalı olandır."* kutlu sözünün adeta mücessem hale bürünmüş nadide örneklerinden biri. Otuz yılı aşkın bir zamandır çocuk ve aile alanındaki çalışmalarının yanında, on dört yıldır profesyonel olarak icra ettiği mesleği aracılığıyla bunu gerek birebir danışmanlıklarıyla gerekse televizyon ve radyo programlarıyla kesintisiz sürdürüyor. Ayrıca, yurt içi ve yurt dışında verdiği konferansları aracılığı ile devam ettirdiği hizmetlerini; ilk günkü şevkinden, heyecanından ve her insanın keşfedilmeye değer ayrı bir dünya olduğu hissinden hiçbir şey kaybetmeden yaptığı gözlerinden, sözlerinden ve tavırlarından okunuyor.

Hayat Yayınları olarak yıllardır yayınlarımız yoluyla insana dair yaptığımız hizmetlerimize, ülkemizin değerli şahsiyetlerinden Saliha Erdim'in de katılmasını arzu ettik. O da bizlerin bu talebini geri çevirmedi ve çeşitli mecralarda yayınlanmış yazılarının yanı sıra daha önce kitaplaştırılmış yazılarını da yeni bir gözle değerlendirip yayına hazırlamamıza izin verdi. Böylece daha önce *"Sıradan Konulara Sıradışı Yaklaşımlar"* ve *"Hayat Filminden Kurtarıcı Kareler 1-2"* adlarıyla yayınlanmış, alfabetik dizindeki yazılarını konularına göre tasnif edip bölümlendirdiğimiz yeni bir çalışma ortaya çıkardık. Umuyoruz ki eser, bu haliyle siz okurlarımızın konuları daha tematik bir düzen içerisinde okunmasına imkan verecektir.

Bir başlangıç kabul ettiğimiz bu eserleriyle birlikte Saliha Erdim'in yakın zamanda yeni eserlerini siz okurlarımızla buluşturacağımızın müjdesini de vermek isteriz.

Hayat Yayınları

ÖNSÖZ

Yaratan, rızıklandıran, sayısız nimetleri ve lütufları ile kullarını onurlandıran Allah'ın adıyla...

İlk kitabımı yayınlamayı nasip eden Rabbime nihayetsiz şükürler olsun. Uzun süredir talep edilen ve bizim de artık bir görev gibi algıladığımız süreç başladı. Diğer çalışmaların da lokomotifi olacağına inandığımız bu kitap, sorunlara çözüm üretmenin yanında asıl olarak sorun üretecek davranışları fark ettirmeyi ve bunlara engel olmayı amaçlıyor. Çünkü kişiyi eyleme geçiren bilgi olmazsa, yetersizlikler sahnede boy gösterir. Yetersizliklerin getirdiği sıkıntılar, hayat yolunda gerçek sorunun kaynağını unutturacak başka çukurlar ve tümsekler oluşturur. Bu sebeple hayat kalitesini ve coşkusunu aksatan her şey, mutlaka tespit edilip engellenmeli. Bunu yapabilmek de öncelikle zarar veren kaynağın teşhisi ve ondan uzaklaşılması ile mümkündür. Ondan sonra da doğru tutum ve davranışın hayat içerisine yerleştirilmesi gerekir.

Doğru bir gidiş için, *"niçin"* ve *"nasıl"* sorularının cevabını bilmeye ihtiyaç vardır. Her insanın bilgilenmeye, gelişmeye ve olumlu bir değişime önce kendinden başlaması gerektiğine inanıyoruz. Bunun için önce kişilik binamızı ve zihin kalemizi mamur etmeyi öne aldık ve çeşitli dergilerde bu amaçla yayınlanan yazılarımın, gözden geçirilerek ve yeni ilâveler yapılmasıyla hazırlanan bu kitabın, yeni ufuklar kazanmanıza vesile olmasını temenni ediyorum.

"Sizin hayırlınız, insanlara faydalı olandır." hadis-i şerifinde kastedilen hayrı yaparak; razı olan, razı etme niyeti ve gayreti içinde bulunan kullardan olabilmemiz niyazı ile...

Fikir yolculuğunuzda hayırlı seyirler efendim...

Saliha Erdim

BİRİNCİ BÖLÜM

HAYAT YOLUNDA ADIMLAR

ADIM ATTIĞIMIZ YERDEN AYAKKABILARIMIZA BULAŞANLAR

Adım atmak; yürümeye başlamak için yapılan ilk harekettir. Adım, yürüme azmi ve enerjisinin varlığını ifade eden ilerlemenin başlangıcıdır. Okumaya başlamak için "A" demek gibi, adım olmadan normal yürüme de olmaz. Bu adımları uç uca ekleyerek gideceğimiz yönde mesafe alırız.

Günlük hayatımızda adımlarımızla kat ettiğimiz mesafeler vardır. Yollar, mevsimine göre kimi zaman kuru ve temiz, kimi zaman da ıslak ve çamurlu olabilir. Yürürken mevsim şartlarını ve adım attığımız yeri hesap ederek ilerlediğimiz takdirde, çamurlu bir yoldan geçmek zorunda kalsak bile, çamura fazlaca bulanmadan o sokaklardan çıkabiliriz. Eğer dalgınlıkla ya da dikkatsizlikle rastgele yürürsek; ayakkabılarımıza bastığımız yerlerin çamuru bulaşır. Hatta giderek artan çamurlarla adım atmakta ve yürümekte dahi zorlanabiliriz. Bu arada çamurlu bir çukura basmışsak, ayakkabılarımızın içi bile bundan nasibini alır. Pantolon paçalarında, pardösü eteklerinde, hatta topuktan sıçrayan çamurlarla sırtımızda bile geçtiğimiz kirli sokakların izlerini yansıtırız.

Çamurlu bir sokaktan geçerek çamurlanmayı göze alanlar ile çamura girip kirlenmemek için daha uzak olan bir arka sokağı dolananlar arasında ciddi bir yaklaşım farklılığı vardır. Tıpkı kirli işlere adım atarak kısa yoldan çok para kazanmak yerine, zor ve uzun bir sürede fakat helâl yoldan temiz para kazanmayı tercih etmek gibi... Bu tercih, hayatın başka alanlarında da görülen bir titizlik ve seçiciliğin ifadesidir çoğu zaman. Dalgınlıkla yaşadığımız kirlenme, daha dikkatli olmamıza vesile olmuşsa ve ilk adımlardan sonra hemen geriye dönmüşsek ilerleyen vakitlerde fazlaca sorun olmaz. Fakat bile bile ve önemsemediğimiz için çamurlu yollarda dolaşmayı göze almışsak, bu durum ciddi bir tahlile götürmeli bizi. Böylesi bir durumda başta kendimize duyduğumuz saygı, kendi gözümüzdeki yerimiz ve idealimizdeki kişiliğimizle mevcut halimiz arasında uyumsuzluklar var demektir.

Adım atacağımız yeri görmeden yürümek, kirlenmeyi önemsememe, yani bu halden rahatsız olmama halini sürdürdüğümüz takdirde; bu durum bizde alışkanlık yapar. Bu hal giderek öyle bir noktaya gelir ki bu durumu gören, bizi; bizi gören, bu durumları hatırlar olur. Bu ya temizliktir ya da kirlilik... İnsan mıknatıs gibi olduğundan zamanla kendine benzeyenleri de etrafına çeker. Yani bize benzeyenleri tercih etmeye başlarız. Böylece giderek çevremizin kimlerden oluşacağı yani sosyal çevremiz de şekillenmeye başlar. Demek ki alıştığımız hal, tarzımız; tarzımız ise giderek aynı tarzı taşıyanlardan oluşan çevremiz anlamına gelir. Bilmeliyiz ki düşünmeden, görmeden rastgele adımlar attığımızda, ayakkabılarımıza yapışarak bize eşlik edenlere peşinen razı oluyoruz demektir. Yok eğer razı değilsek, ya daha uzunca da olsa temiz yolu ve gidişi tercih ederiz ya da illa bu sokaklardan geçeceksek azami dikkatle basılacak uygun noktaları bulur öyle geçeriz.

Fiziki dünyadaki bu durum, insan ilişkilerinde de geçerlidir.

Her insanın ulaşmak istediği amaçları ve günübirlik ya da uzak hedefleri vardır. Birtakım kararlar alır ve bunları uygulamaya koyar. Aldığı her kararı uygulamaya başlama süreci, bir adım atmak demektir. Bazen basite aldığımız ve üzerinde durmadığımız minik adımlar, bize ciddi faturalar çıkarabilirler.

Şimdi hep birlikte bir ufuk turu yapalım... Hayatımızdaki hangi kararlarımız bize nasıl adımlar attırıyor ve bizleri nerelere götürüyor? Hangi niyetle ve ne kadar isteyerek bu adımları atıyoruz, bir bakalım! Ufak da olsa bu başlangıç adımları bizi ilerleteceği önemlidir çünkü hepsi de niteliğin ve niceliğin belirleyicisidir.

Tanımadan, araştırıp soruşturmadan ve emin olmadan bir bakışta aşık olduğumuz bir gençle evliliğe adım atmak; dikkat etmeden bir çukura basmak gibidir. Çukur kuru da çıkabilir, çamur dolu da olabilir. Bu bazen de bir kuyuya düşmek anlamına gelebilir.

Bir davranışa sinirlenerek ani bir öfke patlaması ile yanlış bir karar almak ve uygulamak; kendimizi çekip çıkaramadığımız yapışkan bir çamura saplanmak gibidir.

Bir olayın sebebini tam öğrenmeden görünüşe aldanıp yoğun bir öfkeye kapılarak söylediğimiz sözler, yaydan çıkmış ok gibi hedefini bulur ve yanlış yere atıldığı için de hedefi paramparça eder. Çünkü bir atasözünde de belirtildiği gibi; "Öfke aklı giderir." Öfke ile söylenen sözler, kendi yürüdüğü yolu kazarak, yürünmez ve arabayla da gidilmez hale getirir kişiyi.

Bize iş teklifi getiren işadamlarının sözlerine güvenerek eksik bilgi ve belge ile iş anlaşması yapmak, dikkat etmeden diz boyu çamura hatta bataklığa saplanmak gibidir.

Sözlenen ya da nişanlanan gençlerin, devletin ve halkın tanıdığı resmi nikahı önemsemeyerek evlilik öncesinde dini nikah kıydırması ve bunun getirdiği serbestlik ile ileri düzeyde beraberlikler yaşanması; toplumumuzda karşılaşılan sıkıntılı bir durumdur. Devam eden günlerde ortaya çıkan bazı problemler sonucunda ayrılıklar olabiliyor. Böylece yanlış bir kararla ileriyi görmeden adım atmanın can yakıcı faturası gençlere, ailelere ve uzun vadede de topluma pahalıya mal olabiliyor.

Düşünüp hesap edilmeden verilmiş bir söz, kaygan bir yola adım atmak demektir.

Ailesi ile iletişimi zayıf ya da kopuk gençlerin, ilgi ve sevgi eksikliğinin sarsıcı ve dondurucu rüzgârıyla yanlış ilişkilere adım atması demek, ömür boyu içlerinde taşıyacakları bir karanlığa düşmeleri anlamına gelebilir.

Kendi şartlarını değerlendirmeden arkadaşına yardımcı olmak adına kefil olanlar, bir girdaba adım atmış demektir. Pek çok örnekle sabittir ki bu şekilde davrananlar, genellikle ellerinde avuçlarında ne varsa satmak zorunda kalıp iflas etmişlerdir. Attıkları yanlış adımın cezasını çok ağır bir fatura ile ödemişlerdir.

Üniversite sınavları sırasında bir anlık etkilenme ile kendi ilgi ve yetenekleri ile ilgisi olmayan bir bölümü tercih edenler, kazandıkları ve o bölümü bitirerek çalışma hayatına başladıkları takdirde, ömür boyu sevmedikleri bir işi icra etmek zorunda kalabilirler. Sürekli gönül yorgunluğu yaşatan bu yanlış adım, sarsıcı etkilerle hayat boyu kendini hissettirir.

Yaşadığı olumsuzluklardan çok etkilenerek olumsuz günlerde olumsuz olaylara odaklanmış, çektiklerini ve çektirenleri unutmamış insanlar; adım attıkları üzüntü denizinde kulaç atmaktan yorgun ve bitkin düşerler.

Bu örnekleri daha da artırmak mümkün... Toparlayacak olursak; zihnimizdeki yoğunluğu ve gündemi bildiklerimiz, yaşadıklarımız ve gördüklerimiz oluşturuyor. Ve zihnimizdeki yoğunluklar bize adım attırıyor. İşte, insanlar arası ilişkilerimizdeki başarı ve başarısızlık buna bağlı. Kendimizle kurduğumuz bağ ne kadar sağlam olursa, hareket alanımız da o kadar geniş ve sağlam olur. Yani pergelin ayağı merkezden kaymaz ve seyyar ucu olabildiğince geniş ve rahat açılır. Bu da ruh ikliminde kolay kolay fırtına çıkmaması anlamına gelir.

Atacağımız düzgün adımlar; ânımızı ve geleceğimizi düzenler. Öfkenin ürperten karanlığından kurtulup doğru düşünmenin sakin limanına demir atabilmemizi sağlar. Yanlış adımlarsa yanlış yola ve yöne iter. Ayakkabılarımızı çamurdan temizlemek;

tarzımızı değiştirmedikçe fazlaca anlamlı değildir. Temizlemek önemli fakat o temizliği sürdürebilmek daha da önemlidir.

Amaçlarımıza ulaşabilmemiz, atacağımız adımlara bağlıdır. İsabetli adımlarla amaçlarımıza ulaşabilmemiz ise daha da önemlidir.

Adım attığımız tarafa yöneliriz, o halde duruşumuz adımlarımızın yönü ile doğrudan ilgilidir. Hedefimizle adımlarımız arasındaki paralel hareketlerimiz de bu sebeple önemlidir.

Sağlam düşünceler, çoğunlukla doğru adımları getirir. Rastgele düşünüp rastgele yaşamak, rastgele adım atmayı getirir. Yanlışa ve kalitesizliğe razı olmayalım. En iyiyi, en doğruyu ve en sağlam adımı hedefleyip o tarafa yönelelim. Ne istediğini bilenler ve ona uygun adım atanlar Allah'ın izni ile er ya da geç istediklerine kavuşurlar.

Rabbim düşüncelerimizi doğru, adımlarımızı sağlam ve isabetli eylesin inşallah.

ADIMLARIMIZ, BİZİ İSTEDİĞİMİZ YERE GÖTÜRÜYOR MU?

Niyetimiz amelimizle aynı kulvarda mı? Şu anki yaptıklarımızı yapmaya devam ettiğimizde, bunlar davranışa dönüşerek pekişiyor ve onu yapmak giderek bize daha kolay geliyor. Bu pekişenler, bizim sonuç olarak inşa etmek istediğimiz hedef binasının tuğlalarını mı oluşturuyor?

Biz aynı davranışlarımızı sürdürdükçe; bunlar imaj oluyor, inanç oluyor, etki ve katkı oluyor. Bu sayede öğreniyor ve öğretiyoruz. Bütün bunlar bizi, varmak istediğimiz adrese götürecek adımlar mı?

Attığımız her adım, bizi bir noktaya yaklaştırıyorken diğer taraftan da uzaklaştırıyor. Yaklaştığımız taraf, olmak istediğimiz taraf mı yoksa kaçmak istediğimiz taraf mı?

Çevremizde bulunan ve birlikte olduğumuz tanıdık, arkadaş ve dostlarımız; hâl ve tavırlarıyla bize neyi telkin ediyor?

Biz onlarla birlikte olduğumuzda en çok neyi düşünüyor, hatırlıyor ve konuşuyoruz?

Bu gidiş bizi istikamette mi tutuyor yoksa istikametten uzaklaştırıyor mu?

Yaşadıklarımızı hiç sorguluyor muyuz, yoksa sabah akşam "Hayat işte böyle çarçabuk geçiyor." deyip akarsuyun üzerinde kendini suyun akışına bırakmış yaprak misali olaylar bizi nereye sürüklerse o tarafa mı savruluyoruz?

Bir şeylerin yolunda olup olmadığını düşünmek için illâ ciddi sarsıntılar mı geçirmemiz gerekiyor?

Normallerimiz belli mi? Bunlar neyin ve kimin normali? Normal tanımımızı yaparken hangi kıstasları ölçü aldık? Normali zihnimizde doğru bir ölçüye göre tanımlamadan anormali fark etme şansımız olmadığını biliyor muyuz?

Normallerimizi tanımladıktan sonraki safhada, normal işleyişi hayatımızda ikame etmek ya da bunu sağlamışsak sürdürebilmek için ciddi gayretler sarf etmemiz gerektiğini biliyor muyuz?

Peygamber Efendimiz (s.a.v.); "Mesul olduğu şeyle ilgili bilgilenmesi kişiye farzdır." buyuruyor. Biz şu anda yaptığımız işlerimizle ve hayatımızın gidişatıyla ilgili yeterli bilgi ve donanımına sahip miyiz? Peki, yeterli bilgi olmadan yaptıklarımızın hesabının, bir gün bize kabarık bir fatura olarak döneceğinin farkında mıyız?

Kendimizi, yaptıklarından dolayı günahını artıranlardan değil de eksiltenlerden kılabilmek için yaptıklarımızı ve bunların hayatımıza ne kattığı hususunu hiç mercek altına aldık mı?

Emir verip kontrol etmekten ve orayı burayı düzgün tutma gayretinden fırsat bulup da hiç nasihat aldık mı?

Biz şimdiye dek neyi koruduk ve şu anda neyi korumaya çalışıyoruz? Rabbimizin kriterlerini ölçü alarak kendimizi değerlendirdiğimizde gidişatımızdan memnun muyuz?

Kul olarak hepimiz, eksikli olma ve yanlış yapabilme ihtimaliyle dünyaya gönderiliyoruz. Bu bizim fıtratımızın bir parçası ama bizler niyet olarak temiz olmaya ve temiz kalmaya dualarımızda ne kadar yer veriyoruz?

Ruhumuzun aydınlığı, dünyamızın imarı anlamına gelen hayır ve iyilik yapmaya; can simidi niyetine ne kadar sarılıyoruz?

Yürüdüğümüz yollardaki izlerimiz, peşimizden gelen sevdiklerimiz ve çocuklarımızı hangi yöne götürüyor? Dönüp baktıklarında bizim onlar üzerinde bıraktığımız etkilere beddua mı edecekler dua mı? Bir davranışta bulunurken bunun hesabını yapıyor muyuz?

Hiç secdede yaşardı mı gözlerimiz? Gönül dolusu coşkuyla sarmalandı mı sözlerimiz? Allah'a el ve bel bağlarken donandı mı özlerimiz, aydınlandı mı yüzlerimiz?

Var gücümüzle tutunduğumuz hayatta, elimizi verip kolumuzu kaptırdığımız dünya telâşında, en yakınımız eşimiz ve çocuklarımızın gönlüne giden sağlam yollar açıp sığınağımız olan aile kalemizi içten sağlamlaştırdık mı? Dıştan gelecek etkilere karşı aile kalemizin mukavemeti kavi mi?

Dünya yolculuğunun her adımı, bizi ebedî hayata yaklaştırıyorken; bir daha geri dönüşün asla olamayacağının bilinciyle, pişmanlıkları en aza indirecek şekilde davranıyor muyuz? Yoksa hâlâ "Sen onu dedin, öteki bunu dedi" lerle veya başka gereksiz detaylarla uğraşıp, asli unsurları detaya atarak hayatı yanlış yaşamaya devam mı ediyoruz?

Sahi hayatımızda yanlış olan şeyler varsa onları ne zaman düzeltmeyi düşünüyoruz? Mezarda bu gayretlere ihtiyaç olmayacak çünkü...

Mezarda, burada yapmamız gerekip de yapmadığımız şeyler için vakit çok geç olacak. Ayrıca, sevgisizliğin, paylaşmamanın ve mutluluk vermemiş olmanın telâfisi yok. Her şey zamanında güzel. Güzelliklerle donanmak ve etrafımızı donatmak için hâlâ neyi bekliyoruz?

Hayatımıza bir bakalım... Acaba gittiğimiz yön ve attığımız adımlar, bizi istediğimiz yere götürüyor mu? Unutulmamalı ki bir yöne doğru ilerlemek kolay; geri dönüşler ise genellikle zordur. İlâveten, giderken ki dökülenlerin, dönerken toplanması da çoğunlukla mümkün olmaz. Her adım, kaybettirmeye ya da kazandırmaya doğru bizi ilerletir. O halde her adım çok önemli. Bu önemin farkında mıyız?

Attığımız adımlarımızın ve yaptıklarımızın; bizi istediğimiz yere götürmesi için Rabbim 'den uyanık akıl, gören kalp gözü, sonuç oluşturmaya yönelik dua ve kesintisiz gayret nasip etmesi niyazıyla efendim...

YAKLAŞTIRANA YAKLAŞMANIN TEORİ VE PRATİĞİ

Adım atmak; bir yönü tercih etmenin, o yöne yönelmenin ve o doğrultuda ilerlemenin, yani bir kararlılığın ifadesidir. Kararlılık doğru bir bilgilenme sürecinde olmuşsa bu, bilinçli bir adımdır. Bunun aksine, adımlar tesadüfî olmuşsa yahut başkalarının bize; "Olursa iyi olur." diyerek bizi yönlendirdikleri bir hareket ise bu bizim ihtiyacımızla ve realitemizle çelişebilir. Bunlar, hayatımızın yanlış adımlarına dönüşebilir.

Bilgi, bize yön verir. Doğru bilgi doğru yöne, yanlış bilgi de yanlış yöne doğru ilerletir. Beynimizde hangi yön güçlü bir inanç olarak temsil edilmişse, ayaklarımız bizi ona doğru yönlendirir. Ağırlıklı olarak taşıdığımız inanca karşı zihnimiz de daha alıcı ve daha hassastır. Konuştuğumuzda sözlerimizin rengini bu inanç yansıtır. Baktığımızda bu inancın renklerini daha kolay fark eder, yürüdüğümüzde ise ayak izlerimizde bu inancın işaretlerini görürüz.

Bir yazımda "Bizi tercihe götüren kararlılığın bileşenlerine baktığımızda, yakınlaştırıcı ya da uzaklaştırıcı bir anlayış ve hayat tarzının varlığını görüyoruz." demiştim. Yaşadıklarımızdan memnun isek, bu gidişi daha da güçlendirmenin ve hızlandırmanın yollarını aramalıyız. Yok, eğer memnun değilsek; belki de köklü bir değişim kararı almalı ve kulvar/yol değişikliğinin sinyalini vermeliyiz. Her değişim süreci sıkıntılı ve sancılı olduğundan bu tercih öyle pek de kolay değildir. Fakat değişimin getirdiği bu geçici sıkıntıyı ve kaosu göze alamayanlar, ilelebet zikzak çizerek yaşamaya kendilerini mahkûm ederler. Değerli eşim Zekeriya Erdim beyefendinin, zaman zaman kullandığı çok güzel bir sözü vardır; "Ölümü göze alanlar, çok yaşamayı garanti ederler." der. Doğrulara demir atmaya götüren değişim zorluğunu göze alanlar da mutlu ve huzurlu bir hayata kement atmış olurlar.

Peki, bu değişim nasıl olacak? Değişimin kesintisiz ve kalıcı olabilmesi için neler gereklidir? Bizim yaklaşacağımız ve uzaklaşacağımız kaynaklar hangileridir? Neler bizi ideallerimize yaklaştırır, neler uzaklaştırır?

Değişim kararı alındıktan sonra zarar veren, uzaklaştıran ve yaklaştıran unsurları tespit etmemiz gerekir.

Yaklaştırana yaklaşmanın ilk şartı, bunu şiddetle istemek ise ikinci şartı da uzaklaştırandan uzaklaşmak olmalı diye düşünüyorum. Zararlının daha çabuk algılanıp yayılması, büyümesi ve çok derinlere kolaylıkla kök salması; onu telafi etmenin yayılmasının kolaylığı ile mukayese edilemeyecek kadar zor olması, bizim uzak durmamızı şart koşuyor. Yani zararlıdan uzaklaşmak, hayrı elde etmekten daha öncelikli ve önemli. "*Def-i mazarrat celb-i menâfiden evlâdır.*" demiş büyüklerimiz.

O zaman ilk aşama, memnun olmadığımız şartların ve durumların tespitinin yapılması olmalı.

Halimizin devamını sağlayan motor güç, psikolojik gıda kaynakları ve itici yardımcı güçler nelerdir?

Eş dost, konu komşu dâhil olmak üzere, bizim tespit ettiklerimiz içinde bu alışkanlığı teşvik eden ve besleyenler var mı?

Bunlar kimler ve neler?

Onlardan nasıl korunabiliriz ve kurtulabiliriz?

Öncelikle bunlar teşhis ve tespit edilmeli. Bu konuda kimlerden nasıl yardım alabiliriz diye düşünüp liste yapılmalı. Yani istediğimiz tarz zihnimizde anlayış olarak canlanmalı, bunlar sözlere dökülmeli. Çünkü söylemler eylemleri, eylemler söylemleri besler. Bir anlayışın uygulanabilir düzeye gelmesi, onu isteme şiddetimizle doğru orantılıdır. Uygulamanın ise plânlı ve programlı bir şekilde yürürlüğe konması lazımdır.

Yanlış yapılan bir diğer husus da gecikmişlik psikolojisi ile hızlıca mesafe almaya çalışmak. İşe sağlam, emin ve küçük adımlarla başlamalı ve kararlara intibak ederek davranışa geçirmeliyiz. Bu arada kesintisiz dua etmeli ve taleplerimizin her biri için niyet ederek sadaka vermeliyiz diye düşünüyorum.

İlk aşamayı böylece gerçekleştirdikten sonra sıra ikinci aşamada neler yapmamız gerektiğine geldi:

1. Açık ve net olarak; "Ben nasıl bir insan olmak istiyorum?" sorusuna cevap bulmalıyız. Bunu zihnimizde canlı tutmalı ve sözlerimizle de sürekli ifade etmeliyiz.

2. Bu konuda daha detaylı bilgi verecek kaynakları bulmalı ve okumalıyız. Radyo ve televizyon programlarını tarayıp uygun olanları dinlemeli ve izlemeliyiz.

3. Bize bu yeni iç yolculuğumuzda yardım edebilecek ya da destek olabilecek, doğruları görebilen insanlarla beraber olmaya gayret etmeliyiz.

4. Olumsuz telkin ve gittiğimiz çizgiden caydırıcı yönlendirmelere kulaklarımızı kapatmalı, negatif insanlarla daha az görüşmeli, mümkünse onlardan uzak durmalıyız.

5. En yakınlarımızdan başlayarak, çevremizdeki insanlara hayallerimizden ve ideallerimizden bahsetmeli; birlikte adım atabileceğimiz insan sayısını artırmaya çalışmalıyız.

6. Duvarlara ya da panoya zihnimizdeki idealleri netleştirecek ayet, hadis, atasözü, deyim ve özlü sözleri yazmalıyız. Bunları sürekli değiştirerek de; "çiçeğin suyunu eksik bırakmamak" anlamına gelebilecek etkiyi oluşturmalıyız. Varsa resim de ekleyerek etkiyi güçlendirmeliyiz.

7. Kendimize değişim için zaman tanımalıyız. Her daim başarabileceğimize inanarak ümitvar olmalı ve ilkelerimiz doğrultusunda esnek davranmalıyız. Başarısızlık halinde gerekirse metot ve usulde değişiklik yapmalı, tekrar denemeli ve asla pes etmemeliyiz, minik başarıları önemsemeliyiz.

8. Allah'ın doğru davrananlara ve iyi insan olmaya çalışanlara verdiği huzuru hissetmeli; bilinçli gayretlerimizin er ya da geç çevremizdekiler tarafından anlaşılacağına inanmalıyız.

9. Niyet ve gayretimize ters düşen alışkanlıklarımızın yerine yenilerini getirmeli; bizi iyi alışkanlıklarımızın temsil etmesi için ciddi gayret sarf etmeliyiz.

10. Değerli şahsiyetlerin bize uygun yönlerini örnek almalı ve biyografilerini okuyarak başarı metotlarını incelemeliyiz.

11. Kaset ya da CD alarak; sinema ya da tiyatroya giderek daha kalıcı bir etki için tabiri caizse doping almalıyız.

12. Bazen insanın fikri ve bedeni yönden durağan bir devreye girdiği olur. Bu durumlarda panik yapmamalıyız. Kendimizi kimi dönemlerde günün akışına bırakmalı ve zorlamamalıyız. Bazen bir adım geri atmak, enerji toplama pozisyonudur. Koşuya eskisinden daha hızlı bir şekilde devam edebilmek için bedensel ve psikolojik yönden biraz dinlenmeye ihtiyacımız var demektir belki de. Kendimize yüklenmeyelim.

13. Terk ettiğimiz alışkanlık, söz ve tavırlarımızı konuşmaya devam etmeyelim. Ya da tasvip etmediğimiz yaşantı biçimlerini sürekli gündemimizde canlı tutmayalım. Sözler, zamanla fiile geçişin habercisidir.

14. Bize düşen şeylerden biri de bizi istediğimiz sonuçlara ulaştıracak anlayış ve davranış değişikliği için yoğun bir dua seansı uygulamamızdır.

15. Niyet ederek sadaka vermek ve hacet namazı kılmak; irade gücü, basiret ve yaşayışa geçirme kolaylığı için kesintisiz talepte bulunmak, o taleplerimiz için bizi zihnen daha hazır hale getirecektir.

Bu maddeleri çoğaltmak mümkün. Özetleyecek olursak; gerçek insan olabilmek, doğru değişimin arındıran şelâlelerinden sürekli geçmekle mümkündür. Nefsimizi temize çıkarmadan ve ona zulmetmeden, güzel Rabbimizin ihya eden yardımlarıyla buluşmak mümkün. Hayata kuş bakışı bakmak, bütünü gözden kaçırmamak ve erdemli bir hayatın zirvesini adımlamak; hayatın her santiminde mutluluk depolamak demektir.

Rabbim cümlemize, kendisinden uzaklaştıranlardan uzaklaşmayı, yakınlaştıranlara yaklaşmayı nasip etsin. Nasip, cüz-i irade sınırları içinde ve Rabbimiz dilediğinde insana öncelikle taleple isabet ediyor. O halde Rabbimiz yoğun talep ve yoğun gayret konusunda içimize istek, adımlarımıza sağlamlık versin inşallah. Ve bütün bu gayretleri, cümlemize sevimli ve kolay kılsın...

PLÂN İŞİ YÖNETİR, PLÂNSIZLIK SİZİ

Bir bütün; belki yüzlerce hatta binlerce küçük parçanın belki de detayın uyumlu birlikteliğinden meydana gelir. Bu uyumlu ve uygun birliktelik; her parçanın bütünün bir parçası olabilecek diğer uygun parça ile bir araya gelmesiyle oluşur. Bu uyum, parçaların uygunluğunun toplam sonucudur aslında. Uygunluk ise bir bilgi, plân ve program gerektirir. Metotlu bir işleyiş; plân ve program varsa güzel bir sonuç doğurur. Programsız bir işleyişte metodun fazlaca bir anlamı kalmaz.

Plân program, *"ne zaman, nerede, ne kadar ve ne ile"* sorularının cevaplarını içerir. Zihninde ne yapacağını netleştirmiş bir insanın, yapacağı şeye verdiği önem derecesi ona bu soruları sordurur. Metot ise bunu en kısa, en uygun ve en iyi biçimde nasıl yapılabileceğinin cevabını, yani *"nasıl"* sorusunun karşılığını verir. Dünyada iğneden ipliğe, zerreden küreye her şey, Rabbimiz tarafından bir plân ve program dâhilinde yaratılmıştır. Düzgün işleyiş, düzgün dizilişi gerektirir. Hiçbir şey rastgele dağıtılmamıştır; her şey, en ince detayına kadar düşünülmüştür. Bizler bu harikulâde sisteme baktığımızda, aklımızın bu işleyişi kavramaya yetmediğini görüyor ve Yüce Yaratıcımıza her seferinde biraz daha hayran kalıyoruz. Kulluğumuzun mutluluğu ile naz ve niyazla O'na boyun büküyoruz. Yaratılmışların nizam ve intizamı dikkatle incelense hayatımızda Rabbanî metodun ne denli kuşatıcı olduğu da fark edilecektir.

Plân ve program; yapacağı şeye karar vermiş ve bunu iyi bir şekilde yapmaya niyet etmiş kişinin müracaat ettiği bir uygulamadır. Neyi, nasıl yapacağı hakkında bir bilgiye sahip olmayan insanın; yapacağı işe verdiği önem ne kadar büyük olursa olsun, plândan ve programdan yoksun bir çalışmanın sonucu yüz güldürmez. Bir taksi şoförünün sadece gideceği yeri bilip yolunu bilmeden ve kimseye de sormadan; önüne çıkan her caddeye yahut sokağa girip dolaşarak o yeri bulacağını ümit etmesi, ne kadar anlaşılabilir bir şey sizce?

Peki, ya bizler? Yol yordam bilmemede, plân ve programsız hayatı götürmede, metodun yanına bile uğramadan, üstelik bu hayatı güzel yaşama niyetimizin de olduğunu varsayarsak, şoförden daha iyi durumda mıyız sizce?

Günlük işlerimiz, zamanı en iyi şekilde geçirme gayretinin ve dolu dolu yaşama azminin ışıltılı plânlarıyla aydınlanmazsa; rastgele yaşamanın sıradanlığı ve verimsizliği ile kararırlar. İşler zihnimizde organize olursa, gerçek hayatta daha kolay pratiğe geçer. Çünkü plânla çalışan zihin daha aktif ve üretken olur. *"Her başlanan iş, bitirme vaktinin yakın olduğunun da habercisidir."* Ayrıca ne denli ufak olsa da tamamlanmış her işle birlikte zihin, kocaman bir başarı kaydı yapar.

Plânlı ve programlı çalışma alışkanlığı, insanı verimli ve düzenli bir işleyişe adapte eder. Bu, kişinin toplumsal imajını etkilediği gibi kendi gözündeki değerine de ciddi katkı yapar. Aynı şekilde zamana, kendimize, yakınlarımıza ve en başta da Yaratıcımıza karşı sorumluluğumuzun; hayatı ciddiye almanın bir ifadesidir bu. Zaman düzgün kullanılırsa bereketlenir ve daha nice hayırlara fırsat tanır.

Sabah kalktık diyelim. O gün ne yapacağımızı zihnimizde plânlamışsak, yapacağımız işler bizi pek yormaz. Eğer plân ve program yapmadan güne başlamışsak o günün çok verimsiz ve rastgele şeyler yaparak geçme ihtimali yüksektir. Zihin, plân ve programla çalışırsa daha verimli olur. Bilhassa yazılı komut ve uyarıcılar, zihni o işi yapabilmeye sevk eder. O gün biz farkında olmasak da plânlanan şeylere öncelik vererek çalışırız.

Emanet ömrümüzü, emanet yavrularımızı ve ilişkilerimizi, hangi ciddi hedefin; plân, program ve metoduna göre yönetiyoruz? Sizce biz düzgün bir iş ve işleyiş içinde miyiz? "Asla geri alınamayacak bir servet olan zamanımızı nasıl geçirirsek daha verimli yaşamış oluruz ve pişmanlıkların esiri olmadan yaşarız?" sorusunu acaba en son ne zaman sorduk kendimize?

Yoksa bizler, plânlarını yapmış ve buna göre yaşayanların plânlarının bir parçası olarak mı hayatımızı sürdürüyoruz? Hayat, tutanın elinde kalan nimetlerle doluysa bizler bu nimetlerden ne kadarını tutmayı plânladık? Yoksa henüz plânlamaya başlamadık mı?

Bu hayat bize emanet ve yaşadığımız hiçbir ânı geri dönüp de tekrar yakalama imkanımız yok.

Ne yaparsak önümüze o geleceğine göre; kendimizden başka kimsenin bize yardım etme ihtimali yoksa, üstelik ne kadar doğru yaşarsak o kadar kazançlı çıkacağımızı da biliyorsak, sizce ne yapmalıyız?

Doğru davranarak pişmanlık düzeyini en aza indirmemiz için Rabbimizin bizi desteklemesi niyazıyla...

YOL BİLENİNSE BİLMEYENİN YOLU NERESİ?

Yol bilmek ne demektir? Yolu bilirsek ne olur, bilmezsek ne olur? Tabi bu arada yola bakış, yol seçiş ve yol tutuş biçimimiz ile yolda seyrediş biçimimiz de ayrı bir konu. Kısacası hayatın ne kadar farkındayız? Yolumuzu bilerek değiştirmenin ya da bilmeyerek şaşırmanın, yolumuzu kaybetmenin kime ne zararı var; bir bakalım.

İnsanlar da onların kullandığı araçlar da bir yerden bir yere gitmek için yola çıkarlar. Amaç, gitmemiz gereken yere en uygun şartlarda ulaşmaktır. Yollar da kullanılan vasıtalar da birer araçtır. Amacımız bir dağ ya da bağ evine gitmekse yolumuzun tarladan, bağdan, dağdan ve taşlı yollardan geçeceği aşikârdır. Buraya lüks bir otomobille gitmeyi hiç düşünmeyiz. Traktör, kamyon ya da cip gibi arazi araçları kullanmalıyız ki daha rahat ve kolay bir ulaşım sağlanabilsin. Kısa fakat bozuk bir yolda seyretmek yerine; biraz dolambaçlı fakat daha düzgün bir yolu tercih ederiz. Doğru araçlarla varacağımız noktaya daha rahat ulaşırız.

Aracın arızalı ve bakımsız olması, bizi her an yolda bırakabilir ya da bir kazaya sebebiyet verebilir. Ayrıca gideceği yere hangi yoldan ve hangi vasıtayla varacağını bilemeyen bir insan, sorarak ya da tabelaları okuyarak bilgilenmezse, bilmeden yola çıkıp kimi zaman tek yön istikametinde saatlerce gittikten sonra yanlış yola girdiğini anlayıp o kadar yolu geri dönmek zorunda kalabilir. Yahut birkaç saatte alacağı yolu, bazen gideceği yerin çok yakınlarında saatlerce dolaşarak bulmaya çalışmak; enerji, zaman ve para kaybı demektir. Demek ki yolu bilmek, gideceği yere ulaşmanın ilk adımıdır; ikincisi ise uygun vasıtayı seçmektir.

Bebekliğimizden itibaren, çevremizdeki büyüklerin kendileri için seçtikleri yollardan gittiklerini görür; biz de onların yönlendirdikleri yolları tercih ederiz. Bu yollar, zamanla tanıdığımız ve alıştığımız yollar oluverir. Onların konuşma ve anlaşma biçimleri, problemlere yaklaşım tarzları, iş tutuş yöntemleri; giderek bizim yaşama biçimimiz haline gelir. Yeniliğe açık olan ve kendisini tazeleyen insanlar, statik (durağan) yapıdan çıkıp sürekli gelişimin takipçisi olurlar. Bu esnek bir yapı anlamına gelir; yani tıkandığı noktada karşısındakinden atılım beklemek yerine kendisi hemen farklı bir çözüme yönelir. Yıllar sonra bir de bakmışız ki hangi yoldan ilerliyorsak onun sonuçlarını devşirmişiz. Kendini gördüğü yöntemlerle sınırlayan, sürekli şartları ya da muhatabını suçlayan ve karşısındakinden çözüm bekleyen insanların devşirdiği sonuçlar hiç de iç açıcı değildir. İnsanı tanımadan ve daha iyinin arayışı içinde olmadan yaşanılan süreçlerde, bir tebessümle ya da bir tatlı sözle halledebileceğimiz sıkıntılar, dağ gibi sorun yumağı olarak karşımıza çıkar. İşte o zaman, pirincin içinden taşları ayıklamak yerine taşların içinden pirinci ayıklamak zorunda kalırız.

İnsan, her hali, her sözü ve her davranışı ile bir mesaj verir. Bu mesaj ya olumlu ya da olumsuzdur. Yol yordam bilenler, insanı önemseyenler, zor da olsa doğruyu seçerek gerçek zorlukları kolaya çevirirler. Onlarla hayat kolaydır ve sıkıntılar çabucak aşılabilir. Doğru yöntemi tercih edenler, ilk önce kendilerini ödüllendirmiş olurlar. Çünkü her iyi davranış zihinsel ve davranışsal olarak bizi daha ileriye taşıyıp iyi örnek olmamızı sağlar. Bu da iyi alışkanlıklar edinmek, sevap kazanmak, erdemli bir hayata talip olmak ve bireysel kaliteyle toplumsal kalitenin yükseltilmesine ciddi bir katkı anlamına gelir.

İnsanlara kolayı ya da zoru seçtiren, bilgi birikimleridir. Bilgimiz neyse biz oyuz; bilgili insan yol yordam, usûl bilir. Doğru alışkanlıklar edinir. Alışkanlıklarımız, bizi taşıyan arabalarımız gibidir. Sağ salim gidip gidemememiz, arabamızın durumuna bağlıdır. Bilen, sağ salim ulaşır; bilmeyen, düz yolda şaşırır. Seçim sizin: Madem "yol bilenin"se, bilmeyenin yolu dağdan taştan geçer ve böyleleri, kendi hayatlarıyla beraber, birlikte olduklarının hayatını da sıkıntıya sokar.

Hepimizin yol yordam bilenlerden olabilmemiz duasıyla efendim...

HERKES İSTEDİĞİ DURAKTA İNİYOR

İnsanın fikri neyse zikri de odur. Kalbimizde olanlar dilimize gelir. Bizi biz yapan, işte bu niyetlerimiz, inançlarımız ve eylemlerimizdir. Bizi şekillendiren, karar almamızda etkili olan, bize rengini veren, düşüncelerimizdir. Bunlar yolculuğumuzun, yani; nereye gitmek ve nerede inmek istediğimizin ve gidiş yöntemlerini bilip bilmediğimizin ifadesi olan işaret taşlarımızdır aynı zamanda.

Hayatın günlük akışı içerisinde bazen yakına bazen de uzaklara yolculuk yapmamız gerekebiliyor. Yakın mesafelere yürüyerek uzak mesafelere ise vasıta kullanarak gidiyoruz. İster yürüyerek gidelim ister vasıtalarla, öncelikle nereden nereye gideceğimizi, vasıtaya bineceksek hangisine binip hangi durakta ineceğimizi bilmemiz gerekiyor. Niyetimiz yönümüzü tayin ediyor; biz de ona göre vasıta tercih ediyoruz. Bir yerden bir yere gitmek isteyen herkes, bir noktadan yürüyerek ya da vasıtaya binerek yolculuğunu başlatıyor ve hangi durakta inmek istiyorsa o durakta inerek yolculuğunu bitiriyor.

Kimileri ise yola plansızca çıkıyor; sorup soruşturmadan, işaret ve levhaları okumadan ya da yeterince bilgilenmeden yanlış vasıtaya binip yanlış yöne gidebiliyor. Ve maalesef bu yolcular, istemedikleri bir durakta inmek zorunda kalıyor. Veya vasıtanın içinde çevreyi seyre dalarak inecekleri durağı geçtikleri ya da uyudukları için yanlış bir durakta indikleri de olur. Demek ki halimizi, ânımızı fark ederek, hissederek, bilerek yaşamalıyız ki; gidişimizin, yolumuzun ve yolculuğumuzun kontrolü de elimizde olabilsin.

Dünya üzerindeki hayat yolculuğumuz da böyledir. İnsanoğlunun yaratılıp dünyaya gelişiyle başlayan ve ahirete doğru giden gerçek bir esas yolculuktur bu. Dünyaya gelen herkes, muhtelif yaş ve zamanlarda bir durakta inerek dünya hayatının cümlesine bir virgül koyup ahiret hayatına geçiyor; cümleyi öte tarafta sürdürüyor.

İnsanlar, taşıdıkları değere ve anlayışa uygun bir yaşayış tarzı gerçekleştirebilmek için gayret ederler; bunu başardıklarında da mutlu olurlar. Ve eğer, hayatı anlamlı kılacak sapasağlam bir ipe tutunmamışlarsa, bir ideal oluşturulamamışsa, sorgulamadan rastgele yaşıyorlarsa; başıboşluk vücudu sarmış, damarlarda geziniyor demektir. Sürekli yaptıklarımız, giderek inandıklarımız haline gelir. Yolculuğun tarzını, ulaşım biçimini ve durağını belirlemede bu inançlar mihenk taşı yerine geçer.

Hayatın anlamını, kendi varlığının önemini ve bu hayat içerisinde nasıl bir strateji sergileyeceğini kavramış insanlarda yaşantının görüntüsü çok farklılaşır. Monotonlaşmış rutinlere göre değil de sıra dışı harika bir hayattır bu. Anlamlı, coşkulu ve dopdolu... Gökyüzü hep gökkuşağıyla bezenirken her şey bir hikmet, bir sebep-sonuç yelpazesinde; inananları merkezde ve idealde bir araya getirir. Ve bu engin gönüllerde ideal sevdası filizlenir, kök salar.

İşte o zaman insanlar bu sevdalarını, her oksijen zerresiyle biraz daha içlerine çekerler, sindirirler . İnandıkları Rahman'a ve davalarına; zerrelerine kadar donanarak yönelirler. Artık yollarını ve yönlerini belirlemişler, vasıtalarını bulmuşlar ve inecekleri durağı da seçmişlerdir.

Kimi şehadet durağında inmek ister, kimi secdede Rabbine kavuşma hayaliyle yanar, kimi Mekke'de, kimi Medine'de, kimi tebliğ anında... Rabbimiz de; *"İsteyin vereyim."* diyor. Hatta niyetiniz fiilen gerçekleşmese bile bu şiddetli ve ısrarlı istekten dolayı yatakta ölünse dahi Rabbimizin lütfuyla, o sevapla haşrolunacağı ifade ediliyor.

Bu makamlar; hangi durakta ineceğini belirleyip bunu sürekli gündeminde tutan, anlatan, isteyen insanlara nasip olabiliyor. Kürsüde halka hitap ederken meleklerle selamlaşıyor ve Rabbine kavuşuyor. O, bu durakta inmeyi çok ama çok istemişti. Virgülünü bu şekilde koymayı istediği için de Allah'ın izniyle bu güçlü istekleri gerçekleşiyor.

Bu idealist, bazen de bir sanatçı olabiliyor. Sahnede, seyircisinin önünde, onların alkışları arasında son nefesini vermek istiyor. Hep bunu dile getiriyor, arzu ediyor ve bekliyor. Derler ya; "Kırk gün ne söylersen, o olur." İstediklerimiz sürekli ifade edildiklerinde; dua yerine geçerler. Ayrıca beyin, o mesajı algılayarak uygulamaya müsait bir psikolojinin oluşmasını sağlar. Sürekli gündemde tutmak, o fikre ve düşünceye uygun bir yaşayışa doğru insanları yöneltir; böylece gönlümüzdeki dilimize, dilimizdeki de halimize yansır.

Ve nihayet sanatçı, çok sevdiği ve kendisini de sevdiklerine inandığı izleyenlerinin önünde son nefesini verir. O da bu durakta inmeyi istiyordu. Yolculuk biçimini, vasıtasını, durağını kendisi tercih etti; Rabbimiz de bunu ona nasip etti.

Yine bir başka sanatçı, sevdiği hanımefendinin yanında bir sabah vakti can vermek istediğini söylüyordu şarkılarında. İstediği oldu ve o da bu durakta, böyle bir şekilde yolculuğuna virgül koydu.

Atina'nın eski yöneticilerinden meşhur *Solon* der ki; *"Bir insanın talihli mi talihsiz mi olduğu ölüm şeklinden belli olur."*

Fiili yaşantımız ve yüreğimizdeki bu içten yönelişler, tuttuğumuz istikametimiz; geleceğimizi ören mimarlardır diyebiliriz.

Biz kimiz, neredeyiz, halimiz ne, geleceğimiz nasıl olmalı? Gönlümüzdeki nakış, dilimizdeki hece hece yakarış, bizi nereye yönlendirmekte?

Şimdi başa dönerek izninizle sormak istiyorum. Halimiz bizi istikbale taşıyor. Ve görüyoruz ki; çoğunlukla insanlar istedikleri durakta iniyor.

Peki ya siz? Siz hangi durakta inmek istiyorsunuz?

ADIMLARINIZ KALABALIĞIN ADIMLARINA UYMUYORSA

Kadıköy Altıyol'dayım. Diş doktorumla randevuma yetişebilmek için acele ediyorum. Yol iki yönlü kullanılıyor ve oldukça yoğun. Ben, yolun yukarı çıkan kısmında, yavaş ilerleyen bir kalabalık içindeyim. Kimileri yol boyunca sıralanmış tüm vitrinlere baka baka ilerliyor, kimileri yol üstünde sergilenen ürünlerle ilgileniyor, kimileri de aheste aheste yürüyor.

Belli ki benim gibi acelesi olanlar az. Aslında normal bir hızla yürüme imkânı bulsam vaktinden önce randevuma yetişeceğim. Kısa bir durum değerlendirmesiyle; "Bu hızla kesin geç kalırım…" kararını vermem fazla zamanımı almadı. Derken zihnim, daha hızlı ilerlemenin yollarını aramaya başladı. Kalabalıktaki boşlukları gözetleyip sağlı sollu ilerleyerek, özür dileyip müsaade isteyerek, yürümeye çalıştım. Bunu başaramayacağım da bir iki denemeyle ortaya çıktı. Bir taraftan da etrafı kollayarak farklı alternatifler aramaya başladım. Kaldırımın kenarında uzanan yolun araç trafiği fazla işlek değildi; hemen oraya geçtim ve koşar adım yürümeye başladım. Araçlar geçerken de kaldırıma çıktım, yol boşalınca tekrar indim. Bu şekilde ine çıka ilerleyerek randevuma vaktinde yetişebildim!

Eğer bu yöntem de işe yaramasaydı; arka sokaktan yürümeyi deneyecektim ya da bir taksi tutacaktım. Çünkü herkesin benim gibi acelesi olmayabilirdi ve herkes benim gibi hızlı gitmek zorunda değildi. Kişinin adımları zihnindeki işe göre hız kazanacağından, benim durumum bana özeldi. Kendi formülümü kendim bulmalıydım. Vaktinde yetişebilmek için gerekirse kalabalıktan ayrılmalı ve kimse denememiş bile olsa, meşru ve münasip bütün alternatifleri değerlendirmeli, kendi işimi kendim görmeliydim.

Topluluklar, içindekileri kendi temposuna uydurur. Bu, sosyal bir etkilenmedir. Eğer hayat temposu farkındalık seviyesine göre ayarlanıyorsa o sistemde sorgulama vardır. Kendi yolumuzu ve hızımızı kendimiz tercih eder ve ayarlarız. Kimi durum ve zamanlarda ise toplulukla hareket etmek; bu hıza ayak uydurmak gerekir. Fakat ferdi tercihler ve ihtiyaçlarımız, kendimize özel bir hareket ve yaşayış biçimini gerekli kılar. Bazen; "El ne der? Nasıl karşılanırım? Ya herkes karşı çıkarsa?" gibi olumsuz düşünceler, bizi yapacağımız işten caydırabilir. Bu düşünceler kimi zaman doğru da olabilir. Fakat yine de bu, içinde bulunduğumuz toplumun ya da çevremizdekilerin her beklenti ya da istediğinin doğru olduğu anlamına gelmez.

Eğer vasat ve verimsiz bir hayat yaşayan biriysek ve düşünce üretmeyen dar bir çevrede yaşıyorsa; okuduğumuz her kitap, konuştuğumuz her yeni fikir, kullandığımız her yeni metot, alıştığı tarzın dışına çıkamayanları korkutur. Ve onlar da, bizi korumak adına, korkutmak için var güçleriyle hareket ederler. Peki ya bizi korkutanlar, endişelerinde haklıysalar? O zaman biz, kendi tavır ve tercihimizin bizi gerçeğe ne ölçüde yaklaştırdığını bilmeli; hatta emin olmalıyız. Bunu bilebilmek için de meşru ve münasip kalıplar içinde, inançlarımıza ve ilkelerimize ters olmayan, kimseye zarar vermeyen, bize ve çevremizdekilere fayda veren yöntemleri uygulamalıyız.

Kimsenin aklına gelmeyen yahut çoğu kişinin saçma bulduğu parlak projeler, uygulamalar ve çalışma biçimleri; mucitlerini zirveye taşımışlardır. Tarih bunun örnekleriyle doludur. Onlar "Bununla zaman kaybediyorsun!, Sen delirmişsin!, Bundan asla sonuç alamazsın!" gibi engelleyici ve tökezletici sözlere kulaklarını tıkayabilmişler ve yollarına devam etmişlerdir. Zorluklarla karşılaştıklarında başladıkları işi yarıda bırakmamışlar; pes etmemişlerdir. İşte bu tavır ve duruş, sahibini diğerlerinden farklı ve başarılı kılar.

Günlük törenler (ritüeller) halinde tekrarladığımız dedikodu seansları, saatlerce dizi izleme seansları ve benzeri yanlış beslenme kaynaklarımız var. Bu engelleyicilere ve zaman hırsızlarına iltifat etmeyen, farklı bir hayat tarzı oluşturabilen, yani aklını hayır ve doğrudan yana kullanabilen; güçlü, azimli ve iradeli insanlar kendi dönemlerinde çoğunlukla anlaşılamazlar.

Herkes karşısındakini en çok bildiğiyle yani kendisiyle kıyaslar. Kendi yapamadığı şeyin başkalarınca da yapılamayacağını düşünür. Yapanları gördükçe de ya tenkit eder ya pes edeceğini düşünür ya da onun şartlarının bunları yapmasına müsait olduğu varsayımıyla kendini rahatlatır. Çoğu kimse, konforundan vazgeçmeyi göze aldığı ve böyle bir bedeli ödediği takdirde kendisinin de bu sonuçlara ve hatta daha iyisine ulaşabileceği gerçeğini düşünmez. Buna ulaşmanın tekniklerini düşünmek ve gayret etmek yerine, mazeretler üretmeyi tercih eder. Aslında; "Evet, bunlar yapılabilir..." demek; bazı alışkanlıklarımızla vedalaşabilmek, yerine yenilerini koyabilmek ve her halükârda bir miktar sıkıntıya talip olmak demektir.

Bilmeliyiz ki her insanın gideceği bir yol mutlaka vardır. Bu yolun genişliği ve rahatlığı ne kadar kazma sallayıp emek verdiğimizle doğru orantılıdır. Yönü ise niyetimizle paraleldir. Çoğunluğu uyuklayan insanların içinde uyanık kalabilmek, uyutan ve çarpıklaştıran mekanizmalara hayat pınarlarıymış gibi ağızlarını dayayanlarla bir olmamak; kabul etmeliyiz ki farklı bir duruş gerektirir. Bu da elbette dikkat çeker, tepki toplayabilir ama önemli olan; duruşumuzdan emin olmamızdır. Biliyoruz ki tenkitler, rüzgârın köklere yaptığı güçlendirici etki gibi, duruşumuzu daha da sağlam hale getirir.

Kökünüz sağlam, dallarınız güçlü, yapraklarınız ve veriminiz bol olsun.

Yavaşlatanlarla yavaşlamamak temennisiyle efendim.

BÜYÜK BAŞLANGIÇLARIN ADIMLARI KÜÇÜK OLUR

Büyüklük; küçüklüğün büyümüş, gelişmiş ve olgunlaşmış halidir. Hemen her şeyin başlangıcı küçüktür. Sonra giderek büyür ve olması gereken kemal haline gelince de büyüme ya durur ya da çok yavaşlar. O zaman da farklı boyutlarda gelişme ve kalite kazanma aşaması devam eder. Büyümek; süreç ister, sabır ister, bilinç ister. Çünkü aşama aşama gerçekleşen büyüme sürecini beklemek ve takip etmek; insanlar için çoğunlukla zor bir durumdur. Peki, bu bekleyiş ne zaman kolaylaşır? Sabretmenin gerekliliğine olan inanç, çabuk elde etmenin dayanılmaz çekiciliğine üstün geldiği zaman...

Mesela; güneş tan yerini ağartıp şafak söktüğünde hayat veren aydınlık da yavaş yavaş yayılır yeryüzü cennetine. Zeval vakti denen güneşin tam tepeye yükselmesi, yaklaşık yarım günü alır. Sonra güneş giderek tepeden iner, gölgeler uzamaya başlar ve yine yarım günü alan batış süreci başlar. Güneş, böylece mor salkımlı bulutlara el sallayarak başka aydınlıkları muştular. Yavaş yavaş gelir ve yavaş yavaş gider. Bu, aksamaması gereken hayati bir tempodur.

Fırına pişmesi için yerleştirdiğimiz yiyecekler fırının yavaş ısınmasıyla içini çeke çeke pişer. Aniden ısınırsa; yiyeceğin altı üstü çabucak pişer, daha doğrusu haşlanır, içi çiğ kalır. Ya da içi de pişsin diye biraz daha bekletirsek; bu sefer de yanar ve bu haliyle kimsenin işine yaramaz.

Portakal, dalda güneşin rengine galebe çalarcasına sararırken içi tatlanır; bu arada büyür ve belli bir şekle ulaşır. Rengini ve tadını veren büyüme; aylar süren bir bekleyişten sonra elimizdeki tatlı güneşe dönüşür. Güneşe dönüp de; "Acele doğ ve ışığın ve ısın çabucak tada dönüşsün!" diyemeyeceğimize göre, ya sabreder olgun bir meyveyi ve güzel bir tadı yakalarız ya da aceleciliğin ve sabırsızlığın ham meyvesiyle ağzımız ekşir ve burulur. Kendimizi güzelliklerden mahrum bırakarak mağdur etmek veya sabrın olgunlaştıran güzelliğine kavuşmak arasındaki ince seçim, bizim davranış kalıplarımızın açılımıdır. Ne yazık ki bir alanda yaşanan sabırsızlık, genelde tercih edilen başka seçimlerin de bir örneğidir.

Yer altındaki tohum, uygun iklim şartlarında toprak ve suyla buluştuktan hemen sonra yavaş yavaş kendi türünü oluşturacağı heyecan verici bir yürüyüşe başlar. Toprağı yarıp güneşe göz kırpması zaman alır. Önce filize, sonra yaprağa, daha sonra da dalı budağı ve çiçeğiyle meyveye dönüşmesi; lisan-ı hal ile onu konuşturur. Der ki, "Ben sabırla nefes alıyor, sabırla büyüyorum. İşte sizin emrinizdeyim. İstifade edin, ibret alın ve şükredin. Ben görevimi yapıyorum. Haydi, elinizde fırsat varken siz de bunu yapın!" Tohum bu görevi yapacak olgunluğa zaman içinde ulaşır.

Tane tane, döne döne inen ve sanatkârı tarafından tek tek işlenmiş zarif kar taneleri; yağmaya başladığı ilk anda minik minik iken zamanla birikir, etrafı kaplar. Kar yağışının devam etmesi halinde ise tabakalar oluşturur. İnişi de birikmesi de yavaştır ve belli bir zaman dilimi içinde olur. Yani kar, tabaka halinde birdenbire inmez.

Bilmeliyiz ki küçük başlangıçları önemsemeyenler, büyük başarıları elde edemez ya da elde tutamazlar. Bir halterci kaldırdığı ağırlıkları, kendini hazırlayıp geliştirerek giderek artırır ve başlangıçta kaldıramadığı halteri, daha sonra kaldırabilecek noktaya gelir. Bu durum, küçükken başlayan emin adımlarla büyümenin, zafere göz kırpan ışıltılarını takip edenlerin yakalayacağı haklı bir onurdur.

Gelelim küçük adımlara… Küçük adımlar deyince çoğunlukla akla bebekler gelir. Çünkü bebekler, küçükken büyümenin en somut örneğidir. Bu natıktan yola çıkarak diyebiliriz ki bebek, kendi türünün bütün potansiyel özellikleriyle donatılmış bir halde yeryüzünü şereflendirdiğinde yavaş yavaş büyümeye ve gelişmeye başlar. Bir yaş civarında, önceden antrenmanlarını yaptığı ayağa kalkmayı başarmaya başlar ve öpülesi minicik elleriyle tutunarak adım atmaya çalışır. Başardığı minicik adımları, yüzündeki; "Evet bakın başarıyorum." diyen mutlu gülücüklere dönüşür. Bir iki derken bu minik adımlar önce sağlamlaşır, sonra hızlanır ve giderek büyür. Atılan adımın başarılması, güven temelini pekiştirir ve yeni bir adım için enerji verir; gidişe ivme kazandırır.

Bebek adımları niçin küçük olur? Çünkü o, daha hayatın minik başlangıcını yaşıyor; kendisi küçük, bu yüzden adımları da küçük. O daha var olmanın ve denemenin başlangıcında. Tecrübe güneşi ile henüz büyümemiş ve gelişmemiş. Onun için adımları da kendisi gibi küçük. Büyümesine paralel olarak ayakları da büyüyecektir, adımları da.

Bebek adımları benzetmesi psikolojide de kullanılır. Psikoterapi olan, tedavi gören ya da yönlendirilen insanlara; sıkıntıları aşmanın, başarmanın yavaş yavaş ve zamanla olacağını ya da minik minik uygulamaları başardıktan sonra daha büyüklerine ulaşabileceğini ifade etmek için kullanılır. Adeta; "Bir minik adım at, gülümse, çünkü başardın; devamını da getirebilirsin, haydi bebek adımları gibi, attığın adım çok önemli, başardın." denmek istenir.

Ovalardan dağlara ve doruklara adım adım yükseliriz. Yemek yerken doyma noktasına ulaşana kadar gıdaları lokma lokma alırız. Her solunumda yeteri kadar hava alırız, yani depo etmeyiz. İşte bütün bunlarda olduğu gibi başarı için de bilinçli bir seçim, küçükken başlayan titiz bir çalışma ve asla pes etmeyen azimli bir ilgi şarttır.

Küçük çocuklar, yaptıklarına ve yaşadıklarına daha kolay uyum sağlar, alışır, bu davranışlarını pekiştirirler. Böylece; küçükken başlamanın avantajını yaşar, hatta büyükken başlamanın esnemeye ve değişmeye dirençli yapısıyla uğraşarak her yönden enerji kaybına uğramazlar.

Küçüklerin büyümesi veya bir araya gelmesi, büyük kavramını oluşturur; bir binanın tuğla tuğla örülmesi gibi... Küçükler olmazsa büyükler olmaz. Küçük işler, sağlam yapılmazsa büyük işler ayakta duramaz; daha doğrusu büyüyemez. Küçük işleri küçümseyerek ilgilenmeyenler, büyük başarılardan mahrum kalırlar.

Minik adımlarla kazanılan başarılar gerçek başarıdır ve çok önemlidir. İstikrarlı minik adımlar olmasaydı; bugün yükseklerde görülen hiçbir insan başarılı, sonuçlar da büyük olmazdı.

Küçük adımlar umudun kaynağıdır ve yılmayanların zafer başlangıcıdır. Her güzel başlangıcı küçümseyerek geri çekilmeyi ve düşmeyi tetikleyen zayıf yapılı güvensiz insanlar, kendileri olsa göze alamayacakları için, çoğunlukla böyle davranırlar. Böyle insanların varlığına rağmen geri dönmeyen kararlı ve istikrarlı insanların sıçrama noktasıdır; küçük adımlar.

Normal işleyişin mantığını kavrayarak inanmış ve çevresindekilere de iyi örnek olan, olumlu sonuçlarını mutlaka göreceğine olan inancıyla, emin bir işleyişin temsilcisi insanların tercihidir küçük adımlar. Beraber oldukları insanlara da aktardıkları sinerjileriyle büyümeye katkıda bulunurlar.

Küçükken başlamanın emin psikolojisi, giderek bu tempoya alışmanın güveni ve pratik kazanmanın becerisi ile küçük adımlar; olgunlaştırarak başarıya koşturan parkurun ta kendisidir.

Bir işe başlarken ilk adımı atmanın zorluğu, işin hacmi; pek çoklarını korkutur ve caydırır. Bu tip insanlar, başarısızlık korkusuyla denemekten uzak durmuş ya da başarısızlık sonucunda düştükleri yerden ayağa kalkamamış kişilerin içinden çıkar. İnsanlar, daha çocukken denemenin önemi konusunda bilinçlendirilmelidir.

Başaran insanlar; yenilgi tecrübelerini üst üste koyarak onu basamak gibi kullanır ve her yenilgiyi bir avantaj sayarlar; yılmadan yollarına devam ederler. Yenilginin panzehri; azimdir. Azim, her zorluğu aşan bir iksirdir.

Ayakta durabilme ve başarı azminiz bol, adımlarınız sağlam olsun inşallah efendim.

BEBEK ADIMLARI NİÇİN KÜÇÜK OLUR?

Yazımızın başlığındaki bu soruya; "Yürümeye çalışan bebek olduğu için", "Kendisi küçük olanların, adımları da küçük olacağı için", "Yürümeyi yeni öğrendiği için", "Daha normal büyüklükte adım atacak kadar gelişip olgunlaşmadığı için", "Bütün adımlar ilk önceleri küçük atıldığı ve küçük adımlar atılmadan, büyükleri atılamayacağı için" gibi cevaplar verilebilir.

Bebekler için küçük adım atmak demek; yeni tecrübe etmek, zemin yoklamak, düşmeye ve tekrar doğrulabilmeye alışmak demektir. Tüm bunlar daha iyi adım atabilme ve düşüşleri daha az zararla atlatma kıvraklığını yakalayabilmek için antrenman mahiyetindedir. Çünkü hayatta biri yoktur ki adım atıp yürümeyi öğrenirken düşüp kalkmasın. Bu yüzden düşmeye karşı esnek ve tekrar kalkmaya hazır bir psikoloji içinde bulunulmalıdır.

Yetişkinler için ise adım atmak; bir mücadelenin ifadesidir. Adım atmak, bir isteğin, gayretin, niyetin sonucunda oluşur ve insana hayat veren nefes gibidir. Adım atmaya takat varsa; ilerlemeye ve yükselmeye de takat vardır. Bir yerde küçük de olsa atılmış bir adım varsa emek vardır, ümit vardır, yürek vardır. Bu aynı zamanda gelişmeye açık ve büyümeye istekli olmak demektir.

Normalde bünye bir sevk-i tabii ile düşerken hemen bir yerlere tutunma veya destek bulmaya çalışma gibi arayışlar içine girer. Aslında her düşüşün bir stratejisi ve dengesi vardır; bir diğer ifadeyle bir normal bir de anormal düşüş vardır. Bilirsiniz; karda kayak yapmayı öğrenmek isteyenlere, ilk önce nasıl düşeceği ve tekrar nasıl doğrulacağı öğretilir. Yüzme öğrenenlere; suya batmamayla birlikte ayaklarını yere koyma taktiği gösterilir. Düşerken hangi pozisyonu alacaksınız, bir zarar görmeden nasıl tekrar doğrulabilir ve ayağa kalkabilirsiniz? Bunları bilmeden karda kaymamalı, sığ sulara bile dalmamalısınız!

Günlük hayatımızda ciddi işlere niyetlenmek ve başlamak, daha küçük ölçekli işleri başardıktan sonraki birikimlerle gerçekleşir. Bebek, küçük adımlar atarak ayakta durma ve yürüme becerisi kazanır. Yetişkin insanlar da giriştikleri işlerde yetişip gelişerek olgunlaşıncaya kadar küçük adımlar atmalıdır. Sağlam adımlar, gelişip olgunlaşmış bir nicelik; minik adımların atılmasıyla elde edilmiş bir beceri ve nereye gittiğinin farkındalığı sonucunda atılır. Bu aşamalar yaşanmadan atılan büyük adımlar, çoğunlukla gerilmeye, sendeleyip düşmeye; zaman, enerji, maddi imkân ve moral kaybına sebep olabilir.

Küçük adımlarla ilerlerken yaşadığınız düşüşlerle, başlangıcı büyük büyük adımlarla yapanların düşüşleri arasında ciddi bir fark vardır. Bu durumda adımın büyüklüğü kadar geri düşüş, yükselinen seviyeye kadar fiziki ve maddi kayıp, henüz dirençli ya da alışkın olunmayan bir durumdaki psikolojik çöküşe karşın bir dahaki sefere başlamayı engelleyen cesaret kaybı yaşanır.

Cesareti ve güveni az gelişmiş ya da yıpratılmış insanların yaşadığı bu başarısızlıklar (eğer ayağa kalkmasını sağlayacak bir moral ve maddi destek bulamamışsa), bir sonraki adımı atmaya engel olabilir. Bu olay o insanın iş ve özel hayatında ciddi sarsıntılar oluşturabileceği gibi tekrar kalkamayacağı geriye ket vurmalara sebep olabilir.

Küçük işler, küçük beceriler; bazen (ne yazık ki) uzağı göremeyen, stratejik düşünemeyen insanlar tarafından hep küçümsenir ve ciddiye alınmaz. Çünkü küçük işlerin ne kadar önemli olduğunu ve onları sabırla büyütüp geliştirmenin ne anlama geldiğini bilenler, bunun değerini anlayabilir. İlk basamak çıkılmadan ikincisine ya da üçüncüsüne çıkılmaz. Bunun içindir ki akıllı insanlar; adım atmayı düşünen ve bunun için gayret eden insanlara destek olur; onları yüreklendirirler.

Bilinçli bir yaklaşımla alınan minik mesafeler, dev adımları zihninde canlandıran ve bunu yapabileceğine inanan yürekli insanların ayak izleriyle adeta ışıldar. Büyük düşünenler, küçük aşamaların önemini de iyi bilirler. Tüm büyük adımların arkasında, onu yukarılara taşıyan küçük adımlar vardır.

Mesela; kesintisiz hareketler halinde perdeye yansıtılan sinema filmleri, belki binlerce ufak karenin yan yana getirilip süratle hareketlendirilmesi sonucunda oluşturulur. İğne oyasında göz kamaştıran desenler, tüm bu motifleri oluşturan ve *zürafe* adı verilen orijinal düğümlerin teker teker atılmasıyla elde edilir. Diğer pek çok beceride de durum aynıdır: Ufak işlerin topluca ve estetik bir değeri yansıtacak tarzda, sistematik biçimde tanzimiyle harika sonuçlar alınır.

Bir damla kanda milyonlarca hücre var. Bunlardan her biri; "Ben minicik, gözle görülmeyen bir canlıyım. Benden ne köy olur ne de kasaba; ben bir işe yaramam. Dolayısıyla bir arada durmaya da gerek yok." dese, ortada ne kan kalır ne de can...

Sayısız kitap, gazete, dergi ve ansiklopediler, harflerin teker teker anlamlı dizilişleri sonucunda ele alınıp okunacak hale gelirler. Tek bir harfi bile küçümseyip onu az görür ya da olması gereken yerden alırsak acaba ortada anlam ve bütünlük kalır mı? Mesela; "su" ya da "ekmek" kelimelerinden herhangi bir harfi çıkaralım. Sonuç nasıl oldu sizce? Anlam buharlaştı, değil mi? Demek ki büyüklerin anlamlı bütünlüğü, küçüklerin bilinçli birlikteliği ile oluşur; bu oluşumda her bir fırça darbesi, bütünü şekillendirir. İyi duygular da kötü duygular da insanların bebekliğinden itibaren aldığı yığınla telkin ve örnekle gerçekleşir. Her davranış ve yaklaşım; adeta taş taş, tuğla tuğla bina yapar gibi çocuğun kimlik ve kişilik dokusunu örer. Varlığını fark bile edemediğimiz nice etki, bir boşluğu doldurarak kişiliğin şekillenmesine katkıda bulunur.

Bu oluş sürecinde bizler iyi olanlara vurgu yaparak (övme, takdir, ödül gibi) onları pekiştirmeye çalışmalıyız. Yanlış duygu ve davranışları da fark edip alternatif sunarak yönlendirme, izah etme ve sonucu gösterme yolu ile ikna etme; gerekirse bilinçli engelleme gayreti içinde olmalıyız. Böylece daha küçüklükten, büyümeye giden yolda kontrolü sağlamış oluruz.

Eğer iyilik ve güzellikleri daha ufaklıktan itibaren desteklersek bu tavırlar giderek büyüyüp kök salan çınarlar gibi güçlenirler. Unutmayalım ki yanlışlar, daha çabuk kök salmaya ve yerleşmeye müsaittir.

Şu anda gözümüze dağ gibi gelen birikmiş işler varsa, bunlar vaktiyle ihmal ettiğimiz küçük işlerin bugün aldığı görüntüdür. Bunu yine küçük küçük parçalar halinde yok edebiliriz.

Bir otomobil fabrikasında, her parçayı ayrı bir birim imal eder ve sonra bunlar monte edilir. En küçük cıvatasından en büyük parçasına kadar hepsi aynı titizlik, özen ve kalitede imal edilip montaj yapılmazsa; topyekûn bir kaliteden söz edilemez. Bu bütünde minicik bir vida bile çok önemlidir ve hayati bir bağlantıyı sağlar.

Bunun gibi her büyük iş de ciddiye alınan küçük işlerden ve ayrıntılardan meydana gelir. Minik adımlar, büyümenin habercisidir. Küçük adımları ve gayretleri önemsemeyenler, büyük adım atmaya fırsat ve ortam bulamazlar. Küçükler güzeldir, küçükler ileriye doğru umuttur. Küçükler; önce kıvılcım, sonra yangın olmaya adaydır. Minik gayretler, harika sonuçlara yürüyüştür. Her küçük anlamlıdır ve büyük olmanın temelidir. Küçük işleri başarmak; insanın kendine duyduğu güveni, cesareti ve azmi artırır. Bu da insanı büyük işleri yapmaya sevk eder.

Nice akıllı insanlar, koskoca ümitsizlik, çaresizlik ve karamsarlık dağını; minik fakat emin adımlarla aşmaya çalışır. Bu anlamı pekiştirecek çok hoş bir söz vardır: *"Nereye gideceğini bilen bir kaplumbağa, nereye gideceğini bilmeyen bir tavşandan daha hızlı hedefine ulaşır."* Küçük işleri büyük bir titizlikle yapmalıyız ki; bu ciddiye alış, hayatımızın her alanını kuşatan bir refleks haline gelsin.

Olumlu ve hayırlı bir gidişte oldukları sürece; küçük başlangıç yapanları, destekleyip yüreklendirelim. Adım atarken başarısız olup cesareti kırılanlara; moral verip yardımcı olalım. Hareket halinde ve ilerleme gayretinde olanlara; oturduğu yerden çelme takan, moral bozan, destek olmak yerine köstek olmayı alışkanlık haline getirenlere karşı teyakkuzda olalım. Böyle kişilerin sözlerini ciddiye almayıp, mümkünse onlardan uzak duralım.

Kültürümüzde; "Yatan aslandan gezen tilki iyidir." diye bir atasözümüz var. Ayrıca; yatanın ufkundan ayakta duranın ufku, ayakta duranın ufkundan yavaş ve minik adımlarla da olsa zirveye tırmananın ufku daha geniş olur, unutmayalım. Ve zirve ancak; plânlı ve sabırlı bir gayretin, bu uğurda yorgunluğu göze alanların, yani pes etmeyenlerin seyir mekânıdır.

BIRAKIRSAK DÜŞER

(Kaybettiklerimiz Bıraktıklarımızdır)

Bir bebeğin küçük el kaslarının gelişimini takip ederken kullanılan ölçülerden biri; başparmağı ve işaret parmağıyla bir cismi tutabilmesidir. Bir yaşına yaklaştığında bunu başarabiliyorsa o bebeğin gelişimi normal demektir.

Altı yaşındaki oğlum Şamil, elinden düşürüp kırdığı çay bardağı için iki parmağını göstererek; "Anneciğim parmaklarımı açmıştım, düştü ve kırıldı..." demişti. Düşündüm de bu tespit hayatımızın pek çok alanında ne kadar da geçerli... Aslında pek çok şey, tutarsak elimizde kalıyor; tutmazsak elimizden düşüyor ve bizim olmaktan çıkıp gidiyor. Bunlar maddi şeyler olursa belki kaybedileni telafi etmek mümkün olabiliyor. Peki ya bıraktığımız şeyler bizim için çok önemli olan değerlerimiz ya da hayatımızla ilgiliyse? Mesela; uçağı kullanan pilotun kontrolü bir anlık dahi olsa elinden bırakması, uçağın rotasından çıkmasına sebep olur. Ameliyat esnasında doktorun bir anlık dikkatsizliği, hastanın hayatına mal olacak hatalara yol açabilir.

Bazen sadece bir anlık bir refleksle hayatta ka1ırız ya da hayatımız kayar. Direksiyon başındayken şoförün bir anlık dalgınlığı ile kontrolü kaybetmesi; kendisinin ve başkalarının hayatına mal olabilir. Bazen de kısa bir süre öfkemize yenilmemiz yani sükûneti elden bırakmamız; muhatabımızla ömür boyu sürecek bir iletişim kopukluğuna sebep olabilir. Kontrol elimizde olmalı; dikkat, bilinç ve sabır devrede olmalı ki tuttuğumuzu niye tutuyoruz ya da niye bırakıyoruz bilelim.

Sağlık, zaman, disiplinli olmak, çalışmak, iyilik yapmak, doğru davranmak, güzel düşünmek, güzel görmek, doğru konuşmak, doğru bılgı kaynaklarından beslenmek; bizi doğrudan ilgilendiren, hiç bırakmaya gelmeyen anlayış ve davranışlardır. Bunlar, hep iki parmağımız arasında tutmamız gereken o bardak gibidir. Bıraktığımızda avucumuzdan kayar gider.

Bunlara dostlukları korumayı, ahlakı korumayı, helâl sınırlarını gözetmeyi, ağzımızdan çıkan sözlerimizin dozunu ayarlayabilmeyi, tebessümü, iyi niyeti, hüsnü zannı, insanların temelde iyi olduğunu ve yanlışların düzelebileceğine dair inancımızı korumayı da ekleyebiliriz.

Hayatımızdaki bir anlık kontroller o kadar önemli ki hayatın istediğimiz istikamette gitmesine ya da bir "U" dönüşü yapmamıza sebep olabilir. Uyanık olmak, ânı dikkatli ve bilinçli yaşamak; geçmişte yürüdüğümüz yollara, aştığımız engellere ve çukurlara korkmadan bakmamızı sağlayacak bir tılsım gibi adeta. Ânı ve değerleri fark ederek yaşamak; bütün kalmanın ve parçalanmamanın da formülüdür. İrademizi ve enerjimizi Hz. Davud gibi güçlendirip, bakışlarımızı Hz. Ömer gibi keskinleştirerek; onları güçlü bir talep ile Rabbe sunarsak günümüz ve ömrümüz arz sahibinin inayeti ve rahmetiyle bereketle dolacaktır.

Bilmek; gerekeni tespit etmeyi ya da varsa korumayı; gerekmeyeni salıvermeyi ve gerekip de olmayanı elde etmeye yönelik onurlu bir süreci başlatır. Bu, hem yatay hem de dikey büyüme anlamına gelir. Büyüdükçe insanın ufku genişler, becerileri artar ve olgunluk kazanır. Anlarını dolu dolu yaşayarak geçirenler ve hayatın en küçük parçalarını bile önemseyip, titizlikle koruyarak, gerekeni bilinçlice yapanlar; bıraktıkları için kırılmış gönül acısının yükünü taşımazlar. Vicdanları sızlatan dost ahı almazlar. Çünkü zaman tuttuğumuzu kuşatır; tutmadıklarımızı ise geçmişe gömer. Bıraktıklarımızın, vazgeçtiklerimizin zararını telafiye zamanımız yok aslında. Çünkü zaman, her anıyla tutulması gereken nice güzel ve özel şeyleri sunuyor bize. Telafi için ayırdığımız zaman da ah ederek geçmişler kervanına katılıyor.

Bilelim ki bırakırsak tuz-buz olur yakut hayatlar, nefes alamaz erguvan renkli gönül bahçeleri. Bırakırsak dikenlerle dolar hayat bahçesi. Bizim olmaktan çıkar, elimizden bıraktığımız her şey. Eşimizle ve yavrularımızla yaşayacağımız güzellikleri tutmak, onlara yenilerini eklemek, nice felaketleri önler. Aksi halde kim bilir kimin omuzunda hıçkırık ve gözyaşına döner; elinden bırakana yapılan sitemler.

Dünya dönmeyi, toprak bereketi, enerji hareketi bir an bile bırakmıyor. Rabbimiz; görmeyi, duymayı, bilmeyi, vermeyi ve korumayı bir an bile bırakmıyor. Hayatın dinamiklerini tuttuğumuzu ve onlara sıkı sıkı sarıldığımızı görenler; tutmanın önemini hatırlayacak ve hatta onlar da tutmaları gerekenleri ele alacaklar. Böylece zincirleme ilerleyen sağlamlık, güçlülük ve dayanışma; kırılmaları, kaybolmaları, mahrum ve yoksun kalmaları en aza indirecek.

Bu arada tutmamamız gerekenleri tutuyor olmak; ters işleyişin tersten etkisiyle bizi tedirgin ve mutsuz edecektir. Vicdanımızın sesini köreltmeyelim; kendimizi namaz, Kur'an, doğru bilgi ve doğru modellerle şarj edelim.

Bırakmamız gerekenleri, yani aslında hiç tutmamamız gerekenleri bırakalım gitsin. Kötü alışkanlıklar, yanlış dostluklar, yanlış bir işte çalışmak, harama götüren yerde ya da işleyişte bulunmak, yani ayağımıza taş bağlı olduğu halde yürümek gibi bize eziyet veren uygulamaları bırakalım da onlar bilinçli kararın potasında erisin ve tamamı fezanın derinliklerinde kaybolup gitsin.

Ayrıca onuru, sevgiyi, saygıyı, affetmeyi, hoşgörüyü, iyilikleri hatırlayıp kötülükleri ders alarak unutmayı tutalım. Düşeni ve tökezleyeni kaldıralım. Yarın bize inanılmaz güzellikler ile dönecek olan misk kokulu amelleri tutalım. Sahih hadisleri ve Rabbimizin kâinatı kuşatan sözlerini tutalım. Sözümüzü tutalım, oruç tutalım, mana yüklü güzellikleri tutalım.

Gelin hayatımızın dökümünü çıkartalım. Neyimiz var neyimiz yok, neyi tutuyoruz, neyi bırakmalıyız ve neyi eklemeliyiz? Bunları tespit edip yapacaklarımıza bir ucundan başlayalım. Biz kararlılık içinde olup Rabbe doğru dümen kırarsak; rahmet rüzgârları da yelkenlerimizi şişirecek ve bizi hiç bırakmayana yaklaştıracaktır.

Hakkı ve hakikati, ihlâsla ve bilinçle tutup hiç bırakmayanlardan olabilmemiz niyazı ile...

DÜŞÜNCE KALKABİLMEK

Her düşüş, beyinde olmadıkça ve tekrar ayağa kalkabildikçe; ayakları koşmaya sevk eder.

Yürümenin ilk şartı ayakta durabilmektir. Ayakta durabilmek; içten gelen bir enerjiyle ve normal bir büyüme/olgunlaşma sürecinin sonunda alınmış bir sonuç ise, normaldir ve beklenen bir gelişmedir. Yok, eğer dört bir yandan payandalarla ayakta tutulmaya çalışılan bir yapı varsa ortada; ayakta kalış süresi, payandaların gücü ve destek süreleri ile doğru orantılıdır. Sonunda anlarız ki bu sistem arızalıdır.

İşte doğum anından itibaren insanın fizyolojik, psikolojik ve sosyal özellikleri ve etkilenme süreçleri bilinmeden; var olan kültürün kodlarıyla şekillenmiş, sübjektif algılarla örülmüş zanlarla ve sadece kendi penceresinden bakarak verdiği kararlarla çocuk yetiştirmeye kalkınca, korkulanlar oluyor. Bu tür bir yetiştirme süreci, aynı biçimde çocuklardan da kendi çocuklarına aktarılarak sürüp gider. En büyük etki ise bu anlayış ve birikimle yaşayanın kendisinedir. Çünkü insan, kendini hem etken hem de edilgen kılan bu hali önce kendi psikolojik yapısında yaşayıp bununla kuşanır. Ondan sonra da bunu muhatabına sunar. İşte ayakta tutan da, düşünce kalkıp yeniden daha büyük bir enerji ile yoluna devam ettiren de ve "Sen zaten ayakta duramazsın ki... Bir de düşersen hiç kalkamazsın!" mesajını veren de taşıdığımız bu yapıdır. Bugün, evinden çıkıp da ekmek almaya markete ya da iki-üç durak ötedeki bir arkadaşını ziyarete eşinin yardımı olmadan gidemeyen; sınıfta bildiği sorulara bile parmak kaldırıp; "Ben anlatabilirim." diyemeyen, evlenip çoluk çocuğa karıştığı halde kendisi olamayan, hâlâ annesinin desteğine ihtiyaç hisseden hanımefendi ve beyefendiler mevcut. Bunlar, ne yazık ki cahilliğin cenderesinde un ufak ettiğimiz çocuklarımız. İyi bir eğitimle kökleri derinlere uzanan bir çınara dönüşebilecekken; cılız ve gelişememiş birer bitki gibi kalmış psikolojik yapının iç acıtan manzaralarıdır.

Hayatı birilerine tutunmadan yaşayamayacak kadar aciz ve yetersiz yetiştirdiğimiz yavrularımız, bizim gölgemizde kaldıkça boy atıp serpilemiyorlar.

Oysa fiziksel ve psikolojik açıdan sağlıklı olmak, ayakta durabilmek için; aklını ve mevcut olan enerjisini kullanmak, adım atmak için yeterlidir. Düşünmeyi ve aklını stratejilerle geliştirip doğru kullanabilmeyi her sağlıklı insan, rahatlıkla başarabilir. Bu da pes etmemek için düştüğünde kalkabileceğini anlamasıyla mümkündür. Fakat biliyoruz ki; zihne işlenen hayat stratejileri yanlış olursa kişiyi batırır, doğru olursa batmış olanı bile düze çıkarır.

Düşmek, bir anlamda hareket halinde olunduğunu ifade eder. Bir niyet ve gayretin var olduğunu; insan olmanın bir gereği olarak düşmenin yaşandığını vurgular.

Düşmek, güvenle oturan ve düşene acıyarak bakan insanın, adım attırmayan ataletinden daha asildir.

Düşmek, ister tedbirsizlikten isterse normal sürecin bir sonucu olsun; aklını kullanan birisine, düşmenin acısından daha büyük bir öğrenme sağlar. Bunu denemekten korkanlar ise bu tecrübeyi ve bu öğrenmeyi asla yaşayamaz, bilemezler.

Düşmek, yeni bir atılımın habercisidir. Hiç yanılmamakla ve düşmemekle övünenler bilsinler ki zayıf atılmış adımlar, zihnin giderek buna alışıp cesareti ve güveni saf dışı bırakması, yetersizliğin güvenli sandıkları gölgesinde yeteneklerini köreltmeleri anlamına gelir.

Düşmek, kalkmanın yakın arkadaşıdır ve her yürüyen bilir ki düşmeden yürüme öğrenilmez. Hayat yolları düşüp düşüp de kalkarak koşanların izleriyle doludur.

Elbette tedbirli olalım, bildiğimiz yollarda düşmemeye çalışalım, fakat düşmenin de doğal bir süreç olduğunu bilelim. Kendine güven duygusu, Rabbe fiili ve kavli dualarla yakarış, tedbir alıp takdire teslimiyet; gönlünü ferah tutup yeniden bismillah demekle şahlanır. Rabbimiz cümle ile ellerimizden daima tutsun inşallah.

HIZ ARTTIKÇA VİRAJ KABİLİYETİ AZALIR

Yollar; karakteri gereği kimi zaman dümdüz, kimi zaman inişli çıkışlı veya dönemeçli, kimi zaman da keskin virajlıdır. Üretici firmalar, çeşitli hava ve yol şartlarına kolaylıkla intibak edebilecek teknik donanımda; dayanıklı, esnek ve aynı zamanda estetik unsurlarla donanmış bir araç üretebilmek için durmadan çalışırlar. Diyelim ki dünyanın en iyi tekniğiyle üretilmiş bir aracımız var. Bu araç kendinden beklenen performansı göstermeye hazır. Bu performansı gösterip gösterememesi sürücüsüne bağlıdır. Hani, "At süvarinin baktığı yöne doğru ilerler." ya da "At ağasına göre kişner." denir ya; işte onun gibi araçlar da onu kullananın becerisine göre seyreder. Bunun için de sürücü, ehil yani ehliyetli olmalıdır.

Her sistemin düzenli işleyebilmesi için belirlenmiş kuralları vardır. O kurallar ciddiye alınırsa görülecek zarar en aza iner ya da hiç zarar görülmez; topluma da bir düzen hâkim olur. Trafikte de kurallar vardır. Bu kurallardan biri de bulunduğumuz yol için belirlenmiş hız limitini aşmamaktır. Bu, güvenli bir yolculuk için şarttır. Bu sayede seyir halindeyken önümüze çıkan ani engellere karşı gerekli tedbiri alırız ve hem kendimizi, hem muhatabımızı, hem de arabamızı riske atmamış oluruz. Mesela; iniş, çıkış, çukur ve tümseklerde hızı azaltır ve vites küçültürüz. Yani esnek, uygun ve güvenli bir tarzı seçeriz. Virajlarda da bu böyledir. Bütün bu geçişler normal hızda çok kolay iken sürat arttıkça zorlaşır. Çünkü hız, dikkati ve kontrolü zayıflatır. Diyelim ki hız limitini aştık... Virajı bu hızla almaya kalktığımızda çarpma ve kaza yapma riski yüksektir. Panik yapıp frene basacak olursak bu sefer de takla atabiliriz. Çünkü aşırı hız, viraj kabiliyetini azaltır ve ani duruşlara müsait değildir.

Aslında her zaman ve her alanda hız bir risk faktörü olup güvenliği tehdit eder. Niye mi? Aniden önüne çıkan yaya, çocuk veya hayvana çarpmamak için sürücünün durması gerekir. Hızı normalin üzerindeyken duramayacağına göre, sağa ya da sola direksiyon kıracaktır. Bu durumda beklenmedik çarpışmalar ve kazalar çok yaşanır. Normal hızda, güvenli duruş için gerekli sürtünme oranı en ideal düzeydedir. Hız arttıkça bu oran aleyhte bozulur. Demek ki; acil duruş süreci çok önemlidir ve aşırı hız bunu uzatır. Trafik, insanların kafa karışıklığının hayata yansıdığı en can alıcı alandır.

Trafikte aşırı hızdan dolayı yaşanan bütün olumsuzlukların birebir karşılığı, insan ilişkilerinde de görülür. İnsanlar, zaman zaman olumsuz duygu ve düşünceler taşırlar. Bu duygu ve düşünceler, hızlı ve kontrolsüz bir biçimde davranışlara aktarılırsa iletişim kazaları olur. Bu tip kazalarda belki mal, can ve kan kaybı olmaz. Fakat insanın elini ayağını işlemez hale getirebilecek moral kaybı, değer kaybı ve enerji kaybı görülebilir. Gönüller kırılır, yuvalar yıkılır, güllük gülistanlık mekânlar harabeye döner. İnsanların kendi iç yolculuklarında bile yollarını kaybettikleri görülür. Bu durumlara sebep olabilecek davranış ve yaklaşım biçimleri neler olabilir? Birlikte bir ufuk turu yaparak belirlemeye çalışalım.

Sözler; birbirimize sunduğumuz düşünce ışıltıları ve duygu demetidir. İnsanın gözüne, yüzüne ve özüne rengini verir sözler. Duygular sözleri, sözler davranışları etkiler. Kültürümüz; dinlemeyi, değerlendirmeyi ve düşünerek konuşmayı çok önemsemiş. “İki dinle bir konuş.” “Boğaz dokuz boğum” gibi sözler; her söylenenin yeterince ölçülüp biçilerek sarf edilmesi gereğini vurgular. Düşünmeden konuşan çok pot kırar; böyle olunca da peşi sıra pişmanlıklar yaşanır. Kelimelerin sihri, doğru kullanıldığında ortaya çıkar. Yani, kazasız bir anlama ve anlaşılabilme için, gönlümüzden geçen ve ağzımızdan çıkanların farkında olmalı; kaza yapmak gibi bir riske girmemeliyiz. İnsan ruhu, Rabbimizden yansıyan bir nahiflikle naziktir, incedir. Kimi zaman çok dayanıklı olabildiği halde, kimi zaman da sevdiğinden sertçe atılan bir gülden incinecek kadar hassastır. "Dal rüzgârı affetse bile, kırılmıştır bir kere..." sözünde ifade edildiği gibi, iletişim kazalarının kimi zaman izlerini silmek kolay olmuyor. İlaveten; "Her şey incelikten kırılır, insan kalınlıktan." demiş büyüklerimiz.

Düşünülmeden, acele ile verilen kararlar ve tepkiler de pişmanlıklara sebep olabiliyor. Mesela; acele ile araştırıp soruşturmadan alınan bir evlilik kararı, kişinin hayatını karartacak kadar yanlış atılmış bir adım olabilir. Telafisi ise her zaman başarıyla gerçekleşemeyebilir.

Bizi aşırı derecede etkileyen bir olaydan sonra, muhatabımıza, olayın şiddeti kadar değil de öfkemiz kadar tepki gösterirsek, daha sonra mahcup olacağımıza kesin gözüyle bakabiliriz. Sözlerimizi geri alma şansımız olmadığına göre, etkiyi hafifletici şekilde yaklaşım göstermeye çalışmak en iyisi. O yüzden konuşmadan önce düşünmenin önemi hep vurgulanmıştır. Çünkü bazen bu sözler, kırk yıllık dostlukları dahi bitirebilir.

Ayrıca, yeteri kadar tanımadığımız bir iş adamının cazip teklifine kanarak alelacele bir iş hukuku içine girmek de bize hayatımızın hatasını yaptırabilir. Genelde olayların sebep-sonuç ilişkisini görmeden değerlendirme yapmak, yargılamak, sorgulamak bize ciddi otorite kaybettirir. Hızlı yağmurun verimli toprakları alıp götürmesi gibi, hızı kesilmemiş sert sözler ve yargılar da güveni, sevgiyi ve dostluğu alıp götürebilir. Unutmamalıyız ki; acele ve düşünmeden yapılan hemen tüm işler, muhatapları pişmanlıklara salabilir. Sık sık böyle davrananları ise bu pişmanlıkları giderek ezmeye başlar; psikolojilerini etkiler.

Yanlış adımlar insanı asabi yapar. Asabi insan ise içine attığı gerginliği yanlış tepki olarak yansıtmaya çok müsaittir. Sert sözler incitir, kırar. Kırıcı insanlar, muhataplarının kendilerini kırmasına da zemin hazırlıyor demektir. Böyle bir atmosferde doğru düşünme ve değerlendirme kolaylıkla mümkün olmayabilir. Acelecilik, yetersizlik ve tutarsızlık hız ile bir arada bulunursa; hıza paralel bir zarar karşımıza çıkabilir.

Bazen de hızlı hareket etmemizi gerektirecek şartlarla karşılaşabiliriz, bu durumda dahi itidali elden bırakmamaya azami gayret göstermeliyiz. En faydalı şeyleri dahi aşırı hızla takdim edersek istenen sonuca ulaşamayız. Mesela; topraktaki fideyi sulamak için tuttuğumuz hortumla tazyikli su verirsek fideyi kökünden koparabiliriz. Su hayat verebilecekken gereğinden çok ve tazyikli olmasından dolayı fidenin hayatına son verebilir. Bunun gibi ağzımızdan çıkan sözler de hırs ve öfkeyle söylendiğinde benzer tahribatlar yapabilir. "Söz ola kese savaşı, söz ola kestire başı, söz ola ağulu aşı, yağ ile bal ede bir söz." diye ne güzel söylemiş, Yunus Emre.

Kültürümüz, sözü ölçüp biçmeye ve tedbirli davranmaya çok önem vermiş. İşte bunun bir örneği daha; "Ağızdan çıkan söz yaydan çıkmış ok gibidir, gitti gider." sözü de bizi tedbirli olmaya davet ediyor. Kaybedilen hiçbir maddi değerin, insan gönlünü kaybetmenin yanında önemi olmamalı. Ve hiçbir gerekçe; bizi, muhatabımızın dengesini bozacak bir ifade kontrolsüzlüğüne ve hızlılığa sürüklememeli.

"El yarası geçer de dil yarası geçmez." demiş büyüklerimiz. Aslını astarını bilmeden aceleyle yayılan dedikodular, insan ve toplum hayatında onulmaz yaralar açar. Viraj alabilme kabiliyetini iptal eden bu hızlı tespit ve duyurular, iftira kapsamına girer ve nice insanların haksız yere ayaklarının kaymasına sebep olur; istikbalini söndürebilir.

Hızdan sonraki maddi ve manevi manzara hiç de iç açıcı değil. Ya sizce?

İKİNCİ BÖLÜM

HAYAT YOLCULUĞUNDA GÖZDEN KAÇANLAR

ÜZÜM YEMEK YA DA ZEVK VE ESTETİK

Konu başlığını okuduğunuzda; "Üzüm yemenin zevk ve estetikle ne ilgisi var?" diye düşünebilirsiniz. Bir noktaya kadar haklısınız fakat konunun açılımını okuduğunuzda, sizin de bu ilgiyi kuracağınızı tahmin ediyorum.

"Üzüm nasıl yenir?" diye bir soruyu eminim ki kimse kimseye sormaz. Çünkü bunun cevabını herkes bilir. Fakat ben yine de izninizle anlatmak istiyorum.

Öncelikle mercan tanesi gibi harika görünüşlü üzüm salkımları, her şeyi arıtan ve besleyen su ile güzelce yıkanıp bir tabağa konur sonra da ikram edilir. Buraya kadar tamam. Peki ya yenmesi? Yemeye geçmeden önce üzümün ekmeğe katık olarak mı, yoksa yemekten sonraki ikram olarak mı yeneceği de önemlidir. Çünkü bu, yeme tarzını etkiler.

Aç iseniz; tane tane ve yavaş yavaş değil, ikişer üçer, dörder beşer alıp yersiniz. Açlık seviyeniz de hızınızı ve çiğneme katsayınızı belirler. Karnınız toksa; aceleniz yok demektir ve tane tane, tadını çıkararak yiyebilirsiniz. Genellikle bir yandan üzüm yenirken bir yandan da sohbet edilir yahut başka işler yapılır. Bu esnada arada bir üzümlere göz atılarak sağlamlığı ve güzelliği kontrol edilir; göze kestirilen taneler bölge farkı gözetmeksizin koparılarak yenir.

Üzüm salkımı büyükse ya da siz yemeye fazla istekli değilseniz veya üzümü sevmiyorsanız; önünüze getirilen üzüm bitmeden, siz yeme işlemini bitirmiş olursunuz. Peki, önünüzden kaldırılan üzümün görüntüsü nasıldır? Salkımın sapından tutup baktığınızda; bir çocuğun rastgele koparmasıyla birlikte kuşların ya da civcivlerin bu üzümden beslendiğini düşündüren bir manzara görürsünüz. Bu, hoş olmayan bir görüntüdür. Üzümü bu haliyle bir başkasına ikram edebilir misiniz? Tabi ki hayır! Peki kendiniz yiyebilir misiniz? Belki. Ya yenmezse? "Çöpe..." dediğinizi duyar gibiyim.

Şimdi olayı baştan alalım. Bütün bir salkım üzümün minik minik birçok salkımdan oluştuğunu herkes bilir. Salkımın her yerinden rastgele yemek yerine, üzümün sapına yakın küçük salkımlardan birini koparak başlayabilirsiniz. O bitince de diğer minik salkımı alabilirsiniz. Böylece siz üzüm yemeyi bitirdiğinizde, geride kalan kısmın sapı kesilerek, bütün bir salkım görüntüsünde buzdolabına tekrar kaldırılabilir. Gerektiğinde sudan geçirilerek (estetik bir arıza olmadığı için) rahatlıkla bir başkasına ikram edebilir ya da kendiniz yiyebilirsiniz. Bunu uygulamak, bildiğiniz gibi zor değil, fakat neden buna dikkat etmeyiz?

Üzüm yeme şeklinin; insanın iç donanımının, kendisine ve başkalarına duyduğu saygının, zevk ve estetik anlayışının, görüntüyü önemseyip önemsemediğinin, kaynak israfına karşı yaklaşımının ve ne yaptığının farkında olup olmadığının bir yansıması olduğunu düşünüyorum. Aynı zamanda bu, sonucunu hesap etmeden yapageldiğimiz pek çok yanlış alışkanlıktan biridir.

İnsanlar çoğunlukla sadece o anı düşünüyor; kendi davranış kalitelerini ve kendilerinden sonraki insanlara bıraktıklarını hesaba katmıyorlar. Böyle bir niyet ve gayret yok. Sonuca bakıldığında ise insanların çoğunda zevk ve estetik duygusunun yanında, ne yazık ki, sevgi ve saygı anlayışının da eksik olduğu anlaşılıyor. Zaten bunlar bir bütünün parçalarıdır. Bu hassasiyetlerin ve özelliklerin yokluğu ya da azlığı; ne yazık ki insanı ve içinde bulunduğu mekânı hissiz, zevksiz, mekanik, dağınık ve soğuk bir hale getirebiliyor. Kaliteli bir insan, önce kendisine saygı duyar; kendi üzerinde zevk, estetik ve duyarlılık taşıdığının ifadesi olan manevi süsler taşır.

Estetik; yapacağı iyi işleri, takındığı erdemli insan tavrı sonucunda hoşa giden yahut beğenilen zevk ve uyumun, kişisel farklılıklarla algılanışı ve yorumlanışıdır. Bu hassasiyeti taşıyan insanların bulundukları ortamdaki eşyaların yerleştiriliş biçimi ve aldığı görünüm bile farklıdır, emin olun. Renkler, birbirleriyle ve beraberindeki eşyalar ile dikkat çeken bir uyum ve ışıltıya kavuşur; adeta, bir kucak gülü sevdiğimiz birine sunarken yüzümüzdeki mutluluğun renginin, güllerin rengiyle harmanlanıp sunulması gibi muhataplarını ısıtır; kuşatır.

Zevk ve estetik ışıltılarını ruhunda toplayanlar, bulundukları yerden ayrıldıklarında bile bıraktıkları atmosfer ile sürükleyici bir ilgi çemberi oluşturur; derhal fark edilir ve aranırlar. O ince düşünüş ve yaşayış; kişinin kendisine saygı duymasından, kendi standardını yüksek tutmasındandır. İncitmek yoktur, kolay kolay gönülleri. Bir dalı, bir yaprağı lüzumsuz yere kopardığını göremezsiniz böylelerinin. Kendi gönülleri o kadar incedir ki herkesi o incelikte görür ve ona göre davranırlar. Onlar, bulundukları mekânı öyle temiz kullanırlar ki; o yerleri görenler, hiç kullanılmamış ya da beş yıldızlı otel elemanları şimdi temizlemiş zannederler. Çünkü zevk ve estetik; duygu ve saygı taşıyan insanların içlerinde olanın dışa yansımasıdır sadece. Bu hassasiyetler, insanı önce kendisi için ölçülü kılar.

İşte bu duyarlı ölçülere sahip olanlar, kendisine duyduğu saygıdan dolayı, üzümü dahi gelişi güzel yemez. Onun yapısına uygun biçimde düzgün yer, düzgün bırakır. Yine kendisine duyduğu saygıdan dolayı park ve bahçelerde çekirdek kabukları, piknik atıkları vb. şeyleri yerlere atarak yaşadığı yeri çöplüğe çevirmez. Böyle mekânlardan da rahatsızlık duyar. Denizlere poşet, plastik, cam şişe vb. kirletici maddeleri atmaz. İnsana duyulan saygı, eşyaya ve tabiata saygıyı da beraberinde getirir. Çöpleri yerleştirdiği çöp kovası bile tertemizdir. Evde, lavabodan çıkarken terliklerin birinin sağda birinin solda ya da ters yüz dönmüş olarak bırakıldığını göremezsiniz. Terlikler düzgün bir şekilde ve ihtiyacı olanın kolayca giyebileceği tarzda konmuş olur. Lavaboda sabun kullanılınca temiz ve susuz bir şekilde bırakılır. Koridorda, odada veya yerde duran bir eşya hemen alınıp yerine konur. Elimizde bulunan işi ya da bitmiş bir malzemeyi; rastgele yerlere değil, ait olduğu yere konur. Eğri duran bir çerçeve, kaymış bir masa örtüsü hemen düzeltilir. Göze hoş gelmeyen bir eşya duruşu varsa, renk ve konum itibariyle, estetik bir ifadeye kavuşturulur.

Bunların ya da benzer düzenlemelerin yapılabilmesi için sadece nüansın yakalanması yeterlidir. Ayrıca uyumun sağlanabilmesi zengin olmayı ya da çok güzel aksesuarlara sahip olmayı gerektirmez. Yeni alacağı giysileri veya eşyaları, evde mevcut bulunanlarla uyumunu düşünerek alır ve düzenler. Ufak tefek ilavelerle kullandığı mekânı bambaşka bir havaya kavuşturur.

Temizlik ve düzen, zevk ve estetik ile birleştiğinde kaliteli bir kişiliğin temsil edildiği ışıltılar demetine dönüşür.

Sonuçlar, sebeplerin varlığıyla ortaya çıkar. "Aslan yatağından belli olur." atasözü, bir sonucun değerlendirilmesidir. İnsanları şöyle ya da böyle davranmaya iten bir motor güç vardır. Pek çok insan, aynı ortamda yetiştikleri halde çok farklı özellikler ve yaklaşımlar sergilerler. Kendi alışkanlık, davranış ve tutumlarını, güzel ve asil bir standartta dokuyan insanlar; tercihleri, düşünüş ve yaşayışları ile algılama frekansları yüksek insanların ilgi alanına girerler. Bu tip insanlar; kuşatıcı, temiz, düzenli ve bulunduğu mekânı bir çırpıda farklılaştıran bir donanıma sahiptirler. Gönül merkezli zevk ve estetik anlayışı, jest ve mimiklere kadar damgasını vurur. Artık kalite, yaşanan ve taşınan asli unsur haline gelir.

Üzüm yemekteki dikkat ise bütünün içinde sadece bir parça ve dışa yansıyan bir ifadedir. Hepinize; zevk ve estetik zarafetiyle donanmış kaliteli bir hayat dileklerimle...

AKLI OLMAK YA DA AKILLI OLMAK

Akıllılık bir vasıftır. Belirtileriyle kendini ortaya çıkarır ve bir işleyişin mimarıdır. Akıllı olduğu bilinen insanlara akıl danışılır. Çoğunlukla başkalarının göremediğini görmek, bir işi yaparken ya da çözüm üretirken başka alternatifleri de devreye sokmak, hadiselere farklı pencerelerden bakmak, alışılmışın dışında fikir üretmek ve uzağı görerek hareket etmek; akıllılarda görülen vasıflardan bazılarıdır. Genel olarak da bir insana "o çok akıllı" dendiğinde, kârını zararını bilen, nerede nasıl hareket edeceğini kestirebilen, dengeli ve stratejik davranan biri kastedilir.

İnsan zihni, öncelikle kendini düşünmeye, kendi ihtiyaçlarını gidermeye ve benmerkezci bir yaklaşımla olayları kendi ekseni etrafında değerlendirmeye eğilimlidir. İşte eğitim, kişiyi önce kendi zaruri ihtiyaçlarını gidermeye, daha sonra da kendiyle birlikte başkalarını da düşünmeye yönlendirir. Bu yönlendirmeyi en doğru biçimde "İslam dini" yapar. Hz. Allah, bizim yeryüzünde insanca-Müslümanca yaşanabilir bir dünya oluşturabilmemiz için, hem gerekli kuralları bildirmiş hem de bunları Rasulullah (s.a.v.)'ın hayatında örneklendirmiştir. Allah, kullarına bunu fehmetmeleri için basiret, akıl, öğrenme gücü ve kolaylığı, merhamet, fedakârlık, sorumluluk, bilcümle potansiyel değer ve yeteneklerden yeterince vermiş. Ve bize; "Kendin için istediğini, başkaları için de iste.", "Komşusu açken tok yatan bizden değildir.", "Haram yoldan kazanacağın bir serveti değil de helâlden kazanacağın azıcık aşı tercih et." diyor dinimiz. Bu dünya hayatında kulların, yapıp ettiklerinin kaydedildiğini, ahiret denen öteki dünyada hesaba çekileceğini, mükâfat ya da cezadan hangisini hak ettiyse zerre kadar haksızlığa uğratılmadan kendisine yansıtılacağını da Allah bildiriyor. İlk önce kendimize sonra da topluma baktığımızda, imansızlık, acımasızlık, sorumsuzluk, tembellik ve Allah'ın yasakladığı zina, hırsızlık, alkol, dedikodu, kötü niyet vb. negatif unsurların alabildiğince çoğaldığını ve hatta kimi yerlerde bunun normalleşmeye başladığını görüyoruz. Rabbimiz dinin akla ve akıllıya hitap ettiğini, aklı olmayanın mazur olduğunu ve sorumlu tutulmayacağını bize bildiriyor. Yani akıl, ayrım noktası olup farklılık oluşturan unsurdur.

İnsandan, aklıyla elde edeceği bilgi-ilim ile hakikati kavrayıp kendisi için doğru olanı tercih etmesi beklenir. Çünkü Allah'ın dini anlaşılacak kadar sade ve açıktır. Ayrıca Peygamber Efendimizin hayatında da dinin nasıl pratiğe döküleceği detaylandırılarak yaşantısı ve sözleri ile hayata aktarılacak düzeye getirilmiştir, kolaylaştırılmıştır.

İnsan kendi aklıyla, kısa vadede kazandıran fakat sonunda çok büyük zarara götüren yolu tercih etmişse; aklının doğruları gösterme yönünde aktif olmadığı yani doğru kaynaklarla beslenmediği düşünülür. Uzağı görememektir, bu. Ayrıca atılan her adım bizi bir tarafa yaklaştırır, onun karşıtı olan taraftan da uzaklaştırır. Her adım bizde iz bırakır, her adımın devamında o psikoloji bizi kuşatır. Herhangi bir yöne hareket etmeden önce resmin bütününü görerek o adımın bize neler yüklediği hakkında düşünmemiz gerekir.

Düşünmek, insan için çok önemli bir eylemdir. Akıl, insana niyetine uygun sorular sordurur ve o sorunun cevabı yönünde düşünmeye sevk eder. Akıl zayıf kalınca, kısa vadeli ve yüzeysel düşünme (daha doğrusu derin düşünememe); insanı küçük düşüren küçük hesaplar ve menfaat ilişkileri ortaya çıkar. Bu durum, kişinin kendisini sorgulamasını sağlayacak ortam ve kişilerden uzak tutar.

Genellikle bir şey ya iyidir ya kötü, ya doğrudur ya yanlış, ya faydalı veya zararlıdır. Normal ile anormali ayrıştıran bir çizgi vardır. Bir şeyler ya o taraftadır ya bu tarafta. Ha, bir de bu ortadaki sınır çizgiye yakınlık ya da uzaklıktan söz edilebilir. Bir şeyin iyiliğinden ya da normal oluşundan söz etmek için bu sınır çizgisinin üzerinde olması gerekir. Hatta ne kadar tehlike çizgisinden uzak olursa o kadar iyi diyebiliriz.

Yine herhangi bir şeyin pozitif gücünden söz edeceksek, tehlike sınırının berisinde olmasının yanında, kendisini yeterli hale getirecek, aktif tutacak, bu doğru istikametinde kalmasını ve ilerlemesini sağlayacak beslenme kaynaklarının da olması gerekir. Bütün bunlar, bir sistemin çalışmasını sağlayan ana unsurun önemini gösteriyor bize; yani AKLIN.

Akıl, aklın önemini kavrayan büyüklerce gündeme alınıp geliştirilmesi yönünde gayret sarf edilmezse; duyguların ve temelsiz düşüncelerin etkisinde kalır. Çevrenin telkin ya da beklentilerinin cevabı olmaya başlar. Ve seyri, nehrin üzerindeki yaprağa benzer. Bilgi akışı ile donatılmayan zihin, aydınlık ufukları işaret etmeyen birikimin esiri olur. "Durma, düşersin" prensibi gereğince, gelişen insan ve değişen ihtiyaçları çerçevesinde, esnek fakat sınırları belli esneklikle insanı kuşatamayan akıl, kendisini başka sistemlerce kuşatılmış bulur. Bir de bakar ki farkında olmadan, farkında olan birilerinin hazırladığı çarka, ömrünü su niyetine akıtıyor.

Beş para etmeyen ve fikir tartışması zannedilen zanların mücadelesi kafa karıştırır. Kendi aklını kullanamayarak başkalarının aklına malzeme olanlar, hiçbir zaman kendisi olmaya ve kendisini geliştirmeye fırsat bulamaz. Çünkü diğer akıllılar buna müsaade etmez; yoksa çarkları dönmez.

Üç günlük dünya diye yaşanılan yarım asrı aşan ömür incelenirse, çoğu insan aklının doğru bilgi açlığından ölmek üzere olduğu görülür.

Evlatlarının bedenini geliştirmek kadar aklını da geliştirmeyi plânlamayan yetişkinler, derin pişmanlık içinde dizlerini dövmek için çok beklemeyeceklerdir.

- Kendi bildiğinden başka doğru tanımayanlar,

- Bir eşyayı bile kullanma kılavuzunu okumadan kullanmadığı halde; başta kendini, eşini ve çocuklarını tanımadan, onlarla iyi geçineceğini ve hayatı iyi yaşayacağını hayal edenler,

- Rahatlık ve tembellikleri için durmadan mazeret üretip, üstelik bunlara inanarak, hayatını çalışmanın güvenli ortamına yükseltmek yerine bilgisizliğin rehavetinde fırtına için zemin oluşturanlar,

- Akıllı davrananlarla yakınlık kurup kendine uygun olan yönlerini örnek alarak başarısızlıkla arasına mesafe koymak yerine, oturduğu yerden nefis yayından attığı kıskançlık oklarıyla yaralamaya çalışanlar ve bunu da marifet sayanlar,

- Ödemesi gereken bedeli göze alamadığı için tırmanamadığı dağda aktif insan olma zirvesini kötülemek ve oraya çıkmaya çalışanları bunun gereksizliğine inandırmak gibi bir gereksizliği görev edinenler,

- Evde çocuğuna, eşine vermediği sevgi ve ilgiyi, onlar dışarıda aramaya başladıklarında; aynada kendisine bakıp öz eleştiri ile durumu tespit ederek ne yapması gerekiyorsa acilen onlara başlamak yerine, habire sataşma ve taşlamalarla sevdiklerini kendisinden biraz daha uzaklaştırıp kötü durumu daha da derinleştirenler,

- Biraz da dinlemek dururken ve acilen gerekirken; sürekli kendisi konuşan, dinlemediği için anlamayan ve durmadan kendisinin anlaşılmadığını söyleyerek feryat edenler,

- Ve... Düşünmeyi unutup düşünmeme ve sıradan yaşama denizinde ha bire kulaç atıp gün tüketenler, "Bu gidiş nereye?" demeyenler, bu vasat gidişin sebebini sorgulayıp kendisini sımsıkı bağlayan bağları gördüğü halde onlardan kurtulmak yerine düğüm üstüne düğüm atanlar... yani bunları yapan bizler; "oku" emri gereğince, hakikatle ve doğru kaynakla teması engelleyen her ne kadar mani varsa hepsini teker teker aşıp ömre ömür katan, insana nitelik katan bilgilerle işe başlamak zorundayız.

Değilse bu gidişin kırılma noktası ya beklenmedik kötü bir düşüş ya da ölüm olur. Bu ikisinden de önce Kur'an-ı Kerim ve hadis-i şerifler ışığında hakikate yönelten kaynakları ve kişileri bulup aklın gıdasını verelim ki; aklımız fonksiyonel olsun ve pusulamız KIBLE'yi bulsun.

Akıllarını hayırda çalıştırmayı başaramayanlar, kendilerini şerde kilitlenmiş bulurlar.

ALIŞKANLIKLAR ARABASIYLA HAYAT YOLCULUĞUNDAYIM

Kimilerine kavuşmak, kimilerinden ise kurtulmak ümidiyle listelediğim alışkanlıklarımla muhasebedeyim.

Bugün kalbime tebessüm ettim. Çünkü kendisini hatırlattı, tekledi. Bir an ritmi bozuldu, yani aritmi yaşadım. Normal zamanda yöneltmeyi hiç aklıma getirmediğim bakışlarımı, bugün kalbime yönelttim. Gayri ihtiyari tebessüm ettim. Bu aritmi, bir gün bu ritim bozukluğunun artacağını ya da kalbimin aniden durabileceğini bana hatırlattı. Kimi zaman sevinç ve mutluluktan hızlanan kalbim, kimi zaman da sıkıntıdan hızlanmıştı şimdiye kadar. Halen, hayatın olağan temposu ve alışkanlıklarımın belirlediği bir tarz içinde seyrediyor. Bakışlar, duruşlar, anlayış ve ifade edişler, alışkanlıklarımın çizgisinde belirginleşiyor.

Askıya aldığım hayatın kimi unsurları, asmamam gerektiği halde asmış olmamın şekil bozukluğu ile karşılıyor beni. Eşyanın bile ahengini ve parçalarıyla uyumunu bozan yanlış duruş ve tutuşlar; hayatın aslî unsuruyken detaya inmenin, detayda olmalıyken yukarı çıkmanın denge bozukluğuyla kalp ritmimi etkiliyor. Hem hayatın ağırlığı hem de kolaylığı ile ilk muhatap oluşun merkezi, kalp bence. Daha doğmadan önce başlayan ve saatin tik takları gibi çalışıp ömrün anlarını tek tek sayan, onları zamanın ipek kesesi içinde toplayan, kalptir. Benim, bana yaptıklarımla ilk karşılaşanlardan biridir o. Duygularla el ele yürür. Neyi görsem ve ne yapsam bende bıraktığı duygunun ilk uğrağıdır. Düşüncelerimle harmanlanan duygular, davranışa yürürken, alışkanlıklarım onları çeker çevirir.

Alıştığımız yollar bize daha kısa gelir. Alıştığımız işler bize daha kolay gelir. Alışkanlıkların kolaylığı, insan ilişkilerinde ve yaşama biçimimizde, bizi, adeta kayarcasına ilerletir. Eğer hayatımıza yerleştirdiklerimiz doğru alışkanlıklarsa; daha kısa sürede amacımıza ulaşırız. Yok, eğer yanlışsa; o zaman da istemediğimiz durumlarla karşılaşmamız hızlanır. Şu anda ben ne isem ve nerede isem; bu, bana aitmiş gibi duran ve giderek de beni temsil eden alışkanlıklarım sebebiyledir. Savunmaya hazır bir psikolojiyle bakıyorum onlara. Çünkü başlangıçta; "Böyle düşünmemeliyim." ya da "Böyle yapmamalıyım." diye inanıp tepki gösterdiklerimi, bu inancımın gücü engellemeye yetmemişse, her düşünce ya da davranış tekrarında alışma yolunda bir adım daha atmış olurum. Böylece alışkanlıklarım giderek bana tanıdık ve sempatik gelmeye başlar. Hatta zamanla onları sever ve benimserim. Bu durumda artık ben teorik olarak; "Evet şunlar şunlar değişmeli..." desem de görüyorum ki hemen ardından; "Fakat şu sebeple ben öyle davranmaya başladım." gibi açıklama cümleleri sabırsızlanıyor, ağzımdan çıkmak için.

İşte bu sebeple ben de alışkanlıklarımı görüp analiz etmeye karar verdim. Kimileri bana kolay geldiği için hayatımda yer etmiş. Kimilerini okuyarak öğrenmiş, kendimce doğru bulduğum için uygulamışım. Kimilerini de; "O bunu hak etti!" ya da "Ben öyle davranmazsam o şöyle düşünür." veya "Ben kendimi korumak için şöyle şöyle davranmalıyım..." demiş ve bir-iki derken yaptıkça haklılığına inanmışım. Artık hiç düşünmeden öyle davranır olmuşum meğer.

Madem bugün alışkanlıklarımla muhasebedeyim, bu alışkanlıklar arabasının beni nerelere taşıdığına bir bakmam gerekiyor. İpek keseden zamanı geri alıp yanlış yönde çift dikiş gittiğim hayatın bazı anlarını söküp yeniden onarma şansım yok. Hep kendimi ve ihtiyaçlarımı gördüğüm aynadan artık yüzümü başkalarına çevirip başkalarının da benimle ilgili ne ihtiyaçları var diye düşünme zamanı gelmedi mi? Benim yanlış alışkanlıklarım yüzünden oluşan gönül yaraları var mı, ya da hiç bakım-onarım yaptım mı, iyileştirdim ve düzenledim mi çevremdekilerin gönüllerini? Bunları düşünme zamanı daha gelmedi mi? O an, şimdi değilse ne zaman? Ne zaman sona ereceği belli olmayan hayat yolculuğunda, alışkanlıklar arabasıyla giderken, normalde bilgi okları istikametinde ilerlemem gerekiyordu. Peki, şimdi rastgele ilerlememin acaba kime ne faturası çıktı; bunu biliyor muyum?

Erken yatıp erken kalkamamak, işlerimi vaktinden önce bitirmeyip hep son ana bırakmak, işlerimi özenle yapmamak ve yarım bırakmak dâhil olmak üzere pek çok alışkanlığım; çocukluğumdan bugüne benimle birlikte büyüdü.

Her konuda önce kendimin anlaşılmasını beklemek, muhatabım konuşurken sözünü keserek söyleyeceklerimi söylemek, onu dinleyip anlamaya çalışmak yerine, zihnimdeki söyleyeceklerimi sıraya koymakla meşgul olmak ve atılacak her adımı, "Önce karşımdaki atmalı..." diye beklemek; benim gördüklerimdendi. Bunları o kadar çok gördüm ki böyle bir durumla karşılaşınca bu tanıdık tavırlar hemen kendilerini öne çıkarıyor ve benim dünyamda yerini alıyordu. Ayrıca oluşmakta olan kişilik yapımda da iz bırakıyordu.

Giyimine, kuşamına, bitirdiği okula ve çalıştığı yere göre insanların kıymet kazandığını bana öğrettiler. "Kaz gelen yerden tavuk esirgenmez." deyip çıkarlarına hizmet eden ilişkileri öne aldılar hep. Değerli olmanın giyim kuşam ile başladığını söyleyip olmayacak insanlarla yarıştılar. Yemeklerinden kesip giyimlerine harcadılar. Bu arada düşünmeyi, okumayı, gönlü güzel nitelikli insanlarla beraberlikleri geri plâna attılar.

Günübirlik yaşamak, çıkara dayalı ilişkilerle zihni kurgulamak, düşünmeden yaşamak, aile içindeki iletişime de şekil verdi. Ve bu anlayış; tenkit, eleştiri, aşağılama ile benmerkezciliği öne çıkardı. Bu kadar negatif unsurun bulunduğu atmosferde oksijen gibi nahif ve acil bir unsur olan sevgi ve saygı da alıp başını gitti; terk-i diyar eyledi. Zaruretler çengelinde kalan parçasıyla ilgi de yetmeye çalıştı; ama ne yazık ki yetemedi. İlgi açlığı, sevgi ve saygı yoksunluğu ise insanlığın özünü tüketmeye başladı. Artık sahnede içi boş kalıplar boy gösteriyordu. Roller, kostümünü bulamamış ve rolünü unutmuş olanların elinde feryat ediyordu. Duyguların olmadığı ortam soğuyup buz kesmişti. O buz üzerinde ha kaydı ha kayacak diye korkulan yürüyüşler hayatı eziyete dönüştürmüştü.

Şimdi sen, yani ben, bu kadar düzensiz bir işleyişin içinden, bu atmosferi soluyarak gelmenin onulmaz savunmasına sığınıp içi boş bir kalıp olarak, içi boşlar arasında yaşamaya devam mı edeceksin, yoksa kendine yeni bir yol mu çizeceksin?

Mücadeleye var mısın?

Tereddüt etmekte haklısın, belki sen dışlanacak, anlaşılmayacak, zorlanacak, belki de yersiz tenkit ve aşağılamalarla pes etmenin eşiğine geleceksin; bundan korkabilirsin. Fakat unutma ki asıl korkman gereken; düşünmeyi, hayatı askıya almak gibi gündem dışında tutup bir kenara itmektir. Senden uzaklaştırdığın her şey giderek sana yabancılaşır. Eğer düşünmeden yaşıyorsan; fiziksel kalbin saat gibi çalışmaya devam etse de manevi kalbin teklemeye başlar, ruhun nefessizlikten bunalır, bunu bil. Oysa düşünen gönüllerde düşünce gücü, enerji üretip hayat bahşeden iksire dönüşerek yeniden ayağa kalkmana yardımcı olur. Bilginin gösterdiğini gören gözler, zihne kayıt yapmaya başlar ve seni destekler. Yanlış olan alışkanlıklarınla vedalaşmak ve yenileriyle tanışıp selamlaşmak; ideal olan ve tercih etmen gereken yoldur.

Ancak düşünen akıllar, yoluna çıkanların doğruluğunu yanlışlığını muhasebe edebilir. Varsa yanlışları, duanın etkili gücüne sığınarak hayatlarında değişim rüzgârları estirebilir. Öyleyse nazenin bir çiçek demeti gibi dualarımı sunuyorum.

Ey birbirine çarpmadan, birbirini ezmeden yağan kar taneleri gibi çatışmasız bir iletişimi destekleyen alışkanlıklarım! Tutun elimden! Ey gönül gözüm, görün onları ki ben de yağmurun beslediği çiçek gibi mutlu bir kalbe sahip olayım... Ve böylece aritmi değil; mutluluktan taşikardi (kalbin hızlı çarpması) yaşasın kalbim... Ve ben, yine kalbime tebessüm edeyim... Bu kez öyle olsun ki; alışkanlıklarımı masaya yatırıp hangisini nasıl geliştireyim diye muhasebe yapabileyim... İğreti duran duygusuz cümleler gibi hayatın kıyısında köşesinde değil de içi dolu anlamlı cümlelerin öznesi gibi hayatın merkezinde olayım ve emr-i Hak vaki oluncaya kadar dünyaya karşı güçlü olup, Rahman'a karşı teslimiyetin nazıyla boyun bükeyim, ne olur Allah'ım!

PERGELİN AYAĞI MERKEZDEN KAYARSA

Pergel, daha ilkokuldayken tanıyıp kullandığımız; daire, yarım daire ya da benzeri şekilleri çizmeye yarayan bir araçtır. Pergelin, belirlenen merkezde sabit tutulması gereken bir ayağı ve sıkıştırmalı kalem boşluğu bulunan hareketli bir ucu vardır.

Daire çizebilmek için öncelikle kalem takılmış bir pergele ve daireyi çizeceğimiz malzemeye ihtiyaç vardır. Diyelim ki; 10 cm çapında bir daire çizeceğiz. Önce çapı ölçerek yarıçapı buluruz. İki yarıçapın kesiştiği nokta merkezdir. Pergelin ayağını merkeze yerleştirir ve sabit kalabilmesi için hafifçe bastırırız; yani dikkat eder ve güç uygularız. Diğer ucunu ise yarıçapın merkeze olan uzaklığına yerleştiririz. Bu şekliyle merkezin etrafında 360 derece döndürerek istediğimiz daireyi elde ederiz. Bu arada, sabit tutulması gereken ayağa uyguladığımız hafif baskının devam etmesi ve kalemin iyi çizmesi gerekir ki; kağıt üzerinde iz bıraksın ve dairenin sınırları belirgin olsun. Ayrıca dairenin çapının değişmemesi için merkeze olan belirlenmiş uzaklığın da dikkatle korunması gerekir.

Peki ya pergelin ayağı merkezden kayarsa? O zaman ne olur? Bu durumda öncelikle merkezden uzaklaşmış oluruz; merkezin etrafında oluşması gereken daire, seyyar ucun da yer değiştirmesiyle oluşamaz ve hatta başka merkezli yeni bir daire oluşmaya başlar. Eğer sabit ayak yine kayarsa daire oluşamaz. Önceki sınırlar değişir, alanlar değişir ve kaymalar, sapmalar olur. Bu da asimetrik bir görüntü oluşturur. Yani güzel olmayan, düzgün durmayan, yanlış olan, tamamlanamamış dairesel halkalar dizini... Bu, dairenin kaymaması gereken alanlara kayarak başka alanlara müdahalesi anlamına gelir. Yani, burada bir rastgelelik, dikkatsizlik ve kargaşa var demektir. Netlik kaybolmuş; görüntü kaymıştır.

Bu durumda daire çizerken malzeme temininden sonra ilk dikkat edilecek husus; pergelin ayağının merkezden kaymaması gereğidir. Kazara ya da önemsememekten dolayı kayarsa, kuralların kaybolduğu ve kuralsızlığın ortaya çıktığı, kâğıda çizilenlerden izlenir; istenilen sonuç elde edilememiştir.

Aynen geometrideki bu ilke gibi toplum olarak bizlerin de bir hareket alanı ve sınırları; belli bir çerçevesi vardır. Hiç değişmemesi gereken bir güç ve destek kaynağımız, yani merkezimiz ve cüzi irade sınırları içerisinde hareket serbestliğimizin olduğu bir dairemiz, belirlememiz gereken bir yarıçapımız vardır. Bu dairenin oluşturacağı çap, insana tanınan normal hak ve hukuk ölçüsü kadardır. Bir başkasının haklarının, yetkilerinin ve sorumluluklarının sınırının başladığı yerde bizimki biter.

Serbest hareket alanı sayılan bu daire, her türlü ihtiyacı giderecek kadar geniş olup kimseye zarar vermeyecek kadar da yeterlidir ve bir başka daireye normal işleyiş içerisinde ancak teğet geçebilir; sınırları zorlayarak kısmen de olsa başkasının dairesine müdahale edemez. Fakat bazen kendi sınırlarını zihninde netleştiremeyenler, başkalarının kendi sınırlarını ihlâline ses çıkarmazlar. Çünkü bu ihlalin ne anlama geldiğini bilmezler. Bunun zararını anladıkları zaman da herkes, sınır ihlâlini müktesep bir hak gibi görmeye başlamıştır bile…

Pergelin ayağı merkezde sabit durduğunda, ucunun açılabileceği en son nokta bir insanın cüzi irade sınırları içinde ulaşabileceği en iyi noktayı ve seviyeyi ifade eder. Dairenin en güzel şekli alabilmesi için yetecek bir mekân ve imkân demektir bu. Yani kendisi olabilmenin zirvesi… İnsan isterse, kendisini zirveye çıkarmaya yetecek bir serbestliğe sahiptir. Dairenin çapının yetersiz olması, kabiliyet ve kapasitenin yeterince geliştirilip pratize edilememiş olması demektir. Bazen benlik değerinin zayıf ve kendine güvenin az olması, kişilerin inandıklarını cesaretle yapmalarını engeller. Bu, kalemin çok az ve silik çizmesi gibidir ki; kimi durumlarda kâğıt üzerinde çizim oluşup oluşmadığı bile belli olmaz. Aynen bunun gibi bu tip insanların bazen varlıkları ile yoklukları pek belli olmaz. Davranışları, sözleri ve düşünceleri iz bırakmaz. Sınırlarını istese de pek belli edemezler; böyle durumlarda da haklarının ve daire alanlarının ihlal edilmesi kaçınılmaz olur.

Bu insanlar, sorumluluklarını da çok zor yerine getirirler ve kolay pes ederler. Çekingendirler; kendi kaplarını dolduramaz ve çoğu kere de başkalarına yük olurlar. Bu durum onları da üzer ama bu durumdan nasıl kurtulacaklarını bilemezler. Ayrıca bu frekans karışıklığı merkezin sabitliğini de etkiler; sık sık merkez kayması ve çaplarının farklılaşması gibi bir sorunla karşılaşırlar.

Pergelin ayağı merkezden kayarsa ne olacağını gördük; peki, ya bizim ayaklarımız merkezden kayarsa? Sabit durmamız gereken, sürekli ve dikkatli bir vurgu ile güçlendireceğimiz duruşumuzun merkezi neresi ve biz neresindeyiz? Bizim, olmayı istediğimiz merkezimiz şu anda durduğumuz yer mi? Bu ideale ne kadar yakınız ya da uzağız; farkında mıyız? Bizim sabitlerimiz ve değişkenlerimiz neler? Nelerin üzerine vurgu yapmalı ve iz bıraktırarak sınırlarımızı belirlemeliyiz? Seyir mekânımızın sınırlarını biliyor ve koruyor muyuz?

Gelin, isterseniz merkeze ait değerlerden bir kısmını sıralayalım:

- Müminler olarak Hakimimiz (yöneticimiz) ve Rabbimiz (eğiticimiz/terbiye edicimiz) Hz. Allah'tır; buna yürekten inanıyoruz. İşte merkez noktamızı belirleyen bir ilke...

- O'ndan gelip O'na gideceğimize de inanıyoruz.

- O, iyilikleri, doğruluk ve güzellikleri yaşamamızı istiyor ve bunu yapanları ödüllendireceğini; yapmayanları cezalandıracağını bize bildiriyor.

- Yaşamın da ölümün de takdiri O'nun elinde ve biz ne zaman O'nun huzuruna gideceğimizi bilmiyoruz. Ahirette inananların buradakinden çok daha güzel bir hayatı olacağına da inanıyoruz.

Merkeze bunları koyduğumuzda pergelin diğer ayağı da samimiyetle Rabbe yönelip O'nun yoluna sevdalandığımızı yansıtan bir hayat dairesi çizecektir. Bize güç, takat ve enerji veren beslenme kaynaklarımız; Kur'an-ı Kerim okumak, namaz kılmak, dua etmek ve hayır işlemek. Bunlar bilinçlice yapıldığında inşallah hep bu merkezde kalacağız demektir.

Kişiyi merkeze çeken ya da merkezden iten sebeplerden biri de yakından uzağa, mü'mince yaşanan bir kardeşliğin sosyal kontrolü ve yaptırım gücüdür. Eğer dengeleri yerinde bir işleyiş içindeysek sosyal onay da daima yücelten ve ileriye doğru yönlendirici bir etki yapar.

Ayaklarımız merkezde iken öncelikle Rabbimizin yardımı bizimle olacaktır. Dairemizin çevresi; sınırlarımızı belli eden ve iz bırakan davranışlarımızdan oluşuyorsa önce Rabbimizle, sonra kendimizle, daha sonra da ilişki içinde olduğumuz herkesle; (dine, mala, cana, akla nesle zarar verilmedikçe) sevgi dolu içten bir yaklaşım örneği sergilemekle başlar. Problem üreten değil problem çözen; kalplerde düşmanlık ve kin oluşturan değil dostluk köprüleri kuran; iyilik yapmayı seven ve hiç boş durmadan insanlara faydalı olmaya çalışan örnek fertler olmakla dairenin çapı genişler. Bu, insanı her şeyin ötesinde değerli ve önemli görmek; gücenmemesine, mutlu olmasına ve başarmasına yardımcı olmak demektir.

Bu insanca ve erdemli davranış öyle iz bırakır ki; bu izler asırlarca güneş gibi parlar. Ve o yola girenleri aydınlatır. Yaşama biçimimiz, düşüncelerimizin aynasıdır ve hal ile sözden daha etkilidir. Bunu; insanı insan yapacak bir öz ve söz güzelliğine, davranış kalitesine yüceltecek değerlerimizle kazanabiliriz. İnsanlar öyle içten inanır ve yaşarlar ki; artık bu davranışları bir reflekse dönüşür. İçimizdeki mıknatıs, kaliteye ve erdeme ayarlanmıştır.

Başlangıçta hissettiğimiz sempati sevgiyle, sevgi imanla birleşir.

Merkezin manzarası büyüleyici... Fakat ya ayaklarımız merkezin çekim alanından uzaklaşmışsa ya da merkezden kaymışsa? O zaman bu mutluluk yeniden talep edilinceye kadar ruhumuz, kim bilir hangi gezegende hüzünlü saatler geçirir.

Merkezden uzaklaşmak; öncelikle kendimizle ve Rabbimizle iletişimimizi bozar. Çünkü insan, fıtraten doğruluktan, iyilikten ve güzellikten mutlu olacak; huzur duyacak yapıda yaratılmıştır. Bu doğrulara ayarlanmamış sistem, yanlış bir işleyişe entegre olursa; fıtrat zorlanır, kişi gerginleşir, kişinin huzuru kaçar ve frekansları karışır. Yanlış işleyiş, karaktere olumsuz tesir eder; dengeleri bozar. Bu dengeleri yeniden kurabilmek, pergelin sabit ayağını merkeze kaydırabilmek için bozulan duygu, düşünce, davranış ve yıpranmış ilişkileri düzeltmek çok yoğun bir enerji harcamak zorunda kalırız. Üstelik bozulan ilişki ve yıpranan değerlerin eski haline döndürülememe riski bile vardır. Oysa pergelin sabit ayağını merkezde tutma çabası, çok daha zahmetsiz ve kolaydır.

Dilerseniz insan ilişkilerini de merkezden saptıran örneklere bir göz atalım...

Mesela; birileri bizim sebebimizle haksız yere mutsuz ve huzursuz oluyorsa, yersiz yere kavga çıkarıyorsak ve şiddet kullanıyorsak, sabit ayağımız merkezden epeyce kaymış demektir.

Bizim sebebimizle birilerinin yuvası yıkılıyorsa; ayaklarımız yine merkezden kaymış demektir.

Çevremizde, bizimle birlikte vakit geçirmek isteyen insanların sayısına bakalım... Bize güvenen insanların sayısına bakalım; kaç kişiye karşı sözümüzde durabildik?

Kayınvalide isek, gelinimizle nasıl bir yaşantı sürdüğümüze bakalım. Gelin isek tavrımız, yaklaşımımız bize ne dedirtiyor?

Bütün bu ve benzeri sorulara objektif biçimde verilecek cevabımız, kişiler arası ilişkilerimizde merkeze olan uzaklığımızı belirleyecek.

Acaba kaçımız bu tür durumlara; "Rabbim affetmeyi sever, bu tavrımdan memnun olur. Öyleyse affedeyim, kavgayı keseyim, muhatabıma yardım edeyim." şeklinde yaklaşabiliyoruz?

Sizce şu anda kaçımız merkezdeyiz dersiniz?

Kaçımızın; "Ben ölmeden önce gerçek bir insan gibi yaşayacağım." dileği ve gayreti var?

Birilerinin yaptıklarını konuşmaktan kendimize bakmaya ve kendimizi değerlendirmeye fırsat bulabiliyor muyuz?

Niye bu kadar rehavetteyiz?

Bol bol, 5 vakit, hatta 10-15 vakit dualarımızda, merkeze kilitlenme aşkıyla Rabbimize yalvardık da geri mi çevrildik?

İçten gayret ettik de başaramadık mı?

Kardeşlerim; her doğan gün, bize daha iyi bir hayat için sunulmuş yeni bir fırsattır, temiz bir sayfadır. Sizinle merkezde buluşmak üzere randevulaşmak istiyorum. Fakat bu randevulaşmaya ahiretten önce var mısınız?

DAĞITMAYIN DAĞILIRSINIZ

Dağınıklık dağıtır mı?

"Evet dağıtır."

Peki nereyi?

"Elbette bulunduğu ve ulaştığı her yeri..."

Bu dağınıklığın sınırlarını, aklınıza gelebilecek her alan ve konu ile doldurabilirsiniz.

Dağınıklık kelimesini duyunca çoğunlukla normalde bulunması gereken yerde bulunmayan malzemelerin, düzensiz görüntüsü akla gelir. Genelde görünen yerlerin dağınıklığı söz konusu edilir ve konunun daha çok bu tarafıyla ilgilenilir. Fakat bir de dolap, çekmece, sandık, çanta vb. gibi görünmeyen, içinin nasıl olduğunu ancak sahibinin bildiği, yerlerin ve eşyaların dağınıklığı ya da düzensizliği söz konusudur ki; asıl dağınıklık budur. Çünkü bunu kimse bilmese de sahibi bildiği için zihin bundan etkilenir.

Dağınık insanlar iki gruba ayrılır:

Birincisi; dağınıklığı küçük yaşta ailesinden görerek öğrenmiş ve adeta başka alternatifi yokmuş gibi bu mirası(!) hayatının her alanında bir tarz olarak sürdürenlerdir (ne yazık ki).

İkincisi ise; ailesinden böyle bir miras devralmamıştır; fakat düzen konusunda yeterince eğitilmemiş ve pratik yapmamış olanladır. Ayrıca kendisi ya bu durumu değiştirecek bilgi ve cesaretten yoksundur ya da işlerinin gücünün üzerinde olmasından dolayı düzen sağlamaya yetişemiyordur. Dağınıklığı toplarken dağıtırkenkinden daha fazla zaman ve enerji harcayarak yoruldukları halde, bu bir kısır döngü halinde sürer gider. Ta ki düzenin önemi konusunda bilinçleninceye kadar...

Bazı insanlar iş yaparken çalıştıkları ortamı dağıtır ve kirletirler. Mesela; yemek pişirecekleri zaman ihtiyaçlarından fazla kap kullanırlar. Sebze ayıklarken çöplerini herhangi bir poşete ya da uygun bir kaba koymak yerine, lavabonun içine atarlar ve işleri bittiği zaman da bunları temizlemek için uğraşırlar. Bu tip insanlar dağınık çalışırlar, fakat dağınık insan grubuna girmezler.

Dağınıklık, kimi zaman işi bitmiş malzemeleri; "Şimdilik bırakayım, birazdan alırım." düşüncesiyle sağa sola rastgele bırakmakla oluşur. Fakat düzenleme her zaman gerçekleşmez. Çünkü biraz sonra da yapılacak başka işler çıkacaktır ve dağınıklık dağınıklığı çektiği için "şimdilik" diye bırakılan eşyaların sayısı giderek artacaktır. Mesela; yolda giderken kaldırımın kenarına bir çöp atıldığını görseniz, bir süre sonra aynı yerden geri dönerken atılan çöpün fazlaca yalnız kalmadığını ve başka çöpleri de misafir ettiğini göreceksiniz. Çünkü herkesin atılacak bir şeyleri vardır. Ne yazık ki bazıları, bunları çöp kutusuna atmak yerine ilk buldukları yere atmayı tercih ederler. Oysa bu, doğru bir davranış değildir. Kendimize, çevremize ve topluma saygılı olmak gerekirken en çok da toplu yaşanılan bu alanları hoyratça dağıtırız nedense.

Kimileri içinse dağınıklık; dağıtmak kendisinin hakkı, toplamak da başkalarının görevi imiş gibi elindeki eşyaları sorumsuzca sağa sola atmakla oluşur. Çoğunlukla kendisi ile iletişimi bozuk ve uyumlu yaşamaya yanaşmayan insanların, kafa karışıklığının dışa yansıyan bir görüntüsü olarak da dağınıklık görülebilir.

Bu duruma ev hayatımızdan bir örnek verelim: Diyelim ki kurumuş temiz çamaşırları katlayıp yerleştireceksiniz. "Birazdan yerleştiririm, şimdi şu yarım işimi bitireyim." dediniz ve yatağın üzerine bıraktınız. Biraz sonra çıkarılan bir giysi, başka odalara götürülecek eşyalar vb. ile yatağın daha da kalabalıklaştığını görürsünüz. Bu çamaşır yığınını, gidip gelirken göz önünde yapılacak bir iş olarak bulunması bile bir süre sonra insana sıkıntı verir. Bir yere bırakmak zorunda kaldığımız eşyaları dağınık değil de katlayarak ve mümkünse düzenli bir şekilde bırakırsak; bu sıkıntıdan anında kurtulmuş oluruz. Aslında o çamaşırları yerine yerleştirmek; zihnimizde büyüttüğümüz kadar zaman alan bir iş de değildir çoğunlukla.

Mutfakta, bulaşıkları topladıktan sonra lavaboda akıtmadan tezgâhın üzerine dağınık bir şekilde bırakırsak; sanki bir davet verilmiş de onun tüm bulaşığı tezgâhı kaplamış gibi bir kargaşa ve görüntü kirliliği oluşur. Kirlenmiş çarşaf ve nevresim takımlarını çıkarıp katlamadan, düzensiz bir şekilde küvete atarsak; bunların bir tanesi bile ortamı yarım küvet kirli çamaşır varmış gibi kabarık ve dağınık göstermeye yeter.

Düzenli olmak (dağınık olmamak), plânlı ve programlı olmakla hemen her zaman bir arada bulunur. Plân ve programı hayatına yerleştirerek vazgeçilmez bir tarz olarak benimseyebilmiş insanlar, diğerlerine nazaran çok daha başarılı olur ve hedeflerine çok daha kolay ulaşırlar. Her yerleştirilen sistemin başarıyla devamı için bilinçli bir dikkat ve kesintisiz bir gayret gerekir. Dağınıklığın zararı ve düzenin faydası bilinmeli ki; neyin, niçin tercih edildiği de netleşsin.

Dağınıklıktan kaçınmak için haklı gerekçelerimiz var. Dağınıklık, insanları pek çok yönden etkiler. Karen Kingston'ın "Yaşamınızda Feng Shui" adlı eserinde (Ötesi Yayıncılık) ifade ettiği gibi; dağınıklık duyarlılığımızı ve yaşama sevincimizi köreltir. Evimizin ve iş yerimizin havasını etkilediği gibi hayatı dolu dolu yaşama gücümüzü de söndürür. Dağınıklığın durağan enerjisi, enerjinizi aşağı çekerek kendinizi yılgın ve depresif hissetmenize sebep olur. Umutsuzluk duyguları dağınıklıkla birleşir ve dağınıklığın giderilmesiyle bir ölçüde rahatlar. Çünkü toparlanmak hayatımıza yeni şeylerin girmesini sağlayacaktır. Mekânlar fiziksel olarak hafifledikklerinde, duygusal hafiflik de beraberinde gelecektir. Dağınıklık, insanların bize karşı tavrını da etkiler. İnsanlar bize, bizim kendimize davrandığımız gibi davranırlar. Siz kendinize değer verir ve özen gösterirseniz; onlar da size iyi davranırlar.

Evin ya da bulunulan ortamın dağınıklığını giderdiğinizde mekânın enerjisi serbest kalır. Aynı durum bedenimiz için de geçerlidir. Dağınık tipler (genellikle), yeterince egzersiz yapmazlar, sıklıkla bağırsakları çalışmaz, ciltleri donuk, bakışları sönüktür. Daha az dağınıklığı olanların (genellikle), yaşantıları daha aktif, ciltleri daha parlak, bakışları ışıltılıdır.

Çoğu insan, görünen yerlerin temizlik ve düzenini sağladıktan sonra, görünmeyen yerlerdeki tertip ve düzeni o kadar da önemsemez. Fakat bunu kendisinin bilmesi, enerjisinin engellenmesine, bloke olmasına ve enerjinin aşağı çekilmesine sebep olur. Demek ki dağınıklık, sırtımızda sürekli taşımak zorunda olduğumuz lüzumsuz bir yük gibidir. Oysa ondan kurtulabilmeyi ve hem bedenen hem de ruhen hafiflemeyi herkes arzu eder. Bu durumda yapılacak ilk iş; tarafsız bir yaklaşımla varsa dağınıklığımızı teşhis etmek ve düzenli olmayı ısrarla istemektir. İkinci aşamada da bir kurtuluş reçetesi hazırlanmalı, yani bilgilenilmelidir. Sonra da bıkıp usanmadan ömür boyu sürecek bir sisteme demir atılmalıdır.

Dağınıklık mekânlarda olunca ciddi sıkıntı ve kayıplara yol açıyor. Peki ya zihnimizin dağınıklığı? Yani duygu, düşünce ve inançların dağınıklığı söz konusuysa, bu insanı nasıl etkiler? Zihin dağınıklığı nasıl düzenlenir? Zihin karmakarışıksa, bilgi var fakat hangisinin nerede kullanılacağına dair tespit ve tasnif yoksa, bir plân ve program yani düzen yoksa, öncelikler de karışmış demektir. İhtiyaçları gidermek üzere bir plânlama yapılmadan iş yapılıyorsa, önce yapılması gereken bazı önemli işler sona kalır; asıl önemli işler aceleye gelir. Aceleye gelen bir işte, eksik bırakma, unutma ve işin düzgün olmaması gibi aksaklıklar kaçınılmazdır. Dağınıklıkla acelecilik bir araya gelirse, akılda tutmayı da hatırlamayı da zorlaştırır.

Hangi bilgileri zihnimizde tutup hangilerini değiştirmek gerektiği de çok önemli bir husustur. Yanlış davranışlar kimse tarafından hoş görülmez; rahatsızlık verir ve bizi ilerletmez. Bu yanlış davranışları taşımamızı ve korumamızı sağlayan şey, haklı olduğumuza dair inançlarımızdır. Okuduğu halde bu bilgiyi davranışa geçirmeyen ve doğrunun arayışı içinde olmayanlar, zihin kirliliği ve tıkanıklığı yaşıyorlar demektir. Dağınık ve net olmayan inançlar, kilitlenmiş anlayış biçimi, duygu ve davranışlar olarak kendini belli eder; dışa yansır. Onları yeni ve doğru inançlarla değiştirebilmek, karmaşaya son verme kararından sonra mümkündür. İnsanların istikrarsız olması da çoğunlukla zihinsel dağınıklık ve önceliklerini tanzim edememekten kaynaklanan yetersizlikler yüzündendir.

Sistematik düşünme ve yaşama alışkanlığı, doğru bilgilere ulaşma ve bu çerçevede yaşama gayreti; önce zihinde sonra evde başlar. Ondan sonra da okulda ve toplum hayatında ilavelerle ve uygulamalarla devam eder. Fakat bu işleyişte yenilenme, sürekli hareket halinde olma, hayatı diri ve anlamlı tutma niyeti bulunmalıdır. Vaktiyle kökleşmiş yanlış düşünüş ve yaşayış şeklini değiştirmek; yenisini oluşturmaktan daha zordur. Bu sebeple yeni oluşumlar her zaman bir sanatçı titizliğiyle kurgulanmalı ve devamı için sabırla mücadele edilmelidir.

Yaşadığımız mekânların ruhumuz üzerinde ciddi bir etkileme gücü vardır. Mekânın derli toplu ve düzenli olması, düzgün bir psikoloji ve aktif bir enerjiyi getirir; zihinsel dağınıklığı da asgariye indirir.

Dağıtmadığınız ve dağılmadığınız bir hayat dileğiyle...

"BİR KERE AĞZIN DEĞSİN, BEĞENİRSEN YERSİN"

Önüne konan yemeği sevmediğini söyleyen, ya da hiç tatmadığını veya tadını değişik bulduğu için yemeyeceğini söyleyenler için kullanılır, bu söz. "Bir kere tatmaktan ne çıkar, çok güzel olmuş. Hele bir tat, belki de beğenirsin..." diyerek, yemeyen ikna edilmeye çalışılır. Ben ise evde kendi çocuklarımdan; "Ben o çorbayı yemem..." ya da "Ben o yemeği sevmiyorum..." diyenlere, "Tadına bir bakın, beğenirseniz yersiniz. Tatmak mecburi, doymak serbest." diyorum. Bir kaşık da olsa tadına baktırıyorum ve buna rağmen yemek istemezlerse ısrar etmiyorum. Çoğunlukla tadına bakınca birkaç kaşık da olsa yiyorlar. Yöntem işe yarıyor anlayacağınız... Ayrıca böyle davranmanın uzun vadede farklı tatlara alıştırmak ve önceden istemediklerini ister hale getirmek gibi bir faydası da var. Konuya yemekten başladık ama aslında bu uygulamanın sosyal hayata yönelik biyolojik ve psikolojik yansımaları daha mühim.

Bir kere tatmak, tanımak demektir. Ağza alınan gıda, dil üzerindeki çukurcukların tat etkilerine duyarlı hücreleri uyarır. Bu uyarılar belli sinir yollarından geçerek beyne ulaştığı zaman, tat duyumları meydana gelir. Beş duyumuzla hissettiğimiz her algı, hafızaya kaydedilir. Kaydedilen her bilgi, hatırlatıcı en ufak unsurla bile su yüzüne çıkar; yani hatırlama olur.

Tatmak, tanışıklığın da ilk adımıdır. "Bilmiyorum"un kapısını kapatıp, "biliyorum"un kapısını açar. Tanımamanın tereddütlü atmosferinden kurtulmanın ilk adımıdır; yani zor olan kısmıdır. Göz önce gördüğüyle, dil de tattığıyla tanışır; sonra da onlara alışır. Tanışıncaya kadarki aşama önemlidir. Eğer bu aşılırsa devamı daha kolay gelir. Kişinin alışkanlık çemberini kırıp yeniliklere açılması kolay değildir. Bunların olabilmesi için ilk adımın atılması lazımdır. Fakat tanımadığımız ve bilmediğimiz her şey, başlangıçta tereddüt ve çekingenlik; hatta korku oluşturur. Onun için kişisel gelişimde faydalı olabilecek değişiklikler tavsiye edilir ve "Yalnızca ilk adımı atmak zordur." diyerek devamının kolaylaşacağına dikkat çekilir.

Nedir, ilk adımdan sonraki adımları kolaylaştıran?

Niçin ilk başlangıçlarda zorlanırız?

Yeni davranışların oluşması, öğrenilmesi, sinir sistemi ile olmaktadır. Öğrenme; beyinde birtakım kimyasal, elektriksel değişiklikler ve sinir sisteminde yeni sinektik bağların kurulması ile açıklanmaktadır. Herhangi bir davranışın, sinir sisteminin en küçük parçaları olan nöronlar arasında birtakım bağların kurulmasına, alıştırma ve tekrarların da bu bağların kuvvetlenmesine yol açtığı bilinmektedir. Demek ki; bu bağ kurulmadığı için ilk teşebbüs, ilk deneme ve ilk tatma zor gelmektedir. Bu bağlantı kurulunca diğer adımlar artık tanıdık gelmekte ve bağın güçlenmesine katkıda bulunmaktadır.

Bu bağlamda, görmek tanışıklık oluşturduğuna göre gözümüzün önünde bulunanlara giderek alışacağımız ve artık onu tanıdık sayacağımız gerçeği de ortaya çıkar. Ayrıca, hiç niyetimiz yokken de sürekli gözümüzün önünde duran ve belki daha iyi alternatifi olmadığını düşündüğümüz şeyleri almak, tatmak ve hatta bitirmek bile artık sürpriz sayılmaz.

Göz önünde bulundurmak; önce gözün sonra gönlün alışması anlamına gelir. Bakmak, hayal etmeyi ve düşünmeyi; düşünmek ise eyleme geçmeyi tetikler. Buna bağlı olarak da görme sıklığı; tercih etme ve davranışa geçirme oranını etkiler. Görmek, benimsemeye giden yolda yürümek demektir. Biliyoruz ki bakışlar, en etkili iletişim vasıtalarıdır. Özellikle ilgiyle bakmak; detayları bile görmeyi sağlar. Zevk ve estetik duygularını harekete geçiren görüntüler, gönlümüzün ayaklarına çelme takarlar. Onun için hangi yolda yürüdüğümüz ve neleri gördüğümüz çok önemli.

Bu noktada iki kategoride toparlayacağımız kimi hususlara dikkatle yönelmemiz ve kendimizi bu konularda sorgulamamız gerekiyor:

Birincisi;

- Çocuklarımıza ve bize zor gelen fakat bizi iyiliğe, hayra sevk eden adımlar nelerdir? Bunları nasıl kolaylaştırabiliriz?

- Beş duyuya hitap ederek bizi Hakka ve hakikate yöneltecek mesaj ve görüntülerle nasıl daha yoğun meşgul olabiliriz?

- Gözümüzden ve gönlümüzden, elimizden ve dilimizden çıkması gereken eylemler ve söylemler neler olabilir?

- Hayra yaklaştıran ilk adımlar nasıl atılmalı ve devamı nasıl gelmeli?

İkincisi ise;

- "Bir kereden bir şey olmaz!" diye çocukların, gençlerin ve yetişkinlerin yanlış alışkanlıklarla tanıştırılması; zarar veren görüntü ve insanlarla bir arada olması; acaba söyledikleri gibi zararsız mı?

- Ve bir kere bir şeyi yapmaktan gerçekten de şer çıkmaz mı?

- İyiye de kötüye de yönelmede ilk adım, ilk muharrik unsur, çok önemlidir ve çok şey demektir. Bunu her birimiz hayatımızın farklı aşamalarında, kimi zaman acı biçimde, tecrübe ettik. O halde tedbirimiz ve çözümümüz nedir?

Bizi tercihe götüren kararlılığın bileşenlerine baktığımızda, doğrulara yaklaştırıcı ya da doğrulardan uzaklaştırıcı bir anlayış ve hayat tarzının varlığını görüyoruz. Evet ya da hayır dedirten bu tarz, bizim kayıp ve kazançlarımızın mihenk taşıdır.

Ömrünüz boyunca yolunuz yordamınız düzgün, adımlarınız sağlam ve kolay, artılarınız bol olsun inşallah.

ÇANTAMDA GÖZLÜK, TELEFON, CÜZDAN VARSA TAMAM; YA ZİHNİMDE?

Konya'daydım; bir panele katıldım ve İstanbul'a dönüyorum. Hava alanına gitmek üzere arabaya bindiğimde, hemen çantamdaki olmazsa olmazlarımı kontrol etme ihtiyacı hissettim. Kimliğim; her çanta değiştirişimde otomatik olarak yerine konduğu ve hiç çıkarılmadığı için onu eledim. Her an kullandığım ve bir yerde unutma riski yüksek olan gözlük, telefon ve cüzdanıma baktım. Evet onlar da tamammış. İçim rahat, gidebilirim artık.

Her yolculuk sırasında, çanta değiştirmede tüm bu malzemelerimi tek tek kontol ediyorum. Çantamda bunlar olmazsa sıkıntı yaşayacağım için kontrol etmeden yola çıkmıyorum. Bunlar benim olmazsa olmaz eşyalarım; peki ya zihnimdekiler? Onları da kontrol ediyor muyum aynı titizlikle; zihnimin labirentlerine yerleştirdiğim olmazsa olmazlarım da var mı aynı şekilde?

Cevabı mı merak ediyorsunuz? Ne yazık ki "hayır". Benim böyle bir sistematiğim bu âna kadar oluşmamıştı. Acaba şimdiye kadar onlar olmadığı için ben ne gibi sıkıntılar yaşamıştım da farkında bile olmamıştım? Ve ben onları başka şeylere bağladığımdan hiçbir tedbirim de mi olmamıştı? Aman Allah'ım, günübirlik besmele ile çıkma ve rastgele dualar etmenin dışında; benim zihnimde öne aldıklarımla hareket etmek gibi bir seçimim ve hazırlığım olmamıştı!

Peki, bundan sonra ne yapmalıydım? Neyi öne almalı, neleri zihnimin gözlerinin önünden ayırmamalıydım? Günlerdir düşünüyorum; kaç kişiye sordum, istişare ettim, kendi zihnimdekiler ile onlarınkini karşılaştırdım ve bana "evet bunlar" dedirten altı temel esas belirledim şimdilik. Sayıyı daha da artırmak mümkün fakat miktar arttıkça pratiklik kaybolur ve uygulama imkânı zayıflar. Bu yüzden benim için acil olanları ve aklıma yatanları seçtim. Danıştıkça gördüm ki; herkesin yanına alacakları farklı farklıydı. Benimkiler ise doğal olarak benim önceliklerim ve önemlilerim idi.

Zihnimin olmazsa olmazlarını keşif serüvenim işte böyle başladı ve şimdi anlatacağım aşamaya geldi. Bunu sizlerle de paylaşarak faydayı artırmak istedim. Ayrıca sizin kendiniz için daha güzelini üreteceğinize inanıyorum. Kendi tespitlerimi çıkardıktan sonra bunları değerli kardeşim Yusuf Özkan Özburun beyefendi, değerli eşi Nazlı Özburun hanımefendi ve araştırmacı yazar Ümit Şimşek beyefendi hocama da danışarak yeniden gözden geçirdim. Sonunda da şu şekilde bir sıralama oluşturdum:

Besmele, dua, iyi niyet (hüsnü zan).

Devamında tereddütlü idim. Çok güzel anlamlı ilâveler teklif edildi ve en sonunda Özburun çiftinin teklifi ile *salavat*ı ilâve ettim; devamına *takdir* dedim.

Ve Ümit Şimşek Hocam da; *"örnek davranışlar"* dedi. Böylece içime yatan bir sıralama yapmıştım. Bundan böyle dışarı çıkarken bunları gönlüme, ve zihnime almadan çıkmayacağım inşallah.

BESMELE: (Ya Rabbim senin adınla başlıyorum, senin adınla adım atıyorum.)

DUA: (Doğru görmeyi, doğru anlamayı, doğru konuşmayı ve doğru davranarak razı olacağın şekilde yaşamamı nasip et.)

İYİ NİYET - HÜSNÜ ZAN: (Ben, herkese ve her şeye karşı iyi niyetli ve güzel bir zan içinde olacağım.)

TAKDİR: (Gördüğüm her iyi şeyi takdir edip sahibine teşekkür edeceğim.)

ÖRNEK DAVRANIŞ: (Kim, ne yaparsa yapsın; ben, insanca ve saygılı davranacağım.)

SALAVAT: (Dilim hep Rasulûllah'ı ansın ki zihnim yanlış şeylerle meşgul olmasın; salavat getirmenin manevi kazancını yaşayayım.)

Bunları küçük bir kartona yazıp her daim çantamda taşıyacağım inşallah. Ayrıca, çocuklarım ve eşim için de birer tane hazırlayıp PVC ile kaplatıp ellerine vereceğim. İnanıyorum ki; onlar ve sizler, benden daha iyisini yapacaksınız.

Ya Rabbim, sen bizi bizden daha iyi bilirsin; senin şanına yakışan örnek bir kul olmak istiyoruz. Niyetimizi hayırlı, sonuçlarını başarılı eyle. Cümlemize daha iyisini yapmayı nasip et. Güzellikleri üretmede daim ve kaim eyle, ey kullarının ihtiyaçlarını en iyi bilen ve cevap veren güzel Allah'ım.

DENİZİN RENGİ NİÇİN MAVİ?

Başlıktaki soruyu insanlara yönelttildiğimizde genellikle; "Mavi olduğu için.", "Bilmiyorum." "Hep öyle söylenir; haritalarda bile denizler mavidir. Fakat niye mavi, onu bize anlatmadılar.", "Gökyüzü mavi olduğu için." gibi cevaplar aldım.

Doğru olanı son cevaptır. Denizden geçerken o görkemli maviliği, zihnin bütün hassasiyetine ziyafet çeker gibi seyre daldığınızda bir de başınızı kaldırıp gökyüzüne bakarsanız; bu muhteşem rengin kaynağını görürsünüz. Eğer güneş pırıl pırıl ve mevsimlerden de yaz ise maviliğin tüm denizi kapladığını fark edersiniz. Yok eğer hava bulutlu, gökyüzü sisli puslu ise lütfen denize bir daha bakınız; itiraz etmeden aynı rengi yansıttığını göreceksiniz. Çünkü suyun rengi nötrdür. Buna saydam, beyaz ya da renksiz de diyebiliriz. Rengi olmayan saydam maddeler, derinlikleri nispetinde kendileri üzerindeki hâkim rengi alır ve o renge bürünür. Mevcut atmosferin durumuna göre benimseme, içselleştirme ve aynı ile görüntü verme durumu söz konusudur.

Bu etkileşimi, insan ilişkilerinde ve bilhassa çocuk eğitiminde de görmemiz mümkün. Bir hadis-i şerifte Peygamber Efendimiz (s.a.v.) şöyle buyuruyor: *"Her doğan, fıtrat üzere doğar; daha sonra ebeveyni onu Yahudi, Hristiyan, Mecusi ya da putperest yapar."*

Yani ortada nötr olan ve şekil almaya müsait bir yapı vardır. Onu etkileyen ya da kuşatan çevre, ona nasıl bir görüntü veriyor ve nasıl bir insan ilişkisi sunuyorsa; o da ona göre değer yargıları oluşturuyor ve bakış açısı kazanıyor. Duygu ve davranışlarını da o eksende oluşturuyor demektir.

"Biz insanı hiçbir şey bilmez halde yarattık." buyuran Allah'ın, onu yetiştirip topluma takdim etsin diye lütfettiği ve şereflendirdiği aile; çocuğun dünyayı gördüğü, davranış kalıplarını öğrendiği model durumundadır. Ailenin ona sunduğu kimlik, kişilik ve dünya görüşü gökyüzü mesabesinde; çocuk da bunu yansıtan deniz gibidir. İmam-ı Gazali'nin ifade ettiği gibi; "Çocuk saf bir cevher, temiz bir bal mumu gibidir." Bu ise, görüntü aksettirmeye, şekillenmeye hazır ve müsait oluşu ifade eder.

Eğer çocuklarımızın iyi bir görüntü ve yaşayış içinde olmalarını istiyorsak; önce bu davranışları biz sergileyelim ve onlara örnek olalım. "Bilmeyen el hüner üretmez." özlü sözünde belirtildiği gibi; önce kendimizin ve insani ilişkilerin sonra da bunların oluş ve bozuluş kanunlarını bilmeliyiz. Yaratıcımızın ölçüleri doğrultusunda bir sistem kurmalıyız. Dua, bilgi, bilinç, metotlu bir şekilde çok çalışmak ve sabır; başarının bileşenleridir. Misyonumuzu gündemimizde tutalım ve başarıyı isteyelim. Çünkü başarı, ona inanana gider ve çalışanda kalır.

YOKSA BIÇAĞINIZ GÖRMÜYOR MU?

Yazının başlığını okuyunca, büyük ihtimalle, önce bıçak ve görmek kelimelerinin birbiriyle ne ilgisi olduğunu düşünecek; sonra da bıçağın kör olmasıyla bağlantı kuracaksınız.

Genç ve yetişkin yaş dönemindeki çoğu kişi "kör bıçak" tabirini duymuş ya da kullanmıştır. "Bu bıçak körelmiş.", "O bıçak kesmiyor, kör.", "O bıçağı kullanamıyorum, köreldi." gibi ifadelerle, bıçağın artık iş görmediği, eskisi gibi kesmediği anlatılmak istenir.

İş yapma hızınızı azaltan, zaman kaybettiren ve bazen de can sıkan bir durumdur; bıçağın kesmemesi. Ekmek kesiyorsanız, ekmek ya ufalanır ya da uğraştığınız halde kesilmez ve ezilir. Et doğruyorsanız, aynı yere defalarca bastırarak kesmeye çalıştığınız halde sadece git gel yapar, yani yerinde sayarsınız. Ne yapacağını bilmeyen insanların, bir ileri bir geri gitmesi ve yerinde sayması gibi... Bu durum makas için de geçerlidir ve aynı tabir kullanılır. Kumaş vb. şeyleri kesme işini seri ve düzgün yapmayan makaslar da artık körelmiştir. Bıçak, makas gibi kesici aletlerin muhtelif körelme sebepleri vardır. Bunları kabaca şöyle sıralayabiliriz.

İlk akla gelen sebep, madeni ile ilgilidir. Uygun olmayan ya da kalitesiz madenden iyi bir malzeme yapılamaz. İnce, dayanıksız, adi basma bir kumaştan elbise dikilip yıllarca dayanmasını beklemek gibi. Her madenin işe yarayacağı bir kullanım alanı vardır. O alanda en iyi o malzeme işe yarar. O madene uymayan bir kullanım alanı için bir malzeme yapılırsa, kullanım arızaları kaçınılmazdır. Kalitesiz bir madenden yapılmış bıçak ya da makas aldığımızda, yeniyken taşıdığı ışıl ışıl rengi kısa sürede kaybeder ve yıldızsız geceler gibi kararır. İlk günlerde kendisini satın aldıracak derecede kesen bıçak yahut makas, beklenmedik bir şekilde kesmemeye başlar. Sanki; "Benden bu kadar." deyip bırakmıştır. Artık sadece aksesuar, yani görüntü zenginliği amaçlı korunabilir.

İkinci sebep, kaliteli bir malzemeden yapıldığı halde bulunduğu ortam ve kullanış biçiminin uygun olmayışıdır. Sürekli nemli, tozlu ve madenine zarar verecek bir ortamda bulunması; görüntüsünü bozduğu gibi keskinliğine de zarar verir. Çünkü kesici ağız daha ince ve hassastır. Kullanırken kesilmemesi gereken şeyler kesilmeye çalışılırsa; hassas olan kesici ucu etkilenir, düzgünlüğünü kaybeder ve kesemez olur. Ekmek ve et bıçağı ile kemik kırmak, teneke vb. metalleri kesmeye çalışmak, sert yerlere vurmak gibi. Demek ki kullanım kolaylığını ve süresini azami şekilde uzatmak, işe yararlık derecesini en üst düzeyde devam ettirebilmek için, bir şey ne maksatla yapılmışsa onu o iş için kullanmalıyız. Yoksa maksadı dışında kullanılan her şey gibi o da değer ve iş gücü erozyonuna uğrar.

Üçüncü bir sebep ise, uzun süre kullanım alanı dışında tutmaktır. Yani atıl bekletmek ve herhangi bir sebeple kullanmamaktır.

İlk etapta akla geliveren bu sebepler, bıçağın iş görmesini yani görevini yapmasını engeller ve bir süre sonra kullanıcıları onu elden çıkarmak zorunda kalabilir.

Peki, bıçaklar körelir de insanlar körelmez mi? Kendisinden beklenen işleri, gerek bilgi-beceri eksikliğinden gerek "uygun işe uygun eleman" mantığı gözetmeden yapması beklendiği için yahut o işe ehil olmadığından veya yaptığı işi ciddiye almadığından yerine getirmiyorsa; böylesi kişiler de bıçağın görmediği gibi "görmemiş" olmuyor mu?

Mesela:

- Kuru temizlemeciye verdiğiniz giysiniz istediğiniz gibi olmamışsa; bıçak kesmemiş, gerekli iş yapılmamıştır.

- Anne çocuğuna yeterli bir annelik, baba çocuğuna yeterli bir babalık yapmamış; çocuğu hayata hazırlayalım derken hayattan soğutmuşsa...

- Dinlemekten çok konuşuyor, üstelik konuştuklarımızı da yaşamıyorsak...

- Yardımlaşmayı, paylaşmayı ve affetmeyi unutmuşsak...

- Sevmenin kuşatıcı ve sakin iklimine demir atmak dururken; sevgisizliğin hırçın dalgalarıyla boğuşmaktan kurtulamamışsak...

- Daha eşimiz ve çocuklarımız arasında sevgiye ve saygıya dayalı bir iletişim köprüsü kuramamışken; sözle devlet yıkıp devlet kurmaya kalkışıyorsak...

- Başkalarını üzmeyi, ezmeyi ve yıpratmayı marifet sayacak derecede; merhametten ve bilinçten yoksun yaşıyorsak...

- Kendimizden başka kendimizi seven kimse bırakmamışsak... -ki bu aslında kendimizi de sevmiyoruz demektir. Çünkü seven sevdiğinin faydasına olan şeyleri yapar. Biz ise tam tersini yapıyorsak burada bir arıza var demektir.-

- Yersiz ve sebepsiz yere çocuklara, zayıflara kötü davranıp şiddet uyguluyorsak...

- Görevimizi yapmaktan ve iş becermekten aciz olduğumuzu anlayıp aşağılık kompleksine kapılarak; birlikte yaşadıklarımıza hayatı dar ediyorsak...

- Doğrunun peşinde olmak yerine, yanlışımızı savunuyorsak...

- Çocuğumuzu, eşimizi ve bunlardan da önce kendimizi tanımayıp adeta el yordamıyla yaşıyorsak...

- Yaratandan ötürü, yaratılana sevgiyle yaklaşamıyorsak...

Bu sıraladıklarımız bizde hüküm icra ediyorsa; bıçağımız görmüyor ve bir şeyler yanlış gidiyor demektir. Gömleğin ilk düğmesi yanlış iliklenince diğer düğmelerin de yanlış iliklenmesi gibi bu hal, başta kendimiz olmak üzere herkese zarar verir. Peki, biz niye bu kadar köreldik; göremez olduk? Birbirimizi köreltmeyi, iş göremez hale getirmeyi bizden kim istiyor?

Aslında insan olarak bizim madenimiz, yaradılıştan kalitelidir. Kalitesizlik, körelme yoktur; belki her insanın madeni farklıdır ve o farklılığa göre işlenmesi gerekir, o kadar. İşlenirken ki titizlik, sonucun kalitesini belirler. "Sen bir altın gibisin, bilgi seni işlesin / Nasıl işlenmiş isen, değerin odur bilesin." sözünde olduğu gibi.

İşlenme biçimi aynı zamanda iş görebilme derecesini de ifade eder. Çocuklar birer cevher, madendir: Onları işleyen önce anne-baba, ardından da okul ve toplumdur. Yeterli bir işçilik sergilenmemiş, onu yapacağı işe ve sorumluluklarına iyi hazırlamamış halde topluma salıvermek; büyümüş fakat yeterince geliştirilmemiş ve olgunlaştırılmamış, çıraklık okulunda yeterince alıştırma yaptırılmamış, aslında iyi bir usta olacakken vasat bir seviyeye zincirlenmiş büyük bir yeteneğe haksızlık yapmak gibidir.

Bazen de cahillik ve iletişim hatalarından dolayı muhataplarımızı kapasite zaafına uğratabiliyoruz. Yani kaliteli malzemeyi yanlış alanda kullanmaktan dolayı değer kaybına uğratıyoruz. Bilelim ki; elimizdeki aletin madeni sağlam ise geçici iş kaybı ya da yetersizlikler giderilebilir. Bıçak bilenir ve neredeyse eski haline gelir.

İnsanlar olarak bizler de bilenebilir, mevcut yetersizliklerimizi tespit edip yok edebiliriz. Böylece sıkıntıyla yaşama mihnetinden ve insanlara eziyet verme pozisyonundan kurtulur; onurlu bir duruş sergileriz.

Gelin, bugün kendimize bir iyilik yapalım. Gidişatımızda, kullandığımız yöntemlerimizde bir arıza varsa bu gidişe bir dur diyelim. Vitesi küçültüp sağ şeride geçelim, arıza ışıklarını yakalım ve acilen bakım temin edip durumu düzeltelim. Bizleri körelten her sıkıntının elbet bir çözümü vardır. Eğer hızımızı kesip çözüm aramazsak; kaza yapmamız ve belki de bunu çok pahalıya ödememiz işten bile değildir. Allah korusun.

Hayattaysak ve aklımız-sağlığımız yerindeyse her körelmenin bir de bilenmesi; yeniden sağlıklı biçimde işlemesi vardır. Bunu başarabilmek için;

1- Önce davranış ve anlayış değişikliğine dair istek duyalım. Yanlışlarımızı gidermeye niyet edelim.

2- Körelmeye sebebiyet veren halimizi objektif bir yaklaşımla tespit ve teşhis edelim; bunun için gerekirse yardım ve destek alalım.

3- Doğru uygulamanın ne olduğuna karar verelim.

4- Doğruları hayata uygulamak için bir plânlama yapalım.

5- Sonuna kadar pes etmeden bu doğrularla yaşamaya niyet ve gayret edelim.

Doğru biçimde yaşamanın keyfi ve güzelliği ile tüm kâinatın bezenmesi temennisiyle...

SU YUMURTAYI NASIL DENGELER?

Yumurta, hem bir tüketim maddesidir hem de üretim cevheri taşır. Aynı zamanda diğer gıdaların besin değerlerinin kendisine göre ayarlandığı tam bir gıda maddesidir. İçinde taşıdığı önemli maddeler itibariyle; vücudun olmazsa olmazlarındandır ve çok değişik şekillerde hazırlanarak sofralarımızda yer bulur.

Yumurtanın pişirme yöntemlerinden biri de suda haşlamadır. Gelin birlikte bir deney yapalım. Elimize küçük bir tencere alıp içini tek sıra yumurtayla dolduralım. Yumurtaların kimi dikey, kimi yatay, kimi de çapraz vaziyette birbirlerinin üstüne yaslanmış olarak duruyorlar; değil mi? Şimdi de tencereyi musluğun altına tutup suyla dolduralım. Yumurtaların hemen silkinip kendilerine geldiklerini, pozisyonlarını düzelttiklerini, birbirlerine yaslanarak yük olmaktan kurtulup kendi esas duruşlarını aldıklarını görürüz.

Peki, nasıl ve niye böyle oldu? Çünkü su gibi harika bir denge unsurunu yumurtalarla buluşturduk. Su; normalde besler, temizler, ayrıştırır, seyreltir ve işte böyle dengelerin yerli yerine oturmasına yardımcı olur. Zira suyun kaldırma kuvveti vardır. Bulunduğu zemini kaplamak, boşlukları doldurmak, cisimlerin ve canlıların dışarıdan ya da içeriden su alarak hayat bulmalarına; ayağa kalkmalarına yardımcı olmak gibi ciddi işlevleri vardır.

Suyun başardığı işleri kendimize örnek alarak hayatımıza uygulayacak olursak; yaşadığımız pek çok sıkıntı ortadan kalkacak ve adeta güçlü sabah güneşinin görkemli ışıltıları, gözümüzü, gönlünüzü ve ömrümüzü aydınlatacaktır.

Suyun bütün bu işleri başarabilmesi taşıdığı özelliklere bağlı... Kabaca tahlil edecek ve kendimize örnek alacak olursak;

1. *Su, nötrdür.* Biz de olaylar ve insanlar karşısında doğruları ölçü alarak objektif bir bakış açısına sahip olmalıyız.

2. *Su, şeffaftır.* Biz de açık, net ve anlaşılır olmalıyız. Olduğumuz gibi görünmeyi ve göründüğümüz gibi olmayı ilke edinmeliyiz.

3. *Suyun kaldırma kuvveti vardır.* Rabbim insanlara da anlama, kavrama, değerlendirme, tahammül etme ve başarma özelliklerini potansiyel olarak vermiştir. Önemli olan bunların ortaya çıkarılıp uygulamalarla işler hale getirilmesidir. Kendine güvenen, cesur, akıllı, olayları doğru anlayıp yorumlayabilen, karşısındaki insanları (kasıtlı zarar vermedikçe) seven ve sayan, onlara önem veren kişiler; bilgi ve bilinçle hareket ederek çevrelerinde geniş bir etki çemberi oluştururlar. Bu; suyun nazik, kibar ve sakince bulunduğu yerdeki cisimleri kuşatması gibi incitmeden olur. Böyle insanların tahammül gücü, olaylara ve insanlara yaklaşımları, özel ve güzel olacağı için; onlar olayların ve tavırların altında ezilmezler. Bilakis, olumsuzlukları kaldırır, gerekirse duruma göre farklı bakış açıları geliştirir ve hatta olumsuz gidişten ders çıkarıp artı değer üretebilirler. Bu insanların özgül ağırlıkları yüksektir. Kalite taşırlar ve bunu da çevrelerine yansıtırlar. Bunu gören herkes kolaylıkla fark edebilir. Çünkü "Bir kap içinde ne varsa dışarıya onu sızdırır."

4. *Su, boşlukları doldurur.* Biz de insanların eksik ve yanlışları üzerinde gereksiz bir hassasiyetle durarak daha büyük boşluklar oluşturmamalıyız. Çünkü üzerinde durulan şeyler pekişir. Bunun yerine olumlu özelliklerini vurgulamalıyız. "İnsanların karanlık bölgelerini açığa çıkarmaya çalışacağımıza; aydınlık bölgeleri genişletelim." Böylece karanlık bölgeler kendiliğinden azalır; aydınlanmış olur. Bir yanlışla karşılaştığımızda yardım ve iyilik adına o şahsın arkasından dengesini bozacak tarzda iterek değil, yanına gelip sözlü olarak ya da uygunsa fiilen elini sıkıca ve sev-

giyle tutup; "Bak ben yanındayım, şimdi daha güçlüyüz, üzülme, telafi edebiliriz. Hepimiz bazen istemesek de yanlışlar yapabiliriz, inşallah bir daha olmaz. Önemli olan yaşananlardan ders alıp bir daha yapmamaya çalışmaktır. Sen iyi bir insansın, seni seviyorum." diyebilmeliyiz. O zaman, o insanın dengeleri en kısa zamanda yerine oturacak ve kendine olan güveni tazelenecektir. Böyle dostane ve çözüm endeksli bir yaklaşım, yaşanacak psikolojik sıkıntıları da önleyebilir.

5. *Su, öyle cömert öyle sevgi doludur ki herkese ve her şeye ayırım yapmadan hizmet sunabiliyor.* İnsanlar ve toplumlar da sevgiyle ayakta durur; nefes alır. Sevgisiz değil insanlar, hayvanlar ve hatta çiçekler bile sağlıklı yaşayamaz. Özellikle de çiçekler... Tüm o görkemli güzellikleriyle insanların ruh dünyalarına, estetik bir ziyafet çekmeleri için güneş kadar su kadar sevginin sıcaklığına ihtiyaçları vardır. Hayvan ve çiçek seven ya da besleyen insanların daha çok yaşadıkları tespit edilmiş. Ya bir de kendimizi ve insanları olması gerektiği gibi dolu dolu seversek; kim bilir hayatımız ne kadar güzelleşir ve bereketlenirdi...

Sevgi, dengeli insanların elindeki meşale gibidir. Hep önünü ve gideceği yeri aydınlatır. Bu meş'aleyi taşıyanlar, bunun karşılığında iki dünyada da pek çok yönden kazançlı olur. "İnandığı işi yapan insanların enerjisi asla tükenmez"; ellerindeki meşale hiç sönmez. Tıpkı suyun enerjisinin, sevgisinin ve bereketinin hiç bitmediği gibi...

Biz de kâinat kitabının önemli bir bölümü olan suyu hakkıyla okuyarak; insan hayatına kattığı olmazsa olmaz dengeyi ve faydayı hayatımıza uygulayalım inşallah.

Hayatımızın su gibi güzel ve bereketli akması temennisiyle...

İNSANI EN ÇOK SAVURAN ŞEY, YANLIŞ YAPMAMASI DEĞİL DOĞRUYU ARAMAMASIDIR

İnsan zihni, çoğunlukla aradığının takipçisi ve istediğinin yolcusudur. Her insanın doğmadan önce başlayan zihinsel etkilenmeleri bebekliğinden itibaren aktif olarak devam eder ve zihnine kodlanır. Hatta farkında olmadan kendisini yönlendiren o kadar çok bilgi kaydeder ki... Bunlar, zamanla eyleme geçer ve bir yaşam biçimine dönüşür. Kişi, çevresinde artık o yapıp ettiklerine uygun bir imaj oluşturur; o şekilde tanınır ve bilinir.

İnsanın yaratılışı gereği yanlış yapma ihtimali vardır. İnsanın hayatta kendisine ve yaşamaya verdiği anlama göre aradıkları ve gördükleri değişir. Zihninde kendisinin ulaşması gereken yer diye tanımladığı mekâna ve yolculuğun gerektirdiği malzemelere; yine zihnindeki değer ve anlamlara göre müracaat eder.

"Hedefe ulaşmak için her şey mubahtır." anlayışındakiler için doğru olan budur ve buna göre hareket ederler. Aradıkları şey, istediklerine nasıl en kolay yoldan ulaşabilecekleri bilgisidir ve bunu buldukları zaman en doğru zamandır; ne gerekiyorsa yapılır. Bu arada birilerinin haksızlığa uğramış olması, üzülmesi ve mağduriyeti, bunun dinî ve ahlaki ilkelere uygunluğu gibi durumlar pek de önemli değildir; bunlar hedeflerinin önüne engel demektir, ölçü bunlar değildir çünkü.

İnsan isterse, en haksız durumdayken bile sözleri ustalıkla kullanarak herkesi haklılığına inandırabilir, bunun için yemin eder, ağlar ve her türlü yeteneğini ustalıkla sergiler. İnsan öne sürülen kanıtların gücüne kolay kanar ve inanma eğilimine girer. Oysa tek taraflı bilgi ne kadar güçlü görünürse görünsün, yeterli değildir. Bunu sağlamak marifet de değildir. Akıl; kâr ve zararı hesap ederken, kendisine dünyada biçtiği role ve çıkarlarına uygun hareket ederken, kendisini hareket ettiren inanç ne taraftaysa o tarafa uygun davranır.

Eğer insanın kendisine biçtiği rol, kendisine yüksekte bir yerleri işaret etmiyorsa; kişi aşağılarda seyredecektir. O zaman da aşağılarda bulunanları dost edinecektir. Kendisini doğruya sevk edecek örneklerden ve dostlardan mahrum kimse, çok büyük kayıp içindedir. Çünkü kendisini destekleyenler oldukça insan, yanlışını kolay göremez ve düzelme şansını da böylece yitirir. Bu yüzden savunduğu doğrular yaşama biçimi haline geldikçe; yaklaştığı taraf aynı zamanda sığındığı taraf olur.

Yanlışı yapmak çok kolaydır ve insan yanlışa çok kolay alışır. Bunun zorluğu ise çok sonra yaşanır. Yanlışa düşmek için eğitim almak, danışmak, düşünmek gerekmez. Aklına geldiği gibi, duygular ne derse ona uygun davranmak yeter. Sonucu hesap etmek gerekmez, vicdan azabı diye bir şeyle uğraşmak gerekmez, özür dilemeye de gerek yoktur. "Birikmiş suyu kendi haline bırakırsan istediği yere akar, bir kanal açarsan istediğin yere akar." sözünde ifade edildiği gibi duygular, düşünceler ve davranışlar başıboş bırakılırsa insanı öyle bir yerlere atar ki; kişi kendisi bile nasıl olup da oraya vardığına şaşırır. Fakat inancın gerektirdiği kurallara göre yaşanırsa, duygular, düşünceler ve bunları takip eden davranışlar insanı çok daha iyi yerlere getirecek cinsten olur.

Allah inancı zihinde ve rıza aşkı gönüllerde olmadıkça; insan kolay ve cazip olana meyletme eğilimindedir. Zihnimizin çalışma metodu, sorularla yönlendirildiğinden aranılanı bulma şeklindedir. Oysa doğrular sadece aranmakla bulunur; kendiliğinden bize gelmeleri pek vaki değildir. Bu, seçici algımızın işidir. İnsan, insan olması gereği hata, yanlış ve günah işleme eğilimindedir. Peygamber ve melek olmanın dışında bunlardan kaçınmak zordur.

Ne var ki insanı yüceltecek olan yanlış yapmaması değil, ayette de buyrulduğu gibi, yanlışından sonra tevbe edip daha iyi olmaya çalışmaktır. İnsan; "Nasıl daha doğru bir insan olabilirim?", "Ben ne yaparsam Allah ve Rasulü razı olur?", "Bir daha yanlış yapmamak için nelere dikkat etmeliyim?" türünden soruları, zihnin eline adeta bir arama listesi olarak tutuşturmalıdır. "Allah'ım, doğru düşünmemi, doğru anlamamı, doğru konuşmamı ve doğru yaşamamı nasip et. Doğru zannederek yanlış işler yapmaktan sana sığınırım. Beni doğru insanlara yakın kıl ve beni de o doğru insanlardan eyle!" diye sürekli ve içtenlikle yapılan dualar; zihnin ne arayacağını ve nereye yöneleceğini belirler.

İnsan, yanlış yaptığında bunun (bilerek ve kasten yapmanın dışında) insani bir hal olduğunu kavramalı ve doğrusunu öğrenerek doğru davranabileceğinin bilinciyle yeniden hayata ve doğru işleyişine merhaba diyebilmeli. İşte o zaman daha doğru davranmanın zeminini oluşturur.

Her adımımızın Allah'a yaklaştıran duamız olması; niyet ve eylem olarak o tarafa yönelmemizi ve duyarlılığımızı diri tutmamızı sağlar. Bilmeliyiz ki yanlış adımlar doğru yere götürmez. Doğru tarafa yönelerek ısrarla kendimizi görmek istediğimiz yere doğru ilerlememiz ise, inşallah kalıcı ve çok etkileyici nice güzelliğe kapı açacaktır.

Başta Rabbimizin razı olması; akabinde de şahsımız, yakınlarımız ve gelecek nesiller için doğru modeller olabilmek gibi bir idealimiz olmalı. Doğrular, bedel ödemeyi gerektirir; zordur ve çoğunlukla kolay olmaz fakat sonrası her daim güzeldir. İnsanı ve toplumu nitelikli bir hayata, erdemli bir yürüyüşe götürecek olan şey; Rabbimizi razı edecek bir çizgide olmayı önemsemek ve bu çizgide kalmanın mücadelesini vermektir.

Bu tavrın hepimizin tercihi ve bu tercihin nasibimiz olması niyazımızla efendim...

NEREYE RAZIYSAN ORADA KALIRSIN

Görünenin ötesini ziyaret etmek istedim bir gün, iç içe kapıları vardı.

Hangisinden girsem; bilemedim. Girsem dediysem, sanki hangisini açmaya niyetlensem açılır zannetmemdendir. Oysa denediklerimden sonra anladım ki; sırayla, her birinin açılması için bir basamak gerekiyormuş. Aynı zeminde durup da yukarılara tırmanacağını sanma yanılgımla tanıştım.

Bu makamda yeni bir soru kapımı çaldı:

Peki, şimdi, şimdi ne yapacaktım?

Yok, muydu bu basamakların ne olduğunu ve her bir aşamada nasıl adım atılacağını öğretecek bir rehber; yol gösterici kılavuz?

Zihnimi yokladıkça ve oradan aradığım cevapları çekip çıkaramadıkça derinliği olmayan sularda kulaç atmaya çalışanlar gibi hissettim kendimi.

Yüzeysel yaşarken, günübirlik ve günü kurtaracak işleyişle yuvarlanıp giderken ve üstelik bunun da iyi bir gidiş olduğunu zannederken hayatı sorgulamanın başlaması galiba ilk basamak olmalı. Bunun için mi varım ben? Bu kadarcık mı bendeki hikmetin görüntüsü? Elbette bu kadar olamaz ve olmamalıydı da. Amacını bilmeden yürüyenin, nereye gittiğini bilmeden adım atıp duranın, güzel ve ulvî bir yerlere rastlaması ne kadar mümkünse; işte bu gidişle iyi bir seviye yakalayacağını düşünmek de o denli zayıf bence. Zamanın kimsenin hatırını saymadan alıp başını gitmesi mümkünken, bir saniyenin bile sizin ricanızla hatta yalvarmanızla yanınızda fazladan kalması mümkün değilse ve benim "hoşça kalın" deme zamanım ne zaman, bunu bilmiyorsam... Bu gidişatı geri çevirme konusunda acele etmenin vakti gelmiş de geçiyor demektir.

En yukarılara çıkmak mümkünken; en dipleri tercih edip, hayatı nefes alıp vermekten ibaretmiş gibi kuytu dehlizlerde yaşamak, Yaratıcımızın bize verdiklerine karşı büyük bir itham olur. Bu devranın defteri dürülüp de huzura vardığımızda Rabbimiz; "Sana verdiğim fırsatları niçin görüp de yakalamadın? Ben seni en iyi olabilecek bir kapasitede yaratmıştım, sen ise en düşüğünü seçtin..." dediğinde, o zamanki pişmanlığımız ne kadar da anlamsız ve yersiz olacak! O gün gelmeden; fakir sofralarında iftar ederek, ekmeğimizi aşımızı israf etmeyecek şekilde ayarlayarak, haklı olduğumuz ve konuşabileceğimiz halde susup gönül kırmayarak, gece gündüz hakkını vermenin umudu içinde ibadetlerimizi ifa ederek, samimiyetle af dileyip affedeceğine de gönülden inanarak ve yaratılana yaradanından ötürü saygı duyarak bu hayatı yaşamanın, "basamaklar" anlamına geldiğini bilenler biliyormuş.

İnsanı merkeze alıp onu koruyarak ve onun iyiliği için çalışıp hayrına sevinerek mesafeler kat ediliyormuş. Yürek olmadan sadece beyin taşımak; insan olmaya yetmiyormuş.

Ağlamayı unutmadan; acıya duyarlı ve doğru yaşamanın kılı kırk yaran hassasiyeti ile utanmayı ve edebi gözümüzün önünden hiç ayırmamak gerekiyormuş.

Acı söz taşları ile karşımızdakinin kafasını gözünü yarıp da hâlâ; "Ben duyarlıyım, Peygamberimi çok seviyorum, ibadetlerimi hamdolsun yapıyorum, Allah'ımdan korkuyorum." deyip çok sevdiğimizi söylediklerimizin yapma dediklerine kulak tıkamanın, sevgi olmayacağını bilmek gerekiyormuş.

Bedel ödemeden, hakkını vermeden, karşındakinin istediği gibi olmadan sevgi olmuyormuş. Sevgimiz adına sıkıntı çekmeyi, gerektiğinde yokluğa ve mahrumiyete katlanmayı bilmek gerekiyormuş.

Dilimizin kötü sözlerini ayıklayacak bir zihin filtresi takmamız gerekiyormuş. Kırmamaya çalışmak ve doğruluk ile adalette kararlı olmak kesintisiz gayret gerektiriyormuş; yukarılara tırmanabilmek için. Velhasıl; diğer gerekenlerin yanında, insan olmaya ve kalmaya çalışmak, böylesi insanlarla birlikte olmak, vicdanımızın pasını silip derunumuzda bize doğruyu telkin eden o sese kulak vermek ve bu vicdani çerçevede bize nasıl yaşayacağımızı gösteren Kutlu Kitabımızın desteği ve bunun uygulayıcısı Peygamberimizin örnek oluşu, her daim yanımızda ve gönlümüzde olmalıymış.

Dualarımızın ayyuka çıkması ve doğruluk özleminin yüreğimizi kavurması gerekiyormuş.

Yürek dolusu yaşamalıymışız. Ancak böyle tırmanılırmış basamaklar.

Ya Rabbim, niyetimizi halis, dualarımızı makbul, dileğimizi hayırlı, rızana gidecek yolları sevimli ve kolay kıl bizler için. Senin şanına layık yaşamamızı sağlayacak işler yapmayı nasip et ve bizim bunu kesintisiz talep etmemizi ihtiyacımız eyle; cümle ile birlikte.

Rabbim, rızanı sevdamız eyle ne olur... Rızanı sevdamız eyle.

TEPKİ HAYAT BELİRTİSİDİR

Bir bebek doğduğunda ilk yaptığı şey nefes alıp vermek olur ve ağlar. Çünkü nefes alışla birlikte akciğerlere hava dolar ve bebek buna ağlayarak tepki verir. Bu hareket, normal işleyişin başladığının ifadesidir. Böylece bebek, dünyaya adım atmış olduğunu belli eder. Eğer bebek, ağlayarak hayata katıldığını belli etmemişse bir problem var demektir. Bebeğin hayata döndürülebilmesi, yani nefes alarak ağlamasının sağlanabilmesi için acilen duruma müdahale edilir. Ağız, burun ve boğaz temizlenir; gerekirse başka uyarıcı uygulamalar da yapılır. Eğer bütün bu gayretler sonucunda bebek "Üvee" demişse herkes "çok şükür" diyerek derin bir nefes alır. Beklenen tepki alınmış ve bir can daha hayata katılmıştır. Demek ki; zamanında ağlamak çok stratejik bir durumdur ve hayat belirtisidir.

Genelde yemek esnasında, tam lokmayı yutarken nefes almayız. Çünkü nefes alırken soluk borusunun (trakea) ağzını kapatan "epiglot" isimli kapak açılır. İnsan yutkunurken kazara nefes de almışsa, epiglot açılır ve içine gıda kaçar. Bu, tehlikeli bir durumdur. Vücut buna, kaçan cismin miktarına paralel bir tepkiyle yani öksürükle cevap verir. Vücut tepki veremeyecek olsa ya da vücudun tepkisi ve dışarıdan yapılan müdahaleler sonuç vermemişse şahıs boğulabilir. Çünkü yanlış yerde bulunan gıda, nefes almayı engellemiştir. Buradaki tepki de hayat kurtarmaya yöneliktir.

Vücut, normal bir işleyişe göre programlanmıştır. Bu işleyişi bozacak, buna zarar verecek her türlü etkiye tepki verir. Bu tepkisi ya bünyenin mevcut tedbiridir, direnir ve mücadele eder; ya da gücünü aşan durumlarda daha yoğun bir tepki ile tehlike sinyali vererek dışarıdan yardım ister. Bu işleyiş, var olan her canlı varlık ve sistem için geçerlidir.

Aza "Nereye gidiyorsun?" demişler; "Çoğa gidiyorum." demiş. Vücut, normal fizyolojik ve psikolojik seyrinde bir aksama olmadığı sürece saat gibi düzenli çalışır. Eğer sistemlerden birinde bir arıza olursa bunu çeşitli belirtilerle dışa yansıtır; yani tepki verir. Mesela ateş, ağrı, acı, şişlik, kızarıklık, döküntü vb şikayetler; vücutta işleyişin normalin dışına çıktığını, bir sıkıntı olduğunu, belki de (zararlı) mikrop bulunduğunu ve bir mücadele yaşandığını ifade eder.

Ciddi ve bilinçli bir ilgi ile şikâyet, hangi müdahaleye ihtiyaç hissediyorsa o yapılmadığı yahut teşhis ve tedavi edilmediği takdirde şikâyetler giderek ilerler ve daha çok rahatsızlık vermeye başlar. Vücudun sinyal anlamı taşıyan tepkilerinin ciddiye alınmaması, rahatsızlıklara hız kazandırır. Yıllarca çekilen ve üstüne gidilmeyen ağrı, acı ve şişlikler, ciddi rahatsızlıkların beşiği durumuna gelir.

Bıçak kemiğe dayandıktan sonra harekete geçmemiz ise çoğunlukla ilerlemiş bir rahatsızlığa müdahale anlamına gelir; iyileşmeye yönelik ne kadar sonuç alınacağı da geç kalmanın süresine, bünyenin yapısına ve bu rahatsızlığa karşı kişinin psikolojik tutumuna göre değişir. Daha ilerlemiş durumlarda ise yapılan müdahale, kemikleşmiş ve tüm vücuda yayılmış rahatsızlıklardan kurtulma ümidi vermez bize. Oysa tepkiler ufak ufak kendini hissettirdiğinde, kişi bunları dinleyip ona göre tedbir alsa bünye ileride yaşayacağı ciddi zararlardan da korunabilir.

Şimdi bedende sıkça görülen bu manzarayı, sosyal çerçeveye uyarlamaya çalışalım.

Toplum da canlı bir organizma yani bünye gibidir. Bütün insanlar bir araya gelerek bu sosyal bünyeyi oluştururlar. Nasıl ki vücudumuzda ufak bir nokta acısa, zarar görse; bütün bünye bunu hisseder. Tahribatın derecesi arttıkça işleyiş de aksar. İşte tıpkı bunun gibi toplumun genelini ilgilendirip etkileyen bozulma belirtileri ve yanlış gidişler; "Bana zararı yok ya, bana ne!" diyerek görmezden gelinmemeli. Aksi halde tahliye kanallarından suyu kademeli olarak boşaltılmayan barajın, dolup taşmaya başlaması ve giderek önüne gelen her şeyi yıkıp yok eden bir sel afetine dönüşmesi kaçınılmaz olur. Sürekli ihmal de toplumda önüne geçilmez sosyal patlamalara zemin hazırlayabilir.

Özel ve sosyal hayatımızda göstereceğimiz tepkiler; yıkmaya değil yapmaya, bozmaya değil onarmaya yönelik olmalı. Ve doğru işleyişi hedefleyen bir gidişatı sağlamayı hedeflemeli.

Toplumdaki normal işleyiş bozulduğunda göstergedeki rakamları, saatin gidiş yönüne göre değil de tersinden okursak bu bize yanlış karar kapıları aralar ve istikametimizi şaşırtır. Sonuç ise hiçbir zaman iç açıcı olmaz. Onun için habis bir toplumsal tümöre yakalanmadan, bilinçli bilgi mikroskobuyla uyanık ve basiretli bir iman gözünü buluşturup, acil teşhis ve kararlı tedaviye başlamanın öncelikle kendimizin sonra da toplumun ihtiyacı olduğunu unutmayalım. Ve bunu, aklımızın bir köşesine kırmızı kalemle ve büyük harflerle yazalım.

Etki + Tepki = ?

Sizce sonuç ne olur?

Etki; fiziksel ya da psikolojik tesir gücü olan söz ya da davranışın sonucunda oluşan kişinin ruhsal yapısına veya bedene tesir etme durumudur. Kasıtlı ya da kasıtsız olabilir. Bunlardan hangisi olursa olsun eğer etki olumlu ise iyi bir gidişe; olumsuz ise kötü bir gidişe imza atar. Ve eğer sistemde işleyiş normal ise her türlü etkiye, hak ettiği bir tepkisel reaksiyonla cevap verilir ki denklem tamamlansın.

Tepki ise etkinin farkında olmak, muhataba olumlu ya da olumsuz bir mesaj iletmek yani karşılık vermek ya da cevap vermektir. Tepki; medeni cesaret, ölçü, bilgi, bilinç ve keskin görüş gerektirir. İnsanın ve eşyanın oluş ve bozuluş kanunlarının farkında olarak olumsuz gidişe engel, olumlu gidişe ise destek anlamı taşır. Silik ve görünmez bir kişilik bir yönüyle, ufacık da olsa yerinde tepkilerle, kişiliğini gün yüzüne çıkarmamanın sonucunda oluşur. Bu bilinmelidir.

Tepki; sadece kendisini düşünerek hareket etmek değil, etrafındaki diğer insanları da düşünerek, doğruların yürürlükte kalmasını, yaşanılır bir dünyada bulunmayı ve bunu bizden sonrakilere de bırakmayı hedefler. Bütün insanlığın bütünsel bir bünyeyi oluşturduğunu kabul edip her hücre zararının, bedeni etkileyeceği bilincinde olmanın bir sonucudur. Tepki, doğruları ve iyileri toplumda yerleştirmeye yönelikse, yerinde ve zamanında yapılmışsa, uygun söz ve davranışlarla ifade edilmişse; bu, olması gereken bir tepkidir. Hayatı diri kılmanın çabasıdır.

Hayatta doğrularla birlikte var olmak isteğinin işaretidir.

Böylesi durumlarda verilen tepki, saygıyı ve saygınlığı pekiştirir; güveni geliştirir. Allah'a (c.c.) imanın, sevginin ve saygının sonucunda, hayatta kalındığı süre içinde, dolu dolu yaşama, kendimize, başkalarına ve dünyaya karşı sorumluluklarımızı yerine getirme gayretidir. Tepkilerimiz; turnusol kâğıdı gibi yapımızı ortaya çıkaran bir özellik taşır. Bu da bizim kimlik görüntümüzdür.

İnsanlar iş kurarken, yatırım yaparken, fikir üretirken, muhataplarının insanların ilgisini, ihtiyacını ve muhtemel tepkisini hesaba katarlar. "Marifet iltifata tabidir; müşterisiz meta zayidir" özlü sözünde ifade edildiği gibi, kabul görmeyen bir iş ve işleyiş mutlaka değiştirilir ya da düzeltilir. Dikkate alınmayan tepkiler, kurum ya da şahıslar ile muhatapları arasında zamanla kalın duvarlar oluşturur.

Bir gazetenin haber dairesinde çalışan bir görevli; "Yayınlanan bir haberden dolayı 9-10 şikâyet ya da tepki telefonu almışsak; o gün o daire felç oluyor." diyor. Tepki, mevcut olmayan ya da yetersiz olan ilgi, dikkat ve gayreti olması gereken yönde yoğunlaştırır; sonuç almaya götürür.

Diyelim ki şehirlerarası yolculuk yaparken uğradığımız kimi tesislerde, temizlik ve düzen yeterli değil. Buna rağmen de hâlâ o tesise giren-çıkan, yiyen-içen ve orada dinlenen insanlar var. İnsanlar bu durumdan rahatsız olup tepki göstermedikleri sürece bu bozuk düzen muhtemelen böyle devam eder.

Eğer her gün oraya uğrayan her yüz aileden ellisi tepki gösterip; "Ben bu bakımsız ve sineklerin cirit attığı mekânda yemek yiyemem." diyerek ayrılsa idi, inanın ki en geç ertesi günü her yer pırıl pırıl olurdu. Demek ki tepki aynı zamanda kaliteyi bir hak olarak talep ve tercih etmenin de ölçüsü ve ifadesi olmalıdır.

Genellikle büyük kasaba ve şehirlerde, caddelerin kenarlarında, duvarlarda, duvar panolarında muhtelif ürünlerin reklamlarını görürüz. Çoğunlukla da üründen çok tanıtan manken ön plâna çıkar; bunlar, bazen hem görüntü hem de muhteva açısından çoğunlukla uygun olmayan mesajlar verir. Firma adı da belli olan bu reklam panolarının önünden her gün binlerce insan geçiyor. Yaklaşık her bin kişiden, sadece yüz tanemiz; "Ben bu görüntü ve muhtevadan rahatsız oldum." diyebilse inanın, o panodaki görüntüler bir müddet sonra (bu tepkilerin oranıyla paralel biçimde) değiştirilir.

Öyle zannediyorum ki halimizden ve mevcut düzenden şikâyet etmekte üstümüze yok. Ne hikmetse, bir şeylerin değişmesi ve iyiye doğru gitmesi için kendimizden başka herkesin değişmesi gerektiğine inanırız. Bu sebeple de kendimizde hiç kusur arayama kalkışmayız.

Suçlu avına çıkmadan önce kendimize ve elimize şöyle bir bakalım. İşaret parmağımız, suçlu kabul ettiğimiz muhatabımızı gösterirken diğer üç parmağımızın bizi gösterdiğine lütfen dikkat edelim. Bolca şikâyet ettiğimiz işleyişlere "dur" demek için daha insanca, daha onurlu ve daha mutlu yaşayabilmek için ne yaptığımızı kendimize dönüp soralım: Daha seviyeli ve kaliteli bir hayatı hak etmek için ne gibi gayretler içindeyiz?

Oysa hepimiz farkındayız ki sebepler değişmeden sonuçlar değişmez.

Sebeplerden biri de bizim rahatsız olmamız gereken durumlardan rahatsız olmayarak tepkisiz kalmamız ise; bu durumda önce bizim değişmemiz gerekmez mi?

"Ben sustuğum, görmediğim ve dur demediğim için acaba bu ters gidişin sorumluluğunun kaçta kaçı bana ait?" diye sormamız gerekmez mi?

Toplum olarak bizler, kaç derecelik tepki eşiği taşıyoruz? Hangi değerimize kaç kuruşluk sahip çıkıyoruz?

Acaba, çocuk muyuz ki sorumlu olmayalım? Akıl dengemiz mi yerinde değil ki akletmeyelim? Şokta mıyız ki farkında olmayalım? Yoksa fikrî ve aklî dinamiklerimiz açısından ölü müyüz?

Niye mi bu soruları soruyorum?

Eğer tepki hayat belirtisi ise, acaba biz hayatta mıyız ve ne durumdayız diye merak ediyorum da...

ATILACAKLARI BİRİKTİREREK İLERLETMEK Mİ, YOKSA KISA YOLDAN TEMİZLEYEREK İLERLEMEK Mİ?

Kimi zaman bir odayı, koridoru ya da sokağı süpürürken; süpürgenin önünde biriken çöpleri, süpüreceğimiz alan boyunca ilerleterek götürürüz. Böyle olunca, süpürgenin önünde ilerleyen çöpler, gittiği yerleri de tozlandırır. Çünkü biriken çöp, geriden gelendir. Her alanda o kadar çöp olmayacağına göre çöpleri ilerlettikçe, temiz ya da kısmen temiz yerleri, çöplerle tanıştırmış ve biraz daha kirletmiş oluruz. Oysa biriktikçe alıp atarak ilerlersek, daha temiz çalışmış, daha az enerji ve zaman harcamış oluruz. Bu durum yemek masaları ya da sofraları temizlerken de geçerlidir.

Günlük yaşantımızda da benzer bir durum söz konusudur. Konuştukça artan, arttıkça taşıması daha da zorlaşan sıkıntılarla karşılaşırız. Bunlar çözüm için müdahalemizi beklerler. Fakat bunları ehil olmayan kimselerle yerli yersiz ortamlarda paylaştığımızda, sıkıntının hacmi artar, boyutları büyür. Paylaştıklarımızın kişisel yorum ve yönlendirmeleriyle zihnimizde daha çok dal-budak salar. Çözüm aramak yerine, "Kim haklı?" sorusuna cevap aramaya başlar; haklı-haksız çekişmesi içerisinde zihinsel bir kısır döngüye düşeriz.

Zihnimizde taşıdığımız negatif duygular ve sıkıntı veren düşünceler giderek, sadece ilgili kişiye yönelik olmaktan çıkar, iletişim içinde olduğumuz herkese yansıyacak derecede bizi etkiler. Taşıdığımız negatiflik oranına göre enerjimizi aşağıya çeker, üretkenliğimizi baltalar, coşkumuzun voltajını düşürür.

Oysa olay daha taze iken, muhatabımıza uygun bir dille, bu hadiseden etkilenme sebebimiz izah edilerek duygular paylaşılsa; daha uygun bir platformda konuşma ve anlaşma zemini bulunabilir. Olumsuzlukların pek çok kimseyle paylaşılması, genelleme yapılmasına ve yargı değişikliğine sebep olur. Her zihin biriktirdikleriyle hareket eder. Bilinçdışında ne kadar çok olumsuzluk biriktirilirse; o kişinin tepkisel, önyargılı ve yanlış davranma riski de o kadar artar. Yani zihin kirliliği yaşanır. Atılması gerektiği halde atılmayan her ne varsa, giderek o mekânı kullanılmaz hale getirir. Çünkü çöp çöpü, yanlış yanlışı çeker.

Fikir almak, danışmak niyetiyle yapılan tarafsız paylaşımlar hariç, her olumsuz duygu, düşünce ve davranış; topluma yayılan kirli hava ve zararlı gıda gibidir. İyilik oluşturma zemininin ahengini bozar, yüzleri asıklaştırır, niyetleri etkiler, iyilik yapma cesaretini zedeler ve genel anlamda insana duyulan güvene zarar verir.

Bunların yerine rahatsızlıklarımızı bilgi, akıl, strateji ve cesaretle yok etsek, enerjimiz ve zihnimiz özgür kalsa, bize daha çok fayda getirir. Hayatı kolaylaştıran üç ilkeyi hatırlayalım:

- *Kolay gülümse.*

- *Kolay mutlu ol.*

- *Kolay affet.*

Aklın ve gönlün ağırlıklardan kurtarılması, onlara hareket serbestliği sağlar. Bu da sağlıklı düşünmenin, sağlıklı hareket etmenin ve isabetli davranmanın zeminini oluşturur.

Saygı ve sevgi olumsuz durumlarda aktif olmayabilir, fakat asla yok olmazlar; sadece yokmuş gibi algılanabilirler. İnsanın olumsuz haline bakarak onu etiketlemek yerine, olabileceği hali düşünülerek Allah için ona hak ettiği değeri vermemiz gerekir. Olumlu yönleri fark edilip takdir edilen kişiler, iyi olmak ve doğru davranmak için gayret ederler. Sürekli tenkit edilenler ise kendilerini suçlarlar ve yetersizlik duygusuna kapılırlar. Sürekli olarak yanlışlarına, eksiklerine odaklandıkları için zamanla kişiliklerinde de o yöne doğru bir eğilim başlar. Zarar veren bir mekanizma oluşturur ya da o mekanizmanın bir parçası haline gelebilirler.

İnsanların iş ve işleyişleri esnasında yanlışlık ya da olumsuzluklarının olması doğaldır. Önemli olan, insana ve yaşanan olaya karşı tutunduğumuz tavırdır. Birbirimizi kaldırmaya ve yüceltmeye mi, yoksa tökezleyeni düşürmeye veya bir darbe indirmeye mi ayarlıyız?

Zararlı duyguyu biriktirirsek; diğer duygu ve düşünceler etkilenir, kirlenir. Bunlar da yanlış davranmaya zemin oluşturur, yapılacak diğer yanlışları besler. Biriktirmeden yok etmek; temiz bir gönül ve ferah bir ruh hali kazandırır bize. Sağlıkla temizlik ise demirle mıknatıs misali birbirini çeker.

Temiz, sağlıklı ve hafiflemiş yüreklerle yaşanacak; güzel, hayırlı ve uzun ömürler dileklerimle...

ZARARLI OLANI BİRİKTİRMEK, PATLAMAYI HIZLANDIRMAKTIR

İnsanların yapılarına, iş ve işleyişlerine olumlu katkıda bulunan şeylere "*faydalı*"; işleyişi aksatan ve bozanlara ise "*zararlı*" diyoruz. Zararlı ve tehlikeli diye nitelenen maddeleri de bu tanım çerçevesinde düşündüğümüzde aslında zararın maddenin bizatihi kendisinde değil; kullanım tarzında olduğunu görürüz. Her bir unsurun istifade edilebilecek kullanım alanları vardır. Yerinde, zamanında ve dozunda kullanıldığında işe yararlar. Bunlar bilerek ya da bilmeyerek kullanım alanlarının dışına taşırılırsa, karıştırılırsa ya da dozu zarar verecek kadar yüksek olursa; etki ettiği maddenin dayanma gücünü aşarak tahribat yapar.

Mesela doğalgazı ele alalım. Mutfakta kullanılan doğalgaz musluğunun açık kalmasıyla, kapı ve pencereler de kapalıysa, oda zehirli gazla dolar. Ortalık bir kıvılcımla patlayabilir ve etki alanı içinde ne varsa tahrip olabilir; ortamdaki canlılar hayatlarını kaybedebilir. Çünkü zehirli gazın havaya karışmasıyla, canlılığı sağlayan ideal oran bozulmuştur ve bu değişim canlıların kimyasını bozarak sistemlerini iflas ettirir. Eğer sızıntı hemen fark edilip tedbir alınabilirse, zarar görmeden kurtulmak mümkün olur. Yani bu etkiye ne kadar maruz kalınmışsa, tablo o kadar ağırlaşır.

Bu tür fiziksel tahribatların insan psikolojisinde de benzeri halleri görülebilmektedir. İnsanın sağlıklı, mutlu ve başarılı bir hayat geçirebilmesi, onu ayakta tutacak temel dinamiklerin ve enerji kaynaklarının varlığına; güçlenerek varlıklarını sürdürmelerine bağlıdır. Şartsız sevmek ve sevilmek ihtiyacı, saygı ihtiyacı, değer görmek ve işe yaradığını hissetmek ihtiyacı, sıkıntıları paylaşmak ve yardımlaşmak ihtiyacı, doğru ilgi ihtiyacı bu cümleden sayılabilecek değerler arasındadır. İnsanca yaşama isteği iyilik, doğruluk ve çalışkanlık ekseninde olursa insana ve insanlığa huzur bahşeder. Bu, sosyal hayatta ve paylaşımlar içinde gerçekleşecek bir sistemdir.

Eğer insanlar hak ettikleri gibi muamele görmezlerse ya da olmaları gereken durumun dışında bir başka sistem ve yaşama biçimi için yönlendirilirse; bu durum insanda gerginlik ve huzursuzluk oluşturur. Üzüntü ve gerginlik insan psikolojisini bozar ve gönülde boşluk oluşur. Çoğunlukla bu boşluğu stres ve kendini değersiz hissetme duygusu doldurur. Vücuda olumsuz etki eden zararlı maddeler gibi, olumsuz duygular da tahrip gücü yüksek enerji taşır. Zarar gören bir bünyede, algılama ve tepki verme biçimi değişir.

Davranışlara yansıyan bu değişiklik, muhataplarını da tahrip etmeye başlar ve sonuç olarak etki-tepki mekanizması, yıpratan bir sistem olarak bünyede onulmaz yaralar açar; frekansları karıştırır. Ne yazık ki bu karışıklık insanı bazen depresyona götüren bir anafora doğru sürükleyebilir.

İnsanlar birbirlerinin üzüntülerine duyarsız kalırsa, sıkıntılar paylaşılarak üzüntü kaynağı hemen yok edilmezse, herkes önce kendisini düzelterek işe başlamazsa ve Allah'ın güzel kullarına tanıdığı hakları kendi istediği şekilde kısıtlayarak ya da iptal ederek kendisi için öngördüğü sınırları çizmeye kalkarsa; bu durum patlamanın habercisidir.

Duyarsızlık, kulakları ve gönülleri sağır olanları bile rahatsız edecek kadar büyük bir patlamaya gebedir. İlgisizlik, sevgisizlik ve duyarsızlık; zararlı duyguların biriktirilmesine sebep olur. Bunlar da hücrenin yani insan bünyesinin kimyasını bozar. Kimya bozulmasının kişi bünyesinde büyük etkileri vardır; kainatın fizik ve matematik dengesinin bozulması gibi bünyenin de dengeleri alt üst olur. Bütün bu yanlış gidişin, insanın hak etmediği ağır bir faturası vardır; "*mutsuzluk.*" Oysa mutluluk insanlığın güneşi gibidir. O olmazsa hayat olmaz. Mutluluk; ciddi gayret ve mücadelelerle kurulmuş bir yaşama biçiminin semeresidir. Böyle olunca da kişiyi insanlık için değerli ve anlamlı kılan daimi bir etki oluşturur.

İnsanı merkeze alan, onun akıl, ruh ve beden sağlığını yaratıcısı, kendisi ve diğer insanlar için önemli gören bir anlayış; insanı denge kulvarında yürütür. Denge kulvarını yakalayabilmek için, sistemi işleten çarklara ve o çarkı döndüren rüzgârın yönüne kuş bakışı bakmakta fayda var.

İnsanlar zihinlerinde bulunanlarla, yani ağırlıklı olarak taşıdıkları bilgilerle hareket ederler. Onun için de "Bilgi güçtür." denir. Yanlış bilgi yanlış yöne ve mutsuzluğa, doğru bilgi ise doğru yöne ve mutluluğa götüren motor güçtür. Halimiz iyi ve doğru ise mutluluk da peşi sıra gelir. Yok, eğer toplumun çoğu depresyon sınırında ise ya da ibre risk sınırındaysa durup halimize bir bakmamız, kendi halimizde revizyonlar yapmamız gerekir.

Beyin sıklıkla gördüğü şeyleri tekrar ede ede kendine bu tekrarlarla ördüğü bir dünya kurar. Daha çok neyi görüp duyarsak onlar zihnimize kaydedilir ve bizi en çok bu sık karşılaştıklarımız etkiler. Bu tespitten sonra yaşayışımıza şöyle bir bakabilsek; sürekli karşısındakini küçümseyen, aşağılayan, insan yerine koymayan, sadece kendisini iyi ya da doğru gören ve kendi çıkarları için yaşayan insanlar haline geldiğimizi görürüz. Bizi böyle "benmerkezci" insanlar haline getiren komutu, beynimize kim veriyor? Genelde yaptıklarımızın ve yaşadıklarımızın kendi tercihimiz olduğunu zanneden bizler gerçeği nasıl anlayabiliriz?

Birlikte ve barışık yaşamanın; bize, muhatabımıza ve içinde yaşadığımız topluma olan getirilerini ince ince düşünüp ayağa kalkarak tavır koymanın, "Ben; eşim, çocuklarım ve toplumla bir bütünüm..." demenin zamanı daha gelmedi mi? "Ben, önce kendimle ve daha sonra da çevremdekilerle barışık yaşayacağım; kendimi ve bütün insanları seviyorum. İyi olmanın ve doğru yaşamanın tılsımını bütün insanlara yayacağım!" demenin şerefli kürsüsüne ne zaman çıkacağız? Yıktığımız her gönül, üzüntülü geçen her saniye, bize karesi hatta küpüyle geri dönen bir işleyiş ise, önce kendimize bir iyilik yapmak için saygın ve iyi davranmaya ne zaman karar vereceğiz?

Her insan bir dünyadır. Hepimizi kendi semamızdaki kutup yıldızımızı ortaya çıkarmaya davet ediyorum. Sema bulutlu mu? Ya da kör bir karanlık mı var? Olsun. Onlar geçici ve gidici. Kalıcı ve ortaya çıkmaya hazır bir yıldızımız var içimizde. Ve biz, kutup yıldızı taşıdığımızın farkına vardığımız an; o, tüm bu bulutların arasından sıyrılarak semamızın bir ucundan parlamaya ve ortaya çıkmaya başlayacaktır.

Bu, kimi zaman zor olabilir fakat biliyor ve inanıyoruz ki; Rabbimiz her güçlüğün yanında kolaylığı da yaratmıştır. Varız dersek; var oluruz.

Birlikte var olma bilinci, başarılı sonuç alma azmi ve kararlılığının bizimle birlikte olması temennisiyle; "Haydi, hemen değilse ne zaman, ben değilsem kim?" diyelim ve onurlu bir yürüyüş için ilk adımı atalım. Bismillah!

DÜZENSİZ VE GEREKSİZ KAYIT, KASETİ ERKEN DOLDURUR

Kimi zaman bazı özel ve güzel şeyleri, başka zaman da hatırlamak ve istifade etmek için saklarız. Eğer bu bir konuşma ise kaydederiz. Diyelim ki bir konferanstayız ve önemli bulduğumuz kısımlarını kamera ile kaydetmek istiyoruz. Konuşmasını kaydetmek istediğimiz konuşmacının sırası gelinceye kadar takdim konuşması, skeçler ve ara müzikler var. Biz kaseti taktık ve baştan itibaren kaydetmeye başladık. Müzikleri, arada okunan şiirleri, skeçleri, hatta gülüşleri ve konuşmasını çok hoş bulduğumuz bir çocuğu bile kaydettik. Derken sıra asıl kendisi için orada bulunduğumuz konuşmacıya geldi. Hem pür dikkat dinlemeye hem de kayıt yapmaya başladık. Fakat biraz sonra kasetimiz bitti! Yenisini takalım derken biraz zaman kaybettik. Hızlıca takıp kayda devam ettik. Bu sırada programa ara verildi. Aradaki gösterilerden beğendiklerimize de kasette yer verdik. Sıra tekrar konuşmacıya geldi. Biz de kayda tekrar başladık.

Bir süre sonra ikinci kaset de bitti. Üçüncüyü takarken konuşma devam ediyordu. Gene biraz zaman ve konuşma kaybı oldu. Biz yakaladığımız yerden devam ettik ve bir süre sonra konuşma bitti. Aradan biraz zaman geçmişti ki; bu konuşmayı tekrar dinlemek üzere dostlarımızla toplandık. Toplam bir saat süren bir konuşma için üç kaset doldurmuştuk. Gereksiz görüntülerin arasına sıkışmış gerekli bilgileri parça bölük ve eksik bir şekilde üç kaset boyunca dinlemeye çalıştık. Anlam bütünlüğü yakalanamamıştı. Ayrıca, sadece gerekli olana odaklanamadığımız için zaman, enerji, moral ve bilgi kaybı da yaşanmıştı.

Bu örneği alıp zihin kayıtlarımıza uygulayalım. Zihnimiz de boş ve temiz bir kaset gibi. Beş duyu ile algıladıklarımızı kaydediyor. Üstelik en ufak bir unsuru bile atlamıyor.

Bu kayıtların ağırlık noktasını neler teşkil ediyorsa; duygu ve düşünceyi onlar meşgul ediyor ve bu da davranışlara yansıyor. Eğer önemlilerle önemsizleri iç içe ve karmakarışık bir şekilde zihnimize kaydetmişsek, öne çıkması gereken önemli bilgiler önemsiz olanların arasında kaynayıp gider. Bu da bizim öne çıkması gereken yaşama ve algılama noktasındaki görüntümüzü kaydırır. Zihnimiz televizyonda izlediğimiz birbirini aldatan, yaralayan, kaçan, kovalayan, ağlayan ve ağlatan insanların halleri, acıları ve üzüntülerini kayda almışsa; Filistin'de, Irak'ta, Rusya'da, Çeçenistan'da ve dünyanın diğer yerlerindeki gerçek acılar, hasretle ilgi bekleyen ihtiyaç sahibi diğer insanlara ayıracak zaman ve ilgiden yoksun demektir. Çünkü kayıtlarımız, başka alanlara çalışıyordur.

"Bugün insan olabilme ve kalabilme mücadelemin neresindeyim?" sorusunun yerine, kayıtlarımız rastgele izlediğimiz reklamlardaki mankenlerin fiziğine, satın almamız için bizi bekleyen baş döndürücü şampuanlara, sürekli yemeyi ve tüketmeyi beynimize pompalayan ve dengelerimizi alt üst eden görüntülere odaklanmışsa; kayıtlarımızda bir karmaşa var demektir. Hayatımızdaki anlamlarda yer değiştirme, kayma olmuştur.

Hani derler ya; "İnsan bildiklerinin ürünüdür." diye... Onun bunun ne yaptığıyla, bize nasıl baktığıyla, kimin haklı kimin haksız olduğuyla, hangi mankenin kiminle beraber olduğuyla zihnimiz meşgulse; bir rastgelelik, başıboşluk, ilgisizlik ve bilgisizlik içindeyiz demektir. Bu gereksiz kayıtlar tekrarlandıkça o bilgiler pekişir ve zihnimizde daha önemli hale gelir.

Hani bizi yüce ideallere taşıyacak görüntüler? Yüreklerimizi, gözlerimizi ya da kulaklarımızı açtığımız dünya ve onun içindekiler bize ne kazandırıyor ve ne kaybettiriyor? Kâr-zarar dengesini düzgün tutmayan muhasebecinin mükellefini iflas ettirmesi gibi, baştan küçük sayıp önemsemediğimiz ve bizi bizden uzaklaştıran kayıtlar, yokuş aşağı yuvarlanan ve giderek büyüyen kartopuna döndüğünde tavrımız ne olacak? Bunu giderebilmek için bir formülümüz ve çözümümüz olabilecek mi?

Sürekli açık bulunan camdan içeri güneş ışığı ve oksijen girse de toz, toprak ve çöp de girer. Hele de rüzgâr varsa, evin her köşesini toz kaplar. Aslında; "Ayinesi iştir kişinin lâfa bakılmaz." denir. Ne ile meşgulüz? Ağırlıklı düşüncelerimiz ve davranışlarımız nelerdir? İşte bunlar, kayıtların açılımıdır. Takdir edersiniz ki kayıtlar silinmeden ve yeni kayıtlar yapılmadan, kulak tırmalayan karmaşalar enfes melodilere dönüşmez. Ancak değişmek isteyenler değiştirir. Neyi mi? Bilinç dışımıza kayıt yaptıran görüntü kaynaklarını, yazılmış ve kazınmış olan izleri, sözleri, görüntüleri ve değerleri. Biz farkındalık kazanmış bir yaklaşımla ve bilinçli bir tercihle, bize her an kan kaybettiren yaşama biçimini terk ederek daha uygunları ile alışkanlık kazandıracak yaklaşım biçimleri oluşturmalıyız.

Değer değeri çeker. Biz de bismillah deyip başlayalım. Önce hayat için gerçekten gereken değerleri tespit edip sadece onları kayıt altına alarak gönlümüzü ferah iklimlere taşıyalım. Aykırı unsurlar, arada sırada korsan giriş yapsalar bile onlardan tövbe yağmurlarıyla temizlenip doğruluk güneşiyle yeniden dirilmeye ve bizi dosdoğru yola iletmeye yönelten randevumuza koşalım. Doğru yolda atılmış her adım, Rahman'ın bereketiyle devleşmeye adaydır.

BİTİRMEDİĞİNİZ İŞLER SİZİ BİTİRİR

Bitirmeye koşan bir anlayışla başladığım iş, ufak bir engele takılıp tökezledi.

Sabırsızlık limanında, yanına gelen diğer yarım işlerle karşılaştı. Coşkunun kesintiye uğramasının izlerini taşıyan bu işler, bulunduğu yerde, psikolojiye başarısızlık etiketini yapıştırma işiyle meşguldüler. Bu etiketler yapıştıkça, biriken işler artıyor ya da işe başlama isteği giderek söndüğü için, bazen de yalnız kalıyorlardı. Bense bir işi bitirinceye kadar sabredemiyor; " Onu da bitiririm" inancıyla başka bir işe hevesleniyordum. Başlarken bir taraftan da "Biliyorum bu da yarım kalacak..." diye düşünüyordum. Artık, rahatsız olduğum halde yarım bırakmaya, bir gün bitireceğim diye inanmaya ve buna rağmen yarım bıraktıklarıma el atmamaya devam ediyordum. Giderek; "Sen zaten neyi bitirip başına çıkabilirsin ki... Senin elinden iş çıkmaz, sen en iyisi hiçbir işe başlama!" diye kendime sataşmalarım başladı.

İşlerini bitirenler gözümde büyüyordu. "Bu sabrı nereden buluyorlar?" diye şaşırıyordum. Hayata ve zamana ciddiyet ve sorumluluk gözlüğü ile baktığımı zannediyordum ama beni kuşatan bir görüntü bana yanıldığımı söylüyordu. İş yaparken çekeceğim sıkıntının sonunda, beni karşılayacak başarı çerçevesinde harika manzara vardı; fakat zihin gözlerim bunu göremiyordu.

Bitirmenin hazzını yakalayamamış bir psikolojinin sonuçlarıydı bu iş bitirememeler ve mazeret üretmeler. Bitirilememiş işlerin kocaman ezici psikolojisi yanında; bozulmuş ve sancı çeken imajlar, insanların karşısına çıktığım yüzümdeki anlamı değiştiriyordu. Yoksa ben işleri bitirememekle kendimi mi bitiriyorum? Yoksa gönül yorgunluğumun bir ucu da buraya mı dayanıyor? Yapamam diye zihnimde oluşmuş algılarıma payanda olan bu zihinsel yük, enerjimi tüketmek için kolları sıvamış. Benim acil olarak zihnimdeki işe verdiğim anlamı düzeltmem lâzım galiba. İşlerimi bitirmem gerektiğine dair inancımı kuvvetlendirmeli ve yeni bir sürecin hareket plânını hazırlamalıyım. O zaman, "Bismillâh" deyip harekete geçelim inşallah.

Başladığı işi bitirmek ne anlama gelir?

- O işin sonucunu önemsemek anlamına gelir.

- Kendisine; "başladığı işi bitirme" başarısını yaşatmak anlamına gelir.

- Bu aynı zamanda da o işin faydasından mahrum kalmamak demektir.

- Yeni başlayacağı bir işe bitirdiği işin tecrübesini de ilâve etme şansı sunar.

- Yeni bir işe başlama azmini artırır.

- Kendisine ait olumlu bir imaj sağlar. "Ben buna başlıyorum ve bitireceğim inşallah, ben başarabilirim, bunun örnekleri var!" gibi tüm hayatı etkileyen algılar ve tanımlar oluşur.

- İşe başlamak ve uygun zamanda bitirmek, çevremizin güvenini kazandırır ve imajımız güçlenir. İnsanları bizimle işbirliği yapmaya hazırlar.

- Üretkenliğimizi arttırır. Başladığımız işi bitirmekle, zihin daha hızlı ve üretken olur; bu da olumlu bakış açısını destekler.

- İş yapmayı sevdirir. Her bitirilen iş, gelecekte yapılacak işlerin de bitirileceği algısını oluşturur; psikolojiyi güçlendirir.

- Başladığı işleri bitirmek; iş yapanın da birlikte yaşadıklarının da hayatını kolaylaştırır.

- Zihninde bitirilmemiş işlerin birikmesi, dikkatin başka tarafa odaklanmasını engeller; işleri bitirdiğimizde kolaylıkla diğer işe odaklanabiliriz.

- Diyelim ki 10 işi başlayıp bitirdiniz. Bunun zihninize ve psikolojinize yansıması 10 iş bitirmiş gibi değil, belki 50-60 iş bitirmiş gibi etkisi ve katkısı olur.

- Her bitirilen iş, aynı zamanda hayatın kolaylaştırılması anlamına gelir.

- "Her zor iş, vaktinde bitirilmemiş ve yarım bırakılmış küçük işlerin birikmesinden oluşmuştur." denir. Ayrıca; "Büyük işleri başaranlar küçük işleri titizlikle yapanlardır." sözü de aynı konuya vurgu yapıyor. Dolayısı ile bir işe başlayıp bitirmek, insanın zihninin başarı kaydı yapmasına; bu da kendisine güvenmesine, değer vermesine ve saygı duymasına ciddi anlamda katkıda bulunur.

- Her bitirilen iş bir basamaktır; sizi yükseltir.

- Her işe başlarken bir başlama hızı ve gücü yani enerjisi vardır. Her yarım bırakılan iş, bir dahaki işe başlama enerjisini azaltır.

- Yarım kalmış işler, yılgınlık ve bıkkınlık oluşturur.

- Yarım bırakılmış bir iş, zihnimizin bir tarafında tamamlanmamış bir iş olarak hep hatırda tutulduğu bilgisi ve duygusu taşındığı için unutkanlığa sebep olur.

- İşleri bitirmemeyi alışkanlık haline getirmek; giderek bunu normal görmeye ve hatta savunmaya zemin hazırlar. Bu da zihnimize çelme takan yanlış bir alışkanlığın normalleştiğinin tehlike sinyalleri demektir ve itibar düşüklüğüne davetiyedir.

- Tamamlanmamış işler, bitmiş bir işi görmenin gururundan mahrum bırakmaktır kendini.

Hatırımızda tutmalıyız ki; "Motivasyonumuz azaldıkça mazeretlerimiz artar." Doğru bir iş tutuş biçimine duyulan kişisel ve toplumsal ihtiyaç için yüksek motivasyona ihtiyacımız var. Bunun var olma ve devam etme sebeplerini oluşturma azmi, kararlılığı ve doğru bir sabrı; hepimiz için Rabbim'den niyaz ediyorum.

ÖNEMLİ OLANIN ALTINI ÇİZ

Önem verdiklerimizi, gözümüzün önünde tutmak isteriz. Unutmamak için tedbir alır, formüller üretiriz. Konunun bizim için önemi arttıkça alınan tedbirler de o oranda artar.

Mesela okumak için elimize aldığımız bir kitabı, bizden önce birisi okumuş ve bazı cümlelerin altını çizmişse, dikkatimizi ilk çeken şey o altı çizili satırlar olacaktır. Çünkü altını çizmek, belirginleştirmek yani öne çıkarmak demektir. Bu da dikkati çekerek o cümlelerin öncelikli olarak fark edilmesini sağlar.

Peki, okuduğumuz kitabın bizim için anlamlı satırları hangileri? O sayfayı açtığımızda hangi cümleleri öne çıkarmalıyız ki zihnimizde her daim bulunmasını istediğimiz bilgiler dikkatimizi çeksin? Hangi konulara vurgu yapmalıyız? Hangi bölüm ihtiyacımızı karşılıyor? Bütün bu sorulara doğru bir karşılık bulabilmemiz için bizim ne aradığımızı ve neye ihtiyacımız olduğunu bilmemiz gerekiyor. Eğer olması gereken yerlere vurgu yapmamışsak bu, ya oku-duğumuzu anlamadığımız ya da önemsediğimiz şeyin ne olduğunu bilmediğimiz anlamına gelir.

(Aslında, bu satırlar okunurken fikrî bir eserden söz ediyormuşuz hissini uyandırabilir; doğrudur da. Fakat ilaveten, okunan her tür kitap, yazarın orijinalliğini yansıtan cümleler ve bakış açıları içerir. Böyle olunca, hangi tür eseri okursanız okuyun, satır aralarında altını çizecek orijinal düşünceler bulanacağınız inancındayım.)

Kalem, bize "çiz" ya da "çizme" demez. Bilgi denizinde kalemi yüzdüren, aklı kullanma becerisidir. Ondan da önce, kalem mevcudu harekete geçirir. Mevcudumuz ne? Bugün düne oranla farklı bir kazanımımız oldu mu? Daha iyi olabilmek için bir gayretimiz, mücadelemiz var mı?

Farklıyı fark ettiren şey, algıdaki seçiciliktir. Klasik tarzın dışına çıkmak, yani alışılmışı değil de değişik olanı denemek; algıyı harekete geçirir ve fark etmeyi sağlar. Algının seçiciliğini, başta niyet ve o niyetin hissettirdiği ihtiyaçlar ile önem sıralaması belirler. Ayrıca hafızaya yüklenen bilgiler, ne kadar çok tekrar edilirse o kadar kalıcı olur.

Bu tespitlerden sonra kendimize şöyle bir bakalım. Günlük telaşın rüzgârında savrulmamak ve önemli olanları atlamamak için bir tedbirimiz var mı?

Örnek verecek olursak...

Her gün kitap okuma plânımız var mı?

Sevdiğimiz ve önem verdiğimizi söylediğimiz dostlarımızı en son ne zaman aradık? Yoksa "Hep ben arıyorum artık aramayacağım." diyerek vaz mı geçtik? (Böyle davranmakla, kendimize yapacağımız iyiliği ertelemiş ve oluşacak güzel duyguları da engellemiş oluruz ne yazık ki.)

Hem sağ beynimizi geliştirecek hem de stres birikimine engel olacak bir hobimiz var mı? Bu, yapmaktan mutlu olduğumuz her türlü sanat ya da beceri olabilir.

Peki, çocuklarımızı (o gün yoğunluk derecemiz ne olursa olsun) kucağımıza alıp seviyor; okşuyor muyuz? Ben, bitmedik iş görmedim; fakat yoğunluklar arasına sıkışıp kalmış yığınla sorumluluk gördüm. Daha sonra telafisi olmayacakları atlıyor, telafi edilebilecekleri baş köşeye yerleştiriyoruz.

Eşimize onun bizim için "vazgeçilmez" olduğunu en son ne zaman söyledik?

Başucu kitabımız Kur'an-ı Kerim'i en son ne zaman ailece okuyup kritik ettik ve onun diriltici, huzur bahşedici iklimine uçuş yaptık? Kaç sabah ailece sabah namazı kıldık ve şükür haleleriyle hem yüzümüz, hem de gönlümüz aydınlandı?

Kaç kere öfkemizin bizi sürükleyeceği karanlık denizlerden Sabır Burak'ıyla engin vahalara ulaştık?

Kaç kere haklı olduğumuz halde tartışmayı kestik ve sükûnet limanında dostça konuşmayı denedik?

Altını çizeceğimiz daha ne kadar husus var görüyorsunuz değil mi? "İşler ona ayrılan zamanı doldurur." deniyor. O halde "Zamanım yok!" mazeretinin arkasına, çocukluktan kalma bir psikolojiyle sığınmak yerine, meşguliyetlerimizi masaya yatırarak elemeye tabi tutalım. Annemizin, babamızın ve çocuklarımızın hakları başta olmak üzere (kendimizi de unutmadan), önceliklerimizi önem sırasına göre listeleyelim. O gün yapmamız gerekenleri yazıp panoya asalım. Bir kâğıda yazıp çantamıza ya da cebimize koyalım. Gerekiyorsa tanıdıklarımızdan hatırlatması için yardım isteyelim. Telefonumuzu ya da saatimizi kuralım.

Tüm bunları başarabilmek için en baştan Allah'tan yardım isteyelim. Göreceğiz ki bu ve benzeri tedbirlerle gündemimizi oluşturursak; zihnimiz de unutmayı unutacak ve beynimiz daha faydalı, daha aktif olabilmek için formüller üretecektir. Yani kırmızı kalemi elimize alalım ve hayat metninin anlamını kavrayıp önemli yerlerin altını çizelim. Önce gözümüzde sonra gönlümüzde önemlileri öne geçirelim; önceliğimizi bunlarla oluşturalım. İyi olup iyi kalabilmek ve doğru olup doğru yaşayabilmenin hasretiyle, için için yanan gönlümüze serinlik bahşedecek formülü takdim edelim.

Haydi Allah kolaylık versin şimdiden...

KEM[1] ÂLET İLE KEMALÂT[2] OLMAZ!

Bir varmış, bir yokmuş. İşte masal gibi bir giriş... Ama aslında büyük bir hakikatin de özeti adeta... Evet, bu söz insan için söylense yeridir; bir varmış bir yokmuş.

Varlığı da yokluğu da var eden ve kullarına takdir eden ilahi irade, bin bir sebepler, sonuçlar ve hikmetler silsilesi içinde; insanın var ve yok olacağı zamanı belirliyor. O başlangıcı ifade eden var olmak ve var olduktan sonra yok oluncaya ya da bir âlemde yok olup diğer âlemde var oluncaya kadar geçen zaman içinde önemli olan; neredeydik ve neler yaptık sorularının cevaplarını hakkıyla verebilmektir.

Neredeydik sorusunun cevabını oluşturan unsurların bir kısmı küllî iradenin elinde olup bizim sorumluluğumuz dışındadır. Hangi coğrafi bölgede doğacağımızı biz belirlemedik mesela. Fakat bu sorunun cevabını teşkil edecek diğer bir kısmı ise kişiye yani onun cüz-i iradesinin sınırlarına bağlıdır. İyilik yapılan ve iyiliği hatırlatanların yanında ya da yakınında bulunmak kişinin tercihidir mesela. Bu sebeple doğru yerde ve doğru insanlarla bulunmak önemli...

Bunu takip eden diğer bir soru da; "Ne yaptık?" sorusudur. Ne yaptığımız kadar ne niyetle yaptığımız da önemli. Ne niyetle yaptığımız önemli fakat nasıl yaptığımız daha da önemli. Bazen öyle olur ki ne söylediğin değil nasıl söylediğin daha öne geçer ve kimi zaman niyeti bile gölgede bırakacak sonuçlara sebep olur. Bir var, bir de bakmışız ki yok oluverecek hayatımızda; bu iki uç

1 Kem: (f) Az, noksan, eksik, kötü, fena, ayarı bozuk.

2 Kemalât: (o) Faziletler, olgunluklar, insanın bilgi ve güzel ahlakça tam ve olgun olması.

nokta arasında kaç santimetre, kaç desimetre, kaç metre ya da kaç kilometre yol gideceğimizi sadece Allah (c.c.) bilir. Yolu gitmek önemli fakat o yolda kendimize ve çevremizdekilere ne kadar hayrımız dokundu; bu daha da önemli.

Bitkiler doğar, büyür, ürer ve ölürler; bir tekâmül endişeleri, gayretleri ve beklentileri yoktur. Tohumun kalitesine, toprağın cinsi ve yapılan bakımın niteliğine göre vasat, orta, iyi ya da çok iyi bir verimlilik sunarlar. Ona verdiğimiz emek ve sevgi kadar güzelleşir bitki. Hayvanlarda da durum bundan pek farklı değildir. Sadece insanla ilişki ve iletişimleri, cinse, konuma ve duruma bağlı olarak değişir; yani beklentiler faydaya dönüktür, biraz daha yüksektir ve ihtiyaca göre de bakım verilir. İnsan ise çok daha uzun sürede ve çok daha yoğun bakım ve emekle belli bir olgunluğa kavuşur.

İnsan, toplum denilen büyük ailenin bir üyesidir. Onun her hali, her durumu; ailenin atmosferini ve diğer fertlerini etkiler. Bu etki yakından uzağa doğru bir seyir takip eder.

Zaman, sayısız anlardan oluşur. Gökyüzünü şenlendiren sayısız yıldız ve ay var; bunlar pek çok parçanın uyumlu birlikteliği ile anlamlı bir bütün oluşturmuşlar. Bunun gibi her insan da bütünden bir parça taşır fakat kendisi bu bütünden çok farklıdır. Ve bu pek çok farklı insan yan yana gelip toplumda bir aile bütünlüğü oluşturur.

Bütünlüğün uyumu ve iletişimi, tek tek farklılıkların kendi içindeki uyumu ve iletişimiyle paralellik arz eder. Kendi içinde uyumu bulan huzuru bulur, huzuru bulan barışık yaşamaya müsait hale gelir. Bu da onu ilgilendiren ve saran her ilişki ağını etkilemesi demektir.

Bir usta, alet çantasındaki malzemeleriyle iş yapar. "Alet işler el övünür." demiş atalarımız. Aleti olmayan; o aletle yapacağı işi icra edemeyeceği için, iş yapma niyeti de gayreti de fazlaca bir anlam ifade etmez. Olsa olsa onu bir an önce malzeme bulmaya yönlendirir. İş yapacak insanın, o işin bilgisine ve malzemesine ihtiyacı vardır.

Buraya kadarki yazdıklarım girişti. Asıl konuya şimdi geçiyorum...

İnsan neyi biriktirirse onu harcar. Zihninde taşıdığı ve bir anlama dönüşmüş tecrübe, tavsiye, talimat, görgü ve bilgiler; nerede nasıl davranacağını belirler yani adeta kulağına fısıldar.

Zihnimizde ve gönlümüzde biriktirdiklerimiz bizim aletlerimiz gibidir; hangi durumda neyi kullanacağımızı bilirsek başarılı olur, iş çıkarırız. Yalan söylemekle söylememek arasındaki o kıldan ince çizgide bulunan birisine, alet çantasında "Sakın ha! Başına gelecekler, yalan söylemenden daha hafiftir, dikkat et." diyorsa; o insana ailesi zor zamanda kullanmak için bir alet vermiştir. Onu kullanır, işini görür ve fayda elde eder.

Öfke, aklı giderir..."Sakın ha öfkeli iken karar verme, öfkeli iken iletişimden kaçın, öfkelenme sebebim buna değer mi?" diye düşün. Öfkenin kişiye verdiği zarar, muhatabına verdiği zarardan daha fazladır. Öfkesini yenmeden konuşanlar, özür dilemekten ve pişman olmaktan yorgun düşerler. Ve hiçbir şey, seni kontrolden çıkaracak kadar öfkelenmeye değmez. Seni küçük düşürecek ve zor durumda bırakacak her şeyden uzak dur. Yıllarca emek vererek oluşturduğun güven ve imajı koru. Yanlış bir öfke kaynağıyla karşılaşıp onun tesiriyle yolunu değiştirmekten dolayı bu davranış ve bu durum, seni farklı kılığa ve yola sokabilir. O yol ve o tarz, sana uygun olmayabilir ve sen hak etmeyen insanlara karşı yanlış davranabilirsin; bu da sana bazen çok çok zarar verebilir.

"Öfke ateşinde yanmamak ve korunmak için üzerine benzin dökenlerden uzak dur." diyen bir anne, çocuğuna ömür boyu kullanacağı ve kullandıkça işini kolaylaştırıp ona avantaj sağlayacak bir alet vermiştir. Aklını doğru kullanma, stratejik davranma, bilgi ve becerisi kazandırılmayan çocuğun, evi olmuş, arabası-yatı-katı olmuş, cebi para ile dolmuş olsa da tüm bunlar onu ayakta tutmaya yetmez. Alet çantası boş olarak çocuk büyüten anne babalar, bunun kendileri ve çocukları için neye mal olduğunun bilinciyle hareket ederlerse, çocuklarını öncelikle aklını kullanmasını sağlayacak bilgilerle donatırlar. Para bugün var yarın yoktur. Fakat aklın pusulası aktif ve doğru bilgi, ömür boyu insanla beraberdir ve onu en üst noktalara taşır.

Malzemesi olmayanlar ise sadece bakar ve bir şeyler yapabilme hayaliyle avunur. Eylemsiz hayal etmek karın doyurmaz. Beceriye dönüşen hayal ve bilgi karın doyurur; göz doldurur. Var mısınız, önce biz yetişkinler alet çantamızı kimse yokken şöyle bir ortalığa boşaltalım ve ne var ne yok bir bakalım.

Hangi malzememiz olsaydı şimdi daha iyi durumda olurduk?

Sabır mı, hoşgörü mü, laf peşine düşmemek mi, eksiğini fark etsin diye eleştiriden bitap düşürmemek mi, önce karşımızdakini olduğu gibi kabul edip şartsız sevmek mi?

Ya da pek çok ilaveleriyle bunların hepsi mi?

Bunun yaşı başı olmaz deyip hangi yaşta ve durumda olursak olalım bu dünyadan ayrılmadan malzemeleri dolu dolu olmanın ve kullanmanın onuruyla model olma yolunda içimiz ferahlasın. Bu öğrenme ve doğru yaşama atağına "Birileri bu yaştan sonra ne der?" diye bir soru mu geçti zihninizden, hemen cevabını verelim, "Maşallah, Sübhanallah" ya da "Ne önemi var, ne derse desin!" deyip geçin.

"El alem ne der?" diye doğru bildiğini yapmaktan çekinen herkes, dolu dizgin koşan pişmanlık atından hiçbir zaman inemez. Ve o atın bizi nerelere götüreceğini de Allah'tan (c.c.) başkası bilemez.

DAHA İYİ OLMAMANIN MAZERETİ YOK. Ve hiç kimse, sizin için neyin daha önemli olduğunu sizin kadar bilemez.

O halde hem çocuğumuza hem de kendimize yeni bir alet çantası düzmenin tam zamanı. Gördüklerimizi, göreceklerimizi seçelim, ne okuyacağımızı seçelim, kimlerle oturup kalkacağımızı seçelim, zamanı nerede nasıl geçiriyoruz farkında olalım. Son bir ânı bile doğru bir şekilde yaşamak çok önemli. İnsanı yoldan çıkaran da yola getiren de bazen ya atılacak tek bir adımdır ya da sarf edilecek tek bir cümledir.

Çok şükür ki henüz nefes alıp veriyoruz. Ömrümüzün nihayetlenmesi için "tamam" emri henüz gelmedi. Daha nefesimiz üzerimizde çok şükür. Düzeltmek niyetiyle ahirete intikal etmek bile bir avantajdır. Çünkü Rabbimiz buyuruyor ki; "Ameller niyetlere göredir." O zaman acele edelim çünkü AZRAİL RANDEVU ALMADAN GELİYOR.

CÜMLEYE YANLIŞ BAŞLAMIŞSAK

(Devamını Zor Getirdiklerimiz)

Düşüncelerimizi muhatabımıza aktarabilmek için bir cümleye başlarız. Fakat bazen o cümlenin devamını getirmek için yaptığımız ilaveler bir türlü anlam bütünlüğünü sağlamaz. Değiştirirsiniz olmaz; yanına başka ilâveler yapmaya çalışırsınız yine olmaz. Çünkü başlangıç yanlış yapılmıştır. Yanlışa doğruyu, eğriye düzgünü, kötüye iyiyi ilave etsek bile, doğru bir başlangıç elde edemeyiz; çürük bir elma ile sağlam bir elmayı topladığımızda iki sağlam elma elde edemeyeceğimiz gibi... Bu durumda, ya cümleyi anlamı kopuk ve kalıbı bozuk bir şekilde sürdürür ve mevcuda razı oluruz, ya da cümleyi toptan iptal edip yeni bir cümle kurarız. Yeniden başlamayı gözlerinde büyütenler, bozuk başlangıcın uygunsuz devamına mahkûmdurlar.

Aslında her türlü ifade ve davranış, bir cümle kurmak gibidir. Doğru başlangıç yaparsak devamı da büyük bir ihtimalle doğru gelir. Her son, bir başlangıcın ifadesidir. Güzel ve iyi bir son ise, doğru bir başlangıç yapılıp devamının getirildiğinin ispatıdır. Aslında hayatımız her an tekrarlanan taze başlangıçlardan oluşur. İçimizdeki duygu ve düşünceleri her dışa yansıtışımızda, yeni oluşumlar gerçekleşir. Her hamle, jest, mimik, ses tonu, beden dili ve gözlerdeki enerji bir şeyleri başlatır. Ya mesajımızı iletir ve anlaşıldığımızın ifadesi olan karşılığı alırız (ki bu, mesajı doğru ilettiğimiz anlamına gelir) ya da mesajımızı iletmemize rağmen istemediğimiz bir karşılık alırız. Bu durumda da mesajı eksik ya da yanlış iletmiş olabileceğimizi düşünmemiz gerekirken biz, bildik bir tavırla anlamayanı suçlar ve kendimizi haklı görürüz; aynı metot ve usulle iletişim kurmaya devam ederiz. Muhatabımız bizi gerçekten anlamamış da olabilir. Fakat biz, ilk olarak bundan başladığımız için diğer tarafı gözden kaçırırız. Böyle olunca da aynı sonuçlarla karşılaşmaya kendimizi mahkûm etmiş oluruz. Çünkü "Hep aynı şekilde davrananlar aynı sonuçlarla karşılaşırlar."

Günlük hayatımızdaki her mesaj taze bir başlangıç anlamına geldiğine göre bu, kimi zaman bir dostluk ve arkadaşlık, kimi zaman evlilik, kimi zaman ev, arsa, araba alımı, kimi zaman da bir iş ilişkisine atılan ilk adım olabilir. Olumlu bir gidişi hedefleyerek bu mesajlarla cümleler kurulur; içimizde taşıdığımız duygu ve düşünceler mesajlara yüklenir. Tavrımız yeni bir tavrı başlatır; yaklaşım biçimimiz ya yeni bir kapı açar ya da mevcut kapıları dahi kapatır.

Diyelim ki; iyi olacağı temennisiyle başladığımız bir iş, daha en başında sıkıntı vermeye başladı. Yanlış insanlarla yanlış ortamlarda ve çakışmayan ideal çizgisinde bir şeyler yapmaya çalışıyoruz. "İleride düzelir.", "Belki iyi olur.", "Belki de ben yanılmışımdır.", "Ben onu etkileyerek değiştiririm." gibi sağlam bir temelden yoksun temennilerle götürülecek beraberlikler; her iki tarafı da memnun etmeyen sonuçlar doğurur. İnsanlar iş başında tanınır. Ne kadar tanımaya gayret etsek de birlikte çalışmadan yeterli bir tanıma gerçekleşmeyebilir. Baktık ki iş arkadaşımız, alışverişe niyetlendiğimiz şahıs, evlenmeyi düşündüğümüz muhatap bize uygun değil; o zaman "Zararın neresinden dönersek kârdır." düsturuyla hareket etmek en iyisi.

Kendine güvenmeyen, üstüne üstlük de bilgisiz birinin yeni bir başlangıç yapmaya cesareti de olmazsa taraflar iyice eziyet çeker. Böylesi karakterlerin değişik alternatifleri denemeye güçleri yoktur. Çünkü bildikleri yol ve yöntemler zararlı da olsa; bu gidişin tanıdık yüzü, onlara devam etme cesareti verir. Değişiklikler, en çok da güvensiz insanları korkutur.

Hayat kitabının herhangi bir sayfasında, bir cümleyi yeniden kurmak gerekebilir. O zaman, sebepleri objektif değerlendirebilmek, basiretli bir görüş etrafında doğru karar verebilmek çok önemlidir. Bu da bir bilgi ve tecrübe işidir. Bir insan, geliştiren kaynaklara kendini kapatmış, dağıtan ve gerileten kaynaklara kapılarını açmışsa değil cümle kurmak; daha hayatı hecelemede ve okumada sıkıntısı var demektir. Bu sıkıntılı tempoda, günler günleri eskiten cümlelerle kovalar ve bu durum iliklere kadar işler. Yanlış da olsa alışılmışı tercih ettiren sığ bir anlayış, bilmemenin getirdiği bir yıpranmayla karşı karşıya getirir bizi.

Burada üç önemli hususun altını çizelim...

İlki; ilk cümlelerimizi, ilk tercihlerimizi titizlikle yapalım ki yeniden başlangıca ihtiyaç hissetmeyelim. Bu başlangıçlarla ve cümlelerle koca bir hayat kitabı yazacağız çünkü.

İkincisi; ne zaman yeni bir başlangıca ihtiyaç olur; o zaman bunu iyi tespit edelim ve ona göre davranalım.

Üçüncüsü ise; artık yol değiştirmek ve yeni bir cümle kurmak imkânı olmadığı bir durumda elden geldiğince, kendimizden başlayarak ıslah ve zararsız gidişi temine çalışalım. Akıl, ruh ve beden sağlığımızı stratejilerle korumayı hedefleyelim.

Aynı safta bulunmayanlar, aynı heyecanı paylaşmayanlar, aynı yöne yürümeyenler; bir arada bulundukları süre içinde, birbirlerinin ufkunu kapatan kara bulutlara benzerler. Çünkü yanlış bir cümle ile başlanıp devamı yanlış getirilmiştir.

Cümlelerinizin doğru başlaması, sil baştan yeni başlangıçlara ihtiyaç olmaması ve attığınız adımların, verdiğiniz kararların hayat ufkunuzu daima aydınlatması temennisiyle...

COŞKU, HAYATA KARŞI BİR BORÇTUR

"Kendimiz için bir şey yapmak"

Coşku, enine boyuna çekildiğinde, herkesin kendisine göre bir anlam çıkardığı ve buna uygun davrandığı güzel bir kavram. Birileri ile konuşacak olsak herkesin ittifakla "çok önemli olduğu" fikrinde birleştiğini görürüz. Ardından da, kendimiz için hiç yaşayamadığımız, çoluk çocuk derken ömrümüzün geçiverdiğini söyleyip yakınırız genellikle. Peki, bize imkân tanınsaydı kendimiz için ne yapardık? Kendisi için bir şeyler yaptığını düşündüğümüz insanlar, bu fırsatları birilerinin kendilerine vermelerinden dolayı mı bunları başarabildiler? Nedir kendisi için bir şeyler yapabilmek ve kendisi için yaşayabilmek? Zamanı ve onun işleyişini plânlayan biz değil miyiz? Bir günümüzü nasıl geçireceğimize dair kararı çoğunlukla kendimiz verip yine onu uygulamaya geçiren de biz değil miyiz? Şikâyet edip durduğumuz bu durumun değişmesi için beklemenin dışında ne yaptık? Kendisi için yaşamak ve bir şeyler yapmak; acaba kişinin zihninde nasıl anlam taşıyor ki bir türlü bunu yapamıyor ya da yapmak için adım atamıyoruz?

Kendisi için bir şeyler yapabilmek; genel vücut bakımı, dinlenme, alış-veriş yapma olarak algılanabileceği gibi ihtiyaç hissettiği kadar yalnız kalma, iyice dinlenme ve sorumluluklarından kısmen uzaklaşma şeklinde de düşünülebilir. Ayrıca, insanların bulundukları konuma, duruma ve sorumluluklarına göre, plânladıklarını yapıp yapamamaları da değişir. Bunların tümü, kişiden kişiye değişmekle birlikte genelde kabul gören ve "olabilir" dedirten cinsten tercihler. Fakat acaba bu cümlenin içi sadece bunları alacak kadar sığ mı? İnsanın; "Kendim için mutlaka yapmalıyım!" demesi gereken şeyler, hep bu teknik ve yüzeysel şeylerden mi ibaret? Yapacaklarımızın içinde bunların olması da mümkün fakat bu kadarla mı kalmalı?

Öncelikle bizi ileri ya da geri götüren, bize evet ya da hayır dedirten, orada ya da burada bulunmamızı sağlayan şey; zihnimizdeki bilgi ve inançlarımızdır. İnsanlar tercihlerini bu bilgi ve inançlarına göre yapar. Bir insanın Allah ve kulları nezdinde itibar kazanıp iyi bir durumda olması; işte bu bilgi ve inançlarının doğru olması ile doğrudan ilgilidir.

Bilgi edinme kaynaklarından doğru bilgi akışı sağlanırsa; zihnimiz onunla beslenir ve zayıflamış bir sistemin düştüğü zaaflara kolay kolay düşmez ya da daha az düşer. Bilgi kaynaklarının bir kısmı; görmek, okumak, izlemek, dinlemek, araştırmak, tecrübelerden ders çıkarmak ve model olabilecek insanlarla birlikte olmak şeklinde sıralanabilir. Hani demişler ya; "Kartallar gibi uçmak istiyorsan sürüngenlerle düşüp kalkma. Çünkü insani, arkadaşına benzemeye meyillidir.". Dolayısıyla kimlerle birlikte olduğumuz, bilgimizi nasıl kullandığımızı da etkiler.

Peki insanın kendisine kalıcı iyilik sağlayan tercihleri neler olabilir? Ne yaparsa ya da ne yapmazsa kendisi için iyi bir şey yapmış olur? Kendisi için yaşamak diye bir kavram var mı? Bu nasıl bir seçimle gerçekleşir? Şimdi "bana göre"lerle bu sorulara cevap vermeye çalışacağım.

Hayatı güzelleştirecek bir şey yapmak için özel ayrılmış bir zamana ihtiyaç olmadığı, her anın bunu gerçekleştirmek için aslında uygun bir zaman olabileceği anlayışından yola çıkarak; herkesin uygun görmesini beklemeden ve çocuk yanımızı susturmadan belki makul olan girişimlerde bulunabilmek hayata renk ve neşe katar. Kendisi için yaşamanın ayrı bir hayat tarzı olmadığını, etrafı saran nimetlerin ve güzelliklerin bolluğunu görmeyi, bunu her bir nefeste tüm hücrelerine kadar ulaştırabilmeyi kendisi için yaşamak olarak algılayanlar; hayatın en ufak unsurlarıyla dahi mutlu olmayı bilirler. Bu tip insanlar, bir anlamda hayatı zenginleştirme ustalarıdır.

İnsanın severek yaptığı her şey kendisini besler. Yeni aldığı bir kitabı okuyup bitirmek, bunu eşi ve arkadaşlarıyla paylaşmak, yeni bir giysiyi denemek, eşi, çocukları ve arkadaşları için süslenmek, kendisine pasta yaptığında arkadaşlarını da çağırıp birlikte yemek, kendine bir dondurma ikram etmek, bir demet çiçek almak, eşine sürprizler yapıp onu ne kadar sevdiğini söylemek, eşinin cep telefonuna sevgi mesajları göndermek, denizin yumuşacık kumlarında yalınayak yürümek, yağmurda ıslanmak için şemsiyesiz sokağa çıkmak...

Sevgi, dostluk ve nezaket içeren jestler yapmak, rutinlerin içinden sıyrılıp yeni bir teneffüs anlamına gelecek güzellikleri her fırsatta hayata katabilmek, çocuğuyla birlikte çarpışan arabaya dönme dolapta eğlenmek, deniz kenarında çocuklarıyla birlikte çay simit ziyafeti çekmek; insanların mutlu ve coşkulu olabilmeleri için ilâç gibi gelecek uygulamalarındandır.

Tüm bu hayat veren aktivitelerin yanı sıra her ânı dua ve Allah'la irtibata geçmek için bir fırsat bilmek, yaşadığımızın ve yaratıldığımızın hakkını en iyi şekilde verebilmek için buna uygun bir anlayış ve yaşayışı tercih edebilmek de bir mutluluk kaynağıdır. Kul olmanın idrakine varabilmektir. Hayatın küçük unsurlarıyla bu bilinç düzeyi harmanlandığında anlamlı bir hayat coşkusu doğar.

Bütün bunlar (sizin de kendinize özel ilâvelerinizle birlikte), günübirlik tempoyu daha coşkulu ve anlamlı bir paylaşıma dönüştürecek iksirli minik adımlardır. Tabi ki hepsi bu kadarla sınırlı değil. İnsan, sosyal bir varlık. Var olması ve anlam kazanması çevresiyle kurduğu bağlarla da ilişkili. Enerji üreten anlayış ve yaşayış biçimini aramak, bulunca da hayatımıza yerleştirmek, hayatımıza anlam katan kaynakları hep diri tutmak... Gözlerimizin gördüğü insan ve manzaralara varıncaya kadar irtibatta olduğumuz her unsura dikkat etmek, doğru seçimler yapmanın gayreti içinde olmak… Tüm bunlar hem kişinin kendisi hem yakın çevresi hem de diğer tanıdıkları için bir nimettir. Zihin depomuzdaki bilgilerin doğru ve anlamlı olması, gözümüze ve sözümüze istikamet kazandırır. Doğru insanlarla birlikteliklerimiz; görgümüzü artırmak ve halimizi daha hayırlı bir noktaya sevk etmek adına önemli seçimlerdir.

Hayatı ciddiye alanla; zamanı ve onu neyle doldurduğunu önemserler. Kendilerini daha iyi durumda ve konumda tutacak en küçük adımı bile ciddiyetle atmaya gayret ederler. Mutlu olabilmeyi insani bir meziyet ve başkalarının mutluluğuna katkıyı insani bir görev bilen monotonluktan kurtulmuş bireyler; dinlenme, eğlenme, okuma ve sosyal aktivite adına yapacakları her türlü şeyi bir bir yapar ve bu gayretleriyle daha iyi şeyler yapmaya zemin hazırlarlar. Çünkü yönü ne olursa olsun atılan ilk adım, ikinci adıma davetiyedir...

Hayatı sevgiyle ve coşkuyla yaşamak hem bir hak hem bir görevdir.

Adımlarınızı daima doğru kulvarda ve coşkuyla sürdürmeniz duasıyla...

DOĞRU OLMAK DOĞRU DURMAKLA MÜMKÜNDÜR

Doğruluk; bir tavır, bir duruş ve bir tutumdur. İnsanı insan yapan en önemli meziyetlerden biridir. Adaletli olmak ile iç içedir. Yapacağı işi doğru yapmaktan tutun da doğru ve anlaşılır konuşmaya varıncaya kadar, hayatın her alanında kendini hissettiren üst düzey bir bilinçlilik durumudur.

Doğru zeminde durmak, doğru yöne bakmak, doğruları görmek niyetinde olmak ve doğru bir metot-usûl için gayret etmek, mücadele etmek; istenilen sonuç için göze alınan seçimlerdir. Bu, Allah'ın (c.c.) istediğini istemenin ve hayatını buna göre tanzim etmenin sonucunda oluşan bir mücadele sürecidir. İnsanlar olarak öyle zamanlarda öyle sınavlar veririz ki durduğumuz nokta, doğrunun ve yanlışın ayrıştığı bir sınırdır adeta. İşte bizi zorlayan bu sınır durumlarda, bize neye mâl olursa olsun, "Nasıl davranırsam doğru olur, nasıl davranırsam Allah ve Rasulü memnun olur?" sorumuzun cevabı olarak yapmamız gereken şey, doğru olan ve bizi doğru tutacak olan tarafta kalabilmektir. Tabi bu arada bize doğruyu işaret eden rehber bilgilerin de bizde bulunması gerekir. Dağarcığımızdaki bilgilerin yetersiz olması durumunda ise onu araştırmaya koyuluruz. Araştırıp soruşturmaya ve nasıl sorusunun cevabını bulmaya çalışırız. İşte bu, ömür boyu yaşanacak bir süreçtir ve insan bu arayışına bir can simidi gibi sarılmalı; onu hiç elinden bırakmamalıdır. En az doğru bilgi kadar önemli bir diğer husus da doğru örneklerin bulunmasıdır. Ancak doğru yaşayanlar çocuklarına doğru olmayı en iyi şekilde örnekler. İşte asıl zihinsel kayıtlar, çocukların anne-baba ve diğer yakınlarından gördükleriyle yapılır. Bunlar da ekseriyetle küçük yaşlarda oluşur ve kalıcıdırlar.

İnsanların umutlu olmaya ihtiyacı vardır. Bu umudu en çok da doğru ve adaletli olanlar çevresindekilere hissettirirler. Kendisini sevmese ve vaktiyle arasında sıkıntılı şeyler geçmiş olsa bile, o şahsın üzerindeki doğru ve iyi olanları görmek; yeri geldiğinde, "Bizim aramızda vaktiyle sıkıntılı şeyler geçti fakat o şahıs yalan söylemez ve şöyle şöyle iyi yönleri vardır." diyebilmek, insan olmanın ve insan kalabilmenin en önemli göstergelerinden biridir. Ya da kendisinin de içinde bulunduğu bir kurguda, doğru zannederek yaptığı bir davranışın yanlış olduğu kendisine söylendiğinde ve ya kendisi böylesi bir yanlış davranışını fark ettiğinde açık yüreklilikle, "Ben doğru zannederek yaptım fakat şimdi anlıyorum ki, şöyle davransam daha iyi olurmuş. Af edersiniz, özür dilerim." diyebilmek; kendisine ve karşısındakine güven vermenin, doğru bir kişilik imajı oluşturabilmenin en kısa ve doğru yoludur.

Bunların ötesinde, kimse bunun ne anlama geldiğini anlamasa ve akılsızlıkla itham etse bile, bunun en kârlı ve güzel bir yol olduğuna, bu doğruyu Allah'ın bilmesinin yeterli olduğuna inanmak; insanı diğer durumlar için hazır ve motive tutar. Ayrıca, Rabbimizin lütfettiği huzurlu bir kalp, izzetli bir duruş ve hesabını kolay verebileceği davranışlar; kişiyi güçlü ve heybetli kılar.

Böylesi tutarlı ve vakarlı bir duruşu insanlar da anlayacaklardır. Fakat bu, bizim beklediğimiz hızda ve sürede olmayabilir. Bu tavrımız için bir beklentiye girmek, insanlardan karşılık beklemek yerine tercih ettiğimiz inancın ve Yaradan'ımızın şanına uygun bir kul olma gayreti ile o görüntüyü ayakta tutabilme mücadelesinin bir gereği olarak kabul ettiğimizde, karşımızdakilerden göremediğimiz anlayış ve takdir bizi şaşırtmaz; süreci kesintiye uğratmaz.

Bir hayat biçimi olarak kabul ettiğimiz inancımızın gerektirdiği anlayış ve davranış biçimlerini, en küçüğünden en büyüğüne kadar önemseyerek hayatımıza katmak; bunun giderek genlerimize işleyen ve bizi temsil eden bir tarz bir tutum haline dönüşmesini sağlar.

Konuştuğu zaman doğruları konuşan, danışıldığı zaman doğru yönlendiren, bir davranışta bulunacağı zaman bunun hem kendisine hem de insanlara zarar vermemesi için doğrusunu araştıran bir zihin; dünya için bir umuttur. Doğruların peşinde olmak, çevremizin de doğru yaşayanlarından meydana gelmesini ve onların da bize yakın durmasını beraberinde getirir. İnandığımız idealler ve doğrular uğruna konforu bir tarafa bırakıp zor olsa da tüm hayatımıza yayılan tarz oluşturmaya iter bizleri. En doğru örneğimiz olan Peygamberimizin yaşam biçiminin yanına, en doğru bilgi kaynağımız Kur'an-ı Kerim'i de alarak; dilimizde dua, gönlümüzde muştuyla doğru insan olabilmemin kutlu yürüyüşüne çıkar, bu yolda nice inciler toplarız.

Doğru olmayı hayatın merkezi kılmışların duası da yaşamı da doğru olmaktır; doğru durmaktır. Yaşadıkları, duasının test edildiği sınavlardır adeta. Canı yansa da, zor gelse de, dilinde tespihe dönüşür duası.

Ya Rabbim; doğru anlamayı, doğru düşünmeyi, doğru konuşmayı, doğru bilgiye ulaşmayı, doğru davranmayı ve doğrularla birlikte olmayı nasip eyle. Bana neye mal olursa olsun; bilerek ve bilmeyerek yanlış yapmaktan sana sığınıyorum. Beni anlayışlı ve anlaşılır kıl. Senin rızanı kazandıracak eylemleri bana kolaylaştır ve sevimli kıl. İsteyen herkesle birlikte beni de "Emrolunduğun gibi dosdoğru ol!" emrinin yaşayan örneği kıl. Sen her şeye gücü yetensin; bizi istediklerimize kavuştur ey âlemlerin Rabbi olan yüceler yücesi Allah'ım!

HER GÖRDÜĞÜMÜZ, GERÇEKTEN GÖRMEMİZ GEREKEN MİDİR?

(Zemin-figür ilişkisi)

İnsan zihni *detay*la uğraşırken *asılı* kaçırmasaydı; şimdi bütün insanlık daha iyi bir yerde olurdu.

İnsan sayısı kadar farklı kişilik ve farklı algılama biçimi vardır. Bu daha çok da aynı durumdaki insanların bu duruma ne anlam verdiği öğrenildiğinde anlaşılır. İnsanda Allah'ın verdiği cevher ve aileden aldıkları da farklı olunca, algılama ve ifade farklılığı da kaçınılmaz olur. Her insan artı ve eksinin, olumlu ve olumsuzun, iyiliğe ve kötülüğe eğilimin tam da orta noktasında bulunur. Aslında negatife ve olumsuzluğa daha yatkın da diyebiliriz. Çünkü sistem kendi başına kaldığında, başıboş kalan her şey gibi iyi bir gidiş tutturamaz ve rastgele ilerler. Bu da olumsuzluğu gündeme getirir ki; kendi haline kalışın eğime göre akma özelliği mevcuttur.

Biliyoruz ki özen gösterilmeyen her şey, iyi olma rengini kaybedip başıboşluğun rengine bürünür. Onun için biz sorularımız ve dualarımızı, algılarımız ve tercihlerimizi elimizden geldiği kadar doğru yönetmeye çalıştığımızda, dualarımıza gayretlerimizi de ekleyerek bırakmadığımız hayrın ortaya çıkmasına zemin hazırlamış oluruz. Sistem bir kere istenilen tarza alıştığında, otomatiğe bağlanmış gibi yansımalar görülür.

İnsanlar, genelin kodladıklarına razı olup yeni ve daha iyinin peşine düşmediğinde; "Ben buyum, değişemem ki..."

modundan kolay kolay çıkamazlar. Daha çok olumsuzlukların görüldüğü, insanın başardıklarından çok başaramadıklarına odaklanıldığı ve "Yanlışını gösterelim de daha iyisini yapsın." diye iyi niyet tırpanıyla insanların budandığı bir ortamda; daha iyisini yapmak bir yana var olan durumun da kötüye giderek, mevcut psikolojisinin kişiyi ayakta tutmaya bile yetmediğini görürüz.

Aileler, evde hiç durmadan, yanlışını eksiğini gösterip "yapamadın, beceremedin" mesajı verdiğinin ve sürekli eleştirip aşağıladığı ve kimi zaman da alay ettiği çocuğuna yıkan-bozan eleştiri biçimini miras olarak bıraktığının farkında değildir. Belki de kültürün kodlarına yerleşmiş sürekli yanlış arama, eksik bulma ve eleştirel yaklaşma biçimi; insanın psikolojisini bozmakta ve yapabilirlik derecesini düşürmektedir.

"Bilemeyen el hüner üretmez." sözündeki yaklaşım biçimini uzmanına sormuş da iyi geldiğini öğrenmişçesine ısrarla sürdürenler, sonuçtan ders almayıp yine muhatabı suçladıklarında, zarar katmerleşir.

Evet, hayatımızda hepimizin eksiği, yanlışı, hatası var ve olmaya da devam edecek. Asıl olan, daha iyi olmaya çalışmak ve bunları fark ettiğinde bir daha yapmama gayreti içine girmektir. Bunun yolu da sürekli eksikleri görüp "Sen zaten daha iyisini yapamazsın ki..." mesajını vermek değil; "Evet doğru, şöyle şöyle olmuş fakat şuna şuna dikkat edilirse daha iyi sonuç alırsın, sen bunu yapabilirsin. Çünkü; daha önce de şu şu güzel işleri yapmıştın, sana inanıyor ve güveniyorum." tarzındaki bir yaklaşım, insanın kendisindeki yapabilirlik gücünü ortaya çıkaracak ve adım atmasını kolaylaştıracaktır. Çünkü "Marifet iltifata tabidir, müşterisiz meta zayîdir."

Psikoloji kitaplarındaki zemin-figür ilişkisini gösteren resimleri hepimiz biliriz: Zemine odaklandığımızda zemin öne çıkar, figüre odaklandığımızda ise figür öne çıkar. İkisi de gerçektir, ikisi de doğrudur fakat öne almamız gerekeni değil de diğerini öne aldığımızda; görmemiz gerekenleri görememiş ve öne almamamız gerekeni öne almamışız demektir. Yani, iki adamı değil de vazoyu görmemiz gerekiyorken; biz sürekli iki adamı görürsek, diğerini zihin siler, göremeyiz. Bu da gündem ve ilgi kayması anlamına gelir. Hem insanın daha iyiye gitme şartlarını bilmeden, onu daha iyiye sevk edemeyiz.

İnsan zihni sorularla çalışır ve ne ararsak seçici algımız onu bulup gösterir. Bir insanda eksik arandığında onlarcasını bulmak mümkün... Çünkü bana iyi gelen bir diğerine kötü gelebileceği gibi, kimse de hatasız olamaz; herkesin mutlaka bir yanlışı ve eksiği olacaktır. İyi insan, hatasız ve yanlışsız insan demek değildir; hatasının farkında olup daha iyisini yapma gayreti içinde olandır. Her seçimin bize ne kazandırdığına bakalım ve neyi tercih edersek bize faydası dokunacağını görelim. Zihin aradığını bulunca diğerini görmüyor; adeta yok sayıyor çünkü.

İnsan, kendisine güvenildiğinde, yaptıkları görülüp takdir edildiğinde, yanlış yaptığında bile ona olan sevginin azalmayacağı mesajını aldığında (ki her birimiz yaptığımız yanlışları çoğunlukla farkında olmadan ya da öfkemiz tetiklendiğinde anlık kontrolsüzlükler yapıyoruz); daha iyisini yapmaya motive olur. Bu durumda kendisine doğru davranan ile arası düzelir ve insan kendini güvende hissederek cesaretle adım atmaya başlar. Bize düşen; iyilikleri, doğru yapılanları, güzellikleri aramak yani figürü görmek için gayret etmektir. İnsan iyi ve doğru yaptıkları fark edilip takdir edildikçe bunları artırma eğilimi içerisine girer. Doğru yapılanlar arttıkça, yanlışlıklar kendiliğinden en aza iner.

Asıl marifet; her olanı değil, doğru olanı görmektir.

Zihnini sorularla; halini dualarla yönetmektir.

İnsanın emanet olduğunu ve etkilenmeye açık olduğunu bilmektir.

Ben ne dersem ve ne söylersem daha iyiye sevk ederim diye düşünmektir.

Zor da gelse, hayra vesile olanlardan eylemesi için Allah'a kavli ve fiili dua etmektir.

Yapılan her şeyin, muhatabımızdan ziyade bize etki etkilediğini fark etmektir.

ÜÇÜNCÜ BÖLÜM

ANLAŞILIR OLMA SANATI

SİNYAL VER VE BEKLE!

Göz baktığını görür, el dokunduğunu hisseder, dil verileni tadar; yani beş duyu takdim edileni algılar ve onlarla tanışır. Eğer önümüze getirilene bakmama, muhatap olmama, tatmama gibi bilinçli bir engelleme yoksa her karşılaşılanı beyin seçmeden algılar ve bu tanışıklığı kaydeder. Tekrar aynı şeylerle muhatap olduğumuzda hatırlama merkezi devreye girer ve daha önceki ilk tanışma bize hatırlatılır. Yani ilkin kayıt yapılır, o kaydı hatırlatıcı sinyaller beyne gönderildiğinde bu tanışıklık gündeme gelir.

Zihnimizdeki kayıtlı bilgilerin çoğunlukla bir sinyalle oluştuğu, hatırlamaya hazır halde beklediği ve yine ufak bir sinyalle kolaylıkla su yüzüne çıktığına dair bir deneme yapabiliriz.

Siz bir müziği mırıldanın. Eğer sadece siz biliyorsanız, başlangıçta aile fertlerinin duyacağı bir sesle söyleyin. Bir süre sonra tekrar edın. Biraz daha zaman geçince sizin dışınızdakilerin de bu müziği mırıldanmaya başladığını göreceksiniz. Artık kayıt yapılmış, tanışıklık gerçekleşmiştir. Eğer tanıdık bir müziği söylüyorsanız sizden hemen sonra tekrar edecek ya da size eşlik edeceklerdir. Bu müziği çağrıştıran küçük bir tempo, nota veya söz, hemen hatırlamayı sağlar. Ne kadar sıklıkla bu melodiler duyulursa ezber de o kadar çabuk olur; ezberi tekrar ettikçe de yıllar boyu unutmayacak kadar pekişir. Daha sonra, bunları tekrar hatırlamak istediğinizde yapılacak şey, sinyal verip beklemektir. Birazdan hafızadaki bilgiler, kayıtlar gün ışığına çıkacaktır. İşte kaydetmenin ve hatırlamanın formülü;

Tanıştır + Sinyal ver + Bekle = Sonuç

Sinyallerle sık sık karşılaşmak daha çok hatırlamayı, dolayısıyla da daha çok gündeme gelmeyi ve unutmamayı sağlar. Bilerek ya da tesadüfen, bir şeyi ne kadar çok görür, duyar ve zihnen onunla meşgul olursak o konuya o kadar çok yoğunlaşırız. Tanışıklık arttıkça ona alışırız. Zihnimizde taşıdıklarımız önce düşünce, sonra duygu, daha sonra da davranışa dönüşerek varlıklarını ifade ve ispat ederler. "Davranışları kişinin aynasıdır." denir. Aynen "Bir kap içinde ne varsa dışarıya onu sızdırır." özlü sözünde olduğu gibi. Davranışlarımız bizi temsil ederler; "Biz kimiz, neyiz ve gözümüzde gönlümüzde neler var?" onun canlı yansımalarıdır.

Sinyaller ve mesajlar, bulundukları zihne renklerini verirler. Bu renkler duygu ve düşünceleri boyar. Düşünceler, davranışlarla pekiştikçe, şahıs taşıdığı bu renklerle görülmeye ve tanınmaya başlar. Başlangıçta minicik olan sinyal renkleri, aynı renk ve tonları kullana kullana giderek bütün diğer unsurları da boyayacak kadar çoğalır ve yayılırlar

Aslında düşünürsek; her söyleneni ayırt etmeden dinlemek, her gösterileni seçmeden izlemek ve zihnimize kaydetmek, her bulduğumuz nesneyi, yenilecek durumda olsun ya da olmasın yemeye benzer. Bu tür ayıklanmadan alınan zihinsel ve duygusal gıdalar daha da tehlikelidir. Yediğimiz şeylerin kirli, bozuk ya da zararlı olması, kimi zaman sadece midemizi yani sindirim sistemini bozar. Vaktinde fark edilip tedbir alınmışsa, kişi kısmî bir rahatsızlıkla bundan kurtulabilir. (Fakat bazen de zehirlenme sonucunda ölümler bile görülebilir.) Gıdalar canlı organizmaya zarar verir; oysa zihnimizde taşıdıklarımız bizi topyekûn değiştirebilir.

Muhtelif zamanlarda sinyallerle zihinlerimize yerleştirilen fikirlere, bizler giderek uyum sağlarız. Bu fikirlere uygun giyim, tüketim, davranış ve yaşayış için yeni bir davetle karşılaştığımızda, muhalefet etmeden bu davete icabet ederiz. Çünkü vaktiyle bizim değerlendirmeye tâbi tutmadan buyur ettiğimiz şeyler, zihninizde yer açtığımız yani tanıdığımız bir fikre çağırıyorlar bizi. O fikri, düşünce dünyamıza biz koyduk. Artık sinyal merkezi ektiğini biçmek isteyecek, gayretinin sonucunu görmeye çalışacaktır. Sinyallerin ve mesajların kaynağı tarafından, çoğu kere üstü örtülü sinyallerle yaşantı ve anlayış değişikliğine davetiye çıkartılır; bizler de sanki biz istiyor ve bilinçli olarak tercih ediyormuşuz gibi isteneni uygularız. Üstelik savunuruz ve giderek sinyalin kaynağı haline geldiğimiz için, bu sefer de o sinyali ve mesajı biz yaymaya başlarız. Zaman geçtikçe yaşadığımıza daha doğrusu bize yaşattırılana inandığımız için o tarzı övmeye ve korumaya çalışırız. Ve inandığı gibi yaşamayanlar, yaşadığı gibi inanmaya başlar.

Eğer baştan beri duyduklarımız, gördüklerimizi benimseyerek izlemişsek ya da benimsemediğimiz halde korunmadan, kaçınmadan izlemişsek; bu değişim kaçınılmazdır. Bunu teyit etmek için kendimize bakmamız yeter. Ya da başlangıçta benimsemediğimiz, beğenmediğimiz ve tepki gösterdiğimiz olay, durum ya da kişiler; aynı durumlarını korusalar bile tepki göstermemiz muhatap olmamızı engellememişse veya "Sonuç alamıyorum." diye tepki geri çekilmişse, yani nötr kalınmamışsa o tepki hiç gösterilmemiş gibi olur. İnanabiliriz ki artık bu safhada tepki eşiği gittikçe düşer, biz gördüklerimize alışırız. Hâlâ içimizde bizi rahatsız eden düşünceler kalmışsa, eser-yağar, kızar-söylenir en sonunda rahatlarız. O sinyalleri, mesajları görmeye, duymaya, anlamaya ve yaşamaya devam ederiz. Bu arada, tepkinin işe yaramadığı, onların çok güçlü oldukları ve başa çıkılamayacağı gibi çok saçma bir fikri de başkalarına aşılamak gibi önemli(!) bir vazifeyi üstleniriz. Giderek tepki göstermek gündemimizden tamamen çıkar ve bizi kuşatan bütün o durumlar normallerimiz arasına girer.

Böylesi bir kısır döngüye düşmemek için "Zararlıyı kendimizden uzaklaştıramıyorsak biz ondan uzaklaşalım." gibi sağlıklı bir fikri düşünecek insanlara ihtiyaç vardır. İlkler çok önemlidir; doğru başlamış ilklerin devamının gelmesi ve pes edilmemesi daha da önemlidir. Düzelmek de bozulmak da ilklerle başlar. Başlangıçtaki etkilenme, mesajın hızı, şiddeti, süresi ve duyguları içine katmasıyla doğru orantılıdır. Yanlışın bir kereliğine bile olsa bizim hayatımıza girmemesi gerekir. Onun için yanlışlara asla yeşil ışık yakmamalıyız. Haklı olduğumuz bütün zaman ve durumlarda, sonuna kadar gayret ve dikkat göstermeliyiz. Doğruluk ve iyiliklere ne kadar açıksak; yanlışlara ve kötülüklere de o derece kapalı kalmalıyız. Sık sık bilgi kaynaklarını kontrol etmeli, alternatif bilgi kaynakları oluşturmalı ve zihinde boşluk bırakmamalıyız.

Muhtelif yollarla edindiğimiz bilgilerimiz; bizi konuşturan, düşündüren, davrandıran ve yaşama tarzımızı belirleyen enerji depomuz ve itici motor gücümüzdür. Bir anlamda, bilgimiz kadar konuşur, davranır ve yaşarız. Zamanla bizi bilgi şekillendirir, kalıp verir, kişiliğimizi oluşturur. Bu şeklin nitelik ve niceliği, bilgi kaynağımızın doğru veya yanlış olmasına göre değişir.

Tertemiz zihin zemininin uygunsuz bilgi ve görüntülerle kirletilmesi, daha sonra bunların yanlışlığının tespiti durumunda sökülüp atılması ciddi bir uğraş gerektirir. Çünkü zararlı unsurlar daha kolay, daha çabuk yayılırlar; tesirleri daha derin olur ve telafisi (düzeltilmesi) de o nispette zordur. Bir kumaşa ya da zemine yağ dökmek kolay, temizlemek zordur; mürekkep dökmek kolay, yine temizlemesi zor, bazı durumlarda da imkânsızdır. Bunlar gibi, yanlış ve zararlı mesajların diğer olumsuz duygu, düşünce ve davranışlarla birleşmesi kolaydır ve geçişleri hızlı olur. İnsanların beden ve ruh hali bazen normalden daha hassas olabilir. İşte zararlı sinyallerle karşılaşmalar hassas zamana denk gelirse bu etki normal zamanda göreceği etkinin karesi, küpü, hatta daha fazla katı kadar büyük ve çok olur, izi de o oranda derinleşir.

Hepimiz hayatın ve içindekilerin aslında bizlere verilmiş birer emanet olduğunu biliyoruz. Bizler de bu emanetle imtihan oluyoruz. Biz dünyadan ahirete giden yolcularız. Bu yolculuğun sağ salim tamamlanabilmesi ve kârla neticelenebilmesi için, yolculuk kurallarını bilmeye ve selametle tamamlamaya sevk edecek bilgileri uygulamaya ihtiyaç vardır.

Çevremizde bizim alıcımıza gönderilen pek çok mesaj var. Bu mesajların kaçta kaçı bizi gitmek istediğimiz doğru istikamete yönlendiriyor? Biz o mesajları kale aldığımızda kime benziyoruz? Kimler gibi yaşamış oluyoruz? Onlar bizim hangi hallerde bulunmamızı istiyor?

Mıknatıs sadece demiri çekiyor; çünkü özü demire ayarlı. Peki, bizim özümüz neye ayarlı? Biz her sinyali alır kabul edersek kimleri ve neleri kabul etmiş oluruz? Aldığımız yönlendirmelerin bizim için gereksiz ve hatta çok zararlı olduklarını fark ettiğimizde çok geç olabilir; pirincin içinden taşı değil de taşın, camın, çer çöpün içinden pirinci ayıklamak zorunda kalabiliriz.

Görebilmekle bakmak aynı şey değildir. Ancak görmek niyetiyle bakıldığında gerçek görüş sağlanır. Bazen aşırı derecede dikkatimizi çeken bir mesajı istemediğimiz halde de görebiliriz. Bu arada sırada olabilir. Fakat önemli olan görmemiz ve görmememiz gerekenleri bilmememiz ve ona göre davranmamamızdır.

Günümüzde beş duyumuzla neleri algılıyoruz? Biz şu anda yaşadığımız hayatı kendi istediğimiz biçimde şekillendirdiğimiz için mi böyle yaşıyoruz; yoksa beynimizdeki mesajların bize dikte ettiği ısmarlama bir hayat tarzı mı bu? Gündemimizi hangi diziler belirliyor, konuşmalarımızın ana teması ne? Aldığımız mesajların bizi nereye çektiğinin farkında mıyız?

Şu andaki bilgi kaynaklarımızı biz mi belirledik ve bu kaynakların bizim için değeri ne? Dilimizden düşürmediğimiz ezgiler, şarkılar, türküler bize neleri düşündürüyor? Çay bahçelerinde, taksi ve dolmuşlarda hangi müziğin rüzgârı ile ferahlıyoruz? Her yönden esen rüzgâr, bizi nereye savuruyor? Biliyoruz ki rüzgârlar başıboş yaprakları ve zayıf cisimleri sürükler. Nereye gittikleri ve nerede duracakları da belli olmaz. Ancak sağlam bir dala tutunmuş yapraklar ve ağırlığı yeterli olan cisimler sürüklenmez. Sağlam bir inanca tutunmuş ve hayatı anlamlı kılan bir tarzı benimsemiş insanlarda olduğu gibi.

Ne olduğunu ve ne olması gerektiğini bilmeyenler, "Sen aslında şöyle olmalısın." yönlendirmesine müsait ve açıktırlar. Biz şu anda Amerika'dan daha fazla Coca-Cola tüketiyoruz. Onlarda beğenilmeyen sıradan filmler bizde listelerde bir numara olabiliyor. Makyaj firmalarının sahiplerinden daha çok boya üstüne boya sürüyoruz. Açık saçık dediğimiz Batıdan daha beter durumdayız. Kadın hakları diyor; hanımları meta gibi kullanıyoruz. 1-2 çocuk yeter de artar bile diyoruz. O kadar bencilleştik ki anne-babamız bile bundan nasibini alıyor. Daha yığınla örnek verilebilecek bu duruma acaba biz tesadüfen mi geldik?

Dünyada her şey bir düzen, sistem ve kurallar bütünü içinde işler. Her şeyin bir oluş ve bozuluş kanunu vardır. Biz bu kanunlardan haberdar olmadan yaşarsak, hava tahmin raporlarını dinlemeden hazırlıksız bir vaziyette yola çıkıp yağmura, doluya tutulmuş gibi oluruz. Üstelik zararı bu kadarcıkla da kalmaz. İnsanları değiştirmenin ve kendi çıkarları lehine kullanabilmenin kurallarını bilenler, toplum üzerinde bu etkiyi en ince detayına kadar uyguluyor. Bozulmadan yaşamanın ve daha iyiye doğru yol alabilmenin kurallarını bilmeyen ya da uygulamayan bizler ise farkında olmadan ray değiştiriyoruz. Kim bilir ne zaman manzaradan gözümüzü ayırıp da yanlış yolda ilerlediğimizi fark edecek ve 'eyvah' diyeceğiz. Ve belki de o zaman geri dönüp telafi etmeye zamanımız, imkânımız ve enerjimiz olmayacak.

Öyleyse doğruları gündemde ve yaşanılır tutabilmek için formülümüzü belirleyelim:

Doğru sinyal + 5 duyuyla tekrar + pes etmeden bekleme.

Ve son söz yine Rabbimin: *"Gerçek şu ki, insanlar kendi iç dünyalarını değiştirmeden; Allah, onların durumunu değiştirmez."* (Ra'd,11)

FAZLA ETKİ İZ BIRAKIR

Geçenlerde, kaynamakta olan tencerenin kenarına kolum dokundu ve yandı. Yanık küçüktü ve derin de değildi. Yanan bölgede fazla tahribat olmamasına rağmen, derinin rengi değişti. Yanık tamamen iyileştiğinde bile, yanan yer, normal deri rengine göre daha koyu olarak kalacak. Niye? Çünkü yandı. Peki niçin yandı? Çünkü deriye temas eden etki, dayanma gücünden yüksekti.

Bildiğiniz gibi çok soğuk da çok sıcak da yakıcıdır. Temas ettiği maddenin dayanma gücünü aşan etkiler, tahrip eder ve zarar verir. Bazen o maddenin bütünlüğü bile bozulabilir. Kolum, ılık bir tencereye değseydi elbette yanmayacaktı; belki ufak bir kızarıklıkla tepki verecekti ve kısa sürede de geçecekti.

Kaynayan tencerenin sıcaklığı, cildin dayanma gücünü aştığı için ona zarar verdi.

Zararın derecesi, temasın oranı ve süresi ile doğru orantılıdır. Az temas etmişse az, çok temas etmişse çok zarar oluşur. Zararı azaltmak ya da önlemek için yapılan müdahaleler bilinçli olursa, bu etkiden en az zararla sıyrılmayı başarır. İyi niyetle de olsa, bilinçsiz ve yanlış müdahaleler yapılması, kimi zaman hiç müdahale yapılmadığı zamankinden daha çok zarar verebilir. Eğer yanan bölge iyileşmeden ya da iyileştikten sonra, tekrar aynı yakıcı sıcaklığa maruz kalırsa, normal deriye oranla hassasiyeti arttığı için daha çabuk etkilenir ve daha çok zarar görür. Çünkü artık o bölgenin normal direnci zayıflamış ve daha duyarlı hale gelmiştir.

Bunu insan ilişkilerinde de görmek mümkündür. "Fazla etki iz bırakır." kuralı, hayatımızın pek çok alanında geçerlidir. Bizi çok mutlu eden ya da çok üzen bir olayı asla unutamayız çünkü üzerimizde derin etki yapmış ve iz bırakmıştır. Genelde olumlu ve iyi giden ilişkilerde, arada sırada yaşanan ufak tefek olumsuzluklar tahribat yapmaz; iz bırakmaz. Bu, insanların psikolojik mukavemetlerine iyi gidişin hakim olmasından dolayı böyledir. Bir farkla ki yapılan hata ciddi boyutlarda ise o zaman daha önce yapılmamış olması zararı engellemez. Çocuğun ya da yetişkinin psikolojisi ve mukavemet derecesi ne olursa olsun, yanlışın tesir gücü yüksekse büyük tahribat yapabilir.

"Ağızdan çıkmış söz, yaydan çıkmış ok gibidir, gitti gider." özlü sözünde ifade edildiği gibi bazen yersiz ve zamansız kullanılan sözler, iletişimi koparabilir ve gönülde onulmaz yaralar açabilir. Mesela; "Artık seni sevmiyorum..." demek, tahrip gücü yüksek bir sözdür. Aslında sevdiğimiz halde, muhatabımıza sırf o anki davranışının yanlışlığını bildirmek ve tepkimizi daha etkili bir biçimde ifade edebilmek adına böyle söylediğimizde hem yalan söylemiş hem de onu yanlış bilgilendirmiş oluruz. Basit, küçük ve önemsiz gibi görünmesine karşın fazlaca kullanılan bu ifade, kurşun gibidir. Kurşun da küçüktür fakat namludan hızla çıkıp yanlış bir hedefe isabet ederse, girdiği yeri parçalar ve ciddi zararlar verebilir. Çoğu zaman telafisi imkânsız yaralar açar. Bu yüzden bu söz; insanı önemseyen, değer veren ve seven herkese yasak olmalıdır.

Şu anda evli ve iki çocuk sahibi bir hanımefendiye annesi, küçükken yaptığı bir yanlışlıktan dolayı; "Artık seni sevmiyorum." demiş. Aradan yıllar geçmesine rağmen bu sözü her hatırladığında içinin burkulmasına ve ağlamasına sebep olacak kadar onu etkilemiş. Üstelik bu etki hâlâ devam ediyor. Hanımefendi; "Ne yaparak annemi üzmüştüm şu anda hatırlamıyorum, fakat o gün bu gündür, 'Acaba annem hâlâ beni sevmemeye devam ediyor mu?' diye düşünüyorum ve içim yanıyor." derken hıçkırıklarına engel olamıyordu. Eminim ki annesi bu sözü söylediğini bile unutmuştur. Belki de o anda bunu söylerken kızının bu kadar üzüleceğini de asla tahmin etmemiştir. Kimbilir, bu tepkiyi vermesine sebep, belki de sevmediği bir davranışıdır.

Çoğunlukla tepkilerimizi yapılan yanlışa ve haylazlığa denk oranda sergilemeyip o anki öfkemizin yoğunluğuna göre gösteririz. Oysa muhatap olan çocuk, genç ya da yetişkin; bu tepkiyi fazla buluyor ve sebebini anlayamıyor. Kendisini haklı, karşısındakini haksız görüyor ve sonuçta maalesef hem öfke duyuyor hem güveni sarsılıyor hem de kırıklık yaşıyor. Bu derin üzüntü, onun akıl ve gönül dünyasında iz bırakıyor. Hem bu tavır, sadece yapılan yanlışla ilgili davranışı düzeltmeye yönelik uyarı olmadığından, kişiliğinin tamamını içine alacak şekilde etiketlemeler yapılıyor. Çocuğu asıl yaralayan ve uzun vadede etkileyen de bu etiketlemeler oluyor. Çocukla aile büyükleri arasında yaşanan duygusal kırıklıklar, büyüklerce verilmeye çalışılan değerlerin benimsenememesinden tutun da ikili ilişkilerdeki kilitlenmeye kadar pek çok şeye damgasını vuruyor.

Bir başka örnekte ise; çocuk, korkacağı ve pişmanlık duyacağı bir hata yapmış olsun. Bu durumdaki bir çocuk zaten üzgündür ve korkar. Bir de biz bunun üstüne onu suçlar, aşağılar ve affetmezsek; ya da gözlerimizle, sözlerimizle ve fiillerimizle şiddet kullanırsak, bu tavır çocukta ciddi bir psikolojik kırıklık oluşturabilir. Eğer sık sık böyle davranırsak ne yazık ki bu yıpratıcı yaklaşım, zamanla çocuğun kendisini suçlamasına ve aşağılık kompleksine kapılmasına ve en tehlikelisi de kendisi ile ilgili algısının bozulmasına sebep olabilir. Bu durumda; "Ben yapamam, ben beceriksizim, ben kötü bir çocuğum ve ben değersizim..." algıları, belki de (Allah korusun) ömür boyu etkilenebileceği kaymalara sebep olabilir.

Bazen kazara üzerine yemek dökmek, bir bardak ya da tabak kırmak gibi çok basit olayları; çocuğun gönlünü kırmak, onu incitmek için bir sebep olarak kullanabiliyoruz. Sanki ortada telafisi çok zor kayıplar varmış ya da bizler çocukluğumuzda hiç benzer kazalar yapmamışız gibi, sık sık çocuğun kişiliğine yönelik suçlamalar ve uyarılar yapıyor ve onu cezalandırıyoruz. Bu durumda çocuk da giderek tedirginleşip gerginleşiyor; eli ayağı daha çok birbirine dolaşıyor ve hata yapma riski artıyor.

Çocuk ya da genç bazen de içe kapanmak yerine dışa dönük saldırganlık ve umursamazlık şeklinde tepkisini ifade edebilir. Kimi zamanda "Bana ne, yaptım işte, gene yaparım!" ya da "Vuur, acımadı ki..." diyerek meydan okumaya yönelebilir. Biz yetişkinler bu olayı okurken bile, yine kendimizi haklı çıkartacak şekilde çocuğu suçlamaya devam ederiz. Fakat çocuğu suçlamak, bizi çözümden ve çocuğumuzdan uzaklaştırmaktan başka bir anlam ifade etmez.

Aslında çocuğun yaptığı zarar bir şekilde telâfi edilebilir fakat çocukta oluşan tahribat ömür boyu sürebilir. Şimdi soralım, hangi zarar yapılmışsa yapılsın, bu kadar tahrip edecek bir davranışta bulunmaya değer mi? Ve çocuklarımızı hayata hazırlamak üzere onların başında bulunan bizlerin, onların kişilik trenlerini hayatın rayından çıkaracak bu tür davranışlarda bulunmaya hakkımız var mı?

Aslında çocukların yaptıkları bütün yanlışları ve hataları toplasak belki bir incir çekirdeğini bile doldurmaz. Hatta yapıp ettikleri yaşları ve durumları itibariyle normal kabul edilir. Fakat bunlara verdiğimiz tepki, çocuğun frekanslarını karıştırmaya yeter. Bu yanlış ve yersiz tepkiler yüzünden giderek kendine duyduğu güven ve saygı zayıflar; cesaretini ve teşebbüs kabiliyetini kullanamaz hale gelir. Zamanla içlerinde biriken bu moral bozuklukları, kişisel ilerlemenin ve gelişmenin önündeki hız kesici engeller gibi etki yapar ve iz bırakır.

Eğer olumsuz değil de olumlu bir karşılık verseydik; hayatında daha iyi yönde bir gidiş sergileyebilirdi. Yani çocuk, zaten beklediği olumsuz tepki yerine kuşatıcı, sevecen, düşeni kaldırarak yeniden ayakta durmasına yardım eden ve yapamadığı şeyi nasıl yapacağını gösteren bir yaklaşım görseydi; kendisini daha kolay toparlayacak, alması gereken dersi hakkıyla alacaktı. Aynı zamanda, ayaklarını daha sağlam bir zeminde sabit tutmayı başarabilecekti. Böylece o da affetmeyi, hoş görmeyi ve eğitim değeri olan davranışlarda bulunmayı öğrenmiş olacaktı.

Bazen de yakınlarımızın (bilhassa çocukların) yaptığı, çoğu kimsenin fark etmediği olumlu bir duygu, düşünce ve davranışı biz fark eder; onu överek ve takdir ederek gündeme getirirsek bu yaklaşım çok etkili olur ve çocuğun ruhunda olumlu izler bırakır. İnsanlar; fark edilip takdir edilen davranışları tekrarlama eğilimindedirler. Çünkü sosyal onay, motivasyonu yükselterek şahsın kendisine duyduğu güveni artırır. Çevremizdeki insanlar olumlu ve güzel davranışları başkalarından takdir görmek için bile yapsalar; zamanla bunu yapmak onlarda alışkanlık haline gelir, benimsenir ve giderek inanılarak yapılan bir boyut kazanabilir. Onun için iyiliklere, güzelliklere, doğrulara ayarlı ve duyarlı olmalı; aynı zamanda bu özellikleri gördüğümüz insanlara takdir hislerimizi ifade etmeliyiz.

Hem zamanlama hem olaylar hem de ifade açısından yanlış ve yüksek dozda gösterdiğimiz tepkiler; toprağın altından çıkarak yeni filizlenmeye başlamış bir fideye, bilerek-isteyerek basmak ve ezmek gibi tesir gösterir. O yeniden toparlanıp yeşermeye ve boy atmaya çalıştıkça; "Sen ne hakla doğrulabiliyor, yeşerebiliyorsun?" der gibi üst üste ve zedeleyecek kadar basarsak; bilahare gene yeşerip boy atsa bile küçükken çok ezilmenin izleri hem gövdede hem de yapraklarda fark edilir. Zamanla olgunlaşıp meyve verme aşamasına gelse bile, üretim kapasitesi düşer ve meyvelerinin görünüşünde, maalesef önceki tahribatın tesiri ve izleri görülebilir.

Lütfen kendimize dönüp soralım: Bir bitkiye bile böyle davranmaya hakkımız yokken, nasıl oluyor da canımız ciğerimiz dediğimiz yavrularımıza ve diğer yakınlarımıza böyle davranabiliyoruz? Üstelik sevgi, sorumluluk ve iyilik adına yanlış davranarak ömür boyu taşıyacağı olumsuz izler bırakabiliyor ve bu kadar çok zarar verebiliyoruz. Bir de kendimizi böyle davranmakta haklı görebiliyor ve savunabiliyoruz! Buna hakkımız var mı?

Vurgu uğradığı yeri pekiştirir. Tekrar etmek ise hatırda kalmayı sağlar. Yanlışı tekrar edip durmak ve başa kakmak, eğitim değeri olan bir yaklaşım değildir. Maksat, suçluluk hissettirmeden yanlışı göstermek ve bir daha yapılmamasını sağlamaya çalışmaksa; izlenecek yol, yanlışa değil yapılması gerekene ve çözüme odaklanmaktır. Ona olan sevgimizi ve kendi kişisel değerini vurgulayarak yapılan yanlışın beraberce telafisine çalışmak, en makul yaklaşım tarzıdır. Tahrip edici eleştirilerimiz, o şahsı gönül plânında kaybetmemize sebep olabilir. Oysa biz, insanları kazanmayı hedeflemeliyiz.

Fazla etki iz bırakır ve olumsuz etkisiyle insanlar zaruri olarak ray değiştirebilir. Bu sebeple hayatlarının gidişi de yüz seksen derece değişebilir. Oranları farklı olmakla birlikte, herkesin birbirini etkileme gücü ve imkânı vardır. Öyleyse olumlu iz bırakmak her an ve herkesin yapabileceği bir şeydir. Bundan sonra ilk fırsatta olumlu iz bırakma seferberliğine ne dersiniz? Sizce buna her birimizin ihtiyacı yok mu?

Attığımız okun ve söylediğimiz sözün nereye varacağını iyi hesap etmeliyiz. Prensip olarak zor da olsa doğru olanı tercih edip olumlu iz bırakabilmeyi hedeflemeliyiz. Çünkü son pişmanlık fayda vermeyebilir.

Hayatımızın olumlu davranan yakınlar, dostlar ve güzel iz bırakan olumlu olaylarla dolu geçmesini, daha da önemlisi her birimizin olumlu iz bırakma ustası olabilmesini Rabbimden niyaz ediyorum.

YANINDA DURDUĞUN ŞEY RENGİNİ ETKİLER

Bazı gözler elâdır, rengi yeşile de kahverengiye de çalar. Yeşil giyerseniz yeşil, kahverengi giyerseniz kahverengi görünür. Bazı gözler de mavi yeşil arasıdır; tercih ettiğiniz kıyafet rengine göre mavi ya da yeşil görünür.

Desenli kumaşlarda bazı renkler hâkim (ana), bazı renkler ise ara renkler durumunda; yani azınlıktadır. Fazla belirgin olmayan renkleri ortaya çıkarmak için o renkte aksesuarlar kullanılır. Kemer, dantel, toka, çiçek, fular, başörtü gibi. Ya da cep, yaka, kol ağızları ve düğmeler o renkte tercih edilerek fark edilmesi sağlanır. Böylece önceden minicik kalan ve zor fark edilen renkler, artık ortaya çıkmış olur.

Biz insanların taşıdığı bazı duygu, düşünce ve davranışlar da kimilerinin yanında daha çok belirginleşir. Genellikle bu, neye müsait olduğumuza ve hangi duygu, düşünce ve davranış renklerini ağırlıklı olarak taşıdığımıza bağlı olarak değişir. Bazen hâkim olan renklerin tonları kullanılarak zenginlik oluşturulur, bazen de ara ton ve renkler ortaya çıkarılır. Bu durum, renklerimizin netleşmesi anlamına gelir. Bizim duygu, düşünce ve davranışlarımızda hangi tarz daha ağırlıklı olarak görünüyor; hangileri fazlaca ortaya çıkmamış? Yanında bulunduğumuz şahsın duruşu bizim hangi özelliğimize vurgu yapıyor?

Olumlu özellikleri ağırlıklı olarak taşıyan ve yaşayan insanların arasında durmak; bizdeki o özellikleri de açığa vurur. Mesela, çok hayırsever birisinin hâkim tavrı, onun yanında bulundukça bizi de kuşatır. Hiç aklımızda yokken biz de hayır yapıp insanları sevindirmeyi ve Rabbimizi memnun etmeyi düşünmeye başlarız. Aynı şekilde, insanları kim olursa olsun saygın bir makamda gören, hataları değil iyi yönleri ortaya çıkaran, tenkitten ziyade çözüm için kafa yoran birisinin yanında olduğumuzu düşünelim! Farkında olmadan kin, nefret ve sürekli hata aramak gibi alışkanlıklarımızın yavaş yavaş eridiğini ve ruhumuzun özgürce nefes aldığını hissederiz. Böyle kişilerin yanında adeta hafifler, huzur bulur ve o insana daha çok benzediğimizi hissederiz.

İnsanlar; hayırdan, iyilikten ve doğruluktan mutlu olacak vasıfta yaratılmışlardır. Aynı zamanda yanlışa meyilli bir fıtratları da vardır. Bizim hamurumuz hangi suyla yoğrulduysa, kişilik binamız hangi malzemelerle örüldüyse; biz de ona göre davranır ve kendimize benzeyenleri daha çok tercih ederiz.

Çocuk, daha doğmadan önce onunla ilgili taşıdığımız anlayışımızdan tutun da ona göstereceğimiz güler yüze kadar bizden nasıl bir karşılık almışsa; kişilik yapısının tuğlaları da bunlarla oluşur. Özellikle de bizde (ailede) gördüğü yaşama biçimi benlik özellikleriyle birleşerek çocuğun özel yapısını oluşturur.

Biz kimlerle oturup kalkıyoruz?

Kimlere yakın kimlere uzağız?

Olaylara ne şekilde tepki veriyoruz?

Bunların hepsi, çocuğun yeni oluşan yapısında kullanacağı kendine has tarzın malzemeleri hükmündedir. Çocuk, oluşan bu temel üzerinde yükselerek toplumla muhatap olmaya başlar; desteklenen davranışları gelişir; beğenilen biri olmaya gayret eder. Kendi gözünde de değer yargıları oluşur; bu iyi bu kötü demeye başlar. İyi gördüklerine yaklaşmak ister ve onlarla beraber bulunmayı tercih eder.

Peki çocuğumuzun birlikte olmak istediği bu insanlar, hangi özellikleriyle öne çıkıyor?

Bu insanlara birlikteliğin görüntüsü çocuğumuza ne kazandırır, ne kaybettirir?

Çocuğumuz büyük bir ihtimalle (özellikle de küçükken) bizim tercihlerimize paralel tercihler yapacaktır. İçimizde iyiliğe ve doğruluğa ayarlı bir düşünce sistemi varsa, bu her sözümüze ve davranışımıza da yansır. Artık ağırlıklı rengimiz olarak bunu taşırız, bunu yansıtırız. Yanında durduğumuz insanlar, bizim renklerimizi ya belirginleştirir ya da kapatır. Bir başka deyişle, görünüşümüzü ya rahatlatır ya daraltır. Çocuklarımız ise, hem yeşile hem de maviye benzemeye müsait gözler misali; iyiliğe de kötülüğe de yönelmeye açıktır.

Çocuk, ilk dersini aileden alır. Bu devredeki çocuğun gözünde her şeyin en iyisini ailesi bilir. Özellikle de 0-6 yaşta öğrenme görmeye dayalı olduğundan; bizim, aile içinde onun gözü önünde yaptıklarımız ve yaşadıklarımız çocuğun da temel hayat bilgisini oluşturur. Elimizdeki bilgi fırçasıyla kişilik tuvalinde oluşturduğumuz renkler, fırçası elinde bekleyen çocuğumuza; "Sen de böyle yapabilirsin." mesajı vermektedir.

O zaman, şu soruları kendimize sorarak sorumluluklarımızın ince ayarını yapalım. Ve gerekirse, yanlış gidiş çarkını döndüren toplum, televizyon, doğru bilgilerle aykırı esen ruzgârlara karşı alternatif enerji kaynakları oluşturalım. Beyine doğru sorular sorar, onu doğru bilgilerle beslersek doğru cevaplar alırız. Ayrıca yönümüzü ne yana dönersek adımlarımız bizi o yöne doğru ilerletir. Sorular da yönümüzü bulmamızda kılavuzluk ederler.

İşte bu sorulardan bazıları...

- Yanında bulunduğumuz kimseler, bizim doğru ve hâkim özelliklerimizi mi belirginleştiriyor; yoksa ortaya çıkmasını istemediğimiz olumsuz yönlerimize mi vurgu yapıyorlar?

- Çevremizdeki insanların, bu kişilerle görüşmemizden sonra bize bakışı ne olur?

- Toplumun bize bakışı değişirse bu bizi nasıl etkiler?

- Toplumun bakışı mı yoksa bizim duruşumuz mu doğru, ya da her ikisi birden mi? Bunu belirleyecek mihenk taşımız var mı?

- Bizi birlikte olduklarımızla görenler, o şahsın yansıttığı renkleri benimseyip onayladığımızı düşünür. Artık o şahsın yanlışına da doğrusuna da ortağız demektir. Bu durum bizim için artı mı yoksa eksi mi?

- Yanında duruşumuz o kişiyi güçlü kılar; yanında durarak ona güç ve destek veriyoruz demektir. Bu süreç bizi de güçlü kılıyor mu?

- Sürekli yan yana duruş, kendi gözümüzde de o duruşu meşrulaştırır, alışkanlık sağlar. Başlangıçta hem tepki gösterip hem de uzaklaşmadan yanında kalmaya devam edersek, giderek tepki eşiğimiz düşer. Biz durmaya, yanımızdaki de bizim durmamıza alışır. Bu durum giderek tabiileşir, zamanla da müktesep hak gibi görülmeye başlar. Bunu farkında olarak mı yapıyoruz?

- Yan yana duruş aynı zamanda, bir saf belirleme ve taraf olma anlamına gelir; biz gerçekten olmak istediğimiz safta mıyız?

- Güçlenen ilişkiler ve güçlendiren duruşlar bizim ayaklarımızı sabitler ya da kaydırır. Bizi güçlü yahut zayıf kılar. Bize dost kazandırır yahut kaybettirir. Bizi batırır yahut çıkarır. Bizi mutlu ve başarılı yahut mutsuz ve başarısız yapar. Biz bunlardan hangisine doğru pupa yelken yol almaktayız; hesabını yaptık mı?

Bu soruların yanında, şu sözler de konuyu daha iyi ifade etmeye yarayabilir:

- Yakınlığınız kimeyse, benzerliğiniz onadır.

- Kimin yanında duruyorsan, bil ki onun rengini alıyorsun.

- Gönlünün yakın olduğuna, görüntün de yakın olur.

- Elini tuttuğun kişiler, koşarken seni de sürükler.

- Beraberlik, benzerliğe davetiyedir.

- Aynı ortamda bulunmak ve aynı havayı teneffüs etmek, aynı şeyleri görmek ve yemek demektir. Aynilik böyle başlar.

- Kişi arkadaşının dinindendir.

- Üzüm üzüme baka baka kararır.

- Körle yatan şaşı kalkar.

- Yağız atın yanında duran ya huyundan ya suyundan alır.

- Bana arkadaşını söyle, sana kim olduğunu söyleyeyim.

- Misk satanın yanında durursan sana da misk kokusu bulaşır. Körükçünün yanında durursan, ya is ya duman siner; ya da köz çıtlağı sıçrar.

- Kötü arkadaş, yırtıcı kaplandan daha tehlikelidir. (Mehmet Tokadî)

- Gerçek arkadaşlık sağlık gibidir; değeri, ancak o yok olduktan sonra anlaşılır.

Artık karar verelim ve bizim renklerimizi ve frekanslarımızı karıştıran, renklerimizi özgürce sergilememizi engelleyen, bizi başka duruşların esaretine bırakan ve bizi biz olmaktan çıkaran bilinçsiz birlikteliklere; "DUR" diyelim. Gönlü ve gözü Rahman'a yaklaştıran ışıltıları arayanlar, gönlündeki ışık demetini güneşe dönüştürme sevdası ile yaşayanlar, er geç erdem yolcuları kervanına katılacaklardır. Onlar, şarj edilmiş vicdan ve sürekli yenilenen bilginin bilgece kılavuzluğu ile güçlü duruşlara umut verip enerji yüklemektedirler.

Duruşuyla güçleneceğimiz ve duruşumuzla güçlendireceğimiz, rengi rengimize, tonu tonumuza uygun, birbirimizi enerjilerimizle besleyeceğimiz kaliteli dostlar olmaya ve bulmaya ahdedelim!

Var mısınız?

NİYET BOZULUNCA SÖZLER SANCILANIR

Bana algılarınızı söyleyin, size niyetinizi söyleyeyim.

Beş duyumuzla gördüğümüz ve hissettiğimiz milyonlarca uyaranı, beyin bir dakikada fark eder ki bunun adı *algı*dır. Beyin bu algıların çok azını (8-9 tanesini) seçer ve kaydeder ki bu da *seçici algı*dır. Seçici algılar dikkatimizi çeken şeylerden oluşur. Dikkati yoğunlaştıran ise *ihtiyaçl*ardır. Yani ne aradığımız, neyi görmek ya da bilmek istediğimiz, nelerin daha kolay fark edilip kaydedileceğini belirler. Bu da *niyet*tir.

Bazen bizim kontrolümüz dışında seçilmiş uyaranlarla karşılaşabiliriz. Eğer temelde bizim duruşumuzu ve yönümüzü belirlemiş bir niyetimiz varsa, bu niyete paralel olanlar daha kolay kabul edilir. Çünkü zihnimizdeki kriterler ona göre oluşmuştur. Yok eğer bize sunulanlar ya da karşılaştıklarımız taşıdığımız niyetin dışında ise o zaman da eler ve direniriz. Eğer bu karşılaşma sık sık olursa ve etki düzeyi yüksek enstrümanlarla bize ulaşıyorsa, o zaman da niyeti aşacak alışkanlıklar ve bu durumu kabullenmemizi sağlayacak savunma mekanizmaları devreye girer.

Niyetimize göre zihin organize olur. Yaptığımız şeyler bize ve karşımızdakine kendimizi tanımlatır. Başkalarının bizi nasıl gördüğü işte bu tanımlara bağlıdır. Bu tanımlar bizim için de çok önemlidir. Bilinçdışımıza kodlanan bu bilgiler bizim genel bir gidiş ve yaklaşım biçimi oluşturmamızı sağlar. Biz genel bir kararlılık ve öngörü içinde oluruz. "Bu böyledir, şu şöyledir, ben böyleyim, şöyle söylemeliyim, şunu yapmalıyım, şöyle davranmalıyım." gibi... Bu çerçevelerin içine düşen her şeyi, bu kalıpların anlamına göre değerlendiririz.

Bu anlam kalıpları, özellikle de 11 yaşımıza gelinceye kadar, çevremizdeki güçlü ya da devamlı olan ve zihnimizin kaydettiği görüntüler, yaşama biçimi, telkin, okuma ya da tecrübe ile oluşur. (Ve ilaveten, hangi yaşta olursak olalım kendimizi kaptırarak ilgiyle baktığımız, gördüğümüz, dinlediğimiz yani dikkatimizi odakladığımız uyaranları da içerir.) Araştırmalar, gündelik hayatta bizi davranışa sevk eden bilgilerin bilinçdışı kaynaklı olduğunu söylüyor. O zaman bizim küçükken neleri görüp yaşadığımız çok önemli.

İlgi, niyete paralel olarak şekillenir. Fakat bilgisiz ilgi, niyetimizi cehaletin karanlığında bırakacak kadar ileri gidebilir. Bu durumda giderek yaptığımıza inanıp niyetin gerçekleşmemesini, muhatabın durumuna ve tepkisine ya da harici şartlara bağlayıp savunma geliştirebiliriz. Tabi sorunu kendi dışımızda gördüğümüz için yanlış ve gereksiz bilgiler, beynimize doğru soruyu sormamızı da engeller. O, "*Bu durumun düzelebilmesi için ben ne yapmalıyım ya da ne yapmamalıyım?*" sorusudur. Bu durumda soru olmayınca cevap da olmayacaktır. Niyetimiz hatayı birilerinin yaptığına inanıp delillerini bulmak olunca; muhatabımızın her hareketi, kendimizi haklı çıkaran bir delilmiş gibi görünür bize. Tabi bu arada zihnimizin kendimizi haklı gösterecek mazeretler üretme kapasitesi ve kılıf bulma becerisi de artar.

Oysa olması gerekeni aklıyla sorgulayıp, doğru bilgi ve taşıdığı değerleriyle cevabını bulmadıkça, her fiil ve her savunma, merkezde olan niyetle aramızın daha çok açılmasına sebep olur. Bir noktadan uzaklaştıkça (hele de bu bizim olmamız gereken noktaysa); onu görme, hissetme, onun gereğini yapma ve anlamını daha kuşatıcı hissetme oranı azalır. Merkezden uzaklaştıkça çekim gücü azalır. Gündemi kendi merkezimiz belirlemezse, bize yakın başka merkezler etkili olmaya başlar.

Niyetimiz bize bilgi sayesinde nerede ve nelere tutunacağımızın, neleri saklayıp neleri değiştireceğimizin zihnî yönlendirmesini yapar.

Bilmeliyiz ki niyet gövdesini yürüten; gayret tabanlı ilgi ve bilgi ayağıdır. Niyet doğru olunca ayaklarını güçlü bir zeminde tutmak yani güvenli bir limana demir atmak; yanlış olunca da kaygan bir zeminde her an, her şeyin olma ihtimali ile güvensiz, tedirgin biçimde, adeta açık bir denizde zarara açık beklemek gibi bir ruh haliyle yaşarız.

Niyetimizi doğru bilgi ile destekleyip güçlendirebiliriz. Yoksa yanlış bilgi, niyetimizi arka plâna iterek yönlendirmelerle bizi hiç olmadık sahillere sürükleyebilir. Örnek verecek olursak; aslında niyeti iyi geçinmek olan ve eşinin bir eksiğini hatırlatarak düzelmesini sağlamak olan bir hanımefendi, eşinin beğenmediği bir tavrını eleştirirken; bu tavırla amacına ulaşıp ulaşamayacağını düşünmeden gördüğü, bildiği ve alıştığı yanlış bir usul ile hareket ederse kesinlikle niyete paralel bir sonuç oluşmayacaktır. Çünkü bu yaklaşım ve davranışa doğru bilgi kılavuzluk etmiyordur. Etkiye tepki ile azmettirici ve tetikleyiciler de devreye giriverince niyet şu dağda, biz bu dağda kalmış gibi oluruz. Giderek niyet unutulur, söylenenler ve yapılanlar, aklın başını döndürecek kadar ortada dönüp durur, biz insanlar istemediğimiz bir yöne koşarak bile gitmeyiz ve adeta sürükleniriz. Sürüklenenin yara almadan, zarar görmeden hedefine varması da mümkün değildir. Ne yazık ki tedbir alınıp doğru tarz seçilmedikçe yuvalar dağılır; sevgi suyunu israf edip tükettiğimiz için de mutsuzluk çölünde yanıp dururuz.

Bilgisizlik yani cehalet ortalığı o kadar karartır ve soğutur ki; insan hem donar hem göremez. Mesela, bütün annelerin niyeti, iyi bir evlat yetiştirmektir. Çocuklarımızdan beklentilerimiz, zihnimizdeki ideal çocuk kalıbı, algılarımız, sorgularımız ve yargılarımız; doğru bilgi ile oluşturulmazsa bugün pek çok örnekte görüldüğü gibi tahmin bile edemeyeceğimiz kötü ve üzücü bir tablo çıkar ortaya. Bugün toplumun yarası olan sokakta kalmış, her türlü kötülüğe bulaşarak geri dönüşü olmayan zararlar görmüş ya da hayatını uyuşturucu yüzünden kaybetmiş evlatlar da bir annenin-babanın evlatları... Onların da bir ailesi vardı ve başlangıçta onlar da iyi niyetliydi. Fakat sonuç ortada...

Peki, şimdi soralım...

Pratiğe geçmeyen bu iyi niyetin ne anlamı var? Bizi kötü durumlara düşmekten korumayan iyi niyet, yıldırımından korumayan etkisiz paratonere benzemiyor mu sizce de?

Aslında evlilik hayatına adım atarken herkes iyi niyet taşıyor; fakat bugün neredeyse çiftlerin %90'ı mutsuz. Bu iyi niyetler, sorunlarını çözmeye yetmiyor. Niye? Çünkü desteği yok.

Anlattıklarımızı bir gözlüğe benzeterek şöyle somutlaştırabiliriz: İyi niyet bir çerçeve. Onu ilgi ve bilgi ilavesi ile daha doğru ve net görüş sağlayacak hale getirmeliyiz. Eğer bu iki cam olmazsa bunların yerine cehaletin yanlış yaptıran ve her şeyi kara gösteren camları bulunur.

- Niyet, kendime dönecek olan davranışlarımın şifresidir. Bana dönecekleri adeta garanti etmemdir. Benim hakkımda oluşacak imaj, anlam ve yargılara hem zemin hem de kaynak oluşturmamdır.

- Niyet, cümleleri dizer. O cümleler ya baş aşağı gelir ya yukarı doğru yönelir.

- Niyet bozulunca cümle sancılanır. Çünkü en çok sıkıntıyı anlamı kararan ve daralan cümleler çeker.

- Niyet iyi olunca dengeli bir esneklik taşır insan. Niyet kötü olunca bu esneklik katılaşır.

- Niyet, o niyetin amacına ulaşabilmesi için insanın gerektiğinde akıl almaz sıkıntılara katlanıp fedakarlıkta bulunmasını sağlayan itici motor güçtür.

- Niyet, zihnimizdekileri evirip çevirerek organize eden tılsımdır.

- Niyet, soruyu sorduran ve cevabı buldurandır.

- Niyet, duygu, düşünce ve davranışların harekete geçmeden önceki aşamasıdır.

- Niyet, saklı tutmaktır tuttuğunu; kendisini başka yollara, kapılara kapatmaktır.

- Niyet, adımdan ve karardan önce koruduğu yöne doğru gitmektir. Gözleri, sözleri, elleri, ayakları ve dahi gönlü niyetlendiğimiz istikamete odaklamaktır.

- Niyet, niyetlendiğine niyeti bozmadan ulaşmaya çalışmaktır.

- Niyet, ne istediğini bilmektir.

- Niyet, düşünmektir; güçlenmektir, kuşanmaktır.

- Niyet, amellerin hangi tarafa gideceğini belirleyen ayraçtır.

- Niyet, niyetsizlikten çıkıp ne yapacağını ve nasıl davranacağını bilememekten kurtuluşun adıdır.

- Niyet, karmakarışık hatlardan net olanı seçmek ve o tarafa geçmektir.

- Niyet, nokta hedefi büyük çerçevede görme işlemidir.

- Niyet, sözlerin içini dolduran ve şekil veren enerjidir.

- Niyet, kimyamızı bile değiştirme gücüne sahip en önemli etkenlerden biridir.

- Niyet, bakışı aydınlık ya da karanlık yapan perde.

- Niyet, hayra ya da şerre götüren yol haritası.

- Niyet, ameli makbul ya da değersiz kılan nirengi noktası.

- Niyet, bakışları, gözleri, sözleri, özleri yöneten komutan; eyleme geçiren karar ânı.

- İyi niyet çerçevesinde hoş bir manzara ancak bilginin kuşatıcılığında bir arada tutulabilecek sevgi, saygı ve ilgi ile oluşturulabilir. Çünkü bunların hepsi niyetin sınırlarına göre hareket imkanlarına sahiptir.

- İyi niyet, kişi söylemese bile bütün azalarının söylediği gerçek.

- İyi niyet, kişinin fark edemeyeceği nüansta bile varlığı hissettiren sırlı yöneliş.

- İyi niyet, insana bir ordunun verebileceği destekten daha çoğunu veren zihinsel destek gücü.

- İyi niyet, herkes onu düşürmeye çalışsa da kendisini sağlam bir kulpa tutunmuş gibi Rahman'ın gücünü yanında hissettiren güç.

- İyi niyet, ayağının altından zemin kaysa da zaman zaman düşse de kimi zaman baston, kimi zaman çarık kimi zaman da azık olan güç.

- İyi niyet, her türlü sesi susturarak kendi sesini yükselten, sağlam ve doğru olduğu müddetçe asla sesi kesilmeyecek olan hakikat çağlayanı.

- İyi niyet, hormonları, organları ve duyuları çekip çeviren, bir çerçevede sağlam zemine oturtup yüceltme desteği ile içini dolduran asıl gıda.

- İyi niyet, zorlukları göğüslememizi sağlayan kaldıraç.

- İyi niyet yüceltir, kötü niyet içi boş olarak yükseltir ve düşmeyi hızlandırır.

- İyi niyet, iyilikleri başlatır; kötü niyet, bitirir. Niyetsizlik ise eylemsizliktir; bir bir şeyi başlatamaz.

- İyi niyet, oldurur; kötü niyet, soldurur.

- İyi niyet, yukarı tırmandırır; kötü niyet, aşağı çeker.

- İyi niyet, gerektiğinde almayı gerektiğinde vermeyi öngörür; kötü niyet ise daha çok alır ve verdiğini de çıkarı öyle gerektirdiği için verir.

- İyi niyet; onurlu duruş aşısı, saygın davranış desteği, güçlü adım atma enerjisi ve sonuca götüren azmin başlangıcıdır.

"Biliyorum ki güneş, düğmelerini ilikleyip hazır ola geçecek iyi niyet yolcusunu aydınlatmak için."

Aydınlananlardan olabilmemiz temennisiyle...

Normalde bir avantaj iken, yersiz ve zamansız kullanıldığında insanı haksız duruma düşüren inatçı inanç:

"BEN HAKLIYIM!"

İnsan, bu doğru bu yanlış, bu iyi bu kötü derken, zihninde daha önceden kodladığı bilgilerine göre karar verir. Bir kararın sağlığı, onu oluşturan bilginin sağlığı ile doğru orantılıdır. Bunun yanı sıra geniş bir bakış açısına sahip olmak ve hakkaniyet ölçülerine göre hareket etmekle de ilgilidir. Demek ki; bir şey ya da durum hakkında karar verirken gerekli bilgiler olmadan verilen kararlar, içinde yanlış barındırma ihtimali taşır. Ortada bir ilişki ve bu ilişkinin en az iki muhatabı varsa, olumlu da olsa olumsuz da olsa bu duruma gelinmesinde iki tarafın da dahli vardır. Hiçbir zaman birisi tamamen haksız ya da tamamen haklı değildir; yalnızca haklılık ve haksızlığın oranı farklıdır, o kadar. Aslında insanın haklı olması bir nimet iken, bunu gündeme getirme şekline göre, kimi zaman karşısındakinin haklılığını sıfırlayan ve zemini kayganlaştıran bir yanlışa dönüşebilir. Bu duruma göre, "Ben haklıyım!" diyerek elinden geleni ardına koymayanlarımıza şu soruların sorulması gerekir:

- "Haklıyım" inancı, hakikati aradığımız için mi oluştu?

- Bilen birilerine danıştık, araştırdık, soruşturduk da haklılığımıza öyle mi karar verdik?

- Bu inanç; "Benim de yanlışlarım ve hatalarım olabilir." denmesini niçin engelliyor?

- Benim "haklıyım" diye inanmam, haksız olmamı engeller mi?

- Haklı olmak, başkalarının haksız olduğu anlamına gelir mi?

- Tamam, diyelim ki haklıyız. Haklı olmak, karşındakine yanlış davranma hakkı da verir mi?

- Orta bir noktada ve ortak akılda buluşturan bir tavırla muhatabımızın da haklı yönleri varsa ve onun tarafına geçerek, "Sen de haklısın…" diyebilmek dine de ahlâka da ters değilse; niçin onun tarafına geçerek sıkıntıyı ve gerginliği bitirmiyoruz? Niçin kendi söylediklerimizde hâlâ ısrar ediyoruz?

- Amacımız, her halükârda haklılığımızda inat etmek mi yoksa ortamı düzeltmek mi?

- Ortamı iyice gerdikten ve ilişkiyi zedeledikten sonra haklılığın ne anlamı kalır?

- Bu tavır giderek muhatabımıza da böyle davranmayı getirmez mi?

- Haklılık kendi penceremizden baktığımızda gördüklerimiz olunca, o da kendi penceresinden baktığında "haklıyım" diyebilecek. Bu durumda "Evet şu şu konularda sende haklısın" diyebilmek, sorunun çözümüne ciddi katkıda bulunabilecekken, niçin bu stratejik kelimeyi söyleyemiyoruz?

- Ona "haklısın" demenin bizi haksız konuma düşüreceğini mi düşünüyoruz yoksa bunu gururumuza mı yediremiyoruz? Onur dururken gururun insan ilişkilerinde, aile hayatında ne işi var?

- Sürekli söz kalabalığı ile kendi haklılığını ispata çalışan birisinin, muhatabının haklı olma ihtimalini hiç düşünmediği anlaşılmaz mı?

- Diyelim ki, biz dünyanın en haklı insanıyız! sadece böyle düşünmek bile insanı yanlışa, muhatabını da yanlış davranmaya sürüklemez mi?

- Kimi zaman da usulen; "Elbette benim de hatalarım vardır." ya da "Evet onun da haklı yönler var tabi ki." deyip de hâlâ bildiğimiz gibi davranırsak; bu kime inandırıcı gelir?

- Karşımızdaki şahsı sürekli "Ben haklıyım!" diyerek bunaltmak, onu bizim haksız yönlerimizi bulmaya ve adeta kendini haklı çıkartacak malzeme aramaya sevk etmez mi? Ve bu, giderek birbirimizin hata ve yanlış adına neyimiz var neyimiz yok ortaya çıkarmak anlamına gelmez mi? Bu yaklaşım kimin işine yarar?

- Ben haklıyım diye ortalığı tarumar etmek; haklı olmaya yakışan bir durum mu?

- Haklılık, kimi zaman onda kimi zamanda sende olabilir. Kişiler arası ilişkileri ve aile atmosferini korumak adına haklılık iddiasını bir tarafa bırakarak ilişkiyi zedelememek ve ortamı gerginlikten kurtarmak adına; "Bu durumun düzelmesi için ne yapabilirim?" diye sormak ve elinden geleni yapmak daha akıllıca değil mi?

- Haklı olduğumuzu her fırsatta dile getirerek karşımızdakinin yanlışını büyüttüğümüzde, o psikolojisi bozulan ve kendini kötü hisseden insanla aynı atmosferi paylaşacağımız için bu durum yine bize dönen bir sıkıntı olmaz mı?

- Bizim haksız olduğumuz bir durumda muhatabımızın aynen bizim gibi davrandığını düşünelim; bu bize sevimli geliyor mu?

- Çevremizde bulunanlar, bilhassa da çocuklarımız bizim her tarzımızı modellemeye hazır bekliyorken, onlara daha çatışmasız ve sakin bir ortam oluşturma görevimiz yok mu?

- Haklı olmak, başkalarının yanlış davranmasına zemin hazırlayacak bir etkilenmeye sebep olursa bu haklılığın ne kıymeti kalır?

- Evet, bir konuda haklı olmak önemli fakat karşımızdakinin bundan sonra doğru davranmasına zemin hazırlamamız, haklı olmanın daha güzel göstergesi değil midir?

- Doğru davranmada haklı olmayı seçmek; dinimiz ve dünyamız için daha faydalı değil mi?

- Rabbimizin katında doğru davrananlardan olabilmek; elde edilecek en güzel kârlılık değil midir?

En güzel haklılık; haklılığını, sulh ve salâh için kullanmak, böylelikle gönüllere de akıllara da şifa olacak mütevazı bir yaklaşım biçimine ve sevecen bir kuşatıcılığa dönüştürebilmeyi başarabilmektir. Kişiler arası iletişimde haklı olalım; fakat haksız çıkarma mücadelesi içinde olmayalım. Gönlümüzü genişletmesi ve lisanımızı düzeltmesi için Yaradan'ımıza el açıp gayret yelkenlerini şişirerek rahmet deryasında seyredelim inşallah.

Gayret bizden, takdir Allah'tandır.

Güzel günlere umutla ve duayla inşallah efendim.

BARDAK DOLMADAN TAŞMAZ

Dolmak; bilinçli bir yeterlilik için gerekirse damla damla sabır, damla damla gayret ve damla damla gerekli olanı edinmek demektir. Taşmak ise dışa yansımak, belli bir birikime sahip olmak, artık dışa yansıtma seviyesine ulaşmak demektir. Bardağın taşması; içinde bir şeyin olduğunun ve bunun doluluk aşamasına gelerek artık dışa yansıdığının, yani taşma noktasına geldiğinin ifadesidir.

Belli bir eğitim alanlar; eğitimleri bittiğinde, bilgilerini dışa aktarabilmenin sabırsızlığı içinde olurlar. Öğrendiklerini anlatmak için sabırsızlanırlar. Çünkü bilgi seviyesi arttıkça ve o konuda derinleştikçe paylaşma ihtiyacı oluşur. Bir diğer ifadeyle doluluk seviyesi yükselmiş ve taşma aşamasına gelmiştir. Çünkü boş olan bir malzeme ya da zihin, doluluk aşamasına gelmeden taşmaz.

"Başarının sırrı, uğraşılan konuya hâkim olmaktır." der, *Benjamin Disraeli*. Hâkim olmak demek; bir konu hakkında diğer konulardan pek çok kişiden daha çok şey bilmek yani dolmak demektir. Sınırları bilmek ve o sınırların içindeki hareketliliği en iyi şekilde organize etmek demektir. O konuyu önemsemek ve kendini o işi yapacak derecede hazır hale getirmektir. Bir insan, bir şeyi ne kadar önemser ise onu o oranda gündemine alır. Önemsediği kadar öne alır ve onun en iyisini yapmak için gayret eder.

"Çocuğuma vurmamam gerektiğini biliyorum fakat kendimi engelleyemiyorum.", "Eşime sabredemeden karşılık veriyorum.", "Çocuğuma karşı sabrım çok azaldı ve kontrolsüzce bağırıyorum." şeklinde yakınan ve kendi istediği gibi davranamadığından şikayetçi olan pek çok anne-baba var. Nedir insanları istediği gibi davranmaktan alıkoyan şey? İstemek ne anlama geliyor? İstemiş olmak, bir şeyi yapmak için yetmiyorsa; başka hangi bileşenlere ihtiyaç var?

İnsan bir şeyi yapmak istiyorsa, onu yapmak için gerekçeleri vardır. Hele de bu kendi sorumluluğu dâhilinde olan ve zaten yapması gereken bir şey ise, o zaman 'yapmak istiyorum'un adı, keyfilikten çıkar ve zaruret adını alır. Zihin, bir şeyi yapması için komut almışsa harekete geçmek için de güçlü bir 'NİÇİN'e ihtiyacı vardır. Eğer bu niçin güçlü değilse, burada yaptığı ve yapmadığında neler olacağı konusunda bilgi yetersizliği var demektir. O zaman; "Şiddet kullanmak beni çok üzüyor, bu hiç yapmak istemediğim bir şey fakat o da beni mecbur bırakıyor." dediğimizde, kendimizi bu işi yapmak konusunda haklı gördüğümüz ve böyle söyleyerek de bu davranışı beslediğimiz gerçeğini kabul etmemiz gerekiyor. Başka seçeneği olmamak anlamına geliyor bu aynı zamanda.

Bir insan bir şeyi yaptığında eğer gerçekten rahatsız oluyorsa, kendini böyle davrandıran sebeplerden tutun da başka hangi alternatiflerin olabileceğine, hatta psikolojik danışmanlık almaya varıncaya kadar bir dizi tedbir gündeme gelir ve bu durumdaki insan çare arar, çünkü rahatsızdır. Gerekirse bunun için eğitim almak, bir süre terapi görmek, kendini böyle davranmamaya sevk edecek dua yardımı dâhil aklına gelen yöntemleri denemek; gerçekten pişman olunduğunun ifadesidir. Yok, eğer sadece şikâyet ediyor ve sadece bununla yetiniyorsa, bu durumdan kurtulmaya fazlaca da ihtiyacı ve dolayısı ile de gayreti yok demektir.

Doğru olmadığını tespit ettiği bir hareketi için çözüm aramayanlar, kendisine ve ilişki içinde olduklarına bu durumun ne kadar zarar verdiğinin ve bu durum ortadan kalkarsa ne kadar fayda göreceğinin farkında değildir.

Sevmek; sevdiğinin neye ihtiyacı olduğunu öğrenmek ve onu karşılamaya çalışmakla başlar. Seven sevdiğinin mutlu ve dengede olması için çalışmıyorsa, bunu önemsemiyorsa; sevgi hayatın içinde var mıdır sizce? Sevdiğini söylemek sünnet, bir insanın mutlu olmasına katkıda bulunmak ibadettir. Sevgi sadece yürekte duracaksa, yapması gereken iyi şeylere vesile olmadığı gibi yanlışları da engellemiyorsa, o şahıs sevgiyi tanımıyor ve var olanın sevgi olduğunu zannediyordur. Çünkü bir şeyin varlığı, kendini ele veren belirtilerle anlaşılır. Hiç belirti vermiyorsa ya yok demektir ya da sesi çıkmayacak derecede zayıf demektir. Bu kadar zayıflık da bir süre sonra hiç yokmuş gibi algılanmaya sebep olur. Beslenmeyen her şeyin giderek zayıflayıp kaybolması gibi...

Konu çocuklarımız olunca, genelde akan sular durur. Çocuk eğitimi deyince hepimiz kulak kabartırız da anne-baba eğitimi deyince neden aynı duyarlılığı göstermeyiz? Anne bilmezse ve baba ile aynı düşüncede olmazlarsa, bu hayat nasıl gidecek? Annenin zihnindekiler henüz dolmamışsa, kıyıda köşede kalmış bilgiler nasıl davranacağı hakkında yol göstermeye yetmiyorsa, o zaman her uygulamadan sonra pişman olan ve çocukla beraber oturup ağlayan, sonra üzüntüsü geçince filmi tekrar başa sarıp aynı şeyi tekrar tekrar yaşayan anne modeli oluşmaya başlar.

"Allah, sizden birinizin yaptığı işi, ameli ve görevi sağlam ve iyi yapmasından hoşnut olur." (Tirmizî, Birr, 55) Çocuk eğitmeyi, bir kuyumcunun elinde mücevheri şekillendirmek gibi düşünsek; ona uygun aletlerinin olması ve o işin zanaat bilgisine vakıf olması gerekir. Siz sokaktan geçen rastgele bir insanın eline paha biçilmez bir mücevheri verip onu şekillendirmesini isteseniz; biraz sonra kuvvetle muhtemel ki avucunda paramparça olmuş cam kırıklarından başka bir şey bulamazsınız. Çünkü elindeki mücevherin kıymetini ve ona nasıl şekil vereceğini bilmeyen bir insandan daha fazlası beklenemez. Bilmeyen el, hüner üretmez.

Aile görgüsünden ve nasıl davranacağı bilgisinden yoksun olup bir de doğru çevre desteğinin olmaması; zincirleme hata yapmak için adeta birebirdir. Mevcut durumu iyi kötü idare etmek için gereken bilgi yanında, daha iyi olabilmek için gerekenin peşine düşmeden, DAHA İYİ OLMAMANIN MAZERETİ

YOK demeden; zirveye tırmanamayacağımızın bilincinde olmalıyız. Yapamadıklarımızın suçunu başkalarına yükleyerek, sadece daha iyi olmaktan mahrum kalmış oluruz.

Bunun yanında Allah'a karşı sorumluluk bilinci içinde hareket etmemenin faturası, kendilik algımız ve çevremizdeki imajımız dâhil pek çok şeye damgasını vurur. Bu durumda çocuklarımız sorun çözecek yetenekte olacağına; kendi içinde sorun yumağı oluşturmakla ve başkalarının gidişini aksatmakla meşgul olacaklardır. Bunun düzelmesi, sebebin ortadan kalkmasıyla mümkündür. Sebep, bilgi yetersizliği ise çözüm olarak en başta bilgi açığını kapatmak ve elimizde güçlü bir NASIL rehberi bulundurmaktır.

"Yapamıyorum, biliyorum fakat uygulayamıyorum..." diyenlere; "Önce zihin kabınızı doğru bilgi ile doldurun ve eyleme geçirecek plânlamalar içinde olun. Gerekirse yardım alın ve bu işi ciddiye alarak peşini bırakmayın." demiş oluyoruz. Bilgilenme ve hayata geçirme gayreti, ömür boyu sürmesi gereken bir süreçtir. "Öğrendim bitti." demek değildir. Her yeni duruma uygun davranış esnekliği taşımayan yaklaşımlar, yeni durumlara uygun çözüm üretmekten aciz kalırlar. Sabitleri ve değişkenleri konusunda kafa karışıklığı yaşayanlar, deneme yanılma yoluyla çocuk yetiştirmeye kalkarlarsa; yanılmış olmanın fatura kabarıklığı, arada yapılmış doğruları da yokmuş gibi algılatabilir.

İYİ ŞEYLER ÜRETMEK VE İYİ ŞEYLERE VESİLE OLMAK; ONLARI OLUŞTURACAK SEBEPLERİ HAZIRLAMAKLA VE EYLEME GEÇİRMEKLE MÜMKÜN OLUR.

Az bilgi ile çok şey biliyormuş gibi davranma, yola çıkma, işe başlama, imza atma, nişan ve evlilik işlerine girme, senet imzalama, kefil olma, konuşma, karar verme, akıl verme, yol gösterme ve çocuk yetiştirmeye kalkışıldığında telâfisi ve geri dönüşü zor süreçlere kapı aralanır. Bilgi güneş gibidir, taşıyan insanı ve çevresindekileri ışığıyla aydınlatır.

Yetersizlik algısı ve değersizlik duygusu; yapabilecekken yapılmayan, söylenebilecekken söylenmeyen ya da eksik ve yanlış söylenenlerden dolayı oluşur. Hayatı en üst düzeyde yaşayabilecekken eksik eğitim sebebiyle en diplerde yaşamaya adeta mahkûm edilen çocuklarımız, aslında iyi olacak kapasitede yaratılmışlardır. Bunu istemek onların en doğal hakkı, bizimse bu kapasitenin önünü açmamız temel görevimizdir. Elimizdeki bu nimeti Yaratıcımızın yaratma şanına uygun olarak değerlendirilecek bir unsur olarak gördüğümüzde, bunu sağlamak için kesintisiz gayret eder ve bu hedefi gerçekleştiririz. O halde daha iyisini başarmak dururken, kendi yetersiz çabalarımızdan dolayı nesillerimizi kötülük kaynaklarının malzemeleri haline getirmeyelim.

Zihnimizin, hep en iyi ve doğru bilgilerle donanarak rollerimizi en iyi şekilde yapmamıza vesile olması dualarımla...

SICAK SOĞUMADIKÇA YAKAR

Her cisim etkiye açıktır. Etkinin hızı, gücü ve miktarı, etkilenme oranını ve etki süresini belirler. Elbette her cismin etkilenme gücü, o cismin moleküler yapısına ve direncine bağlıdır.

Bir etki ile karşılaşan cisim, belli bir süre o etkinin izlerini korur. Etkileme süreci uzun ve yoğunsa, etkilenme de yoğun olur. Bu etkilenmenin belirtilerini sıfırlayacak başka bir etki olmadıkça, etkiyi zaman sıfırlar. Bu da zaman alır.

Diyelim ki mutfaktasınız, sıcak su musluğunu açıp çaydanlığı kaynar suyla doldurdunuz ve musluğu kapattınız. Sizden birkaç dakika sonra gelen başka birisi soğuk su musluğunu açıp elindeki kaşığı sudan geçirmek istedi. Musluğu açınca ilk olarak kaynar su geldi ve eli yandı. Aslında burada bir yanlışlık yok. Hareket doğru, fakat boruda bir önceki kullanıştan kalan sıcak su hâlâ kaynar vaziyette bekliyordu. Çünkü o su akıtılarak boruya soğuk suyun gelmesi sağlanmamıştı. Ya da üzerinden 15-20 dakika geçmiş olsaydı, ısı zaman aşımına uğrayıp ve su soğumuş olacaktı, musluğu açanın da eli yanmayacaktı.

Daldaki gülü koparmak istediğimizde, elimize diken battığını farz edelim. Gülü koparmışızdır fakat elimiz de acımıştır. Gülün güzelliği ve kokusu dikenin sızısını unutturmaz. Bazen birkaç dakika acıya katlanırız. Diken parmağımızda değildir fakat acısı hâlâ kendisini hissettirir. Çünkü etkinin tesirinin geçebilmesi için zamana ihtiyaç vardır.

İnsan psikolojisinde de durum çoğu kez bu fiziksel kurala benzer ilkelerle işler. Kimi zaman olumlu, kimi zaman da olumsuz etkilerle karşılaşırız. Olumlu etkiler söz, davranış ya da bir jest olarak bize ulaştığında; ruhumuz karlı kışlı bir atmosfere bürünse bile o olumlu enerji, yaz güneşi gibi gönüllere doğar ve kara kıştan eser kalmaz. Eğer bu etki olumsuzsa, bu sefer de ruh iklimimizde soğuk rüzgârlar estirir. İnsanı üzer ve sıkıntıya sokar.

Kimi zaman bir dostun incitici bir sözü,

Bazen yıllar boyu acıtır gönlümüzü.

Kabartır aradan geçen zaman rüzgârı, hüzün dalgalarını.

Ta ki o dost, bir muştu verir gibi,

Alırsa o hüznü takıldığı gönülden,

İşte o zaman, meltemi tutar serçeler ipek kanatlarında ve estirir,

Sümbül kokularıyla baharı muştular.

Hüzün dalgaları durulmuş, mutluluk güneşi doğmuştur göğümüzde.

Ve yeşerir yeniden dostluk ikliminde taze bahar.

Üzülen ve morali bozulup keyfi kaçan insanlar, belli bir süre içlerini yakan, bunaltan söz ya da davranışın etkisiyle sıkıntı yaşarlar. Bu sıkıntıyı, zamanın aşındırmasını beklemeden biz dışarı çıkarmalıyız. Çünkü kendi haline bırakılan sarsıcı etkiler (aynen toprağın kendi haline bırakıldığında diken ve otlarla sarılması gibi), büyüyüp gönlü kaplayabilir. Hatta kimi zaman derinlere kök salarak daha da yerleşmesine sebep olabilir. Bu olumsuz ilerlemeyi en iyi şekilde etkinin kaynağı durdurabilir. Samimi bir özür, bir çiçek ya da hediye ve yakın bir davranış, çoğu zaman durumu düzeltmeye yeter. Bu da ancak, gerçekten pişman olmuşsak işe yarar. İçimizde taşıdığımız duygu ve niyetin gücü, hem söz ve davranışlarımıza hem de beden dilimize yansır ve muhatabımız bunu hisseder. Bilmeliyiz ki; "Doğru ağacın gölgesi de doğru olur."(İmam Gazalî) ve içimizde taşıdıklarımız bizi biz yapar.

Eğer olumsuz bir etkiyle karşılaşarak hüzün yağmurlarına yakalanmış bir dostumuzla karşılaşırsak yapmamız gereken şey; akıl vermeden, sorgulayıp yargılamadan ve kendimizden örnekler verip ne kadar yanlış yaptığını ifade etmeden onu dinlemektir. Bu da önünü açacak sözlerle, ufak adımlar atmak ve sözünü kesmeden sonuna kadar anlamak niyetiyle dinlemek demektir. (Eğer dinlediğimiz bilgileri saklayamayacak kadar gönül dağarcığımızın ağzı açıksa hiç dinlemeyelim daha iyi. Çünkü içini dökmek amacıyla söylenen sözlerin ve mahrem bilgilerin ortalıkta dolaşması daha fazla acı verir.) Bazen kendisi bu anlatımı esnasında çözümünü bulup rahatlayabilir. Bazen de bizden fikir sorar. O zaman da değerlendirmeye önce kendimizden başlamamız gerektiğini, tavrımızı ve ifadelerimizi gözden geçirmemizi, anlayış değişikliği ve güzelliği için sürekli doğru bilgiyle aydınlanmamızın çok önemli olduğunu anlatabiliriz. Yanlışı tespit edelim fakat ona takılıp kalmayalım.

Biz doğruları görmek ve yaşayarak örnek olmak hususunda ne kadar hassas davranırsak olumsuz duygularla yanma ve yakma oranımız da o kadar azalır. Güzel söz ve davranış, aklı olgunlaştırır, mantığı daha güzel işler hale getirir ve sükûnet aşılar; yani "güzellikler güzelleştirir." Ruhu güzel insanlar arttıkça, her yer gülistana döner. Hani "hayırda yarışmak"la emrolunduk ya; var mısınız güzellikte de yarışalım? Çünkü hayır, güzelliği besler ve tetikler.

Güzelliklerimiz devamlı, hayırlarımız bereketli olsun inşallah efendim.

TAKILINCA ÇEKMEYİN

Gündelik hayatın akışı içinde, bazı zamanlar bazı eşyalarımız bir yerlere takılabilir. Kazağımız, hırkamız, dantel tığımız, ipliğimiz, çamaşırlarımız ve benzeri bazı eşyalarımız; çiviye, çekyat kenarına, dolaba veya kapıya sıkışabilir ya da takılabilir. Eşyamızı takıldığı yerden çıkarmak için doğrudan doğruya çekersek ne olur? Bunu çoğu kere denemeyle görmüşüzdür; zedelenir, yırtılır ya da kopar. Peki o zaman ne yapacağız? Tek kelimeyle "çekmeyeceğiz." Körü körüne, nereden nereye takıldığını bilmeden, görerek tespit etmeden çekiştirmeye kalkmayacağız. Yok eğer çekiştirmeye devam edersek bu durum zaman, enerji ve malzeme kaybının yanında, moral bozukluğuna da sebep olur. Moral bozukluğu ise ilerlemenin önündeki en büyük engellerden biridir. Oysa prensip olarak takılınca ne yapılması gerektiğini bilirsek; böyle bir durum bizim de başımıza geldiğinde rahatlıkla ve zarar görmeden bu halden kurtulabiliriz.

Uygulamayı sırası ile ifade edecek olursak...

Öncelikle eşyamızın nereye takıldığını ve nereden takıldığını görerek tespit etmeliyiz.

Daha sonra takılan bölgeyi çekmeden gevşetmeliyiz.

Takılmanın aksi istikametinde yön değiştirmeliyiz.

Yavaş yavaş ve sakince farklı istikametleri ve yöntemleri deneyerek, takılan kısmı kurtarmaya çalışmalıyız. Eşyaya böyle davranarak onu en az zararla takılmalardan kurtarırız.

Takılınca nereye ve nasıl takıldığına bakmadan onu rastgele çekmek, bir tarz ve alışkanlık haline gelmişse hayatın pek çok safhasında sıkıntılar bize eşlik edecektir demektir.

Günübirlik ilişkilerde, bazen çocuğumuz, bazen karşımızdaki yetişkin, bazen de kendimiz farklı konulara takılabiliriz. Bazen her iki tarafın da takıldığı olur ki bu daha da tehlikelidir. Çünkü birisi takıntısından vazgeçmezse, ipler kopabilir. Buradaki tehlike, iki tarafın da ipleri kendinden yana geriyor olmasıdır. Tek taraflı olduğunda kişi, karşısındakinin takıldığını görebilir, ipi gevşetebilir ve çözme girişiminde bulunabilir. Fakat iki tarafın da takılması halinde, herkes kendi haklılığını savunmaya kilitlendiği için karşısındakinin durumuna objektif bakma şansı genellikle olmaz. Duygular öfke denizinin dalgalarıyla boğuşuyordur artık... Duygu değişmeden davranış değişikliği çoğunlukla olamadığı için takılma daha uzun sürer ve tahribat da hem daha çok hem de daha derin olur. Her şeyi kafaya takma ve hiç olmayacak şeyleri abartarak sıkıntı oluşturma yaklaşımı, muhatabına sıkıntı yaşattığı gibi kişinin kendisine de çok zarar verir. Önü alınmayan bu takıntılar zamanla "obsesif kompülsif" denilen bir çeşit rahatsızlığa dönüşebilir. Şahsın psikolojik dengelerini zamanla tehdit etmeye başlar.

Aslında çekiştirmenin ve germenin psikolojisi; insanın kendi muhatabını, "karşı taraf" olarak görmesinden kaynaklanır. Onu hep muhalif konumunda hissetmesi, kendini saldırıya, yıpratmaya, inatlaşmaya hazır bir vaziyette, yani tetikte beklemesiyle oluşur. Böylesi bir tutum içinde olanlar ilk fırsatta düşmana ateş etmeye hazır biçimde cephede bekleyen askerler gibidir.

Oysa insan kendini muhatabı ile aynı safta görse ve karşı safta duruşun hep saldırı, eziyet ve sıkıntı veren pozisyonu tetiklediğini bir bilebilse! Hayatı paylaştığı eşinin; el ele ahirete yürüdüğü yoldaşı, dava arkadaşı, dahası kendi yarısı, yani canı olduğunu bir kavrayabilse! O insanın yanlışları, eksikleri olsa bile onu değerli kılacak pek çok özelliği olduğunu, görmek için bakmadığından fark edemediğini bir anlasa... O zaman, yanındaki değerli yol arkadaşını kırıp üzmenin, yıpratmanın; aynı zamanda kendi gücünü, enerjisini yok etmek anlamına geldiğini ve bu durumdan kendisinin de yara aldığını kavrayacak. Dahası, birbirlerine verdikleri her acı, üzüntü ve sıkıntı ile yuvalarına darbe vurduklarını, bu darbenin de her seferinde evin temelinde ve giderek duvarlarında çatlaklar, parçalanmalar oluşturduğunu görecekler. Sonra bu açıklardan gelen soğukla üşüyeceklerini, yıkılan bu duvarlarla evin ev olmaktan çıkıp harabeye döneceğini fark edecekler. Bunu erken fark edemeyenler, yuvaları yıkıldıktan sonra ne kadar tehlikeli ve yanlış bir yönde ayak direttiklerini görüp bin pişman olacaklar; fakat iş işten geçmiş olacak.

Allah (c.c.); aklımızı, bilgi ve bilinçle doğruyu yanlıştan ayıralım ve Müslümana yakışır bir anlayış ile yaşayış tarzı oluşturup geliştirelim diye verdi. Oysa biz, insanlık hali olan takılmalardan sıyrılıp el ele ve daha güçlü biçimde yola devam etmek yerine her köşede bir şeylere takılıp kalıyoruz.

Peki takılıp kalmamak için neler yapmalıyız? İbremizi, saptırmaya ve aksi yönü göstermeye değil; doğru yöne, sevmeye, saymaya ve korumaya yöneltmeliyiz.

Haklı olduğumuzda dahi eleştiriyi sadece muhatabımızın davranışına yöneltmeliyiz; kişiliğine değil... Kimsenin kişiliğine saldırmaya, onu rencide etmeye, küçümsemeye ve frekanslarını karıştırmaya hakkımız yok. "Sen iyi bir insansın, seni seviyorum; fakat bu davranışın beni şu şu yönlerden üzüyor. Sen öyle davrandığında ben kendimi şöyle hissediyorum ve çok üzülüyorum." ya da "Bu davranışın bende şu şu duyguları oluşturuyor." gibi ifadelerle eleştirdiğimiz hususları ifadelendirebiliriz. Her insan, Allah (c.c.) katında çok değerlidir; eleştirimiz insanın bizatihi kendine yönelik olmamalı. İlişkilerimizde bu ilkeye uygun nitelikte davranışlar geliştirmeliyiz.

"Ben haklıyım!" diye tutturan eşinize karşı "Hayır! Ben haklıyım!" diye karşılık vermek, sorunu çözmez; hatta büyütür (Özellikle de yoğun öfke halindeyken). "Kavga ortamı yangın gibidir. İçine girerseniz yangın büyür ve her iki taraf da zarar görür. Söndürmek için dışarıdan müdahale şarttır." Hem, "Fikir yürüterek girilmemiş bir çıkmazdan, fikir yürüterek çıkamazsınız."

Öncelikle "Çok af edersin, seni üzmek istemezdim. Doğru, haklı olabilirsin. Lütfen rahat ol, biraz sakinleşebilirsen iyi olur. Çok özür dilerim." gibi sözlerle muhatabımızı sakinleştirelim.

Bazen de bu tamamen susarak gerçekleşebilir. Fakat biraz zaman geçip iki taraf da sakinleşince kibarca; "Biraz vakit ayırabilir misin?" diye sorarak meseleye vakit ayırmasını rica edelim. Kendisinin bu kadar gerginleşmesinden dolayı üzgün olduğumuzu ifade edelim. Tekrar kırıp dökmeden; "Meseleyi bir de şu yönüyle ele alabilir miyiz?" diye olayın başka boyutlarına dikkat çekelim. O zaman muhatabınız kasıtlı ya da psikolojik yönden rahatsız değilse, bu güzel yaklaşımınızın sonucunu mutlaka alacaksınız.

Takılan çocuksa; yaş dönemi özelliklerini de göz önünde bulundurarak, onun çocuk olduğunu unutmadan, onun için eğitici de olabilecek yaklaşımlarda bulunmalıyız. İnatlaşmayı ve çocuğu zorla sindirmeyi herkes yapabilir. Önemli olan, yerinde ve zamanında doğru davranmayı başarabilmektir. Sevgi ve saygı varken kendi koyduğumuz ve kimi zaman yersiz kuralları uygulamak adına, çocuğun gönlünü ve kişiliğini zedelemeye ne hacet!

"Niye ben özür dileyeyim, hep ben mi alttan alacağım, bu sefer de barışma gayretini o başlatsın, bana ne!" mantığı çocukça bir yaklaşımdır. Artık büyüsek diyorum. Büyüdüğümüzde göreceğiz ki doğru adımı önce atanlar her zaman önde gitmiş ve iz bırakmışlardır. Niye biz de iz bırakanlardan olmak için yarışmayalım?

Birbirimizin inadına gitmek seviye kaybettirir. Yükselmeye, ilerlemeye çalışan insanlar, merdiven basamaklarını hep yukarıya doğru tırmanmalılar. Yanlış davranarak niye irtifa kaybedelim ki?

"Doğru yolda yürüyen kaplumbağa, yanlış yolda yürüyen tavşandan daha önce hedefine ulaşır." deniyor. Hedefimiz Rabbimizi memnun etmek; yuvamızın huzurunu ve kaliteli bir hayatı sağlamak olmalıdır. Bu da plânlı, programlı ve hedefli yaşayıp doğru bilgi ile ve doğru uygulamaları kesintisiz sürdürmekle mümkün olabilir.

İnsanlar hata yapabilir; biz de yapabiliriz. O halde ilk yapacağımız şey, suçu karşımızdaki insanda aramak değil, önce kendi tutum ve davranışlarımızı sorgulamak ve gözden geçirmektir. Ve "Acaba bu sonucun kaçta kaçı bana ait, ben ne kadarından sorumluyum?" diye düşünerek karşımızdakine yüklenme katsayısını azaltmaktır.

Ehliyeti olanlar bilirler, trafikte şöyle bir kaide vardır: "Sizin haklı olmanız, kaza yapmanızı gerektirmez." Yani; gerekirse siz ona ayak uydurun, ama kaza yapmayın.

Diyelim ki siz otomobil kullanıyorsunuz, yoldasınız ve geçiş hakkı sizin. Yayalara kırmızı ışık yanıyor; dolayısıyla beklemeleri gerekir. Fakat beklemeden geçmeye kalkıştılar: Siz "Geçiş hakkı benim, sizin yolda ne işiniz var?" diye üzerlerine giderseniz; yanlışa yanlışla karşılık vermiş olursunuz. Bundan iki taraf da zarar görür. Oysa azıcık sabırlı ve anlayışlı davranıp ağırdan alabilirseniz, inanın hiçbir şey kaybetmiş olmazsınız....

Bu kural, insanlar arası ilişkilerde de aynen böyle ele alınabilir. Yanlış kanala girmiş birisini, daha çok yanlış yapacak şekilde gerginleştirip tahrik etmektense; geri adım atmak ve daha kuşatıcı davranarak duruma gerçek bir samimiyetle yaklaşmak, her zaman tercih edilmesi gereken akıllıca bir yoldur.

Takılan insan savunmaya kilitlenmiştir. Siz uygun anahtarı bulup açmazsanız, kırmaktan başka çare kalmaz. İnsanları savunmaya sevk eden düşünce; bir fikir ya da davranış sebebiyle oluşan ayrılığın yanında, muhatapların lehte ve aleyhte iki gruba ayrılarak birbirlerini suçlamalarıdır. Oysa zaman zaman aynı fikirde olmasak bile inancımız, yolumuz, hayatımız, davamız bir değil mi? Ahiret yolunda iki şerefli yolcu değil mi eşler? Herkes birbirinin mü'min kardeşi değil mi? O halde kısmi fikir ayrılıkları, amaç ve yol ayrılığı gibi algılanmamalı.

Hem doğru ve güzel davranmayı ilke edinenler, Rabbinin desteğini de her an yanlarında bulacaklardır. Allah'tan (c.c.) daha güçlü dost ve yardımcı yoktur. Bütün inananlara hayırlı yol arkadaşları ve takılmadan gidecekleri hayırlı yolculuklar diliyorum.

DÜĞÜM OLUŞTURMAMA SANATI

Düğüm; herhangi bir sebeple, birden çok ip ya da kolayca karışmaya müsait benzeri malzemenin, işleyişi bozacak tarzda birbirine karışması, dolaşması ve düzenli işleyişin bozulması halidir. Yani bu; normal işleyişin dışına çıkmak, dolaşmak, kilitlenmek, işlememek demektir. Müdahaleye ihtiyaç hissettirecek derecede karmaşa oluşmasıdır.

Düğüm; bilerek ya da bilmeyerek dikkatsizlik yapmak, yeteri kadar hassasiyet göstermemek, ihmal veya geç müdahale gibi sebeplerle oluşur. Her türlü karmaşa gibi düğümü oluşturmak da son derece kolaydır; ilgi, bilgi ve özel beceri gerektirmez. Yabancı otlar ve deve dikenleri de biz istemeden ve emek vermeden büyürler. Onlar, bakımsızlık ve ilgisizliğin meyveleridir. Oysa güller ve çiçekler öyle mi? Onlar, özel bir bakım ve gayret ile yetişirler. Güzel olmasını istediğimiz her şeye, bilinçli bir ilgi göstermemiz gerektiği gibi...

Demek ki ipi normal düzende, düğüm oluşturmadan kullanabilmek, özel dikkat ve hassasiyet gerektirir. Ayrıca bilgi ve bilinç de devrede olmalıdır. Çünkü düğüm oluşturmamanın gereğine ve önemine inanmak ve geleceği elimizdekinden önce örecek bir yaklaşımla, zaman, enerji ve bazen de maddî kayıp anlamına gelecek tarzda davranmamak anlamına gelir. Zamanı, enerjiyi, emeği ve hayatı önemsemek demektir bu. Diyelim ki biraz ihmal edilip yumak dikkatsizce kullanıldı (annelerimizin nesli buna "çile çözmek" derlerdi), bu durumda iplik çilesi kolaylıkla karışabilir ve dolaşabilir. Belki karıştığını görüp dolaşmasına fırsat bırakmadan ilk etapta ufak müdahalelerle açabiliriz. Belki de iyice dolaştığını fark ettiğimiz anda büyük bir sabır ve maharet göstererek ipleri ayırabilir, dolaşıklığı çözebiliriz. Elbette düğüm çözmek önemli bir beceridir fakat kaybolan enerji, zaman ve emeği geri getirme şansımız var mı? Ne yazık ki yok. Böyle olunca, asıl olan düğüm oluşturmamaya çalışmaktadır. Yani asıl beceri burada gösterilmeli; maharet burada sergilenmelidir.

Hayatı daha rahat, daha pratik ve verimli götürebilmek için kendimizi yetiştirir, yeni şeyler öğrenir ve yeteneklerimizi geliştiririz. Sahip olduğumuz yetenekleri geliştirmenin bir faydası da yaptığımız işi elimizden gelenin en iyisini yaparak icra etmek; yani işimizin ehli olmaktır. Bu, kimseye muhtaç olmamak ya da başkalarının yardımına en az düzeyde ihtiyaç hissederek iş yapmak ve yaşamak anlamına gelir. Onun için her ne işle meşgul isek, nelerden sorumlu isek; onların işleyiş bilgisine sahip olma zarureti vardır. Ayrıca Peygamber Efendimiz (s.a.v.), "Herkesin mesul olduğu işle ilgili bilgilenmesi farzdır." buyuruyorlar.

Normal ve anormal gidişin belirtileri bilinmeli ki iki durum birbirinden ayrılabilsin. İbre, risk sınırına tırmandığı halde, biz normal işleyişte hareket edersek, risk endişesi ve tedbiri içinde olmazsak; bu rahatlık, kısa bir süre sonraki ciddi sıkışıklığın habercisi olabilir. Zararı önleme aşaması geçtiğinde ise zararı durdurma ve telafi aşaması başlar. İşte burada, düğüm oluşturmama konusundaki ustalığa ihtiyaç vardır. Çünkü karışma ve dolaşma sebeplerinin bilinmesi tedbir almayı getirir; tedbir almaya sevk eden bilgi ise ilk aşamadaki müdahale tekniğini de kapsar. Yani ilk yardım uygulaması gibi. O zaman; "İyi gidişin kontrolünü sağlayabilenler, düğüm oluşturmamayı başaranlardır." diyebiliriz.

Bu beceriye sahip olanlar ya ilk etapta müdahale ederek düğümlenmeyi önlerler ya da düğüm oluşmuşsa nasıl davranacaklarını bilirler ki; bu bir sanattır.

Ömrümüz de her gün bir parçasını kullandığımız yumağa benzemiyor mu? Kimi zaman normal bir akış, kimi zamanda düğümlenme olmuyor mu? Hatta ne yazık ki bazen kördüğümler bile yaşanabiliyor.

Ömür yumağı, başka pek çok yumakla birlikte kullanılır. Bu sebeple bazen kendi içinde bazen de başkalarınınkiyle karışıp dolaşabilir, düğümler oluşabilir. Asıl sanat, asıl beceri; hayatı mümkün olabilen en az karışıklık ve düğümlerle yaşayabilme sanatıdır.

Bu yazının başlığı önce; "Düğüm Çözme Sanatı" idi. Sonra düşündüm ki evet, düğüm çözmeyi başarabilmek önemli; fakat düğüm oluşturmamayı başarabilmek daha da önemli. Asıl hedef, düğüm çözmeyi başarmanın yanında düğüm oluşmasını önleyebilmektir. Tıpkı insanın beden sağlığını korumaya dikkat etmesi gibi. Doktorların hep vurguladığı; "koruyucu hekimlik" gibi... Asıl gayret, hasta olmamak ve korunmak için gösterilmeli. Şayet engel olunamamışsa, o zaman doktorun becerisi ve kişinin reçeteyi tatbik etmesi devreye girer. O da gerekli, o da bulunmalı; fakat doktora duyulacak ihtiyacı en az seviyeye indirebilmek daha da önemli.

Aile içinde edinilmesi gereken ve hayati önem arz eden becerilerden biri de; "insanlarla geçinebilme" becerisidir. Ve hatta bu, bir yetenek ve sanattır. Bu sanatın rengi aile atmosferinde varsa çocuk da bunu hücrelerine kadar hisseder. Çünkü hâkim olan atmosfer, kuşatıcıdır. "Çocuğun örnek almasını istediğin şeyi örnekle." özlü sözünde ifade edildiği gibi; aile daha kendi yumağını dolaştırmadan kullanmayı başaramamışken, herkesle karışmaya dolaşmaya hazır vaziyetteyken, çocuk nasıl dingin bir gidiş sergileyebilir?

Ayrıca, karışık bir psikoloji de düğümlenmeyi tetikler. İşte asıl sanat, kendi yumağını mümkün olduğunca sağlama alıp başka yumaklarla karışma ihtimalini en aza indirme ve diğer yumaklarla karışarak düğüm oluşmaması için en uygun yaklaşımı gösterebilmektir. Bu sanatı icra edenler, oluşmuş düğümlere karşı gevşetici, çözüme götürücü ve yıpranmayı en aza indirici sağlıklı formüllerle yaklaşırlar.

Çevremizde ne yazık ki, sürekli düğümlenme eğilimi içinde olanlar bulunabilir ve sık sık düğümlenmiş ilişkilerle de karşılaşabiliriz. Bazen bizim oturmuş yapımız, kendine güvenen ve cesur yaklaşımımız, sevgi ve saygı dolu içten sözlerimiz; çok ciddi tehlikelere gidişi engelleyebilir.

Bilinmeli ki; bilerek ya da bilmeyerek hata yapan bir insan gergindir, huzursuzdur ve çoğunlukla da savunmaya kilitlenmiştir. Yardım niyetiyle de olsa, kişiliğine saldırmak ya da yaptığı yanlışın üzerinde fazlaca durarak eleştirmek, bu şahısta ya suçluluğa ve içine kapanmaya ya da saldırganlığa yol açabilir. Böylece psikolojik savunma mekanizmaları devreye girer. Bu tür bir yaklaşımın kimseye bir faydası yoktur. Düğümleri çözmek yerine daha da sabitleyebilir. Bu noktada yapılacak olan şey; hatanın görülmesi, telafiye çalışılması ve bunlardan ders alınarak yola devam edilmesidir.

Bu çözüm sürecinin devreye girebilmesi için hata yapanın, olayları daha net görebilmesine ve objektif davranabilmesine zemin hazırlamak gerekir. Bu bazen sadece dinleyerek bazen de; "Bunun bir de şu boyutunu düşünsen ya da istersen şu cepheden de bakabilirsin..." şeklindeki yaklaşımlarla, düğümü çözmeyi başaracak yeni yöntemler sunabilmekle mümkün olur. Aslında bu, herkesin başarması gereken bir sorumluluktur. Yani, önce şahsı yatıştırıp gerginlikten kurtarmalıyız. Karşı taraf gibi değil, aynı safta olduğumuzu hissettirmeli ve "Canın sağ olsun, Allah daha büyüğünden ve beterinden korusun, daha kötüsü de yaşanabilirdi." demeliyiz. Arkasından da; "Ben sana nasıl yardımcı olabilirim, ne yapabilirim, aklıma şöyle şöyle çözümler geliyor, fakat bunlar sizce de uygun mu?" gibi sorularla destek ve yardımcı olmaya çalışmalıyız.

Bazen şahsın kendisini rahat ve güvende hissettiği durumlarda, problemi konuşurken çözüm kendiliğinden ortaya çıkabilir. Ya da şahıs bunu kendisi anlayarak ifade edebilir. Biz her halûkârda muhatabımıza değer verdiğimizi, onu sevdiğimizi, koruduğumuzu ve affetmeye hazır olduğumuzu hissettirirsek; iletişimde düğümler oluşmasının da önüne geçebiliriz. Muhatabımız rahatlar, negatif elektrik taşımaz ve kutuplaşma olmaz.

Peki, ya düğüm oluşmuşsa; çözmek için nasıl yaklaşmalıyız?

Düğüm oluşturmama sanatının iki boyutu vardır:

Birincisi; karışmayı engelleme yani koruyuculuk ve düzgün gidişi sağlamadır.

İkincisi ise düğüm oluşmuşsa çözme boyutudur. Düğümü çözme aşamasında, bu sanatın getirdiği en stratejik yaklaşım "gevşetmek"tir.

Gevşetmek, sadece düğüm çözmede değil, başka pek çok alanda da ilk yapılacaklar arasındadır. Özellikle öğrencilerin okul gömleklerinin yakaları, simsiyah olmuş kol ağızları ve yine simsiyah olmuş çorap altları; önce sabunlu suda biraz bekletilip yumuşatılırsa, yani bir anlamda gevşetilirse, çitileme ve makineye ondan sonra atma sayesinde daha kolay ve daha güzel temizlenmesi örnek verilebilir. Çok kirlenmiş halılar, bir süre köpüklü suda bekletilirse; işin başında akıtılmadığı için kurumuş bulaşıklar da ıslatılarak biraz bekletildikten sonra yıkanırsa, çok daha kolay temizlenir ve hepsinde de aynı başarılı sonuç alınır. Yani önce gevşetip yumuşatıyoruz; sonra diğer işlemleri yapıyoruz. Demek ki gevşetmek, çözüm ve başarı oranını artıran ilk ve en güzel yaklaşım biçimidir. Bir bakıma, başarıyla tokalaşmaktır.

Demek ki önce korumak, bu sağlanamamışsa ve düğümlenmeler olmuşsa gevşetmek; aklını kullanmayı bilenlerin yöntemidir, sabır ifadesidir ve kararlılık göstergesidir. Bunun yanında başarma azminin ve kendini geliştirme karalılığının yansımasıdır.

"Ya hep, ya hiç" mantığını işletmek yerine; ihtimalleri değerlendirerek istifadeye sunma ve insanları kazanma mantığının kullanıma sunulmasıdır.

Her soruna, "insana has" ve "çözülebilir" diye inanarak bakmak; zorluklarla mücadelede insan sabrını, iradesini, tecrübesini ve olgunluğunu artıran fırsatlar olarak yaklaşmak, stratejik düşünenlerin tarzıdır. İnsanı feda etmeden, yaralamadan, incitmeden ve koruyarak doğru tercihlere zemin hazırlamak; basiretli insanların işidir. Yanlışını anlayıp terk eden her insanı, gökyüzüne kazandırılmış birer yıldız gibi görmek ve bunun için çalışmak; erdemli olmanın bir göstergesidir. Bunun için sadece görünüşüyle yani fiziğiyle değil, aynı zamanda kimyası ile de insan vasfı taşımanın gerektirdiği bir donanıma ihtiyaç vardır.

Kin, haset, hırs, tamah, kıskançlık, dargınlık gibi insanın gönlünü karartan, yükünü artırarak adımlarını ağırlaştıran negatif fazlalıklar; kişinin şu koca dünya denizinde boğulmasına zemin hazırlar. Oysa sadece iman, bilgi ve sevgi taşıyarak bir tüy kadar hafif olmak, sürekli yüzeyde kalmayı sağlar. Bu ise en güçlü kapıya iman ile bağlanmak, bilgi ile bu bağı insanlar arasında da kurabilmek ve sevgi ile dünyaları aydınlatan bir güneşi içinde taşımak demektir.

Öyleyse hayata atılırken ilişkilerle ilgili şu hususlar cevaplanmalı:

Evde yani daha baba evindeyken, ömür yumağı dolaştırılmadan nasıl kullanılır? Şayet dolaşırsa nasıl gevşetilir, nasıl açılır? Ya birde açamadığımız bir kördüğüm oluşmuşsa, buna nasıl yaklaşılır? Eğer bizi aşan sıkıntılarla karşılaşmışsak öncelikle hayatı doğru yaşamanın ve düğüm oluşturmamanın prospektüsü olan sünnetteki uygulamaya başvurmalı. Bunu kendi başımıza başaramadığımız durumlarda ehil bir bilene danışmalı ve gerekirse profesyonel yardım alınmalı. Böylesi bir yaklaşım, aile içinde düğümleri çözmek için daha çocukluk çağından itibaren benimsenmiş olmalı. Bütün bunlar, önce yaşantımızla örnek olarak sonra öğretilerek çocukların zihnine nakşedilmeli. Zihinler, gönüller, düğümlenmemiş bir yumaktan sabırla dokunan nakışı görmeli. Sabır olmadan güneş doğmaz, sabır olmadan tohum bitmez ve sabır olmadan sevgi elde edilemez. Ve yine sabır olmadan hayatın tadı olmaz. Sabırsız hayat ham meyve gibidir. Sabır olmazsa yumaklar dolaşır, düğümler açılmaz, iplikler dokunamaz, güzellikler ortaya çıkamaz.

Dilerim ki; Mevlâm herkese, ömür yumaklarını dolaştırmayacak dikkat ve rikkat, dolaşırsa gevşetip açabilecek sabır ve beceri nasip etsin. Unutmayalım ki; merhamet ve anlayış sabrı, basiret ve bilgi de beceriyi besler.

DENGEDE TUTACAKLARIN DENGESİ BOZULURSA...

İşleri tanzim edenlerin dengesi bozulursa işte o zaman; "Balık baştan kokar" atasözünün belirttiği durum ortaya çıkar. Dengesini kaybedenler, karşılarına çıkan dengeli insanların da dengelerinin bozulmalarına sebep olabilir. Aynen denizde yüzerken panik yapıp boğulma tehlikesi geçirenlerin, kendilerini kurtarmaya gelenlere can havliyle sarılarak onların da dengesini bozup kendileriyle birlikte boğulmalarına sebep olmaları gibi.

Dengelerin bozulması, bazen onların ilişki içinde bulunanlara huysuzluk gibi göründüğünden; "İdare edelim, zamanla düzelir.." diye düşünmelerine sebep olabilir. "Babasına çekmiş", "Dayısı da böyleydi", "Kimin eksiği yok ki" gibi mülâhazalarla herkesin morallerini bozmasına, frekanslarını karıştırmasına müsaade edilir. Hele de bunu yapan bir beyefendi ve annesinin güdümünde büyümüş, annesinin izin verdiği sınırların dışına çıkamamış ve çocuk kalmış bir yetişkin ise, hemen doğal koruma refleksi harekete geçer ve oğlunun bir şeyi olmadığını ispat edecek bütün argümanları kullanarak bu anormalliği normalleştirme mücadelesi verir. Aslında kendisi de biliyordur bunun normal olmadığını, fakat oğluna "hasta" dedirtmemek ya da sorunlu dedirtmemek içindir bu mücadele. Bunun yanında gelinin; "vaktiyle ben çektim, sen de çek" anlayışıyla yaklaşmayı prensip edinen bir aile büyüğünün yanlış tutum sonucudur bu.

İşte bu anormallikler, insan hayatını karartacak dozda, muhataplarına damardan zerk edilir. Psikiyatriste gitmeyi "deli değilim" diye reddeden, kendisi deli olmasa bile muhataplarını delirten aykırılıklara devam edenler; toplumun depresyon katsayısını yükseltirler. Kimse bunlara dur demezse anormal davranması normalleşmiş bu insanlar, ellerinin altında bulunan ve aileleri tarafından sahipsiz bırakılan eşlerini, hayattan el çektirecek noktaya getirirler.

Bu ailenin çocukları varsa; çocuklar da dengelerin dengesinin kaydığı bu zeminde, kimlik algıları bozulmuş ve özgüveni yerlerde olarak hayata adım atarlar. Korkunun ve güvensizliğin anatomilerine şekil verdiği bu insanları yürüyüşünden, bakışından ve duruşundan tanırsınız. Ellerinden tutulmuş ve onlara insanca davranılmış olsalardı belki de en iyi yerlerde yönetici olacak bu çocuklar, kendilerini yönetemez hale getirenlerin imzalarını taşırlar. Öfkeleri, mahcup bakışlarının ardında gizlidir. Kimseye yaklaşamamanın ve kendilerini ifade edememenin burukluğu ile doludur yürekleri. İmrenerek bakarlar anne-babalarının ellerinden tutmuş neşe içinde giden çocuklara. Küsmüş gönüllerini hayatla barıştıracak şefkat eli bulamazlar. Bu kayıp yürekler, dengesi kaybolanlara engel olmayanların, zararları telâfi edecek bilgi ve bilinçten yoksun büyüklerin gölgesinde bu anormal rengi alırlar.

Hayat hazır olanlara göz kırpar. Güçlü olanlar daha dayanıklı ve aktif olabilirler. "Allah katında güçlü mü'min zayıf mü'minden daha hayırlı ve daha sevimlidir." hadisi şerifi; her alanda güçlü olmaya ve güçlü olunması için destek olmanın önemine işaret ediyor diye düşünüyorum. Hayata karşı güç kazanılacak yer, öncelikle aile atmosferidir. Ailede dengesi bozulanlar, toplumda düşer; ailede çatlayanlar, toplumda kırılır. Ailede alamayanlar, ya bu açığı giderecek takviyeyi çok acı bedeller ödeyerek dışarıdan almaya çalışırlar ya da alamadan sıkıntı dolu bir ömrü yaşayarak hayata veda ederler.

Aile, toplumun denge merkezidir. Bir toplumun gücü, ailenin gücüne göre belirlenir. Aile; toplumun aynasıdır, bel kemiğidir. Bel kemiği zarar görürse, toplum felç olur. Ailede normal olmayan ve işlerin dengede olmadığının işareti olabilecek belirtiler görüldüğünde; aile bireyleri alârma geçmeli, muhatabın iyileşmesi için acil durum tedbirleri almalıdır. Bu dünyada tepki savar olarak kullandığımız gerekçelerimiz, kul hakkının ağırlığı altında ezilecek ve Rabbimiz, sahte gerekçeleri mahcup olmaları pahasına insanların önüne bir bir getirecektir.

Çocuklarımız bize emanetse, anne-babasına bakarak insan olmayı öğrenecekse, ilk zihin kayıtları kalıcı oluyorsa, zarar verici davranışlar da zarar veren insan yetiştirme malzemesi anlamına geliyorsa, Allah bütün bunları biliyor, duyuyor ve görüyorsa; o zaman bu ramazan ayında ne için Rahman'a el açtık? Ne istedik kendimiz için ve insanlık adına? Daha ne kadar, "işine gelirse" dedirten kör mantığın bizi yönetmesine müsaade edeceğiz? Biriktirdiğimiz kul haklarının altında nefes alamayacak kadar daraldığımız halde, her sıkıntının sebebini dışarıda arama alışkanlığının bir sonucu olarak, daha ne kadar bunu da karşımızdakine fatura edeceğiz? Azrail'in nefesini ensesinde hissedene kadar kendisine gelemeyenlere, herkes gibi Azrail randevu almadan gelecek; şaşkınlık ve korkudan kendinden geçenlerin korkuları, geri dönüş noktasından bir hayli uzaklaşmış oldukları için bir işle yaramayacaktır. Dengesizlerin denge bozan etkileri, çentik atılmış ağacın gövdesindeki izler gibi yer eder ve çok küçükken yüreğini yakan sözler, büyüdüğü zaman da hâlâ o zihinde yer edebilir... Hatta kimi zaman ağacın büyümesiyle paralel biçimde o çentiklerin de büyüdüğü gözlenebilir.

Ya Rabbi! Dengelerimizi, rızana uygun davranma refleksi ile korumamızı nasip et. Dengelerimizi koruyacak akıl ve ruh olgunluğu nasip et. Rahatsız eden yönlerimizi çevremizdekilere ulaşmadan fark etmemizi veya onlara ulaştıktan sonra fark etmişsek, onları iyileştirmek için elimizden geleni yapmamızı nasip eyle. İyi örneklerle karşılaştırarak bizleri ödüllendir ve onları fark ederek gerekli ilgiyi göstermemizi nasip eyle. Kendisiyle meşgul olup, önce zihnindekileri doğrultarak fiili duasını yapan ve kendisini düzeltmenin pek çok şeyi düzeltmek anlamına geldiğini anlayanlardan eyle cümlemizi.

ÇİVİYİ NEREYE ÇAKALIM?

Çivi; genelde sabitlemek, tutturup sağlamlaştırmak, iki parçayı birbirine monte etmek veya ihtiyaç olan birleşmeyi sağlamak gibi amaçlar için kullanılan bir malzemedir. Çekiç veya benzeri bir araçla vurularak çakılır. Basit bir iş gibi görünen çivi çakmanın da kendine göre incelikleri vardır. Çakılacak bölgenin malzemesine ve kullanım amacına uygun özellikteki bir çivi seçilmelidir.

Diyelim ki; çiviyi doğru seçtik... Çekiçle çivinin üzerine, çiviyi çakmaya yetecek kuvvette ve çiviyi çakıncaya kadar sürekli vurulması gerekir ki; çivi yerine ulaşsın. Bilgi eksikliği ya da dikkat azlığı sebebi ile çivinin yanlış yere çakılması, telafisi zor zararlar verebilir. Çok hassas ve ince bir zemin üzerine çivi çakacaksak kırıp incitmeden, zemine zarar vermeden, belirlenen yere çakabilmek için mutlaka önceden bilgilenmemiz ya da bir tecrübe yaşamamız lazım ki iyi bir sonuç alalım. Doğru adımı atmak bir bilgi işidir; tesadüflerle başarı elde edilemez. Başarının arka plânında hemen her zaman bilgi, bilinç, plânlı çalışma ve sabır vardır. Tesadüfen yakalanan bir başarı ancak nadiren gelir ve devamı olmaz. Ayrıca bilmeyen el hüner üretmez. Bu sebeple, bilmediğimiz bir işe ve işleyişe yeteri kadar bilgilenmeden el atmamalıyız.

Vurgu, uğradığı yeri pekiştirir; üstünde durmak, önemsemek ve bir etkinin kalıcı olmasını istemek anlamına gelir. Yani çiviyi ihtiyaç olan yere çakabilmek için öncelikle doğru yeri tespit edip akabinde bu noktaya çivi çakılıncaya kadar güç uygularız ki bu, vurgudur.

Bu çivi örneğimiz, insan ve ilişki içinde olduğu hemen her alana uygulanabilecek bir özellik taşıyor. Yetişkinler arası ilişkilerde, özellikle de çocuk eğitiminde, vurguyu nereye ve nasıl yapacağımız yani çiviyi nereye çakacağımız çok önemlidir. Bunu bilmek; bizim gideceğimiz yön ve ulaşacağımız sonuç açısından belirleyici faktördür.

Vurgu uğradığı yeri pekiştiriyorsa; biz de pekişmesini ve kalıcı olmasını istediğimiz özelliklerin üzerinde durmalıyız. Günlük koşuşturmacalarımız arasında çivi çakmaya, yani vurguya tekabül edecek şeyler nelerdir? Biz neleri yerleştirmek ve geliştirmek istiyoruz? Bunun içinde nereye ve nasıl vurgu yapmamız lazım?

Genelde insana, özelde ise çocuğa bakacak olursak; nelerin güçlenmesi gerektiği konusunda daha net şeyler görebiliriz. Herkes bir yerlere çivi çakıyor fakat çok az insan isabetli yere çivi çakmayı başarıyor. Böyle olunca da kaçınılmaz olarak hayatımızda yığınla istenmeyen davranış hakim oluyor. Neticede hem pek çok çivi yanlış yere çakılmış hem de pek çok şeyin çivisi çıkmış durumda aksak bir gidişatla karşılaşıyoruz.

Pekiştirmenin yani vurgunun başarılı olabilmesi için hangi sözlerin, nasıl ve ne zaman kullanılacağını bilmememiz gerekiyor. Bu aynı zamanda muhatabımızı da tanımamız mecburiyetini getiriyor. Yani heykeltıraşın yontacağı taşı ya da mermeri, seramikçinin yoğuracağı toprağı ve kuyumcunun çalıştığı madeni; becerisinden daha fazla tanıması lazımdır. Acaba ömür boyu bir arada yaşam niyetiyle evlenen insanlar, genelde insanı özelde ise birbirlerini ne kadar tanıyorlar? Ve sahip çıkıp da şekillendirmeye çalıştığımız çocuklarımızı ne kadar tanıyoruz? Mevcut halimizde sıkıntılı bir tablo görüyorsak, çoğunlukla vurguyu nereye yapıyoruz dersiniz? Şu anda yaptığımız gibi deneme yanılma yoluyla ilerlemeye devam edersek bu, hem zaman hem de enerji hem moral kaybına sebep olur. Aynı zamanda son derece de risklidir.

Genelde bütün insanların iyi alışkanlıklara ve sağlıklı bir kişiliğe sahip olmasını isteriz. Buna kendimiz de dâhiliz. Elbette ki güzellikleri oluşturmak ve korumak için ciddi gayretler gereklidir. Yani insanlar hiç zahmet çekmeden ve emek harcamadan iyi bir duruma gelivermiyorlar. Yazar John Luther; "İyi bir karakter, müstesna bir yetenekten daha fazla ödüllendirilmeyi hak eder. Çoğu yetenekler bir noktaya kadar birer armağandır. Oysa iyi bir karakter bize sunulmaz. Onu parça parça oluşturmak bize düşer ve bunun için düşünce, seçim, cesaret ve kararlılığa ihtiyaç vardır." der. Ne kadar isabetli bir değerlendirme...

Olumlu bir işleyişin sağlanabilmesi, sağlam bir temelin atılmasına bağlıdır. Biliyoruz ki yaratılmış her şeyin bir oluş ve bozuluş kanunu vardır. Bu kanunları bilmek, bizi doğru davranmaya sevk eder. Son model bir arabamız varsa bunu süreceğimiz yer orman içindeki inişli çıkışlı patika değil; asfalt yol olmalıdır.

Bu kanunlardan biri de zihnin işleyiş kurallarıdır. Beyin olumlu komutlarla çalışır. Özellikle de çocuk, ne mesaj verirsek onu alır ve kaydeder. İnsan zihni dikkat çekilen tarafa yönelir ve ona göre ilerler. Bir topluluğun önünde; "Masamdaki bardağa bakmayın!" dediğinizde, daha bu sözünüzü bitirir bitirmez herkesin o nesneye baktığını görürsünüz. "Yapma!" diye bir emir verildiğinde, beyin öncelikle fiili algılar; "Ne yapayım?" diye sorar. Bu sebeple zihnimize, yapmaması gerekenleri değil de yapması gerekenleri söylemeliyiz.

İşte ışığın kırıldığı, suyun yol değiştirdiği, sıkıntıların başladığı nokta burasıdır. Biz vurguyu olumsuzluklara yapıyoruz, onlar da kalıcı oluyor. Yani çiviyi yanlışların üzerine çakıyor ve onları sabitliyoruz.

"Kardeşinin saçını çekme!" dediğimizde çocuğu "çekme" eylemini yapmaya yönlendirmiş oluyoruz. Bunun yerine, "Kardeşinin başını okşa, onu sev." demeliyiz ki; beyin "sev" "okşa" eylemlerini işleme alsın.

"Çöpleri yere atma." dediğimizde, beyin "Ne yapayım?" diye soruyor. Biz ise cevap vererek yaklaşmalıyız; yani "Çöpleri kutusuna at." demeliyiz.

Çocuk yalan söylemişse, hırsızlık yapmışsa "yalancı, hırsız" denmesi, çocuğun bunlara devam etmesine bir anlamda teşvik edici etki yapar. "Ben sana güveniyorum, sen iyi bir çocuksun, bir dahaki sefere daha dikkatli davranacağına inanıyorum ve seni seviyorum." denmesi, gönlündeki ezikliği tamir eder; güven ve cesaret verir.

Maalesef bizler, olumlu yaklaşmak bir yana, elimizdeki büyüteçle çocuğun hatalarını devasa boyutlara taşıyoruz; adeta hata avına çıkıyoruz. Eksiklerini sürekli yüzüne vuruyoruz ve hatırlatıyoruz. Mesela; "Çok başarısızsın!" demek yerine, "Düzenli çalışırsan daha başarılı olabilirsin" demeyi tercih etmeliyiz ki çocuk da zihnine "düzen","çalışma" ve "başarı" kavramlarını kodlayabilsin.

Biz güzel duygu, olumlu düşünce ve faydalı davranışların oluşmasını yerleşmesini istiyorsak; büyüteçle hata arayacağımıza, büyüteci güzellik ve iyilikleri görmek için kullanmalıyız. İki zayıfı olan bir çocuk mahcup bir ifadeyle karnesini getirdiğinde; "Doğru, zayıfın var, fakat şu şu derslerin de iyiymiş, bak. Sen akıllı ve çalışkan bir çocuksun, biraz daha dikkatli çalışırsan daha iyi sonuçlar alabilirsin..." demeliyiz.

Bu konuda hep aklımızda bulundurmamız gereken bir şey daha var: "Bir duygu, düşünce ve davranışı yeniden oluşturmak ya da geliştirmek istiyorsak; güçlü bir istek oluşturmak zorundayız." İşte bu istek çoğunlukla sağlıklı, yani olumlu yaklaşımlarla elde edilir. Kendisinin şartsız sevildiğini, kendisine değer verildiğini, pek çok şeyi becerebildiğine çevresindekilerin inandığını bilen yetişkin, özellikle de çocuk, çok daha iyisini yapabilmek için samimi bir istek duyar.

Aşağılama içeren, kıran, üzen usulsüz uyarı ve tenkitler; değil istek uyandırmak, mevcut isteği de köreltir ve bireyi tam zıddına yönlendirir.

Öyleyse iki husustan birini seçmemiz gerek:

Birincisi; çivimizi, yani sözlerimizi, nasıl bir biçimde kullanacağımızdır.

İkincisi ise; hangi duygu, düşünce ve davranışı gördüğümüzde vurgu yapacağımızdır.

Gelin, hep birlikte iyi bir yönlendirme ve başarılı bir gidiş için karar verelim; çiviyi doğru noktaya çakalım, vurgumuzu doğru kurgulayalım.

EY BEDEN ŞEHRİNİN SAKİNLERİ...

Bu şehrin huzur içinde bulunması, sakinlerinin mutlu ve başarılı olması; bedenin taşıdığı bütün özelliklerin doğru yönetilmesine bağlıdır.

Sahip olduğumuz bütün parçalarımız ya da kullanmamız için size tahsis edilen bütün organlarımız, geliştirdiğimiz ve yaratılma sebebine uygun kullandığımız takdirde bizi en üst düzeye getirmek için programlanmıştır. Sadece hangi sistemin ne gibi özellikleri olduğunu öğrenip sistemi ona uygun kullanmamız gerekmektedir.

Bir çiftçi sahip olduğu tarlayı ve elindeki tohumları tanımasa ya da özelliklerini bilmese, ne elindeki tohumlardan ne de tarladan gerektiği gibi verim alır. Üstelik toprağı âtıl kalabilir; tohumları telef olabilir. Onun için elinde ne varsa kişi onu iyi tanımalı ki nasıl davranırsa ne olur bilebilsin.

İşte her insan, toprağını elinde tutan çiftçi gibi bedeni ile çalışır ve onunla arasında bir ilişki vardır. Bedenini ve onun ihtiyaçlarını bilen kişi, ondan en iyi verimi almak için uğraşır. Eğer bedeninin nasıl olursa en iyi şekilde çalışacağını bilmez yani onu tanımazsa ve onun verimsiz olacağı hatta zarar göreceği şekilde ona yaklaşırsa; o bedenin içinde durdukça bu zarar devam edebilir ve bu zarar sadece kendisini etkilemekle kalmaz, çevre ile tüm ilişkilerini de etkiler. Hayatı iyi olabilecekken kötü, hayırlı olabilecekken hayırsız, verimli olabilecekken verimsiz olabilir.

Allahu Teala insanoğluna beyin diye harika bir düşünme ve komuta merkezi vermiş. Bu komuta merkezi bilgi ile çalışıyor. Bu mekanizmayı nasıl bir bilgi ile kuşatırsan onu ölçü alıyor ve ona göre yönetiyor. Bu durum kısmen navigasyon aletine benzetilebilir. Ona bir adresi yüklüyorsun; cihaz da senin bulunduğun noktadan o adrese nasıl gideceğin bilgisini ekranındaki oklarla gösteriyor ve sesli olarak da söylüyor. Yanlış bir yola sapmışsan da hedefini o noktadan itibaren yeniden düzenliyor.

Beynimiz bütün organlarımızın adeta komuta merkezi. Dağarcığındakilere göre düşünme ve davranma malzemesi veriyor. Nasıl davrandığınız, hangi bilgilerle donatıldığınızı ifadesidir. Bilgi kaynaklarını oluşturan faktörler ise önce görme ve etkilenme, daha sonra dinleme ve tecrübe sonra da okuma diye sıralanabilir. Duygu oluşturan her durumda, algılanan mesajlar derinlere kodlanır. Yani insan, kendisini sevip değer verenlerden ya da zarar verip olumsuz etkileyenlerden daha çok etkilenir. Hatta olumsuz kayıtları beyin, tedbir amacıyla daha önlerde tutar.

İşte bu yüzdendir ki yaşanan ve derine kodlanan olumsuz kayıtlar, benzer herhangi bir tetikleyici mesajla yeniden yaşanıyormuş gibi insanın gündemine girer ve aynı duygular hatırlanır. Bu yüzden de insan önceki yaşadıklarının tesirinden kolay kurtulamaz ve bu tür kayıtlar, hayatın kalitesini aksatan ciddi bir engele dönüşebilir. Demek ki olumlu ve olumsuz duygu kayıtları sürükleyicidir. Duygular, bilginin bile işlenmesinin önüne geçecek kadar kontrolü eline alabilir. Şahıs bir durumdan dolayı öfkelenirse, öyle davranmasının yanlış olduğuna ilişkin zihnindeki bilgileri göz ardı eder ve çoğunlukla o anda hissettiğine göre davranır.

İlişki içinde olunan insanlarla iyi sonuçlar alınmak isteniyorsa, önce duyguları hesaba katmalı; sonra ona kendisini iyi hissetmesine yarayacak değer veren, sevecen ve kuşatıcı bir tavırla yaklaşılmalı. Bunun için de o kişinin yaptığı iyi ve doğru şeyleri mutlaka görmeliyiz. Çünkü neyi arıyorsanız zihnimiz onu göstermeye ayarlı. Olumlu düşünürsek olumlu bir seyir takip etme şansımız olur. Olumsuz düşünür ve sürekli negatifi toplayıp insanların yapmadıklarını görürsek olumsuz davranmak artık otomatikleşir.

Bu beden, kendisine doğru tutumla yaklaşıp sahip olduğu güzellik, iyilik ve pek çok yetenekleri ortaya çıkaracak şekilde davrananlara karşı çok cömert olacaktır.

Sahip olunmak istenen her gerekli şeyin deposu olan beden, onu kullanmayı bilmeyenlerin elinde, kişinin kendisi aleyhine çalışan bir sisteme dönüşebilir.

Bir orkestrada bulunan farklı enstrümanların aynı notayı çalması ile müthiş bir ahenk, uyum ve bir sanat ortaya çıkar. Fakat bu orkestranın her enstrümanı, aynı güfte ve besteyi çalmalı ki; estetik, ortaya çıkabilsin. İşte, vücudun her organı da adeta birer enstrüman gibidir. Nasıl komut verilirse ona uygun tuşlara basarlar. Verilen komut doğruysa, doğru notaya basılır ve o besteyi dinlemeye doyum olmaz. Bu durum bedenin sağlıklı, mutlu ve huzurlu olma halidir.

Helâl rızıkla beslenen, doğru örneklerle karşılaştırılan, dağarcığına doğru yol haritası anlamına gelecek bilgiler yüklenen zihin; insanın doğru tuşlara doğru komutla basması gibi uygun ve çok güzel çalışır. Ve bu durum; zihnin üretken, bedenin performanslı, fertlerin dengede olması demektir.

Ey beden şehrinin sakinleri! Emanet olan bu bedenin en iyi biçimde amaçlara ulaşmasına yardımcı olarak programlanması; bunun önemini anlamaya, sistemlerinizi tanımaya ve en uygun biçimde kullanmaya bağlıdır.

Dualarımızın; Rabbimizin istediğine uygun yaşamamıza, doğru bir yol haritasıyla hareket etmemize ve beden şehrinin mamur olması için kesintisiz gayret etmemize vesile olması niyazıyla...

KALİTE HER YERDE KENDİNİ BELLİ EDER

Cam bardak üretiminde görevli bir beyefendi, bazı bardakların dayanıklı olmadığından ve en ufak bir çarpmada ya da düşmede çıt diye kırıldığından yakınan hanımefendiye şöyle cevap vermişti:

"Ben bir bardağı gördüğümde, size onun ne kadar kullanma ömrü olduğunu söyleyebilirim. Malzeme kalitesinin ve işçiliğin, bardağın dayanma gücüne etkisi vardır ve siz kullanırken 'Ben dikkatsizlik yaptım da ondan kırıldı.' zannedersiniz. Fakat o bardak, belli bir kullanım süresinden sonra zaten kırılmak için adeta bahane arar ve en ufak bir çarpma ya da düşmede kırılabilir."

Halk arasında; "Ucuzdur vardır illeti, pahalıdır vardır kıymeti." diye bir söz vardır. Ucuz malzemenin dayanıklılığı ve kullanım kolaylığı ile pahalı malzemenin dayanıklılık ve kullanım kolaylığı aynı değildir anlamına gelen bu sözün, tabi ki tam da böyle olmayan versiyonları da vardır. Üzerinde çok çalışılmış, iyi malzeme kullanılmış, gerçekten daha uzun ömürlü, tamir bakım garantisi olan, estetik ve fiziksel kalitesi bulunan ürünün fiyatı da elbette bu özelliklerine paralel olacaktır. Tabiidir ki ucuz dediklerimizin arasında bizim işimizi görecek kadar iyisi ve dayanıklısı çıkabileceği halde, pahalı aldıklarımızdan da memnun kalmadığımız olacaktır. Fakat genele bakacak olursak, iyi kalite malzeme, iyi işçilik ve iyi bir sonuç istiyorsak; bedelini göze almalıyız. Ayrıca, ürünü aldıktan sonraki müşteri ilişkileri benim gözümde asıl kaliteyi belirleyen husustur. Bir arızada ya da kullanım esnasındaki beklenmedik bir bozulmada, profesyonel tavır ile sıradan tavır arasında karlıca dağlar kadar fark vardır. "İşte markalaşma ve profesyonellik budur!" dedirten iyi ilişkiler, bizi o markanın ya da ürünün müdavimi yapar. Üstelik farkında bile olmadan tabii reklâm görevlisi sıfatını da gönüllü olarak üstlenmiş oluruz. Çünkü memnun kalmış ve bu memnuniyeti herkesin tatmasını isteriz.

İnsanın işleyiş kanunlarında da eşyanın kanunlarına benzeyen pek çok husus vardır. Uzmanları bir görüşte bardağın ömrü ve dayanıklılığı hakkında bize hemen fikir verebiliyor. Peki ya insanlar olarak bizler? Bizlerin kalitesi, hayata kattığımız kalite ve insanlarla barışık yaşama becerimiz de bu kadar kolay fark edilebiliyor mu? Olabiliyorsa nasıl? Büyüklerimiz; "Anasına bak kızını, kenarına bak bezini al." demişler. "Armut dibine düşer." demişler. "At ağasına göre kişner.", "At, süvarinin baktığı yöne doğru ilerler.", "Ağaca bakan keçinin dala çıkan oğlağı olur." demişler. İnsan; yetiştiği ortamı da yetiştirenleri de zihnine kaydediyor ve tüm bu çevreden derinlemesine etkileniyor.

İş kurarken ve evlenirken; en basitinden tutun da en karmaşık ve zoruna kadar hangi işle meşgul olursak olalım, iyi ve kaliteli insanlarla birlikte yola çıkmak isteriz. Bize zarar vermeyecek ve işimizi, işleyişimizi kolaylaştıracak birisi olsun isteriz. Bunu bizim istediğimiz kadar karşımızdaki de ister.

Peki, biz ne kadar kalite taşıyoruz; kendi işleyişimizin iyi gitmesi için iyi insan aradığımız kadar, bizimle iş yapanların da işlerinin düzgün gitmesi için, yani kendimiz için bir standart arayışımız, bir kalite derdimiz var mı? Derdi olanın tedbiri de vardır. Peki derdimiz ve tedbirimiz var mı?

Ramazan ayındayız. Rahmet ve bereketin, kuşatıcılığın ve merhametin en üst düzeyde işlediği bu ayda; kendimizi donatmak ve yaşadığımız her anı, iyi bir niyetin rengiyle renklendirmek için büyük bir fırsat veriyor Allah bize. Bir saniye sonra hayatta olacak mıyız bilmiyoruz. İnsanların elinden ve dilinden emin oldukları, güvendikleri, yeri geldiğinde paylaşım içine girebilecekleri ve kendisine itibar edecekleri bir insan olabilmek adına; gayret ve dua etmenin tam sırası. Yaşıyorsak, hâlâ nefesimiz üzerimizdeyse, akli dengemiz yerinde ve düşünebiliyorsak; yaşımız ne olursa olsun, neler yaşamışsak yaşayalım, başkaları bizim hakkımızda ne derse desin ve biz kendi hakkımızda ne düşünürsek düşünelim, Allah'ın rahmeti ve kuşatıcılığına sığınalım. O'ndan af dileyelim. Rabbimiz, pişmanlık tevbedir buyuruyor.

Hem günahlarımızın affı ve bundan sonra daha doğru yaşamanın gayreti hem de bir kalite arayışı için, yaşadığımız her an bize verilmiş bir fırsattır. Bir malzeme, onu yapanın imzasını taşır. Biz, Allah'ın her birimize attığı özel imzaları taşıyoruz. Taşıdığımız bu harikulâde yapıya ve onu yapan en büyük, bilge sanatçıya lâyık bir işleyiş içinde olabilirsek; bu taşıdığımız sistemin daha iyi işlemesine, başkaları ile ilişkilerimize ve dünya ahiret dengemize ciddi katkılarda bulunur. O zaman kullanma kılavuzunu bilmeli ve ona göre yaşamalıyız ki beklediğimiz sonuç gerçekleşsin.

Okunan mukabelelerde, Arapça aslının yanında mealini de okuyup anlamaya çalışırsak, mukabeleden çıkarken kapattığımız Kur'an-ı Kerim'in kapağını her gün açmaya çalışır ve yeni bir süreci başlatabiliriz. Bunun için elimize geçecek başka fırsatımız olacak mı bilmiyoruz.

Kendimize lâyık gördüğümüz nitelikli davranma kriterlerini tespit edip; ne kadar zorlanırsak zorlanalım onu hayata geçirelim ki çocuklarımıza kalite anlayışını yerleştirebilelim ve hayatlarına bu kalitenin yerleşmesine katkıda bulunalım. Düşünelim ki; Rabbimiz en üst düzey yaşama biçimini hak ediyor. Bunu yaşantısıyla örnekleyen Peygamberimiz (s.a.v.)'in önderliğinde, Rabbimiz isteyip çalışana vereceğini vadediyor. İstemek ve yapmak için hâlâ fırsatımız var. Hayat, tutanın elinde kalacak nimetlerle dolu, hele de ramazan ayında...

Fırsatları görebilmemiz ve var gücümüzle, Rabbimizin şanına yakışır bir yaşama biçimine sahip olabilmemiz için niyazdayım. Hayırlı ramazanlar ve hayırlı bayramlar efendim...

DUYGU İSRAFI

Farkında olmadığımız en büyük israf.

İnsan, duygularıyla vardır. Duygular değişince insanın hem kimyası değişir hem de yaptıkları. Eğitimcilerimiz bizlere, "Bir insanın niye öyle davrandığını anlamak istiyorsanız, onu davrandıran duygularına bakınız." diye sıkça tavsiye edilirdi. Duygular; bakışa, duruşa, nefes alış verişe ve o andaki davranış ya da tepkiye damgasını vurur. Olumlu duygular içinde olanlar daha doğru davranma; olumsuz duygular içinde olanlar ise daha tepkisel ve yanlış davranma eğilimindedirler. Hele de olumsuz bir duygu karşısında kendini kontrol etmeyi öğrenememiş, aklına geleni anında söyleme gibi ailesinden devraldığı bir görsel kaydı da varsa, o zaman duygu değişikliğinin faturası daha ağır olur.

İnsan; aşağılanıp küçük görüldüğünde, yaptığı iş beğenilmediğinde, kişiliğine yönelik eleştiriyle karşılaştığında kendini kötü hisseder. Çünkü yaptıkları değil yapamadıkları fark edilmiş, üstelik bu eksikliği usulsüz bir şekilde ifade edilmiştir. İnsan, kendisini değersiz ve yetersiz hissettiren her mesajla kendisini beğenmemeye başlar. Kendisini yetersiz ve değersiz gören şahıs, bir işe başlaması gerektiğinde yapacaklarının da yeterli olamayacağı endişesi ile bir türlü başlayamaz. Bu tabloya çoğunlukla kendini başkalarıyla mukayese etmek de eşlik eder. O zaman da başkalarının yaptıklarını daha çok beğenir ve kendisi ne kadar güzel yaparsa yapsın onu göremez. Gözü hep başkalarının yaptıklarının güzelliğini görmekle meşguldür.

Hangi davranış ve tutumların insanı daha üretken ve daha iyi durumda kılacağı bilinmezse; iyiye gidebilecek bir durumu kötüye sevk edebilir ve o muhatabımızın psikolojisini istemeden bile olsa bozabiliriz. İnsanın hayata daha sıkı tutunması, daha iyisini yapma azmi ve kararlılığı; kendisiyle ve çevresindekilerle barışık yaşaması ve iyi bir duygu durumunda olmasıyla mümkündür. İnsan aşağıda ifade ettiğimiz inançlarıyla ayakta durabilir:

- Ben, daha iyisini de yapabilirim. Düşsem bile kalkabilirim.

- Elimden geleni yapabilmem, giderek daha iyisini yapabileceğimi de gösterir.

- Ben, sevilen ve değer verilen bir bireyim.

- Annem babam beni çok severler. Şu zamanda şöyle bir olay olmuştu da bana kızabilecekken kızmadılar ve bana çok iyi davrandılar.

- Ben, şu şu işleri iyi yapabiliyorum.

- Arkadaşlarım var ve onlarla çoğunlukla iyi geçiniyorum.

- Elimden şu şu işler gelir.

- Mecbur kalırsam elimdeki şu şu belgelerle çalışıp kimseye muhtaç olmadan geçinebilirim.

- Ben kendimi seviyorum ve iyi şeyler yapabileceğime inanıyorum.

Bunlar veya benzerleri olmadığında kişi; işe yaramadığını, hiçbir şeyi iyi yapamayacağını, başkalarının gözünde değeri olmadığını düşünür.

İnsan çevresindekilerle vardır ve kendilik algısı önce anne-babasının kendisini nasıl gördüğüyle, sonra da çevresindekilerin iletişim biçimi ve geri bildirimleriyle oluşur. Başta anne ve baba, çocuk daha doğmadan önceki algılarından başlayarak, çocuğun gözündeki imajını yanlış oluşturarak onu karşılarlarsa; çorap söküğü gibi bunun gerisi de gelecektir. Her yaptığında kusur aranan ve bulunan, başkalarının yanında mahcup edilen, sözlü ve fiili şiddet uygulanan ve "senden memnun değiliz" mesajı verilen çocuk, dik durmayı ve kendisine güvenmeyi unutarak büyür.

Kendisinin beğenilmeyen biri olduğuna sıkça vurgu yapılan insan, kendisi ile ilgili olumlu inancını kaybeder ve içten bir savaş başlatır. Kendisini kendisi de beğenmemeye başladığı için kan kaybetmeye başlar. En basit rolleri bile yaparken zorlanır; giderek insanlardan ve küçük de olsa bir iş görmesi muhtemel ortamlardan uzak durur. Böylece sosyal ilişkileri zayıflar, yaptıkları azalır ve bu da insanlardan giderek uzaklaştığı dar bir çerçevede hareket etmesi anlamına gelir. Bu, beceri eksikliği ve rollerden kaçmak olduğu için kendini insanlardan soyutlar; sadece kendini dinlemeye, sürekli eksiklerini ve hatalarını düşünmeye, kendi içinde diyalog yaşamaya başlar. Artık kendi söyler, kendisi dinler ve hep kendini yargılar; çünkü kişiliğinin olumsuz yanları gündemdedir. Herkesi kendisinden çok daha iyi görür. Çevresindekiler de onun duygularını düzeltmek yerine sadece "Şunu yap, şunu yapma, dışarı çık, işten kaçma!" gibi sözlerle kişinin zaten içinde var olan savaşı artırırlar; "ben yetersizim" inancını pekiştirirler.

Varılan bu noktaya artık depresyon demek gerekecek çünkü hayattan zevk almamak, uyku ve yeme bozuklukları, çevresindekilerle ve geleceği ile ilgili düşüncelerinde bozulmalar başlamıştır. Şahıs günlük hayatını yürütemez, ibadetlerini yapamaz ve hatta dua bile edemeyecek hale gelir.

Şimdi soruyorum, buna değecek en önemli şey ne olabilir? Hangi vicdan sahibi böyle bir tabloya içi burkulmadan bakabilir? Hangi anne-baba bu tabloda kendini savunmaya devam eder? İçi kıpır kıpır, hayatla bağı sıkı fıkı iken; "Şunu döktün, şunu beceremedin, falanca zaman şunu söyledin, sen beceriksizsin!" gibi yıkıcı mesajları vermenin haklı bir gerekçesi olabilir mi?

Pek çok ailede yaşanan bu durum, insanların hayata tutunduğu dalı kesmek demektir ve bana göre insanlık suçudur. Duygu israf edilmiş, çok iyi yerlere gelebilecek bir insan hayata küsmüş ve âtıl kalmış; Allah'a bile kulluğunu yapamaz hale gelmiştir. Coşkusu ve yaşama isteği körelmiş, Allah'ın verdiği birçok özelliğini ve yeteneklerini ortaya çıkaracak inancını ve enerjisini yitirmiştir. Bu insan hayattan kopmuştur. Hayata başlangıçta fertlere rehberlik etmesi gereken biz yetişkinler, elbirliği ile dengesi yerinde bir insandan; Allah'ın kendisine sunduğu nimetleri göremeyen ve kendisiyle savaşan bir insan üretmiş olduk. Bu, duyguların hoyratça harcanmasından, insana duyulan saygıyı göstermemekten, Allah'ın verdiği değeri görememekten ve gösterememekten kaynaklanan bir tablodur. Bu tablonun düzelmesi, insanın yıllarına mal olur; harcanan enerji, zaman kaybı, ilişki yoksunluğu ve üretim kaybı da cabası.

İnsan, dünyaya bir kere geliyor. Her insan, diğerinin en üretken, en mutlu, en coşkulu ve en başarılı olmasından ulaşabildiği ve yapabildiği kadar sorumludur. Çünkü bir arada yaşıyoruz ve birbirimizden etkileniyoruz. Ve daha da ötesi, Allah bizi kardeş yaptı. "Zarara zararla karşılık vermek yoktur.", "Kardeşin zalim de olsa ona yardım et." hadisi şerifleri ve bu konudaki ayetler kılavuzumuz olmalı. İnsan en şerefli varlık olarak yaratılmıştır ve bu değerin korunması, bu duygu kıyımına bir son verilmesi gerekir. Bırakın olabilecek şeyleri de söylemeyiverelim, kimilerini görmeyiverelim ve hep kendi haklılığımıza vurgu yapıp kalpleri kırmayıverelim ne olur!

Öfkenin rehberliğinde hareket ettiğimizde ciddi bir kul hakkı yükleneceğimizi fark edelim. Her şey gibi duyguları da böylesine hoyratça ve yıkıcı bir biçimde israf eden müflis olur; bunu bilelim.

İNSANDA İLETİŞİMİN KIRMIZI IŞIKLARI: ÖFKE

Geçenlerde yürüyerek eve gidiyordum. Karşıdan karşıya geçecektim, trafik lâmbası yayalara kırmızı yanıyordu, yeşil yanmasını bekledim ve geçtim. O zamana kadar belki sayısını bilmediğim kadar kırmızı ışıkta durup yeşil yanmasını beklemişimdir, herkes gibi. Fakat o gün, yeşil ışığın yanmasını beklerken adeta farklı bir düşünce kulvarına girdim ve zihnim farklı bir biçimde çalışmaya başladı. Düşündüm ki şimdi ben, durmamı ve beklememi ifade eden kırmızı ışığı ciddiye almadan karşıya geçmeye çalışsam; yol araç trafiği açısından hareketli ve geçiş riskli olduğundan, dikkatsizce davranmış ve çok yanlış bir şey yapmış olurdum. Böyle davranmakla aklımın, o anki bilgiyi dikkate almamı sağlayacak bilinçten yoksun olduğunu göstermiş olurdum. Aslında sorsalar böyle bir şey doğru mu diye, ben kesinlikle "doğru değil" derdim. Fakat bilgi eyleme geçmediğinde, risklerden korunamadığım gibi, başkalarına da kötü örnek olurdum ve daha da önemlisi bu hareketimin zararından kurtulamazdım. O anda geçiş hakkı, otolara ait. Eğer ben küçücük bir çocuk gibi sistemi güvenle ayakta tutmaya yarayan kuralları hiçe sayarsam, bir de bakmışım ki; Allah korusun ama kontrolsüzlüğün çarkları arasında zamansız adım atmam yüzünden, ben de hiçe sayılıvermişim.

İnsanlar arasında iletişim olduğu gibi, trafikte hem sürücülerin kendi aralarında hem de sürücüler ve yayalar arasında bir iletişim vardır. İletişim kurallarına riayet etmezsek, ciddi riskler barındıran hatalar yapmış oluruz. Sanki o anda, "Şimdi araçlar konuşuyor, söz hakkı onların, ben susmalı ve beklemeliyim." diye düşündüm. Susmayı ve beklemeyi bilmeyenlerin başına gelenler çoğu kere, daha sonra pişman olmakla düzeltilemeyecek cinsten olabiliyor ne yazık ki.

Aslında insanın zihnindeki karışıklığın can alıcı alanıdır trafik. Kafası karışık olanlar, gidiş ve gelişi bozacak atraksiyonlar yaparlar ve sanki kurallar bir espri olsun ya da sembolik olarak zihnimizde bulunsun diye belirlenmişler gibi muamele ederler. Bu sadece trafikteki sürücüler için değil, yayalar için de geçerlidir. Aynı zamanda o anda yola düşmek; karşındakinin hakkını hiçe saymak, sabırsızlık yapmak ve "Ben kuralları önemsemiyorum, aklıma eseni yaparım." demek anlamına da gelebilir.

Trafikte hızla seyreden arabaların arasından geçmeye çalıştığımda, araçlardan birinin bana çarpması ve sonucunda yaralanma riskim çok yüksek. Yaralanma ve birkaç kırık, aslında ucuz kurtulmak anlamına gelir. Çünkü yolun kendisine ait olduğunu bilen sürücü, her an fren yapacak temkinlilikte ve ona uygun bir hızda bulunmaz; haklı olarak. O kurallara uyuyor ve ilerlemeye uygun ya da daha hızlı bir süratte, kendine seçtiği şeritte ilerleme hakkını kullanıyor. Bu hakkı engellemek; zarar görme ve zarar verme riskini göze almak demektir. Yol bana kapalıyken ilerlemek kaza yaptırır; belki canımdan bile olabilirim. Hatta başkalarının canlarını riske atar ve kendimle birlikte başkalarının da canından olmasına sebep olabilirim.

Trafikte yayalara yol kapalıyken, kırmızı ışıkta geçmemem gerekirken geçtiğimde ciddi risk ve kayıplar yaşanması çok muhtemel.

Peki ya insanlarla iletişim trafiğinde böylesi riskli davranışlar sergilemiyor muyuz?

Trafiğin kırmızı ışıkları var ve duruyoruz, acaba insanla iletişimde hangi durumlarda durmalıyız?

İnsanlarla iletişimin de kırmızı ışığı sayılan sinyalleri var mı?

Varsa bunlar neler?

Ben iletişim halindeyken muhatabımın kırmızı ışık sayılabilecek belirtileri olursa ne yapmalıyım?

İletişimin kırmızı ışıkları sayılabilecek belirtileri, yani gördüğümüzde durmamız, ilerlemememiz gereken ya da ilerlediğimizde iki tarafa da ciddi zararlar verebilecek durumları nelerdir?

Bana göre bunlar; *öfke, korku* ve *utanma*dır. Bunlar, fark edildiğinde kesinlikle ilerlenmemesi gereken duygu durumlarıdır. Ve hatta bu durumda olduğunu gördüğümüz birisine mutlaka yardım etmeliyiz.

Öfkenin sözlük anlamı; engellenme, incinme veya bize gözdağı verilmesi karşısında gösterilen saldırganlık tepkisi, kızgınlık, hışım, hiddettir. Bize karşı saldırıya geçildiğini düşündüğümüz zaman, kışkırtıldığımız zaman, hayal kırıklığına uğradığımız zaman, stres altında olduğumuz zaman, haksızlığa uğradığımızı düşündüğümüz zaman, kendimizi ifade edemediğimiz zaman öfkeleniriz. "Öfke aklı giderir." diye bir atasözü vardır. Konfüçyüs de; "Öfkeli insan zehir ile doludur." der. Öfke, sözlerin ayarını bozar, insanı öfkelendiği kadar konuşturur; öfke, gözü karartır ve dengeler hem öfkelenende hem de öfkelenilen kişide riske girer.

Bir başka atasözünde ise büyüklerimiz; "Öfke gelir göz kararır, öfke gider yüz kızarır." demişler. Çünkü kontrol zorlaşmış ve her şey olduğunun tam tersiymiş gibi görünmeye başlamıştır. Öfkelenmiş bir insanın yanında, onun kendisini savunmak zorunda hissedeceği şekilde suçlayıcı ve eleştirel konuşmak; olmayan öfkeyi ortaya çıkardığı gibi tetikleyici sözler, olanı da artırır.

Hangi sebeple olursa olsun öfkelenmiş bir insanla karşılaşıldığında yapılacak en iyi şey; onun yardıma ihtiyacı olduğunu bilmektir. Çoğu cinayet, şiddet ve zarar verici ağır sözler öfkeyle ortaya çıkar. "Dal rüzgârı affetse bile kırılmıştır bir kere." dedirten de çoğunlukla öfkedir. Bu sebeple öfkeyi yatıştırmak, insana duyulan saygının bir gereğidir.

Öfkeyle söylenen sözlere alınmadan, sadece karşımızdakini rahatlatmaya yönelik davranmak; aklını geliştirerek aktif kılmış ve insanı korumaya ayarlı davrananların işidir.

Kendimizi daha iyi ifade etme ihtiyacı içinde olabiliriz fakat bunun zamanı, kesinlikle kişinin öfkeli olduğu zaman değildir. İki tarafın da sakinleştiği, anlamaya ve dinlemeye müsait olduğu başka bir zaman seçilmelidir. O zamana kadar zor da olsa beklemek; konunun sakin kafayla iyi anlaşılması ve aradaki saygının zedelenmemesi açısından çok önemlidir.

Öfkeli kişi, anlamaya ve dinlemeye; hele de nasihat almaya hiç müsait değildir. Onun acil olarak anlaşılmaya ve rahatlatılmaya ihtiyacı vardır. Özellikle yakın ilişkilerde, muhatabımızın kendini kontrol etmekte zorlandığı zaman onu anlayabilme sakinliğini ve duyarlılığını gösterebilmektir. Sabır, anlayış ve daha da önemlisi akıl ile tam da bu zamanda işe yaramalıdır. (Sadece, en olmadık şeylere bile öfkelenen ve gerçek bir kontrolsüzlük yaşayanlar, mutlaka bir öfke kontrolü tedavisi görmeliler; çünkü bu durum ancak tedavi ile düzelebilir.)

Öfkeli bir insanın karşısında konuşmak; sonuca varmaktan ziyade, kilitlenmeye yol açar. Konuşma ilerledikçe tahrip edici sözler de ilerler ve bu gidiş, başka hataların da yapılarak meselenin büyümesine kadar yol aldırır; sözler maksadını aşar. Öfkeyle konuşmanın tehlikelerinden birisi, öfkeyle ağzımızdan çıkacak sözün kontrol edilemeyişidir. Kişi öfkesi kadar konuşma eğilimindedir. Hele de kişi, kendini her halükârda haklı görme alışkanlığı ile beslenmiş ise, o zaman söylediği sözlerin ağırlığı altında ezilmek işten bile değildir.

Öfkelenen kişinin öfkelenme sebebi bize göre anlamsız olabilir. O esnada bunu açıklamaya çalışmak; onun kendisini anlaşılmamış hissetmesine sebep olur ve kişi daha da gerilir. Bu kontrol edilemeyen öfke karşısında, en güvenli tavır; "haklısın" demektir. Gerektiğinde, siz haklı bile olsanız "özür dilerim" demek, onun dalgalı denizden sakin bir limana demir atmasını sağlar. Belki de gerçekten karşımızdaki haklıdır da biz hep kendi penceremizden bakmaya alıştığımız için kendimizi haklı görüyoruzdur. Bu da daha sonra anlaşılır fakat o zamana kadar olanlar olmuş ve çoğunlukla ilişki ciddi bir yara almıştır.

Buna bir de düşünmeden konuşup düşünmeden davranarak, insanların öfkelenmelerine sebep olmayı ilâve etmeliyim. Duyarsızlık, düşüncesizlik ve akledememe sonucunda olan durumlar, yanlışla olandan ayrılmalıdır. Fark edildiğinde derhal özür dilenip telâfi için gerekenler yapılırsa; öfke kolaylıkla yatışabilir. Fakat ihmal devam ederse, istenmeyen kırgınlıkların ve şiddetin yaşandığına pek çoğumuz şahit olmuşuzdur.

Öfkeli insanın üzerine gitmemek kadar, öfkelenmeye gidecek tavır ve davranışlar içerisine girmemek de dikkat etmemiz gereken bir durumdur. İnsanın kendisine ve muhatabına duyduğu saygı ile yakından alâkalıdır. Ve hatta bunların hepsi, akıllı olmakla birebir ilişkilidir.

İster aile içinde olalım isterse dışarıda, ister yakınımız olsun ister yabancı; öfke durumu kontrolsüzlükle eşdeğerdir. Üzerine gitmek, onu çizgiden dışarı çıkarmak demek olabilir. Akıl devre dışı kalınca, duygular egemen olur ki bu da insanı çocuktan beter yapabilir. İletişimimiz esnasında öfkeli insanı görünce duralım ve insanlık adına onu yatıştıralım. Öfkeli insanla tartışmaya girmek; trafikte kırmızı ışıkta geçmek kadar tehlikelidir.

İNSANDA İLETİŞİMİN KIRMIZI IŞIKLARI: KORKU

Allah'u Tealâ, insanın hayatını güvenli ve dengede sürdürebilmesi için onu pek çok özellikle donatmıştır. İnsan duygusal yönü güçlü olan bir varlıktır. Bu duygular; yerinde, zamanında ve dozunda kullanıldığında, kişiyi dengede ve güvende tutar.

Bunlar duyguların kullanım biçimi, artması, eksilmesi, kullanılıp kullanılamaması; çoğunlukla aile görgüsüne, kişinin mizacına, eğitimin kendisine kattıklarına ve yaşadığı çevreye göre değişir. İlâveten; yaşadığı coğrafi bölgeye, meşguliyet ve mesleğine ya da çevresinde ağırlıklı olarak nelerin bulunup bulunmadığına göre de değişebilir. Dolayısı ile insanda yaratılıştan bulunsa da ortaya çıkıp çıkmaması ve hangi duygunun ne kadar bulunduğu, yaşadığı insan ilişkilerinde bunlardan hangilerinin öne çıkacağı değişiklik arz eder.

Taşıdığımız duygularımızdan biri de korkudur. Normal zamanlarda ve dozunda ortaya çıktığında, bizim beden ve psikolojik bütünlüğümüzü korumaya yarar.

Yakınları ve sevdikleri için duyulan korkular, onlara yönelik bir tehdit algısının bulunmasıyla ortaya çıkar. Kimi zaman da çocukluktan itibaren yanlış yönde büyütülen korku, normal dozuna indirgenememişse, kişi hem kendi iç dünyasında hem de ilgilenmesi gereken yakınları için sanal korkular üretir. Yani kişi, kendi zihnindeki korkuyu baz alarak herkesin aynı tehdit altında bulunduğu varsayımıyla; korkunun çeşidi ile ilişkili olarak sınırları daraltır, engeller koyar ve kimi şeyleri iptal etmeye kadar yetkinliğini kullanır.

Ormanlık bir arazide, yırtıcı ve tehlikeli hayvanlarla iç içe büyüyen birisi ile, o hayvanların ancak resimlerini görmüş birisinin, bu hayvanlarla karşılaştıklarında verdiği tepki farklıdır.

İçe dönük ve sessiz bir mizaca sahip birisinin, hareketli ve kıpır kıpır birisine oranla; kendini geliştirme, mücadele etme, adım atma isteği farklı olacaktır. Hayatın her alanında kendi işini kendisi görmüş ve adım atma cesareti kazanmış birisinin korktuğu şeylerle; sakin sessiz bir pozisyonda, hayatın hep kıyısında durmayı tercih etmiş birisininki çok farklı olur. Aynı şahısların, sosyal hayatta korktukları ile özel hayatlarında korktukları da farklı olabilir. Fakat içe dönük ve özgüvensiz olarak yetişenlerde özgül fobilere daha çok rastlanır.

Korkuların gelişiminde kişisel tecrübeler de rol oynar; ruhunun derinlerinde iz bırakmış bir olay yaşayan birisi, yaşamayana oranla, benzer durumlara farklı tepkiler verir. Köpek ısırması, trafik kazası, kapkaç saldırısı, taciz, boğulma tehlikesi gibi. Bunları yaşayanların, yaşamayanlara kıyasla bu olayların adı bile geçse, yaşadığı olayların onda bıraktığı iz kadar korku geliştirdikleri görülür. Olayı hatırlamak; o duygunun yeniden hatırlanmasına sebep olur.

Ailede sürekli uzak tutmak istedikleri şeyleri korkulması gereken durumlar olarak takdim eden anne-babanın çocukları, hayatın pek çok alanında korkuyu geneller ve adeta, çevresi korkularla dolu olduğu için hayatı sınırlarının dışına çıkmayacağı bir hapishaneye çevirir.

İşte bu şekilde, hayatımızın her karesinde, hem korumak ve korunmak, hem de ilâve tedbirler alabilmek için belirli dozda korkuya ihtiyacımız vardır. Korkular, aslında daha iyi olmak, zarar görmemek, riskler karşısında bizi uyarması için bir tür alarm niteliğindedir. Kişinin, var olduğunu düşündüğü tehdit karşısında yaşadığı duygunun adı korkudur. Korku, kendisini yetersiz hissettiği; kendisinden güçlü ve yaptırım gücü olan bir muhataba/duruma karşı yaşanır.

Korkunun çeşidine ve dozuna göre vücudun kimyası da değişir. Bayılma, tansiyon düşmesi ya da yükselmesi, elindeki malzemeyi düşürme, yaptığı işi eksik ya da yanlış yapma, iş kazası, trafik kazası, yaşadığı panik dolayısı ile hiç beklenmedik şeyler yapması, evden kaçma, para çalma, adam öldürme, dövme, yaralama ve intihar etme, korkunun yaptırdıkları arasında sayılabilir.

Korkunun kişinin dayanma gücünü aşması durumunda, çok tehlikeli-riskli adımlar atma ihtimali yüksektir. Sınavda başarısız olan çocuğun ailesinin tepkisinden korktuğu için intihar etmesi, erkek arkadaşıyla gezerken babasının gördüğünü anlayan kızın eve gelince başına geleceklerden korkup, tanımadığı insanlara sığınması ve başına daha kötü, daha tehlikeli şeyler gelmesi gibi.

İnsan, türünün taşıdığı ortak korkularından başka, çevredekilerin gözündeki korku nesnelerini de onlardan öğrenir ve "korkması gerekenler" bir anlamda kültürün de, etkisiyle zihnine kodlar. Hatta en yakınlarıyla ilişkilerinde bile kendilerini korumaları gereken muhataplar olarak görmeyi de çoğunlukla yine telkinler ve yanlış yönlendirmeler sonucunda öğrenir. Bu, hayatın pek çok karesinin eziyet ve gelişme fırsatlarını kaçırma olarak yaşanmasına sebep olur. İletişim yoksunluğunun ve azlığının hayatında oluşturduğu darlık da cabası.

Bu yazıda vurgulamak istediğim bir korku çeşidi de yaptığının çok büyük bir hata olduğu hissettirilmiş ve başına bir şey geleceğini düşünerek yetiştirilmiş olanların endişeleridir. Pencere camını kırdığı için annesinin büyüyen gözlerle çocuğuna; "Eyvah cam kırıldı! Nasıl yaparsın bunu? Ne kadar da dikkatsizsin!" demesiyle, şiddet göreceğini düşünen çocuğun korkusu.

Korku çoğunlukla, panik, telâş ve endişe ile birlikte bulunur. Bu duygu durumunu taşıyan birisi sağduyu, sakinlik, düşünerek-hesap ederek davranma konusunda yetersiz kalır. O anda, o durumdan kurtulma ihtiyacı çok baskındır. Evden kaçmalar ve sonu hesap edilmeden yapılan her davranış; çoğunlukla bu tip durumlarda yaşanır.

Sizin karşınızda korkan birisi, sizin ona zarar vereceğinizi düşünür ve bunu engelleme gücü olmadığı için önce çaresizlik hisseder sonra da panik yapar. Panik, kişinin frekanslarını karıştıran ve hataya yaklaştıran bir duygu durumudur. Korku dolayısı ile sağlam düşünme melekeleri baskı altında kalan kişi, o anda mantığın normal şartlarda izin vermediği şeyler; kurtuluş gibi görebilir ve acil olarak bu durumdan kurtulma ihtiyacı hisseder.

İşte ilâç alarak ya da başka yöntemlerle intihara kalkmak, aşırı korkulan böylesi durumlarda daha çok görülür. Normal zamanda sorsan, kişinin "kesinlikle yapmam" dediği şeyler, o an için çıkış kapısı olarak görülebilir. Bu yaşanan panik, derecesine ve muhataptan beklenen tepkinin dozuna göre değişse de şahsın korkuyu hissetme derecesiyle birebir ilgilidir.

İşte kırmızı ışık yandı, şahıs karşınızda çok korkmuş bir halde bekliyor. Bu eşiniz, kızınız, oğlunuz ya da başka bir muhatabınız olabilir. Yapılacak ilk iş, çok ciddi bir tehlike ile karşı karşıya olduğunu anlayıp hemen elinden tutmak, onu yatıştırmak ve rahatlatmaktır. Yaşanan şey ne olursa olsun insan hayatından daha önemli olamaz. Tam da bıçağın sırtında olduğunu düşündüğümüz anda muhatabımızı rahatlatmak insanlık borcudur. Sözlerimiz ve gözlerimizle şefkat göstermek, anlayışla yaklaştığımızı hissettirip sakinleşmesini sağlamak ve her şeyin bir telâfisi olabileceğini söyleyip muhatabımızı güvenli bir limana çekmemiz gerekmektedir.

Korku, zayıfın güçlü karşısında hissettiği duygudur. Burada güçler dengesizdir, tehdit algısı vardır ve yaşanan korku, derecesine göre, aklı bile devreden çıkarabilir. Aklını kaçırdığı söylenenler, çoğunlukla ani ve derin korkulardan dolayı bu talihsizliği yaşarlar. Şimdi düşünelim; hangi sebeple olursa olsun, insanın dengelerini bozmaya ve Allah korusun aklını kaçırmasına değecek ne olabilir? Siz öyle bir niyet taşımıyor olabilirsiniz fakat karşınızda korkmuş birisi varsa, lütfen insanlık adına, önce onu yatıştırın ve sakinleştirin. Otoritenizi, gururunuzu, ilişki seviyenizi ve sizi yanlış davranışa sürükleyecek daha ne varsa hepsini bir kenara koyun ve karşınızdaki insanın Allah'ın emaneti olduğunu hatırlayıp sizin de korkacağınız günlerin gelebileceğini aklınızdan çıkarmayın. Zarar verdikten sonra keşke şöyle davransaydım demenin bir anlamı kalmaz.

Korku; tabiri caizse, insanın yüreğini ağzına getiren, dizlerini bağını çözdüren, dilini tutulmasına, altını ıslatmasına, söyleyeceğini şaşırmasına, bayılıp düşmesine ve bazen de aklını bile kaçırmasına sebep olabilecek bir duygu durumudur.

Karşımızdaki insan korkmuşsa iletişimde kırmızı ışık yandı demektir, lütfen durun. Lütfen, korkan muhatabınızı sakinleştirin ve rahatlatın. Eğer üzerine giderseniz, iki tarafa da zarar verecek çok ciddi kazalar olabilir.

İNSANDA İLETİŞİMİN KIRMIZI IŞIKLARI: UTANMA

"Müdür bey beni servis arkadaşlarımın yanında öyle kötü azarladı ki, o anda yer yarılsa da içine girseydim."

"Annem en iyi arkadaşlarımın yanında beni azarladı ve onurumu iki paralık etti."

"Eşim sokağın ortasında başkaları duyarsa ne der demeden ağzına geleni verip veriştirdi; utancımdan yerin dibine geçtim. O esnada keşke buharlaşıp yok olabilsem diye düşündüm. Gözümde öyle küçüldü ki, artık diğer zamanlarda bana söyledikleri beni hiç etkilemiyor. 'Eşimin de bir haysiyeti, bir onuru var; onu her fırsatta bu kadar rencide etmemeliyim.' diye düşünmüyor. Kendini haklı görüyorsa, bu beni (başkalarının yanında olsun olmasın fark etmiyor) azarlamasına ve küçük düşürmesine yetiyor."

"Sen beni çocuklarımın önünde nasıl rencide edersin, onların gözünde beni ne durumlara düşürdüğünün farkında mısın?"

"Annem bulaşıkları iyi yıkamadım diye beni misafirlerin yanında azarlayınca duyduğum utancı kelimelerle anlatmam mümkün değil. O kadar çok utandım ki, kendimi yerle bir olmuş gibi hissettim ve o anda annemin beni hiç sevmediğini; duygularımı önemsemediğini düşündüm. Bu tavrını sürdürdükçe annemden nefret etmeye başladım."

"Kompozisyon yarışmasında birinci olduğum halde, öğretmenim beni sınıfın huzuruna çıkardı ve 'Bunu sen yazmış olamazsın! Başkasının yazısıyla yarışmaya girmeye utanmıyor musun?' diyerek beni azarladı. Ben yazdım dememe inanmadığı ve kendimi savunmama fırsat vermediği gibi ödülü de ikinci olana verdi. Hayatımın en kötü günüydü. Çok utandım ve çok kırıklık hissettim. Onu ben yazmıştım oysa. Öğretmenimden o günden sonra nefret ettim. Edebiyat öğretmeni olacaktım, bu yaşadıklarımdan sonra bu idealimden vazgeçtim."

Bu örnekleri çoğaltmak mümkün ne yazık ki ve hiçbiri de bize yabancı değil. Çünkü hayatımızın hemen her aşamasında benzer utandırma, mahcup duruma düşürme; bundan dolayı da duygu kırılmaları ve içe dönmeler yaşıyoruz ya da yaşatıyoruz. Bunlar hayatımızın bazen yönünü değiştirecek derecede bizi olumsuz yönde etkileyebiliyor.

Genel bir bakış açısıyla yaklaştığımızda utanma; doğuştan her insanda bulunan fıtri bir duygudur. İnsanın insan olabilme ve kalabilme sürecinin en önemli mimarlarındandır. Eskiden büyükler çocuk yetiştirirken, çocuk mahrem bölgesini fark edip kapatmaya çalışınca, "Çok şükür, çocuğumuzda aklın nuru görülmeye başladı." derlermiş. Bir hadisi şerifte Peygamber Efendimiz (s.a.v.); "Utanmıyorsan dilediğini yap." buyurmuşlardır.

Başka hadisi şeriflerde de bu husus vurgulanmıştır: "İman yetmiş veya altmış kadar daldan ibarettir. Bunların en yükseği lâ ilâhe illallah demek, en aşağısı da insana zarar veren şeyleri yoldan kaldırmaktır. Utanmak da imanın dallarından biridir.", "Her dinin (kendine mahsus) bir ahlâkı vardır. İslamın ahlâkı da hayadır.", "Haya ile iman birbirini tamamlar, biri gidince diğeri de gider.", "Haya imandandır. İman ise sahibiyle cennettedir. Arsızlık da kabalıktan sayılır. Kabalık ise sahibiyle ateştedir."

Bir gün Rasulullah'ın huzuruna yüzüne zaferan/safran sürmüş bir genç gelir. Bir süre yanında oturup sonra da gider. Rasulullah o genci mahcup etmemek için o genç yanında iken bir şey söylememiş; gittikten sonra onu sonradan çağırtarak, yüzünü yıkamasını istemiştir.

Bir seferinde Rasulullah şöyle buyurarak, iman ile hayanın ilişkisini ortaya koymuştur: "Haya, imanın nizamıdır. Bir şeyin nizamı bozulunca parçaları darmadağın olur ve her dinin bir ahlâkı vardır. İslâm'ın ahlâkı da haya'dır."

Maverdî, hayanın ikinci kısmı olarak ifade ettiği insanlardan utanmayı da şöyle tanımlar: "Kişinin insanlardan utanması ise, insanlara ezâ ve açıktan açığa kötülük etmemesidir " Nitekim Rasulullah (s.a.v), "Allah'tan sakınan, insanlardan da sakınır." buyurmuştur.

Âlimler hayanın ne olduğunu şöyle anlatırlar: Haya insanı her türlü kötülükten alıkoyan bir huydur. İnsanın kimlere karşı ne gibi görevleri varsa, bu görevleri aksatmamasını sağlar. Yine haya; "Kabahatleri işlemek korkusuyla nefsin ictinab edip geri durmasıdır." şeklinde de tarif edilmiştir.

Demek ki utanma hissi, inanan bir insan için olmazsa olmazdır. Aile, çocuğun bu duygusunu kendisini mahcup edecek şeyleri yüzüne vurup yıpratmadan, utanmasını kendi terbiye aracı imiş gibi görmeden, mutlaka korumalı ve değerini bilecek şekilde davranmalıdır.

Burada konu ettiğim utandırılma ya da mahcup etme; kendisinin ayıbının ya da eksiğinin bilmesini istemediği kişinin karşısında bunların ortaya çıkarılması sonucunda yaşanır. Utandırma, birilerinin hele de değer verdiklerinin yanında hatası ya da açığı yüzüne vurulduğunda, bu mahcubiyeti kişinin bir daha yapmaması adına yapılır. Fakat bu yöntem, kişiyi o kadar rencide eder ki; kişi kendini aşağılanmış ve değersiz hisseder. Başkalarının gözünde küçük düşürülünce itibarının azaldığını ve değerinin düştüğünü düşünür. Hatasını anlamaktan ziyade, düşürüldüğü duruma odaklanır ve derin bir mahcubiyet ve utanma hissine bürünür. Kendisinin frekanslarını o kadar karıştırır ki; yapabildiklerini bile yapamaz ve hatta ayakta duramaz hale getirebilir.

İnsan olarak başkalarının gözündeki değer ve itibarımız, bizim ayakta durabilmemiz ve kendimizi anlamlandırabilmemiz açısından çok çok önemlidir. Sosyal onay almamız ve başkalarının gözündeki değerimizin arttığına ilişkin bilgiler, bizi daima onure eder. Bu tepkiler karşısında kendimizi daha güçlü ve mutlu hissederiz. Başkalarının gözünde nasıl göründüğümüze ve ne kadar anlam taşıdığımıza göre kendilik algımız oluşur. Daha iyisini yapabilmenin asıl şartlarından biri de başkalarının yanında iyi yönlerimizin ortaya çıkarılması, takdir görülmesi ve daha iyisini yapacağımıza ilişkin bir inancın oluşmasıdır.

"Sen zaten böylesin, yazıklar olsun sana!", "Niçin bunu şöyle yapmadın, sana kaç kere söyledim, eğer bir daha tekrar edersen...", "Zaten senden adam olmaz!", "Ne biçim çocuksun, bıktım senden!" gibi sözler başkalarının yanında söylendiğinde, hele de bu mahcup edilen muhatabın çekindiği ve iyi tanımadığı ya da çok sevip saydığı için gözünde büyüttüğü birisinin yanında yapılırsa, işte asıl zarar o zaman ortaya çıkar. Bu durum, artık kimsenin ona güvenmediği, inanmadığı ve kendisinin de o istenenleri yapamayacağı hissini onda uyandırırsa; bu, tehlike sinyali anlamına gelir. Bu şahıs yaşadığı durumun ezikliğinden kurtulmak için, duygu yoğunluğundan dolayı mantık zaten devre dışı kalır ve akla hayale gelmeyecek hatalar yapabilir. Yaşadığı kırıklığa paralel olarak kendine ve eşyaya zarar verme, yaptıklarının hepsini imha etme, evi terk etme ve hatta intihar bile söz konusu olabilir.

Gelin, kendimize bir kural koyalım: Hangi durumda ve hangi işleyişle ilgili olursa olsun, kişiyi başkalarının yanında eksiğini, hatasını ve ayıbını dinlemek zorunda bırakmayalım. Eksiğini yahut yanlışını başkalarının yanında yüzüne vurmayalım. Haklı olmamız böyle davranmamızı haklı göstermez. Böyle bir durumla karşı karşıya kaldığımızda, hemen hatırlayalım; iletişimde kırmızı ışık yandı. Orada hemen duralım, şahsı sakinleştirelim ve bu durumun düzeltilebileceğini ve kendisine güvendiğimizi ona söyleyelim. Bu tavır, adeta uçurumun kıyısından kurtarmışçasına onu rahatlatacak ve yeniden daha iyisini yapabilmek için başlama gücünü kendisinde bulduracaktır. Eğer mümkünse bunu dahi başkalarının yanında söylemeyelim ve yalnız kalacağımız bir zamanı gözetelim.

Sürekli utandırılan çocuk, genç ya da yaşlı, yaptığı ayıbı ya da yanlışı artık herkes tarafından bilindiği için; "Bunu herkes biliyor nasıl olsa ve zaten bana güvenmiyorlar da. O zaman hiçbir şeyin anlamı yok." mantığını işletebilir ve hatalarını daha da derinleştirebilir. Bazı çocukların; "vuur, acımadı ki" gibi tepkilerine benzer durumlar oluşabilir ve yetişkinlere; "Ne yaparsan yap, ben yoluma devam ediyorum işte!" mesajı verilebilir. Çekinme, haya etme, gizleme ihtiyacı gibi duygular, kişiyi koruyucu mekanizmalar iken; bunların gitmesi, bireysel ve toplumsal risk alanlarını genişletmek anlamına gelebilir.

Bırakalım çocuğumuz utanmayı sürdürsün. Bazı şeyleri görmezden geliverelim, bazen yüzeysel uyarıp geçiştirelim, bazen de eğer gerekiyorsa yalnız kalıp (kişiliğini ve ona olan güvenimizi mevzu etmeden), "şöyle yapılırsa daha iyi olur." cinsinden konuşmalarda ve ufak müdahalelerde bulunarak, işleyişi tekrar doğru mecrasına yönlendirelim.

Neyi korursak; o işlevini daha güzel sürdürür. Utanan bir toplum, utanılacak şeyler yapmaktan uzak durur. O sebeple mahcup etmemeye ve utandırmamaya mutlaka dikkat edelim. Ayrıca başkalarının yanında küçük düşürülmeme hakkına saygı duyalım ve her konuda olduğu gibi bu konuda da Rasulullah'ı (s.a.v.) örnek alalım inşallah. İnsanla iletişimin kırmızı ışıkları; öfke, korku ve utanma. Bunlar olunca kaza riski çok yüksektir; baktık ki bu ışıklar yandı, hemen iletişime kısa bir ara verelim.

Bunları görünce hemen duralım, muhatabı rahatlatıp önce sakinleştirelim. Haklılık haksızlık tartışmasına girmektense; insan olma ve insanı koruma anlayışıyla hareket edip, hata yapma riski yüksek olan kırmızı çizgiden muhatabımızı uzaklaştıralım. Sonrasını daha güvenli bir ortamda plânlayalım inşallah.

DÖRDÜNCÜ BÖLÜM

ANNE-BABA VE AİLE OLMA SANATI

BEN KEŞFEDİLMEMİŞ BİR ÜLKEYİM VE SINIRLARI ÇİZİLMEMİŞ

Hayat nedir?
Nasıl yaşanır?
Ben kimim, sen kimsin, diğerleri kimler?
Bu koca dünyada
Benim yerim neresi?
Kendimi, nereye koymalıyım?
Kime yakın, kime uzak durmalıyım?
Herkes bir şeyler gösteriyor bana.
Hangisine alıcı gözle bakmalıyım?
Ben, keşfedilmemiş bir ülkeyim
Ve sınırları çizilmemiş.

Kendimi diğerlerinden seçebilmem için
Bana ayna olmanıza ihtiyacım var!
Kendimi nasıl görmeliyim?
Başarabilecek miyim hayat denen karmaşık yollardan, sağ salim geçebilmeyi?
Size soruyorum.
Ben kimim ve nasılım?
Nasıl becermeliyim bunca şeyleri?
Bana akıl verin ve yol gösterin.
Ben, keşfedilmemiş bir ülkeyim
Ve sınırları çizilmemiş.

Sevgi güneşi ile kabartın benlik toprağımı,
Bilgi ekin üzerime.
Ve ilgi yağmurları ile büyüsün
Beni ben yapacak olan cevherler!
Teşvik edin başaramadığımda bile.
Yoksa siz hiç mi yanlış yapmadan büyüdünüz,
Hiç mi rüzgâr sallamadı dallarınızı?
O zaman sizin kökleriniz güçlü değil cılızdır
Eğer böyle büyümüşseniz.
Ben, keşfedilmemiş bir ülkeyim
Ve sınırları çizilmemiş.

Nice cevherler var ruhumda saklı,
Teşvik kazmasıyla bir dokunsanız,
Elimden tutsa yönlendirmeniz
Ve ben ortaya çıkarsam
Göz kamaştıran definemi,
Şaşıranların başında sizler olursunuz, inanın.
Büyümeye hazır bedenim, ruhum ve cevherim.
Ne zaman acımasız bir aşağılamayla yaklaşsanız bana,
Güçlü bir balta iner en sağlam dallarıma.
Dokumayın güvenime,
Dokunmayın cesaretime,
Dokunmayın uçmaya hazır kanatlarıma,
Ve kırmayın onları ne olur,
Ben çok zarar görürüm sonra.
Ben, keşfedilmemiş bir ülkeyim
Ve sınırları çizilmemiş.

Pek çok şey size bağlı,
İlk gördüğüm yüz,
Sütünü içtiğim anne,
Elimi tutan, bağrına basan ve beni yüreğinin sıcaklığıyla ısıtan,
Bana ben kadar yakın, annem.
"Sen iyisin" dese inanırım,
"Yapabilirsin" dese inanırım,
Sen güçlüsün ilerle dese inanırım.
Çünkü bilirim ki beni bilen, beni seven dillerdir bu türküyü söyleyen
Ve dağlarımda ovalarımla yankılanır her cümlesi
Yok eğer söylerse tam tersini,
Ruhum ve benliğim güneşini kaybeder,
Ben de yolumu!
Ben, keşfedilmemiş bir ülkeyim
Ve sınırları çizilmemiş.

Babacığım ve anneciğim
Bakışlarınız, sözleriniz ve yaptıklarınız
Kılavuzumdur benim,
Bana "yap" ya da "yapma" derler,
Beni belli ederler,
Beni ben ederler,
Benim sınırlarımı çizerler,
Ve beni keşfederler.
Çünkü ben, keşfedilmemiş bir ülkeyim
Ve sınırları çizilmemiş.

ALLAH'IN VERDİĞİ CEVHERDEN BİR İNSAN İNŞA ETMEK

İnsan ırkının birtakım ortak özelliklerinin yanında, her bir ferde mahsus ve kıyamete kadar asla başka bir insanda bulunmayacak olan kişisel özellikler bulunmaktadır. İnsan, kerem sahibi Rabbinin esmasından izler taşır. Bulunduğu ortam ve ilişki biçimine göre şekil alır. Gösterileni görür, verileni alır. Dünya çapında en az birkaç alanda en iyilerden biri olabilecek yapıda, birçok özel ilgi ve yetenekle donatılmıştır. Aynı zamanda harika bir üretkenlik potansiyeli ve hayal gücü taşır. Özgüveni müthiştir. Özü itibariyle düşüncelerini dürüstçe ifade etme gücüne sahiptir. Doğru sözlüdür, merhametli ve güvenilirdir. Milim sapma göstermeyecek kadar adildir. Samimiyeti hayranlık uyandıracak ölçüdedir. Allah'a ve emirlerine gönülden bağlıdır ve her birini samimiyetle uygulamaya gayret eder. Söylenenlere inanır. İşbirliğine ve paylaşıp yardımlaşmaya açıktır. Algısı ve alma kapasitesi, yaşına ve olgunluğuna uygun olarak sonsuzdur. Öğrenmekten büyük keyif alır, en ufak olumlu ve güzel bir şeyle gözlerinin içi parlar, çok kolay mutlu olur.

Her bir çocuk, bu ve belki sayfalarca açıklasam bitmeyecek birçok olumlu özellik ile elimize verilir.

Bu kadar üstün potansiyele sahip çocuklarımıza neler yapıyoruz da harika olabilecekken en vasat düzey ve sorunlarla boğuşur bir hale getiriyoruz?

Üstelik buna rağmen biz yine onları sorunun kaynağı olarak görüyor ve suçluyoruz. Sizce burada bir terslik yok mu?

"Her çocuk bir cevher, anne-baba ise o cevhere şekil veren sanatçı gibidir. Esere değer kazandıran, sanatçının bilgi ve becerisidir."

Her maden, kendi cinsine ve özelliklerine uygun aletlerle şekillendirilmeli. Elimizde bir kristal varsa, ona şekil vermek için ona uygun hassas alet ve kesicilerle çalışmalıyız. Madenleri tanımaz, her madeni ya odun ya da demir gibi düşünerek tonluk kantarlarda tartarsak, hepsini aynı aletle şekillendirmeye çalışırsak; odun testeresinin ağzından ancak cam kırıklarının dökülmesine şahit olabiliriz. Oysa hassas, uygun bir testere ve diğer uygun aletlerle çalışılmış olunsaydı, onun değerini bilen biri tarafından hassas bir terazide tartılsaydı o maden, paha biçilmez bir mücevhere dönüşebilirdi.

Çoğunlukla, kendi anne-babalarının elindeki odun testeresini miras alarak kendilerini cam kırıklarına benzeten ve aynı işlemi kendi çocuklarına da uygulayan, öğrenmeyi unutmuş anne-babaların büyüttüğü çocuklar sarmış etrafımızı. Çocuklarının kristal olma özlemini baltalama ve tam tersine inandırma görevini yeni kuşak anne-babalar üstlenmiş adeta. Büyüklerin zihinlerine; "En doğrusunu ben bilirim ve benim dediğim olacak!" fikrini, acaba hangi yanlış etkiler kazımış ki kendilerinin de daha doğru bilgilere ihtiyacı olduğunu kabul edemiyorlar.

Kendi aforizmalarımdandır; *"Bilmeyen el hüner üretmez."* sözü. Eşi ile anlaşabilmesi için cümleyi nasıl kurması gerektiğini düşünmeyen, bildiği gibi davrandıkça iyi sonuç alamadığını görse bile bunu kendi bilgi eksikliğine bağlamayan ve sorunu muhatabında arayan anlayış; kişiyi iletişim kilitleme uzmanına (!) dönüştürüyor. Elindeki malzemenin cinsini ve özelliklerini tanımadan şekillendirmeye çalışan, yanideneme yanılma yöntemiyle çocuk yetiştirmeye çalışan biz anne-babalar; çocuklarımızın bedenini büyük bir özen ve titizlikle büyütüyoruz diye iyi anne-baba olduk sayıyoruz kendimizi. Fiziksel gelişim, büyük oranda bizim yetiştirmemiz dışında fıtri bir süreçken, ona verdiğimiz önem de bu denli büyük. Oysa akıl geliştirme, duyguları besleme, düşünmeyi öğretme ve insana dair duyarlılıklar öğretme anlamında, bir iki talimattan öteye geçmeyen ifadeleri kullandıkça; eğitimimizin yeterli olduğunu düşündük ve ne yazık ki çok aldandık.

Psikolog ve psikiyatristlerin kliniklerini dolduran onca mutsuz insan, bilmeyen elin eğitim sanarak yanlış söz bıçağıyla çentik attığı gönül ve akıl yaralarını tamire uğraşıyorlar. Oysa tamir ve hayatta kalma mücadelesi vermeseydi bu gençler, en üst mertebelerde insanlığa hizmet ve kendilerini yıldızlaştırma işleriyle uğraşıyor olacaklardı. Yanlış eğitimin çarkında koparılmasaydı hayalleri, şimdi mutluluk çiçeği açacaktı tebessüm dallarında.

Anne-babalar olarak bizlerin görevi öncelikle onlar için iyi bir eğitim sağlamak; zihinsel gelişimlerini kendi yanlış yöntemlerimizle kesintiye uğratmamak... Bunun için öncelikle kendi zihnimizi doğru bilgi ile aydınlatmalıyız. Bahane arama ve kendini temize çıkarma hastalığını tedâvi etmeden, "Bunun doğrusu nedir?" sorusunun cevabını bulmadan, yaptıklarımız bizi hep pişmanlık vadisine sürükleyecektir. Ve biz yine bahane bulmaya çalışırken; Azrail de bir bakmışız ki, "vakit doldu" diye bizi aramaya başlamış.

Biz dünyadan ayrıldıktan sonra sitemler, mezarımızdaki otları titretiyor olsun istemiyorsak, *"Düzelmek için en uygun zaman şimdi ve en uygun kişi benim."* diyerek bir başlangıç yapmalı; bir besmele çekip acilen işe koyulmalıyız. Yoksa besmelemiz bile yarım kalabilir; Allah korusun.

İNSAN MERKEZDE DEĞİLSE ÇEMBERİN DIŞINDADIR

İnsan, münbit bir toprak gibi... İyiliği de kötülüğü de büyütmeye müsait bir zemin. Rabbimiz, "Oku" emriyle başlayan bir "Hayat Yasası"nı, kullarının dünya ile ahiretini aydınlatması ve tanzim etmesi için kuşatıcı ve çağlar üstü bir kaynak olarak bahşetmiş. Adı Kur'an-ı Kerim olan bu *Hayat Yasası,* bir *Resûl* tarafından aktarılmış ve hayat bahşeden damlalar misali müminlerin zihinlerini diriltmiş. Yaşamış, örnek olmuş, sormuşlar öğretmen olmuş, Allah emretmiş, komutan olmuş ve savaşmış. Aç kalmış, hasta olmuş, yorulmuş.

Velhasıl bütün insanî özellikleri yaşamış ve vakti geldiğinde ebedi yurduna göçmüş. Hitap ettiği toplumun bir ferdi olarak örnek olmanın zirvesinde seyretmiş bir ömür boyu. Elinden ve dilinden kimse incinmemiş.

İrademizi bileyen doğru tercih antrenmanları ve bizi olgunlaştıran sabır merdivenlerini tırmanmayı, O'nun kutlu hayatının rehberliğinde yaptığımızda; ufku geniş, aklı aktif, imanı güçlü müminler olabilmemizi sağlayan bir hayat bizleri bekliyor. Alemlerin Rabbi Allah, dünyayı mamur etme yetki ve sorumluluğunu insana veriyor. İnsanın hangi çizgide bulunursa meleklerden üstün, hangi çizgide bulunursa aşağıların aşağısına düşeceğini beyan ediyor. İşte örnek önderlerin izinden gitmek; eğitim, öğretim, hayatımızın doğrularını oluşturabilmemiz için bir araç, yukarıda ya da aşağılarda seyredenleri denge çizgisinde buluşturacak bir mesaj, iyi ile kötüyü birbirinden ayıracak bir ayıraç ve günahların, yanlışların, engellerin yolumuzdan kaldırılabilmesi için bir kaldıraç. Helalleri gözetip haramlardan korunabilmemiz için bir kalkan, zihnimizin doğru kaynaktan beslenerek doğru çalışması için bir gıda. Yüreğimizi doldurması, duygularımızı coşturması, adımlarımızı sağlam attırması, güvenli ve onurlu bir duruş kazandırması açısından bir cevher, bir nur ve çok güçlü bir destek. İnanç, bizim çok yüce makama bağlı olduğumuzu ifade eden bir üniforma. Her yaptığımızı gören, bilen ve değerlendiren; sırtımızı dayadığımız en güvenilir makam.

İnanç, insanı insan kalıbı içinde melek suretine çeviren bir teslimiyet ve yaşama biçimi. Doğru inanç doğru yaşama biçimine, yanlış inanç yanlış yaşama biçimine yönlendirir.

Gözler, zihinde inanç ışığıyla belirlenmiş güzel ufuklara yönlendiren soruların cevabını arar. Zihin, gördükleriyle desenler oluşturur ve kendisini çoğunlukla manzaraya kaptırır. Nefes alış-verişin ritmi bile manzaradan etkilenir.

Her doğru adım; ilkelerimizi, duruşumuzu, gönül tellerimizin ritmini ve gözlerimizdeki ahengi etkiler. En ufak bir rüzgârdan bile etkilenmeye müsait duygularımızı bir çağlayandan besler.

"Bilgi aklın pusulasıdır." Okumak bilgi yolunu açmak, yaşamak ise o bilginin bizde kalıcı olmasını sağlamak ve onun ışığı ile önümüzü aydınlatmaktır.

Evlat, bir kutlu emanet. Çocuğun gözlerindeki ışık, yüreğindeki umut, zihnindeki ufuk, ailesinin ona verdikleriyle oluşur. Doğuştan getirilen harika bir potansiyel, her karakterde ayrı bir renk ve ahenk olarak ortaya çıkar. Güneş gözlüğü gibi kendi algı ve anlamlarını gözlerine sabitleyenler; gözlük camı ne renkse, baktıklarını o renkte görürler. Gözümüze bakış gücü veren, kimi zamanda miyop ve hipermetrop camlı bir gözlük de olabilir. Ben bu gözlüğü takıyorsam gördüklerim doğrudur diyenler; pireyi deve, deveyi pire gibi algılayabilir. Sonra da bunun gereğini yapar ve tepkileri bile kendine haklılık delili olarak kullanır.

Bu manzara, insanı ulvi hedeflere yönlendirilmiş bir şerefli varlık yerine; zihni boş bir kap gibi ne bulursa onun doldurulduğu ve alelade yaşamaya sevk eden abur cuburlarla beslenen bir varlığa dönüştürür. İstikamet üzerinde olmayı, telkin eden bir yaşama modelini evde anne-babasında, doğru arkadaşla hayatta, doğru bilgi ve bilinci öğretmende görmeli ki; yaşama biçimine dönüşsün.

Uçurumun kenarına doğru giden gençler ve yetişkinler için huzurlu bir atmosfere davet eden Yaratıcının şefkatli sesi ve sözü olan Kur'an-ı Kerim, dillerde ve gönüllerde olmalı.

Dünya, insan eliyle abad ya da berbat olur. İnsan, iyiyi ararsa iyiye ulaşır.

Sorun "insanın bozulması" ise, çözüm yine insandan başlayarak "insanın düzelmesi" olmak zorunda.

İnsanı merkeze alarak; onu yaratılış gayesi istikametinde tutacak ve bu niyetinde köklerinin daha derinlere inmesine yardımcı olacak bütün tedbirleri almak, insan için ertelenemez bir sorumluluktur. Eğer insan merkezde değilse, merkezin dışında kalmış demektir. Bu durumda merkeze olmaması gerekenler yerleşmiştir! Bu ise bütün işleyişin ve değerlerin yer değiştirmesi anlamına gelir.

Küçücük bedenleri, olağanüstü açık zekaları ve inanılmaz güzellikteki yürekleri ile insanlığı bizden devralmak için gelen küçük misafirlerimize ne yaptık ya da ne yapmadık ki dünya bu hale geldi? Ailede ne varsa çocuğa ve çevresindekilere de o yansır. Acaba ailelerde ne vardı ve ne verdiler de böyle olundu?

Değer erozyonu kaynakları tespit edilip tahribat önlenmezse, yıllar geçmiş olacak ve bizler hâlâ akıntıya kürek çekiyor olacağız. (Allah korusun!)

Güneş, her gün yeni müjdelerle insanlığa doğar. Her yeni doğan gün, bir fırsatlar buketidir. Bu fırsatlardan yararlanabilmek için ihtiyacını tespit edip onu aramak için bakan ve gören; görünce de ona sahip çıkan müminlerin safında olmamız niyazıyla efendim...

KİMLİK ŞEMSİYESİ ALTINDAKİ ROLLERİMİZ VE KOSTÜMLERİMİZ

Daha var olmanın ritmi bizi yeni yeni kuşatmaya başlamışken, müstakbel kimliklerimiz bize merhaba der. Rabbimize karşı kul, onun elçisine ümmet, dünyaya karşı bir fert, aile için evlat ve varsa diğer çocuklara karşı kardeş kimliklerimiz bizimle birlikte büyür ve olgunlaşır. Doğumla birlikte ikinci mekâna akmış oluruz. Artık anne karnındaki bekleyiş ve olgunlaşma süreci bitmiş; çok daha yeni, çok daha uzun bir olgunlaşma ve hazırlık aşaması başlamıştır.

Kendi ayakları üzerinde durabilecek bir olgunluk ve yeterliliğe gelme açısından insan, diğer canlılardan çok daha uzun ve karmaşık bir sürece ihtiyaç hisseder.

Bu zamana gelinceye kadar ırsiyetten getirdikleri, ailenin ve sosyal hayatın (arkadaş, akraba, öğretmen ve diğerleri) kattıkları; kişi mizacının üzerine ilave olarak sadece ona özgü kişilik-karakter özelliklerini şekillendirir.

Hayat, gelişim ve olgunlaşmanın her aşamasında seçimlerle kurulur. Seçimlerimizi ailemizin yaşadığı ve yöneldiği istikametten derleriz. Aynı zamanda insanın dengeyi bulması, ihtiyaçlarının giderilmesine bağlı. Bu anlamdaki ihtiyaçlarımızı dört kategoride ele alabiliriz:

1. Fiziksel ihtiyaçlar,

2. Duygusal ihtiyaçlar,

3. Fikri ihtiyaçlar,

4. Sosyal ihtiyaçlar.

Özellikle duygusal ihtiyacın giderilmemesi; o ailede fikri ve sosyal ihtiyaç zemininin sağlam olmadığını düşündürür. Bilmeliyiz ki ihtiyacı giderilmemiş organizma sıkıntı üretir. Eğer duygusal ve fikri ihtiyaçlar [fiziksel ihtiyaçların (barınma, güvenlik, giyinme ve korunma) giderilmesine genelde bir sıkıntı olmuyor] ailede giderilmezse; kişi bunu giderecek başka kaynaklara yönelir. Sevgisiz kalan çocuk, kendine sevgi kaynağı arar. Ailesine güven duyamıyorsa güvenecek birisini arar ve bulduğunda ona bağlanır. İlgi görmek, onaylanmak ve desteklenmek ihtiyacını ailede gideremezse; ciddi sıkıntı yaşar.

Duygusal ihtiyaçların dozu arttıkça gelişme, üretme ve sosyalleşme sekteye uğrar; hatta psikosomatik rahatsızlıklar bile ortaya çıkabilir.

Aile, çocuğu ile arasındaki duygusal bağı güçlü bir şekilde oluşturamazsa, örneklik vasfı da hakkıyla icra edilemez. Çünkü insan sevilip değer verildiği yerde serpilip gelişmeye müsait bir yapı taşır. Ailede dengesi bozulan, toplumda düşer. Ailede bünye direnci azalan, toplumda hastalanır. Ailede çatlayan, toplumda kırılır.

Kainat, insan eliyle ve diliyle mamur edilir ya da bozulur. İnsan zihni ve kapasitesi, en iyi olmaya da seviye açısından en düşük seviyede bulunmaya da müsaittir. İnsanın iyi ve doğru olarak yüksek bir performansa sahip olması ancak insanı tanıyarak oluşma ve gelişmenin şartları, bunların sınırları ve zarar kaynaklarından uzak tutulmasıyla mümkün olabilir (özellikle çocukluk döneminde). Bu arada duygusal ve zihinsel beslenme kaynaklarıyla çocuğu beslemek çok önemlidir. Yani yaşayarak örnek olmak; hal dilinin yanında tatlı dil ve güler yüz taşımak, yapmasını istediklerinizi sevdirir, yapmasını kolaylaştırır, hatta cazibe merkezi haline getirir. Yani yaşayarak örnek olmak, yani hâl dilinin yanında tatlı ve sevdirici bir söz buketi ile de cazibe merkezi oluşturmak gerekir.

Her sistemin bir oluş bir de bozuluş aşaması vardır. Oluş kanunları devredeyse sistem meydana gelir ve sürdürülür. Yok eğer oluş kanunlarını devreden çeker ve gerekeni yapmazsak, o sistem için artı bir zarar verme eyleminde bulunmamız gerekmez; doğal sürecinde sistem çöküverir.

İnsan varsa, hayat da vardır. İnsan aklı doğru bilgi ile donanmışsa, elinden ve dilinden çıkanlar da doğru kaynakları harekete geçirir. İnsanın insana, maddeye ve diğer güçlere doğru şekilde yaklaşması; kâinatın oluşundan son buluşuna dek işleyişini sürdürecek bir inanç sistemine, aklen ve kalben sıkıca bağlanmasıyla mümkündür. Algısı subjektif, kanaatleri ve gördükleri sınırlı, bir saniye sonrası hakkında hiçbir fikri bulunmayan, insan olma yönüyle aciz, Rabbinin nurundan bir ruh taşıması yönünden de çok yüce, şerefli ve değerli olan insanı; ancak her şeyi bilen bir Yaratıcı kuşatabilir ve doğruya yönlendirebilir.

İnsan; mutlu, sağlıklı, kişisel ve toplumsal değerlerin yerinde olduğu bir hayat yaşamak için kurallar, emirler ve tavsiyelerle, aktif ve yüce bir mertebede bulunmaya davet ediliyor.

İnsan; üretene değil tüketene kul olursa, şeref verene değil şeref alana kul olursa, Rabbine değil paraya secde ederse, az da olsa evindeki helale değil de daha çok ve daha güzel diye harama yönelip Rabbinden başka şeylere kulluk ederse; görünen köy kılavuz istemiyor. Bugünkü halimize bakarak durumun vahametini anlayabiliriz. Akıl, inandığını destekler. İnandıklarımız hakikatlerden neşet etmiyorsa aklımız bizi uçuruma sürükleyebilir.

Bir atasözünde; "Ağaca bakan keçinin dala çıkan oğlağı olur." deniyor. Bizim rol modelimiz olan büyüklerimiz, bize hangi yönde kılavuzluk ediyor? İnsanı insan yapan dinamikler devrede mi? Bu sistemden, bu aile denen kalıptan nasıl bir evlat çıkar sizce? Eğer kalıp bozuksa doğal olarak o kalıptan çıkan ürün de bozuk olur.

İnsanın rahatını ve gelişimini hedef alan bütün sistemler ve üretimler, eğer insanı kendine esir ediyorsa, eğer "tükettikçe değerli olursun" algısına yöneltiyorsa; tüketen bir sistemdir ve burada bir arıza var demektir.

İnsanı Rabbinden uzaklaştıran her adım, onu mutsuzluğa ve yanlışa doğru götürmek için dönen değirmenin çarkına su koymaya iter. Denge, denge unsurlarını aktif tutmakla mümkündür. Duygu, düşünce ve davranışta dengeleri bulup hangi kimlikteki rollerimizi oynuyorsak; doğru rol ve doğru kostüm de zihin beden bütünlüğünü ve uyumunu sağlar.

Ailelerimiz bizim aynı zamanda rol maddelerimizdir. Neyi, nasıl ve niçin yapacağımıza dair bizi her an etkileyen mesaj kaynaklarımızdır. Rolümüzü nasıl daha iyi oynarız, hangi kostümler bize uygun, kimin onayı gerekiyor, hayatın anlamı nedir ve benim o anlama uygun yaşamam neye bağlı? İşte bütün bu soruların cevabı ilk aşamada ailededir. Daha sonra toplum mekanizması devreye girer.

Çarklar artık yön değiştirmeye başlamış, işleyiş farklılaşmıştır. Bilgi aklın pusulasıydı ya hani, işte o bilgi kaynakları bizi nereye yönlendiriyor; gidişimiz doğru istikamette, sonuçları da iyi yönde ise bunu pekiştirmeye ve geliştirmeye çalışmalıyız. Yok değil ise yerine, doğrusunu bulmalı ve onu hayata geçirmeye çalışmalıyız. Çünkü zihinde taşınan nice harika idealler, hayata geçirilmesi için yoğun çaba sarf edilmediğinden, zihnimizin arka raflarında tozlanıyor ve kaybolup gidiyor.

Kimliklerimizi doğru ifade etmemiz ve rollerimizi doğru oynamamız, doğru rol modelleri ile karşılaşıp ona inanmamıza bağlı. Daima hatırımızda tutalım ki inandıklarımız, bizimle aynı kulvarda uygun adım yürürler. Doğru inançlar, doğru yol arkadaşlarıdır.

DİNE VE HAYATA BAKIŞTAKİ FARKLILIKLARIN AİLEDE ORTAYA ÇIKARDIĞI SORUNLAR VE BUNLARLA BAŞ ETME YOLLARI

Yüksek potansiyel taşıdıkları halde, özellikle de anne-babası tarafından potansiyelsiz olduklarına inandırılan ve sığmadığı kalıba zorla sığdırılmaya çalışılan çocuklar, yıllar sonra kalıptan kambur olarak çıkarlar. Kendilerini geliştirmek ve sıçrama yapmak için kullanacakları enerjilerini, kamburluklarını gidermek ve gördükleri zararı telâfi etmek için kullanirlar. Ayrıca, bu maruz kaldıkları muamele biçimi çoğunlukla kendilerine de yerleşmiştir. Artık bozulmuş bir yapının bozan etkileri insanları kuşatmaya başlar. Zincirleme reaksiyonlar, aynı oyunu tekrar tekrar sahneye koyar. Oyun aynı, sadece oyuncular değişmiştir.

İnsanlar Hayata, İlk Önce Ailesinin Baktığı Pencereden Bakmaya Başlar.

Daha sonra karşılaştığı insanlar, olaylar, tecrübeler, aldığı eğitim ve en sevdiklerinin yönlendirmeleri ile neye nasıl bakacağını belirler. Her doğan çocuk, Allah'ın bütün emirlerini severek uygulayacak bir saflıkla ve potansiyel beceriyle doğarken; aile içindeki atmosfer, ilişki kalitesi, kullanılan metot ve ailede dinin ne kadar yer aldığı, çocuğun dine yaklaşımında ve hayata bakış açısının oluşumunda çok etkili ve belirleyici olur. Her insan, Allah'u Teala'nın (c.c.) imtihan etmek üzere kendisine verdiği ve asla bir başkasında bulunmayan ve bulunmayacak olan harika bir yapı ile aileye emanet edilir. Aileden istenen şey, çocuğa iyi bir Müslüman olabileceği ortamı ve imkânı sunmak. Onu, hayatı doğru yaşayacak şekilde eğitmektir. Allah (c.c.), her şeyi en güzeliyle ve kanunlarıyla yaratmıştır.

Allah'ın (c.c.) yarattığı her sistemin bir oluş, bir de bozuluş kanunları vardır. Oluş kanunları devredeyse bir sistem kurulur, oluş kanunları devreden çekilirse sistem çöker. İnsan beyninin en verimli çalışma ve üretken olma imkânı; mutlu olduğu, değer ve ilgi gördüğü, aynı zamanda beyninin niçin sorusuna cevap bulduğu durumlardır. Eşler arasında inanç farklılığından kaynaklanan tutum farklılıkları ve ilâveten sahip olunan dil ile ifade kalıpları, ortak bir noktada saygıyla buluşup aynı kulvarda yaşamaya sevk etmezse, niyetin ne olduğuna bakmadan insanları çok farklı plâtformlara savurabilmektedir. Böyle bir ortamda büyüyen çocuk, kendisini daha yakın hissettiği safta yer alır.

İnsan zihni inandığına doğru yönelir, beden de onu izler.

Zihin İnanırsa Bütün Beden Onu Destekler

İnanmadan yapılanlar, yaptıran etki gücü devreden çekilinceye kadar aktif kalır ve daha sonra söner. Her iki ebeveyninde (anne ve babanın) niyeti Allah'a (c.c.) hakiki kul olmak olduğu halde, ortak doğrularda buluşamamaktan dolayı ciddi çatışmalara ve ayrışmalara sebep olmaktadır. Örnek vermek gerekirse; farklı cemaatlere mensup bireyler evlendiklerinde, esasta değil de usulde oluşan farklılıklara bile tahammül edemedikleri için ciddi sıkıntılar yaşanmaktadır. Farklı partiler ve hatta gruplar için bile bu söylenebilir. Bizim toplumumuzda çoğunlukla herkesi aynı kalıba yerleştirme, farklılıkları bir aykırılık gibi görme ve dışlama eğilimi çok yaygın. Bu üretken zihinleri köreltmek, güzel açılımları baltalamak ve olabileceği en güzel yapıyı değil de çevredekilerin onayladığı kadarını sergileyebilmesine müsaade etmek, insanı Yaradan'a karşı işlenmiş bir cürüm gibi geliyor bana.

En iyiyi bilen Yaratıcı, insanı; verdiklerini geliştirsin, iyi yerlere gelsin, helal dairesi içinde hayata geçirsin ve hem kendisi hem yakınlarını hem de toplumu, yeteneklerinden istifade ettirsin diye yaratmıştı. Bizim gibi olmayanı dışlama, kötüleme ve reddetme alışkanlığı; daha küçücükken bizim yakamıza yapıştırılan ve bir işe yaramayacağımıza inandırıldığımız değersizlik, güvensizlik ve yetersizlik etiketinin bir tezahürü olarak birbirimizi tüketmek için en etkili araçlardan biri olarak hâlâ işlev görmekte. İlaveten, bilmemiz gerekenlerin yeterince bilinmemesi, telâfisine de çalışılmaması ve yanlış ya da yetersiz bilgi ile eylemlere devam edilmesi; bildiğimiz kadarını doğru ve yeterli görme yanlışına bizleri götürebiliyor. Öyle olunca da bildiğinin doğruluğuna inanarak değişen durumlar ve oluşan yeni ihtiyaçlar karşısında, hâlâ yıllar önceki yetersiz bilgiyle hareket edildiğinde, zikzak çize çize yaşam bohçasını yırtmaya götürüyor insanı.

İnsanı kurtuluşa götüren en önemli soru, "Allah (c.c.) ne yaparsam ve nasıl davranırsam memnun olur?"dur. Fertlerin kişisel algılama yanlışlıklarını düzeltmek, farklılıklarını orta noktada buluşturmak ve birbirlerine yaklaştırmak yerine karşısındakini kendisi gibi inanmaya zorlaması, helal dairesi içinde kaldığı halde muhatabın hareketinin kısıtlanması ya da iptal etmeye zorlanması sıkça görülmektedir. Kişiden kişiye değişebilecek ve dinin açık olarak istemediği fakat yoruma göre şekil alabilen hususlarda, inandığı hocasının ya da anne-baba gibi büyüklerinin sözlerini ayet hükmünde görmenin, muhatabına zarar verdiğini görse de inandıklarından vazgeçmemesi, bazen boşanmaya kadar gidebilecek sıkıntılar yaşatabilmektedir. Baş örtüsünü bağlama şekli, tesettür biçimi, hanımefendilerin dışarıda çalışıp çalışmaması ve sesinin haram olup olmadığı, yatalak olan uzun saçlı bir yaşlı teyzenin saçlarını yıkamak ve taramak ailedeki herkese eziyet yaşatsa bile kesilmesine müsaade edilmemesi, eğitimi için hanımefendilerin okula ya da yaygın eğitim kurumlarına gönderilmemesi, "anneni sevmiyorum" diyerek eşinin ailesine gitmemesi veya eşini göndermemesi gibi daha da çoğaltılabilecek pek çok örnek var. Yapılmasa da olabilecek şeylerin yapılmasında ısrar edildiğinde aynı görüşü benimsemeyen muhatap tarafından dirençle karşılaşabiliyor ve çatışmalar başlıyor. "Allah (c.c.) ve O'nun güzel Rasulü (s.a.v.) nasıl davranırsam memnun olur?" sorusunu sormak yerine, "O bunu hak ediyor." ya da "Ben böyle istiyorum, işine gelirse..." diye duygularını merkeze alarak hareket etmek; ciddi anlamda karmaşa oluşturuyor.

Tenkit Tüketir, Takdir Üretir (Hem de Uğradığı Her Yerde)

Çocuk zihninin önce görerek kaydettiği mesajlar, daha sonra hayata dahil olmanın verdiği aktivasyonla denemeye ve eyleme yönlendirir insanı. O ilk kayıtlar, zihnin ilk malzemeleri ve gıdasıdır. Bir yaşama ve hayata bakış biçimini ifade eden bu erken çocukluk döneminin yaşanmışlıklarının, "betona yazı yazmak gibidir" denilerek etki gücü anlatılmaya çalışılır. Söylenenden çok yapılanların etkili olduğu ve bu etkinin iyi ya da kötü olup olmamasına bakmadan hayatı şekillendirmekte olduğunu bilirsek, önemi biraz daha iyi anlaşılır düşüncesindeyim.

Öğrenmeye ya da dönüştürmeye kendini iyiye ve doğruya doğru değişim ve dönüşüme adayarak kendisinden razı olunan bir kulluk için uğraşmayanlar; tenkit keseriyle karşısındakini yontarlar ve sahip olduğu bilginin ve davranışın şaşmaz savunucusu olmaya kilitlenirler. Kendilerini mutlak doğru bilgi güvenli rehberliğine teslim ederek hayat limanına demir atmayanlar, bilgi kaynaklarının karışması ve bulanıklaşması ile kültürel gıda zehirlenmesi yaşarlar.

Değersizlik duygularının yetersizlikle el ele yürüdüğü kulvarda tenkit etme alışkanlığı, kendini koruma metoduna dönüşür ve uğradığı her şeyi tüketir. Takdir görmeyen duygular, uygulamalar ve düşünceler, gün yüzü görmemiş ilgi ve yeteneklerle birlikte gıdasızlıktan solup giderler. Her durumun mutlaka eksi yönünü, yapılmamış ve olmamış kısmını yani eksiğini görmeye şartlanmış zihinler, var olanı görmemek için adeta seçici algılarına komutu vermiş gibidirler. Eleştirilen ve beğenilmeyen çocuk, artık kendisine verilenleri de beğenmemeye ve eleştirmeye başlar ki bunun devamında kendisini de beğenmeyerek bu zarardan nasibini (!) alır. Yaptıkları fark edilmeyen çocuk, giderek yaptıklarını önemsiz ve değersiz görmeye başlar ve yapabildiklerinden mutlu olmayı, "başardım" diyebilmeyi unutur. Hayat tablosunda hep kendinden daha iyi gördüğü başkaları vardır. Böyle bir ortamda çocuk bir türlü kendisini anlamlı bulamaz, o başarılı tabloda yer alamaz, kendisini giderek gereksiz ve fazlalık gibi görmeye başlar.

Ailedeki bu negatif etkileşim ve yıpratıcı iletişim biçimi, çocukta da bir tarza dönüşür. Kendisi gibi olmayanları dışlama ve tenkit etme, kendi yanlışlarını savunma ve bedel ödeyerek elde edebileceklerinden kaçma gibi yaklaşımlar eşliğinde çocuk, aile ortamında kendine tek kişilik hücre oluşturmaya ve orada sadece kendi iç diyalogları ile yaşamaya başlar.

Bugün çoğu evler, tek kişilik hücrelerden oluşmaya başlamıştır ne yazık ki. Sürekli tenkit ile tüketilen güzellik ve değerlerin yeniden üretileceği seralar oluşturulamadığı için, kalıp olarak var ve ayakta olan insan; mutsuzluk, sık sık strese girme, depresyon, takıntı, panik ve fobik bozukluklar başta olmak üzere, enerjisini tüketen ve kendisini sürekli dibe doğru çeken bir sarmalın içinde ömür tüketmeye başlar.

Çocuklar, Rol Modellerinin Kostümünü de Giyerler

İşte böylece farklılıklar, ayrıştırıcı unsurlara dönüşmüş ve farklı bir bakış açısı olarak fertlerin zihnindeki yerini almıştır. Din ortak buluşma ve anlaşma alanı olmalı iken, farklı kaynaklardan edinilen bilgilerin bir sentezinin yapılamaması, karşısındakinin görüşünü benimsemenin bir zafiyet ve geri adım attıran yetersizlik gibi algılanması ve özgüvensizliğin dayattığı tipik geri çekilip içe kapanma stratejisi ile, aşağılık kompleksinin verdiği saldırganlık, görenleri hayrete düşürecek bir eziyet tablosuna dönüşebilmektedir. Birinin ak dediğine çoğunlukla kara diyen bir muhatap, çocukların doğruları görmemesine ve sürekli ne yapacağını bilememesine sebep olabilir.

Her aile, yaşama biçimiyle çocuklarının yaşayacağı zamana gönderme yapmakta ve şimdiden nasıl davranacaklarının komutunu göndermekte. Geleceğin senaryosu; bugün yaşı kırklara geldiği halde özgüven sorunu yaşayan, kendine güvenmediği için eşine ve çocuklarına da güvenmeyen, kendisine çizdiği alan kadar hareket alanı çizen yetişkinler tarafından yazılmaktadır. Ve onlar büyük bir itina ile kostüm devir töreni yapıp kendi tarzlarını sağlama almaktalar. Huzursuzluk depolanmış yürekler, öğrendikleri senaryoyu kostümlerini giyer giymez oynamaya başlayacaklar ve zincir kopmadan uzayıp gidecektir.

Tuvaldeki Fırçamın İzi Beni Anlatıyor

Mutsuzlukların devralındığı zamanda, bacalarında ümitsizlik tüten ve yaşamayı öğrenememiş bireylerin yanlışlarının açığa çıkarıldığı evler, yuva olmaya terfi ettiklerinde, manzara değişecektir. Cüz-i irade fırçasıyla, her sabah bize sunulan tertemiz sayfalara bilgiyle ve narince desenler çizdiğimizde bu tablo değişecektir. Her fırça izi, içimizdeki duygu ile anlayışı yansıttığı için, desenlerimiz bizi ifade edecek ve zihnimizdekilerin açılımını gösterecektir.

Kendini Gören Başkasının Ayıbı ile Uğraşamaz

"Sen hatalısın, senin yüzünden oldu, sen sorumlusun!" demek yerine, "Hepimiz hata yapabiliriz, kendini üzme, şimdi birlikte bunu nasıl düzelteceğimize bir bakalım..." diyebildiğimizde, yüzlerde hoşgörünün aydınlığı ve yüreklerde anlayışın huzuru oluştuğunda; yaklaşımlar değişecektir.

Başkasının ayıbını görmeden önce; "Amel defteri tek kişilik, mezar tek kişilik, ben Allah'a kendi yaptıklarımdan ve yapmadıklarımdan hesap vereceğim. Başkası yapmasa bile bu benim yapmam gerekenleri iptal edeceğim ya da erteleyebileceğim anlamına gelmez." diyebildiğimizde, en derine işleyecek "gerçek bir insan olma" refleksi oluşacaktır ve her şey yeniden iyiye doğru dümen kıracaktır.

Adresin Doğru Olması Yetmez, Yolun da Doğru Olması Gerekir

Allah'ın (c.c.) yap ya da yapma dediğini öğrenebilmek ve O'nu en ufak bir şekilde bile üzmemek adına, zihnin sürekli doğru bilgi ve doğru insanlarla teması olduğunda ibre hep rızayı işaret edecektir.

Ailenin; birbirlerinin ellerinin hiç bırakmaması ve üstelik tutarken sevgi ve değer iletmesi gereken bireylerden oluştuğunun bilinmesi önemli bir adımdır. "Ben bugün eşimi ve çocuklarımı nasıl daha fazla mutlu edebilirim?" diye soran ve işe önce acil ihtiyaç olan; "Değer vermeli, doğru bilgi ile örülmüş ilgi göstermeli ve şartsız sayıp severek önce gönüllerini ayakta tutmalıyım." tutumunu uygulamak, insanın var oluş anlamını yakalamasına yardım edecektir.

Yapılacak her işte; niyet, metot, gayret ve sebat sistematiğine göre hareket etmek, insanı yarı yolda bırakan başarısızlık ve geri düşüşlerden korur.

Bunlardan bir maddenin bile olmaması, işlemin tam olmasını engeller.

Din; Mutlu Olmayı ve Öğrenerek Yaşamayı Merkeze Alan Ailelerde Daha Çok ve İyi Anlaşılır

Aile; Allah'ı (c.c.) ve O'nun güzel dinini yaşamanın önemini, insanın var oluş anlamını ve var oluşun hayata kattığı olmazsa olmaz değerini anlayıp anlatacak bireylerin oluşturduğu kurumdur. Birbirini anlayan, onaran, yücelten ve en iyi kulluk yapma düzeyine çıkarabilmek için elinden geleni yapan fertleri barındırır. İnsanlar, orada mutlu olduğu için dışarıya çıkınca koşarak eve dönerler; azıcık geç kalsalar bu ortamı özlerler. Birbirlerini sonuna kadar dinler ve görüş farklılıklarını saygıyla ifade ederler. Aile üretir, korur, dengede tutar ve fertler birbirinin ihtiyaçlarını önemserler. İnsanların değer gördüğü ortamda öğrenme motivasyonlarının en yüksekte olduğu gerçeğinden hareketle, din hayatta ise ve fertlerin sözleri iyi düşünce kapıları açıyor ve değer üretiyor ise; anlama ve yaşama isteği daha kolay oluşur, adaptasyon süreci kısalır.

Zihin, Alınan Derslerin Rehberliğinde Yol Alır

Zihni bilgiye açık olanlar, her an yeni bir bilgiye karşı duyarlı ve açtırlar.

Onlar için kâinat kitabı dâhil her türlü ifade ve durum, bir ders çıkarma vesilesi ve bir öğrenmedir. Yaşanan istenmedik olaylar ve karşılaşılan can sıkıcı durumlar, birlikte aşılacak, küçük ve hayatın normal akışındaki sınavlardır.

Her yaşananda bir hikmet arayan bilge yaklaşımlar, tedbiri elden bırakmama ve kendine düşeni yapıp teslim olarak razı olma makamına yükseltirler.

Karşısındaki insanı, Allah'ın (c.c.) bir mucizesi olarak görür; ona değer vermeyi kulluğun ve Rabbine tazimin bir gereği sayar hakiki mü'minler. Her insanın içindeki cevheri ortaya çıkarabilmesi için elini uzatır, yüreklendirir, dua eder ve güçlü bir duruş edinebilmesi için doruk noktasında bir iyi niyet ve güzel zanla yaklaşır muhatabına. Her insan, dünyada bir vazifesi olduğu için yaratılmıştır. Gerçek insana düşen, onun sorumluluklarını yapabilmesine ve yeteneklerinin açığa çıkmasına candan katkıda bulunmaktır.

Dini Yaşamayı Kolaylaştırmak ve Allah'ın (c.c.) Sınırlarını Korumak, Herkesin Boynunun Borcudur

Din, ancak sevilip anlaşıldığında ve doğru bir metotla öğretip kolaylaştıracak şekilde takdim edildiğinde her yürekte yer bulur. Uzaklaştıracak itici iletişim tarzı, ikili ilişkilerin kötü olması, mesajın cazibesini kaybettirir. Mesajın ileticisi ile mesaj, çocuk zihninde eşleşir. Din, insanı da hayatı da dağılmaktan korur. Her insanın kendisine dinin iyi anlatılması gibi bir hakkı ve kendi çabasıyla daha iyi anlamaya çalışması gibi de bir görevi vardır.

Yokluğunun Boşluğu Telâfi Edilemeyecek Tek Sistem Dindir

Her insan mutlu olmayı, üretken ve coşkulu olmayı, değer görmeyi, değer üretip değer iletmeyi ve dünyayı daha yaşanılır kılmada söz sahibi olabilmeyi ister. Bu, din eksenli yapıldığında en iyi sonucu verir ve onu erdemli insan olmaya götüren tek yoldur. Dinin hayattan çekilmesi ya da etkisinin azaltılması, insanları ve toplumu bir anafora sürükler. Kristal tespihin ipinin kopması ile tanelerin her birinin bir yana savrulması gibi dinin birleştirici fonksiyonunu hayatından çıkaran insanlar da ayaklarını dengede sabit tutan yer çekimi etkisinden kurtulmuşcasına denge kaybı yaşarlar. Hücreler, oksijen açlığı çekiyormuş gibi sancıdadır.

Yaratan'ından uzak kalmanın faturası, dünyada da ahirette de ödenemeyecek kadar kabarıktır ve zararı da doğrusunu yaşamadıkça telâfi edilemez.

Daha İyi Olmamanın Mazereti Yok

Her gün, daha sonraki iyiliğe ve güçlülüğe zemindir; hazırlıktır. Sınırsız bir potansiyelle yaratılmış insanoğlunun hücreleri, ancak Rabbine teslim olduğunda, kimyasalları, duyguları, düşünceleri kişinin daha iyi olmasına ve daha iyiyi yakalamasına yardımcı olur. İmtihan olan bu dünya hayatında, her yaratılanı güzel ve anlamlı bulup değer vermek, her durumda kendine düşeni beklentisiz yapmak; insanı en yükseğe çıkarıcı merdivenlerdendir. Farklılıkları hoşgörü çerçevesinde bir çiçek demetine dönüştürüvermek ve affedilecekleri bir tane bile bırakmadan yüreğinden salıvermek, daha iyi olmak için mutlaka gereklidir. Allah'a (c.c.) teslim olunduğunda yüreğin ve aklın beslenme kaynağının kesintisiz gücü, her gün yeni bir sıçramaya ve daha yükseğe insanı yöneltecektir.

Razı Olma Makamından Rıza-yı İlâhiye Yürüyüş

Her insanın sıkıntılı ve sıkıcı yönlerine karşılık, çekici ve hoş gelen yanlarının da olduğu inancıyla, daima iyi yönleri ve olumlu durumları görmeye odaklı bakmak, eksi yönleri azalmaya doğru koşturacaktır. "Biliyorum ki her sıkıntının bir hikmeti var, bulmayı nasip et Mevlâm!" niyazıyla, daha huzurlu ve mutlu bir hayatın fiili ve kavli duası yapıldığında, Yaradan'ımızın verdiklerinden razı olunduğunda ve gereği yapıldığında, mutmain bir kalbin atışları bizi kuşatacaktır.

Kendini düzeltmek için dua etmek, insanın kendisine yapabileceği en büyük yardımlardan birisidir. Her hareketimiz, Rabbimizin canlı yayınında. Düşünerek ve bilerek hareket etmek, zarar riskini en aza indirir. Kendisi için gelişme kapısını daima açık tutanlar, değişimi göze alarak her zaman daha iyi olabileceğine inananlardır.

Gerek dinde gerekse diğer konularda farklı bakış açılarının sıkıntıya dönüşmesi; kişilerin doğrulara açık olup olmamaları ve neyi ne kadar bildikleri ile çok yakından ilişkilidir. Saygı çerçevesinde hareket etmeyi refleks haline getirmek, konuşarak anlaşmayı ve ortak doğrularda buluşmayı tercih etmek; pek çok ayrışmayı birleşmeye dönüştürecektir. Rabbimizin rıza çerçevesinin içinde kalan seçimlere anlayışlı ve hoşgörülü yaklaşma zarureti vardır. Muhatabının farklı seçimlerini kendi kişiliğinin reddi, dışlanması ya da ciddiye almaması şeklinde yorumlamak kişisel algılamadır. Bu da özgüvenimizi, kendilik algımızı ve değerlilik duygularımızı gözden geçirerek bizi gerekiyorsa destek almaya sevk etmeli. Çünkü bu algının gerçekmiş gibi kabulü, karşımızdakini depresyona kadar götüren tahribatlara yol açabiliyor ki; buna hakkımız yok efendim. Düzelmeye kendisinden başlayanlar, yaptıklarıyla otomatik bir değişim sürecini başlatırlar. Israr ve baskının oluşturduğu direnç yoktur. Bu tabloda insan ancak kendisini değiştirmeye güç yetirebilir ki bu da güçlü olanların seçimidir.

SINIRSIZ VE ALLAH'SIZ BİR ÖZGÜVEN FELAKETTİR

Her insan, zihnindeki bilgi ve elindeki malzemesi kadar hareket serbestliğine sahiptir. Elimizdeki terazi doğru tartmıyorsa, o zaman yaptığınız tartma işleminin pek bir anlamı kalmaz. Sadece tartmış olduğuna dair kendini ve çevresindekileri yanıltmış olur, o kadar. Sonuçlarla yüzleşmeye ve gerçeğin güneşi ortalığı aydınlatmaya başladığında tartılanın noksanlığı ya da fazlalığı görülür; ölçü aletinin bozukluğu alenileşir. Ama insanların birçoğu zihnini kendini haklı çıkarmaya öylesine programlamıştır ki kendi hatalarını asla göremez. "Hiç kimse duymak istemeyen kadar sağır, görmek istemeyen kadar kör olamaz." sözünde de ifade edildiği gibi kendinden kaynaklansa bile olumsuz sonuçları etrafındakilere fatura etmek ister.

Özgüven, insanın kendisini sevmesi, inanması ve güvenmesidir. Kendisinin de tıpkı diğerleri gibi pek çok şeyi yapabileceğine, başarabileceğine inanmasıdır. Kazara her insanın başına gelebilen yanılma, tökezleme, düşme gibi durumlar yaşandığında; kendine güveni olmayanlar artık insan içine çıkamayacaklarını düşünürler. Asla bir daha deneyemeyeceğini ve denese de başarılı olamayacağını zannederler. İnsanlar arasında itibarlarının kalmayacağından çok korkarlar. Güven duygusunu temellerinden sarsan bu yanlış inanç, kişiyi kilitler. Bu durumdaki biri, en iyi olabilmesine müsait harika bir kapasiteye sahip olsa bile bizzat kendi koyduğu sınırlarla kendini engeller.

Başta anne-baba ve diğer yakınlar tarafından, iyilik yaptıkları zannıyla çocuğun, gencin ya da yetişkinin sürekli eleştirilmesi, yaptıklarının beğenilmemesi, başkalarının kendisinden daha iyi olduğu ve kendisinin beğenilmediğinin ifade edilmesi, sözlü ve fiili şiddet uygulanması kişiyi rencide eder; kendisini önemsiz, işe yaramaz ve değersiz hissetmesine neden olur. Başkalarını hep kendisinden üstün ve iyi görür. "Onlar her şeyi yapabilir fakat ben yapamam." diye düşünür. Bu durum, kendisine bakış açısını ve kendisinin dışındakilerle iletişimini etkiler. Şahıs uçabilecekken yürüyemez duruma getirilmiştir.

İşte bu gibi durumlarda, normalde var olduğu halde yanlış eğitim sebebiyle kaybolan kişisel güvenini yeniden kazandırmak için psikolojik destek gerekebilir. Eğer kişinin amacı sadece ve sadece kazanmaksa davranışlarının sınırı ve ölçüsü de kişinin istediği şeye ulaşması ise bu; sınırsızlık ve ölçüsüzlük demektir. Ölçüsüzlük ve sınırsızlık ölçü olmuştur. Bu durumda kişiyi kazandıkça daha çok kazanma hırsı bürüyecek, kazanmak ve elde etmek için her şeyi mubah ve meşru görecektir.

Bizim inancımızda önce verilene razı olmak, sonra helalinden ve meşru yollarla kazanarak usulüne göre harcamak çok önemlidir. Yani; helal dairesi içinde meşru ve münasip bir şekilde kazanmaktır önemli olan. Allah, elinden ve dilinden hiç kimsenin rahatsız olmadığı bir mü'min olmamızı istiyor.

Beşeri hukuka göre başkalarının hakkı ve hukukunun başladığı yerde bizimki biter. Kişisel haklara duyarlı olmak için rızkın Allah'tan geldiğine ve kişinin payının değişmeyeceğine, sadece helal rızık için elimizden gelen çabanın sarf edilmesine ihtiyaç olduğuna inanmak gerekiyor.

Eğer insanı harama gitmekten alıkoyan bir inanç mevcut değilse onu durduracak hiçbir kuvvet de yoktur. O zaman o kişi faiz, kumar, hırsızlık, şans, talih oyunları ve aklınıza gelecek bütün para ya da itibar kazandıran yolları meşru sayacaktır. Nitekim para kazandıkça halk içinde itibarı artanlar, işlerini kolaylıkla yaptıranlar, artık paraya tapmaya ve parayı insanın önüne geçirmeye başlar. Arkadaşlıkları, ilişki biçimi, yaşam tarzı ve iş yaptırma şekli paranın albenili rengine bürünmüştür. Artık sadece paranın sesi duyulur; her şey parayla alınır ve satılır hale gelir.

"Elindeki tek aletin çekiç ise, her şeyi çivi gibi görmeye başlarsın." der bir düşünür. Kişinin tek kıymet verdiği ve bildiği para olunca, her şey parayla ölçülür. İçten içe ona doğruyu telkin eden iç sesi, kendisini hep haklı görmesini telkin eden sesin yanında cılız kalmıştır. Allah için yanmayan gönlün, Allah rızası diye bir derdi de yoktur. İşte bu insanın sınırlarını belirleyecek bir inancı olmayınca, ondan her şey beklenir olur. Aynı dili konuştuklarıyla düşüp kalkar. Ona dur diyecek imanının ve vicdanının sesi sonuna kadar kısıldığından dolayı amaçlarına ulaşmak için her yol artık normal görünür.

Evet insan kendine inanmalı, evet insan kendine güvenmeli, evet insan düşünce kalkacağına, yeniden başlayabileceğine ve potansiyelinin sınırsız olduğuna inanmalı. Fakat Allah'ın her şeyden büyük olduğu ve her şeye gücünün yeteceği de en başta bilinmeli. Allah'ın ölçüsüne göre elindekileri ölçüp tartmayanların, kazandıkları ve onların değerleri ne olursa olsun, kazançlarının içine haram karışmışsa, samanın çöpü kadar kıymetinin olmayacağı bilinmeli. Bir boğazdan haram lokma geçince bedenin o lokmayı vücuttan atıncaya kadar günlerce eziyet çekeceği, o lokmanın tüm bedeni ifsad edeceği bilinmeli. Başkalarının kazancına engel olmanın, başkalarının haklı mevkiye gelmesinin önüne geçip kendisi için haksız kazanç ve mevki elde etmenin; kişinin hem dünyasını hem de ahiretini perişan edeceği bilinmeli.

Sınırsız ve Allah'sız bir özgüven felâkettir. Belki bir uçurumun kenarında, belki bir hız yarışında ya da haram lokmalar boğazına dizilirken Hakk'ın huzuruna varma riski yüksek olanlar; kim bilir kaç kişinin canını yakmış olmanın faturasını ödeyeceklerini belki de hiç akıllarına getirmemişlerdir.

Çocuklarımıza bırakabileceğimiz en anlamlı miraslardan biri de mümin olarak sınırlarını bilen, paraya ve her türlü itibara sadece bir araç olarak değer veren, insanı her şeyin önünde ve üzerinde tutarak; helal dairesinde bir hayat sürdüren anne-babalar ve rol modeller olmaktır. Sadece bizim için anlamlı fakat başkalarının canını yakıp haklarını gasp etmek anlamına gelen hedefler, geçici dünyanın geçici ve yakıcı kazançlarıdır. Kendine güven duygusu, bizi helal dairesinde ve dengede tutan ileri bir seviyeye taşımalıdır. Kişinin kendine güven duygusu hep nefsin memnun edilmesi olunca, bu tutum yakın vadede kazançlı gibi görünür; fakat uzun vadede hem maddi hem de manevi kayıp anlamına gelir.

Çocuklarımıza hayatımızdaki insani ve İslami ölçüleri miras bırakalım. Duyarlılıklarımızı miras bırakalım. Vicdanlarının hem bizden gördükleri hem de dinden öğrendikleriyle uyanık ve aktif olmasını sağlamaya çalışalım. Ayrıca çocukları ölçüsüzlüğün başıbozuk çizgisinden inancın dosdoğru çizgisine çekerek hayatlarını anlamlı biçimde oluşturmalarına yardımcı olalım.

Sınırsız ve Allah'sız bir özgüven felâkettir. Çünkü insan potansiyelinin de gücünün de bir sonu vardır ve kişi hayatının her aşamasında bu sınırı davranışlarına ölçü kılmalıdır. Kazanmak, meşru bir hedefi helal ve meşru yollarla elde etmeye çalışmakla anlamlı olur. Değilse; önüne geleni ezen freni patlamış dozer gibi insanların mutluluklarını, haysiyetini, onurunu, namusunu, vicdanlarını, maddi ve manevi imkânlarını ve merhametlerini sömüren bir canavara dönüşebilir.

Önce inancımızın değerlerini kazanalım, sonra özgüvenimizi.

Önce sınırlarımızı bilelim, sonra özgüvenimizi nasıl geliştireceğimizi.

Önce insana değer verelim, sonra kazanacağımız diğer şeylere.

Önce elde edilecek her şeyin insanın Allah'a daha iyi kulluğu için araç olduğunu öğrenelim, ondan sonra özgüvenin nasıl işe yaradığını...

Kimse bilip hesap sormasa bile, Allah'ın her şeyi bilip hesap soracağını öğrenelim öncelikle. Ardından kişisel güvenimizi geliştirdikten sonra neler yapabileceğimizi öğrenelim.

Allah'sız bir hayat; bizatihi hayatı yanlış yaşamanın ta kendisidir.

Kazandığımız özgüveni sağlam bir inanç zemininden yoksun yaşamak, kayıpların ve zararların katmerlenmesi demektir.

Ya Rabbim, seninle dolu olan dünyayı, sensiz bir gönülle yaşamaktan sana sığınırız. Senin verdiğin gücü ve potansiyeli, senin sınırlarının dışında yaşayarak kendimize ve çevremizdekilere zulmetmekten sana sığınırız. Bizi sensizliğin yangınından rahmetinin serinliğine taşı, ey âlemlerin Rabbi olan Allah'ım.

BİR ANNENİN İNFAKI, SABIR VE GAYRETİDİR

İNFAK; Rab için vermektir. Yaratan'ın hatırına, yaratılanın hatırı gözetilerek iyiliğin oluşumu ve devamı; sorumluklarımızı yerine getirerek de manevi rahatlığı sağlamaktır. Ve sıkıntılarımızı giderenin hatırına sıkıntıda olanlar gözetilerek var olanın paylaşılmasıdır. Değerli olanın gözden çıkarılması ve bu uğurda zora göğüs gerilmesidir. Elimizdekiler, bize yoktan verilenlerdir; bizim verdiklerimiz ise bize verilenlerden paylaştıklarımızdır.

İNFAK; Mevlâmızın razı olmasına yönelik, sadece O'na özel ve yine sadece O'nun en iyi değerlendireceği bir tasarruftur. Bu bir ibadettir ve sadece para ya da mal ile yapılmaz. İnsanın kendi tasarrufunda olan ve Rabbi için, "Sadece senin için bunu yapabilirim…" dediği her türlü fedakârlık ve duyarlılık infak anlamına gelir.

Bu bakış açısıyla yaklaştığımızda bir annenin Rabbine infak adına sunabilecekleri çok çeşitlenir. Bu konuda kendi hesabıma bazı fikirler ürettim. Sizler de konu üzerine yoğunlaştığınızda kendi hayatınızdan örneklerle daha iyi fikirler üretebilirsiniz diye düşünüyorum.

- Annenin; insan olabilmeye ve kalabilmeye dair Kur'an ayetlerini, Rasul'ün sunduğu sistemi ve kâinat kitabındaki dersleri okuyabilmek ve o bilgilerle hayatı dokuyabilmek için sarf ettiği çaba, *infak*tır.

- Sahip olduğu çocuklarını, kendisine emanet ve bir lütuf olarak veren Rabbinin istediği gibi, dünyayı yönetmeye aday evlâtlar yetiştirebilmek için önce kendisinin yetişmesi gerektiğine inanıp gerekeni yapması, *infak*tır.

- Çocuklarının düzgün insanlar olarak yetişebilmesi için geceyi gündüze katan gayretleri ve bütün yüreğini tutan idealleri ile, dua ve gayretlerini uç uca ekleyip sabırla yürümektir annelik ve bu fedakârlıkların adıdır, *infak*.

- *İnfak*; kendisini yoktan var edenin dinini en iyi şekilde yaşamaya çalışan anne ve babanın, ailede oluşturdukları huzur kaynağından dengeli büyümeleri için çocuklarına kana kana içirmeleridir.

- Gündüz kendisini yorgun, gece uygusuz bırakan çocuğunun yarını için, ona azık olabilecek dualarla saniyeleri tespih tespih çekmesi, bedduaları ise Kaf dağının ardına atmasıdır, *infak*.

- Lâf peşine düşmemesi, gerektiğinde çocukları için susması ve minicik zannedilen güzellikleri büyüterek çerçevedeki manzarayı değiştirmesidir, *infak*.

- *İnfak*; razı olmuş mutmain bir gönül için önce dua, sonra eylem, daha sonra ise razı olacak makam için en güzel olandan verebilme şerefine erişebilmektir. Doğru bilgiyi, sevgiyi, sabrı, hoşgörüyü, paylaşmayı, denge terazisinde tartıp harika bir yapının harcı olarak kullanabilmektir.

- *İnfak*; annenin kendisinin örnek olmadığı bir değeri çocuğunda oluşturmasının neredeyse imkânsız olduğunu bilerek kendisini yetiştirmek için zaman harcaması, emek ile enerji harcaması ve kendisini ince iğne ile oya örer gibi işleyerek ailede yaprak yaprak, çiçek çiçek açmasıdır.

- *İnfak*; evlatlarında var olan potansiyeli ortaya çıkarabilmek için annenin gerektiğinde konforundan vazgeçmesidir.

- Yoktan var edenimize, onun yarattığı ve mamur etme görevini bize verdiği dünyanın daha yaşanılır hale gelebilmesi için çocuğuna dünyanın yüzünü güldürecek ve bilgisizliğin karanttığı ufukları ağartacak evlâtlar yetiştirmek niyetiyle aldığı nefes bile *infak*tır.

- *İnfak*; bize yoktan veren için vermeyi sevmek, sevdirmek; gerekenin en iyisini candan ve gözü kapalı verebilmektir.

- *İnfak*; neyi vermesi gerektiğini bilerek en zor olanını bile, Yaradan'ına bir çiçek demeti gibi sunmaktır.

- *İnfak*; güneş kaybolduğunda, ortalığı aydınlatacak bir anlayış taşımak ve çocuklarına da bunu aşılamaktır.

- *İnfak*; gerektiğinde hastalanmış olan yavrusunun iyileşmesi için uykusunu güneşle birlikte yolcu edip sabrı ve sevgisini yüreğindeki tebessümüne yoldaş etmektir. Anne şefkati ve sevgisinin şifa sunan dokunuşlarıyla yavrusunun başında beklemek, kutsal emanetiyle ilgilenmek ve her türlü çileye metanetle göğüs germektir.

- Çocuk; kendi hayatının bahçesinde açacak bir güldür. Daha onun fide iken tomurcuk olması ve en güzel biçimde, güle dönüşmesi için uygun bir ortam ve imkânın ailede hazırlanması, anne-baba ilgisidir *infak*.

- Çocuk bir tohum, anne-baba bahçıvan gibidir. Bahçıvanın iyisi, önce işini severek yapandır. İşinin iyi sonuçlanabilmesi için toprağı tanır, tohumun cinsini tanır; her tanede goncayı, her goncada gülü görür. Tohum fideye dönünceye kadar annenin gözü yağmurda, yüreği Yaradan'da, eli ise toprağa bakım yapma gayretindedir. Yaradan'ını memnun etmek için giriştiği bu iyi anne olabilme çabası, *infak*tır.

- Fide boy verince ona gülümsemesi, gözleriyle okşayıp sözleriyle şükür ve sevgi nağmelerini kulağına fısıldaması, *infak*tır. Artık güneşle buluşma randevusunun zamanı gelmiştir. Fide, bilinçsiz yürüyen ayakların ezmesine karşı annesinin koruması ile birlikte (cüz-i irade sınırları içinde), ömür yolculuğunda ilerlemeye başlar. Anne bu yürüyüşün iyi gitmesi için yabani otlardan ve taşlardan toprağı temizler, sular ve sever; gıda niyetine. Bütün bunların işaret ettiği ok, var edenin rızasını gösterir. İşte bu rıza yolunda yürümektir, *infak*.

- Var oluş ve sorumlu tutuluşun akıl zenginliğini ifade ettiğinin bilinciyle, şerefle dolaştığı yeryüzünü şerefle donatacak bir yapının mimarı olmak, *infak* edebilmekle mümkündür.

- *İnfak*; verecek olgunluğa ve gönül zenginliğine sahip bulunmanın ifadesi olarak kullar arasındaki soğukluğa sebep olan seyrekliği, vererek doldurmayı ve omuz omuza olmayı sağlayan üst düzey bir eylemdir. Anne ise bunu evlâtları için şartsız yerine getiren toplumun eli öpülesi kahramanlarıdır; yüz akları evlâtlar yetiştiren nur topaklarıdır.

TOPLUMSAL BİR ROL AKTARIMI OLARAK GELİN - KAYINVALİDE ÇATIŞMASI

Allah'ın bahşettiği hayat, dünyaya gelir gelmez yaşanan süreçlerle aktif olarak başlar. Ve ardından hayatla ilk tanışıklık rol modelleri ile olur. Çocuk; kendisinin seçmediği bir coğrafyada, bir ırkın içinde, bir inançla şekillenmiş anne-babasının elinde bulur kendini. Bu ortamda ve bu ellerde şimdi de kendisi şekillenmeye başlar. Allah'ın hediyesi olan mizaç ve ana cevher, şekillenmeye müsait olan yönüyle hayatın içindeki rutinlerin arasında dolaştıkça, her ortam ve ilişki bir şeyler katar ve her gün yeni ilâvelerle büyüyüp gelişme başlar.

İlk gördüğü yüz, sütünü içtiği annesi, onu okşayan babası ve en yakınlarındaki diğer fertler, onda ilk ve kalıcı etkiyi oluşturan rol modelleridir ve çocuğun dünyasında baş köşede yerlerini alırlar.

Çocuk A'dan Z'ye o ailede gördüklerini, onların yaşadıkları biçimiyle öğrenir. Aile içi ilişkilerin dinamiklerini ve akrabalarla ilişki biçimlerini çoğunlukla yaşayarak anlamlandırır, adını koyar ve ona uygun değerler yüklenir. İnsana ve hayata yüklenen anlam ve değer ile, kendine biçtiği role göre, hayatta her ilişkiye bir şeyler katar ve yapıp ettikleri kendisi hakkında bir imaj oluşturur. İlerleyen zamanlarda, bu yapıp ettikleri ile başkalarının kendisi hakkındaki imajları da oluşur.

İnsanın hayatta kazanacağı en önemli vasıflardan biri, gelişmeye ve doğruları kabul etmeye açık bir zihin yapısıdır bence. Doğruları görmeye ayarlı ve duyarlı, soru ve dualarını başkalarından beklentilerinden çok kendinden beklediklerine ayarlamış;

amel defterinin ve mezarın tek kişilik olduğu bilinci zihnine yerleştirmiş bir insan, kendini muhasebeye ayırdığı zamanı titizlikle diğer zamanlardan ayırır ve buna daha çok önem verir.

İşte toplumumuzdaki görgü, kültürel aktarım ve yaşama biçimi, erdemli bir hayatı işaret etmiyorsa, bilinçli bir çaba ile günübirlik ve idealsiz yaşama rüzgârlarının savurmalarına karşı, güzel örnekler ile doğru anlaşılmış dini bilgilere sarınılmıyorsa aile fertlerinin bu kültür içinde sıradanlaşması ve kolaycılara benzemesi işten bile değildir. Bugün çokça rastladığımız aile huzursuzluklarının çoğu, bana göre hâlâ aile büyüklerinden kaynaklanmaktadır. Elimde buna ilişkin bir istatistik sonucu yok fakat gördüklerim, duyduklarım ve mesleğim icabı bana aktarılan vakalardan okuduklarım; büyüklerini Hakk'a yolcu etmiş olsalar bile, hâlâ yaşadıkları dönemin ezilmişliklerinden kurtulabilmiş değiller.

Anne-babası tarafından yanlış eğitilmiş erkek evlâtlar adeta eşlerine eziyet ettikçe, "Erkektir yapar, biz neler çektik, sen de sabret." diyerek oğullarının hem dünya hem de ahiret hayatlarını riske attıklarını görmeyecek derecede akıl ve vicdanlarının kulaklarını kapatmış, gözlerini de bağlamış kayınvalideler var. Her gün secde edilen o yüce makam, adeta bir seremoniye dönüşmüş; başka dinlerdeki gibi hayatın içine, yaşama ve davranışlara müdahale ettirmiyor. Din sembolik bir unsur gibi, "Elhamdülillah ben de Müslümanım!" demek; Kur'an-ı Kerim de bazı önemli gün ve gecelerde ya da cenazelerde okumak için lâzım sanki. O kutsal kitaptaki bilgiler, yaşanacak bir hayat rehberi değil de sadece anlamını bilmeden okunacak unsurları içeriyor gibi değerlendirildikçe, namaz kılıp işkenceye devam edenlerin, söz, göz ve fiili şiddeti kesintisiz devam ediyor. Onları durduracak makam ve aktif imanın bilinç uyarısı ne yazık ki yok.

Kendisinin eziyet çektiği günlerden kalma, otoritesini kullanma ihtiyacını gelininin üzerinden hayata geçirme ve en güzel çağlarını eziyet elbisesi içinde hüznün her çeşit rengine bürünmüş olarak yaşatma mimarı olan kayınvalideler tanıdı bu dünya.

Her seherde, eşinin koruyamadığı ve kendisinin de gücünün yetmediği kayınvalidesiyle, her an "Bana ne diyecek de yüreğimi kaskatı kesecek." korkusuyla gözlerini açan gelin hanımlar var şu gök kubbe altında. Adeta gülmeyi unutmuş, gücünün üzerinde yaptığı gayretleri görmezden gelinmiş, eşinin, memnun olmayan bir anneye sahip olduğunu bildiği halde, "Annem memnunsa ben de memnunum." sözüne muhatap olmuş, gözleri yaşlı bir mağdurdur; gelin bu ortamda.

Allah'tan çok benden korkun dercesine, sınır tanımayan talepleri ve yok olsan da umurumda değil dercesine gelininin gözyaşlarını görmezden gelen kayınvalide, oğlunun da kendi anlayışı paralelinde hareket etmesi için sürekli zihnini gelin hanımın aleyhine doldurmakta; gelininin oğlundan göreceği bir güler yüzü ve bir tatlı sözüyle hayata bağlanma gayretlerini de boşa çıkarmaktadır. Anne-babası "ele gitti el oldu" mantığı ile arayıp sormazken, ahını; feryadını Allah'tan başka kimseye duyuramamaktadır, gelin hanımlar.

Çocuk dünyaya getirir eşine naz edemez, emzirir fakat bakımını ve kucağında tutup sevebilme hakkını yaşayamaz. "Sen kim oldun da çocuk bakacaksın! Onu babanın evinden mi getirdin de senin olacak! Ver benim torunumu!" diyerek eşinin gözlerinin önünde Allah'ın verdiği hak kendisinden alınır. Bu da yetmezmiş gibi, annen şöyle, annen böyle diye, büyüyen çocuk anne aleyhine doldurulur ve annenin sözünü dinlememesi marifet sayılır. Anne neyi çocuğuna yaptırmak istiyorsa tam tersini yapması için çocuk yüreklendirilir ve sonunda da aferin denilir. Geleceğin despot ve duyarsız ve oldukça sorumsuz bir ferdi daha, acımasız babaannenin elinde hayata hazırlanır.

Efendim bu tabloda; Allah korkusu, hesap endişesi, kul hakkı ve oğlunun aile hayatını güzelleştirme telaşı doğru bir rehberlik etme rolü, kompleksli ve hastalıklı bir psikolojiye kurban edilmiştir. Ortalıkta, sadece kendisinin otoritesini yürütmek ve aşağılık kompleksini tatmin etmek adına, en sevdiklerinin hayatlarının karartıldığı bir sahnede, mutsuzluğun çığlıkları yankılanmaktadır.

Bu tablo fazlaca ıslah edilir görünmemektedir. Sadece seyirci rolünü üstlenen oğul, annesinin sevgili kuzusu rolünü benimsedikçe ve annesinden ödül aldıkça bu davranışı pekişir; eşi ile sadece özel zamanlarda yakınlık kurar.

Diğer zamanlarda ise, annesinin sözcüsü gibi eşinin başında kayınvalidenin yokluğunu hissettirmez. Dualar, artık bu hayatın bitmesi istikametinde yapılmaya başlandıkça, yükselen feryatların kullardaki yansımaları olan dertler, huzursuzluk ve sıkıntılar had safhaya ulaşır; fakat kendisine bakmayı ve Allah'a nasıl hesap vereceğini unutmuş zihin, bunları da yaptıklarıyla ilişkilendirmez. Dünyadan ayrılıp giderken bile, mirasını sevgili oğluna sıkı sıkıya tembihle devreder.

Burada gelin-kayınvalide çatışmasından değil, gelinine söz söyleme ve mutlu olma hakkı tanımayan, oğluyla bir olarak gelinini hayattan bıktırma operasyonundan söz edebiliriz. İkili oynanan bu oyunda, bu durumun ıslahı ve geline soluk aldıracak davranış düzenlemeleri mümkün görünmez. Sadece burada, aklını kullanmayı devre dışı bırakarak duyguların özgürlüğünü ilân etmiş, katı ve değişime dirençli, en başından yanlış kurgulanmış bir kişilik yapısını görüyoruz. Aklın köşe bucak kaçtığı ve bilgisizliğin hâkim olduğu bu eziyet atmosferinde, iki tarafa da Allah'tan yardım dilemek gerekecek diye düşünüyorum. Bir tarafa Allah kurtarsın demek, diğer tarafa da Allah hesaba çekmeden bu eziyete bir son verip kendilerine bir iyilik yapsınlar inşallah diye dua etmek iyi olur diye düşünüyorum.

Daha makul bir tablo oluşturup aklının sesini sonuna kadar kısmamış bir örnekle yolumuza devam edelim izninizle efendim.

Örneğimizde, sürekli yeni ailenin içişlerine karışmaya çalışan ve oğlunu yanına almak için gayretlerini esirgemeyen bir kayınvalide ve kayınpeder olsun.

Fakat genellikle kayınvalidelerin aktif olduğu bu tabloda kayınpederler daha çok seyirci rolünde ve yeri gelip kendisine bir şey sorulduğunda, önceki bilgilendirmelerin semeresi olarak eşine hak verecek bir kişilik oy değeri taşırlar. Onların zihinleri zaten eşinin doldurmaları ile şekillenmiş durumdadır.

Gelinin gelenine gidenine karışır, gittiği yere karışır, akşam olduğunda oğluna gündüz olanları anlatabilmek için evine girmeden kendi evine çağırır. Ne var ne yok, merhametinin ve dar kalıplara hapsedilmiş aklının aldığı kadarını abartılı senaryolarla oğluna aktarır. Eşini özlemiş bir beyefendi görüntüsünün celladı olan bu bilgilendirmeler, asılmış ve gergin bir yüz ifadesinin mimarı olurlar. Sonra da beyefendi fırça atma modunda evinden içeri adım atar. Eşinin gözünün içine bakan gelin hanım, onun kendisine sımsıcak sarılmasını boşuna hayal eder ve nitekim birazdan, "Sen bugün neredeydin, niye anneme haber vermedin? Arkadaşların gelmiş niye annemi çağırmadın?" gibi sorularla, akşam maratonu başlar.

Bu durumlar önceden plânlandığı için, birlikte ya da aynı binada oturmak gibi zorlayıcı ısrarlar da vardır. Oğullarını elin kızına(!) kaptırmayacak ve dizginleri (!) gelinin almasını engelleyeceklerdir! Gelin hanım annesinin evine rahat gidemez, annesi gelince hemen o da gelir. Durmadan birilerinin yanında oğlunu över, gelininin eksiklerini anlatır. Eve alınan en ufak bir şeyde bile hemen fikrini belirtir ki bu da çoğunlukla olumsuz olur. Her şeyin kendisine danışılmasını ve bunun dışına çıkılmamasını ister. Azıcık ferdi serbestiyet söz konusu olsa, hemen vurgu yapıp sitem hakkını dolu dolu kullanır.

Çocuk eğitimi söz konusu olduğunda, devreye girer; kendisi kaç çocuk büyütmüştür, dolayısıyla da en doğrusunu o bilir. Bu yüzden onun müdâhalesi şarttır. Oğlu ile gelinin en özel hayatlarına bile karışma hakkını kendinde bulan ve bunun yanlışlığını vurgulamaktan çekinmeyen tiplerin hâlâ var olduğu günümüzde, bundan dolayı eşiyle arasına soğukluk girdiğini söyleyen gelin hanımlar da var ne yazık ki.

Evet, herkesin tecrübesi, bu denli uç örneklerden oluşmasa da bu türden sorunlu kayınvalide örneklerini çevremizden görmek zor değil. Şüphesiz bunun tam tersi ve hatta gelin hanımefendiye annesinden daha yakın davranan müşfik kayınvalideler de tanıdım fakat sayılarının azlığı, onların ortalıkta görülmemesine sebep oluyor. Aynı şekilde, kayınvalide çok iyi olduğu halde çok yanlış davranan gelin hanımefendiler de az değil.

Ben burada sadece kayınvalideye ilişkin bir profili baz aldım. Gelin profilleri üzerinden bir değerlendirme de ayrı bir yazı konusu. Çoğunlukla kendi anlayışına göre yetiştirdiği oğluyla hiç sıkıntısız yardımlaşıp her şeyi paylaşan kayınvalideler, nadir olsa da, buna karşı çıkan ve doğru davranan oğullarla da karşılaşabiliyor. O zaman tahribat daha az ve sorunlar daha yüzeysel yaşanıyor.

Şimdi; böyle fazla müdâhil ve oğlunu da yedeğine almış bir kayınvalideye karşı ne yapılabilir diye bir ufuk turu yapalım. Karşımda bir gelin hanımefendi var ben ona tavsiyede bulunuyorum varsayalım, ne dersiniz:

Bu hayatın tamamı imtihan. Yaşadıklarımızın en sıkıntılı olanları da dahil olmak üzere, imtihanlara nasıl yaklaştığımızla ilgili olarak, onları faydaya ve hayra dönüştürmek mümkün.

Öncelikle eşiniz ile birlikte, "İyi bir aile nasıl olur, biz bunun için ne yapabiliriz?" sorularının cevabı olacak bir yetişkin eğitimi plânlayabilirsiniz. Eşiniz ile birlikte kimseyi suçlayıp aşağılamadan, değişime ve donanıma kendinizden başlayarak yeni bir aile modeli inşa etmeye çalışabilirsiniz.

Kimseyi değiştirme gayreti gütmeden, Allah'tan öncelikle kendimize düşeni yapmaya yönelik kavli ve fiili duada bulunmalıyız. Bunun gerektirdiği bakış açısını önce zihnimize kaydetmeliyiz ki bizden yansıyanlar, muhataplarımıza da yansısın.

Kız tarafının kayınvalide ile ilgili haklı da olsa şikâyet ve doldurmalarına prim verilmeden, arkasından konuşmadan, kendi çapınızda bir sulh ilân edebilirsiniz.

Eşinize Allah'a iyi kul olma yarışında destek olursanız, ailesine şartsız saygı, doğru ilgi (bilerek davranma), sıfır beklenti, doğru dua ve sabır bileşenleri ile hareket ederseniz, inanıyorum ki Allah'ın yardımı sizi kuşatacaktır.

Kayınvalideniz için özel dua oluşturun. Onun için özel sadaka kutusu ayırın ve fırsat buldukça onun için üç-beş kuruş, ne elinize geçerse sadaka verin. Sadakayı mutlaka niyet tutarak verin, "Kayınvalidemle aramızın iyi olması ve bana düşeni en iyisiyle yapabilmem niyetiyle..." temennisinde bulunun.

Kayınvalideniz için içtenlikle dua edin ve özel dua oluşturup ona da bunu uygun bir zamanda okuyun. "Ya Rabbim, kayınvalideme hayırlı uzun ömür, hayırlı ameller, sağlık afiyet ve iç huzuru ver. Onu razı olduğun kullarından eyle. Evlâtlarından güldür. Hayırlı bütün muratlarını ver, yüzü nurlu, gönlü huzurlu olsun."

"Onu üzmemek ve memnun etmek için elimden geleni yapmamı nasip et Allah'ım. Kayınvalidemin duasını alacak kadar onu memnun etmemi nasip et Allah'ım. Doğru zannederek yanlış davranmaktan sana sığınırım. Doğru anlamayı, doğru düşünmeyi, doğru konuşmayı ve doğru davranmayı nasip eyle. Beni anlayışlı ve anlaşılır kıl. Bana neye mal olursa olsun, beni yanlış davranmaktan ve başkalarının yanlış davranmasına sebep olmaktan koru. Kayınvalidemin ihtiyaçların anlayıp onun ihtiyaçlarını giderecek şekilde davranmamı nasip eyle."

"Allah'ım. Ben senin razı olacağın şekilde davranmak istiyorum. Bana bunu sevdir ve kolaylaştır Allah'ım. Eşimin annesi ile arasındaki bağların güzel bir şekilde oluşmasına katkıda bulunmamı nasip eyle. Evlâtlarım beni güzel bir örnek olarak görsünler ve onların modelleyeceği kalitede bir ilişki kurmayı başarmam için ne gerekiyorsa yapmamı nasip et Allah'ım. Hangimiz önce huzuruna gelirsek, birbirimizden memnun olarak ayrılmamızı nasip eyle Allah'ım. Senin her şeye gücün yeter. Kabul eyle Allah'ım." gibi.

- Kayınvalideniz arada hediyeler alın ve ondan beklemeden bunu sürdürün.

- Kayınvalidenizin gördüğünüz en ufak bir iyi davranışını bile takdir edin ve bunu hem oğlunun hem de başkalarının yanında dile getirin. Hep hatırımızda tutalım ki; "tenkit tüketir, takdir üretir."

- Her namazda dualarınızı sürdürün. Başkalarının yanında mutlaka iyiliklerinden bahsedin. Bunu içtenlikle ve Allah için yapın ki bereketi hasıl olsun.

- Eşinize annesine nasıl daha iyi gelin olabileceğinizi sorun. (Eğer kişiliği zedeleyecek ithamlar ve bir insana ağır gelecek talepler olursa, kaynaklardan bunun doğrusunu bulup eşiniz ile bunu paylaşarak birlikte hareket etmeyi ve karar vermeyi teklif edebilirsiniz.)

- Bizi sıkıntıya düşüren her durumu bize sunulan bir öğretmen gibi görüp, "Bu durumdan ben ne öğrenebilirim? Nasıl davranırsam Allah ve Rasulü memnun olur? Eşimle karşılıklı çatışmadan nasıl daha uygun bir iletişim içinde olabiliriz?" diye sorup ona uygun davranabilirsiniz.

- Sizi zorlayan talepleri olur da yerine getiremezseniz, sakince ben dili kullanarak açıklamasını yapın ve durumu bildirin. Sitemlerine aldırmadan, nezaketinizi koruyup gerekeni yapın. Dargın durmak ve asık suratla dolaşmak ya da davranmak yerine, hiçbir şey olmamış gibi nazik, kibar ve sevecen davranmaya devam edin.

- Çocuğunuz söz konusu olduğunda, ona kaynakları bulup göstererek, "ben bunları yeni okudum, sizinle paylaşmak istedim" diye doğru tavır ve tutumu anlatabilirsiniz. Daha da olmazsa, eşinizle bir strateji oluşturun, onu kırmadan kendi eğitim kurallarınızı uygulayın. Sizin yasakladıklarınızı çocuğa yaptırmasına müsaade etmeyin.

- Sağlık sorunları ile yakından ilgilenin ve kızı gibi davranın. Eğer bunu hissetmekte zorlanırsanız, onu kendi annenizin yerine koyun ve ona göre gerekirse "mış" gibi davranın.

- Allah'ın doğru davranmanız halinde, size ummadığınız yerden kolaylıklar ve güzellikler bahşedeceğine inanın. Sizi doğru yönlendirecek ve yaptıklarınızı destekleyecek insanlarla birlikteliğinizi artırın.

- Eşinizle birlikte, doğru davranma konusunda samimi bir talep ve gayret içinde olun ki bütüne dair duyarlılıklarınız gelişsin.

- Kayınvalideniz bilmese de, takdir etmese de, anlamasa da, eşinize şikâyet etse de siz doğru davranmaktan geri durmayın. Hatta eşinize, onun başınızın üzerinde yeri olduğunu, çünkü kendisini dünyaya getirdiğini, yılların ve eğitim biçiminin onu böyle davranan birisi haline getirdiğini anlatın. Ve size düşenin, onu olduğu gibi kabul edip kırmadan incitmeden ve size zarar vermesine müsaade etmeden memnun etmeye çalışmak olduğunu anlatın. "Önemli olan birlikte ve uyum içinde hareket edebilmektir." deyin.

- Eşinizle baş başa kaldığınızda, onun memnuniyetini öne alan içten yaklaşımlarınız, sizi daha iyi tanıyıp anlamasına ve samimiyetinize inanmasına sebep olur.

- Biz, sadece Allah'tan bekleyip ondan istediğimizde, tohumu tarlaya besmele ile atıp yağmuru Hakk'a havale ettiğimizde, fiili ve kavli duadan sonra zaferi Allah'ımıza bıraktığımızda; "O ne güzel karşılık verendir ve O ne güzel takdir edendir." deriz.

- Elinizden geleni yapıp sonucu Allah'a havale edin ve sıkıntınızın arttığını ya da dayanma gücünüzün azaldığını hissettiğinizde, profesyonel yardım alın.

Her sınav, büyüklüğü nispetinde ecir taşır. Büyük dağların dumanı bol, iyi kulların da imtihanı çetin olur. Bu Rabbinin kullarına nazlanmasıdır.

Ya Rabbi, doğruları doğru görmeyi, olumlu bakıp olumlu davranmayı, istediğin gibi bir kul olmak için kesintisiz dua ve gayret içinde olmamızı nasip eyle. Bize düşeni en iyisiyle yapabileceğimiz bilgi ve dost desteğini daima bizimle eyle! Rızanı sevdamız eyle Allah'ım ne olur, rızanı sevdamız eyle!

AİLEDE MUTLULUK GÖZLERDEN OKUNMAZSA SÖZLERDEN DE OKUNMAZ

Aile; insanın dünyaya gelmesinin meşru zemini. Anne ve baba adı verilen mühendislerin, Allah'ın verdiği çocuk denilen malzemeyi işleyerek topluma, renk renk, çeşit çeşit kişilikte insanları yapılandırdıkları kurum.

Aile; insanı insan olmaya ve daha sonra da topluma hazırlayan donanma üssü. İnsanı insan yapacak cevherleri şartsız sevgi, doğru ilgi ve değer suyu ile dengeli bir şekilde büyütüp kendi inandıkları ve yaşadıkları yol haritalarını da eline verip hayat yolculuğuna uğurladıkları ana istasyon...

Çocuk önce gözleriyle kendi kitabının başlangıcını yazar. Büyüklerin yapıp ettikleri, onun ilk malzemesidir. Daha sözleri anlama basamağına çıkmadan, gözleriyle tarar insanları, olayları ve çevreyi. Kitabına ilk yazılanlar, gözlemlerinden elde ettiği ve zihnine kazınan bu verilerdir. Bu giriş bölümü bilgileri, kalıcı olacak ve hayatı boyunca ona yol gösterecektir. Dilden söylenenler kulağa, yürekten söylenenler yüreğe yol bulacaktır. Ve çocuk bunu sezgileriyle algılayıp kaydedecektir.

Asık suratlı büyüklerin olgunlaştıran, büyüten, öğreten, sevdiren, ayakta tutan, görmesini sağlayan, velhasıl yaşatan sevgi güneşini, yüreklerinin kapılarına kilit üstüne kilit vurarak mezara götürmek için sakladıkları durumlarda, çocuklar, güneşsiz büyüyen solgun, cılız bitkilere benzerler. Oysa büyükler, bu dünyanın gıdası olan sevgiyi mezarda kullanamayacaklarını bir bilseler ve onu vermemenin hesabının çok büyük olduğunu bir anlayabilseler... Güneşe kapılarını kapatınca asıl kendilerinin karanlıkta kaldığını ve herkesin yollarını şaşırtacak kara cümlelerle insanların pusulalarını bozduklarını bir fark etseler... Bu tutumun, eline meşale vermeleri gereken çocuklarını, zayıf bir mum ışığı ile hayat yolculuğuna göndermek anlamına geldiğini; karşılaşacağı minik bir sıkıntı rüzgârında o mumun sönme ihtimalinin bulunduğunu ve başkalarının aydınlığına mahkum bırakacağını, büyükler bir anlayabilseler...

Dünyayı yönetmeye aday bir donanımla gönderilmişken bizler gibi diplomalı cahiller mesabesindeki anne-babalar elinde yetiştirilen, akılları kör, mantıkları kötürüm bırakılmış çocuklar kendilerini bile yönetemez hale getiriliyorlar. Aslında anne-babalar olarak bizlere, işleyen zihinleri işlemez, gören gözleri görmez, yürüyen ayakları yürüyemez hale getirme diploması vermeleri lazım.

Bu tavrımızla sanki her birimiz özel bir "anormalleştirme" eğitimi almış gibiyiz.

Oysa aile; sağlam zeminler oluşturan, toplumun rengini belirleyecek dengeli ve tutarlı bireyleri itina ile ve bir misafir, bir emanet bilinci ile yetiştiren, iki yetişkinin oluşturduğu çekirdek kurum ve toplumun temel taşıdır.

Aile toplumun bel kemiğidir. Eğer bel kemiği zarar görürse, toplum felç olur.

Ailede bünye direnci kaybolan, toplumda hastalanır.

Ailede dengesi bozulan, toplumda düşer.

Ailede çatlayan, toplumda kırılır.

Ailede enerji toplamayan, toplumda kımıldayamaz.

Ailede öğrenmeyen, toplumda uygulayamaz.

Ailede mutluluk özde olmazsa sözlere de yansıyamaz. Ve mutluluk gözlerden okunmazsa sözlerden hiç okunamaz.

Aile; ihtiyaçların giderildiği santral, güç merkezi. Parçaların bir araya getirildiğinde bütünün oluştuğu bir imalathane. Ailede ihtiyaçları giderilemeyenler, toplumda dengelerini bulamamış insanlar olarak varlıklarını sürdürürler. İhtiyaç ise su gibidir, uygun bir yol bulduğunda ona doğru akar. Sürekli biriken ihtiyaçlar (barajda suların birikmesi gibi) helâl ve meşru bir zemin bulamazsa taşar, çizgiyi aşar, o zaman da kendisi tahrip olduğu gibi toplumu da tahrip eder.

Topluma açılanlar, bir aileden beslenirler. Ailede duygusal ve fikri gıda zehirlenmesi yaşayanlar, kendileri zarar gördüğü gibi toplumsal sağlığı da riske atarlar. Bunlardan çoğunlukla ne doğru dürüst verim, ne de doğru dürüst bir duruş ve iletişim beklemek mümkün olur.

Nasrettin Hoca bir akşam sokak lambasının ışığında bir şeyler arıyormuş.

Yoldan geçen birisi sormuş:

"Hocam bir şeyini mi kaybettin?"

"Evet" demiş hoca, "anahtarımı düşürdüm de..."

"Ne tarafa doğru düşmüştü? Ben de arayayım sizinle birlikte." demiş adam.

Hoca; "Burada düşmemişti, öteki direğin altında düşmüştü." deyince adam şaşırarak sormuş:

"İyi de hocam o zaman niye o direğin altında değil de bu direğin altında arıyoruz ki?"

Hoca cevap vermiş:

"Orası karanlık da ondan..."

"Toplumlar da insanlar gibidir, düştüğü yerden kalkar." sözünde belirtildiği gibi düştüğümüz yer aile ise kalkış noktamız da aile olmalı. Önce kaybettiklerimizi tespit edelim.

Amaçlar ile araçlar yer değiştirmiş, önde olacaklar arkaya, arkada olması gerekenler öne geçmiş. Oyuncular, rollerinin metnini ve kostümünü kaybetmiş, rol ve kimlik karmaşası yaşanıyor.

Kimi miyop, kimi hipermetrop, kimi astigmat, kimi de güneş gözlüğü ile hayatı görmeye ve yorumlamaya çalışıyor.

Çoğu henüz kendisi bile olamamış bireylerden oluşan anne-babalar ordusu, yanlış gözlük dağıtmaya ve takanların başlarının dönüp düşmelerine sebebiyet vermeye devam ediyor.

Toparlanabilmek ve doğru bir istikamette seyir için önce teşhis, sonra tedavi gerekiyor. Öncelikle zarar kaynaklarını tespit edip sonra o kaynaklarla irtibatı kesmek ve daha sonra da doğru kaynaklardan beslenmek üzere bir program çıkarılmalı.

Kendi anlamını keşfedenler, kendisi dışındakilerin de değerini bilen, sarrafa dönüşür. Kendisi bir değer taşıyan, değer de bilir. Değer bilen ise değer üretir.

Bu toplumun; nitelikli insanların yetiştiği ailelere ve o aileyi oluşturan nitelikli yetişkinlere acilen ihtiyacı var. Rabbimin aradığımızı bulmakta hepimize başarı nasip etmesi niyazıyla...

KİM KİMİN ÖĞRETMENİ?

Başlıktaki soruyu bir de başka açıdan soralım ve cevaplamaya çalışalım, ne dersiniz?

Bilenler, bilmeyenlerin mi?

Hayır.

Büyükler, küçüklerin mi?

Hayır.

Anne-babalar, çocukların mı?

Hayır.

Öğretmenler, öğrencilerin mi?

Hayır.

Peki, kim kimin öğretmeni?

Hadi sizi fazla meraklandırmadan cevap vereyim: Birbirleriyle iletişim içinde olan herkes birbirinin öğretmeni.

Büyük küçük fark etmiyor, konumu durumu da fark etmiyor. Herkesin sözleriyle, gözleriyle, jest-mimik ve beden diliyle muhatabına verdiği bir mesaj vardır. Bu mesaj iyi ve doğru okunursa mesaj sahibinin ne demek istediği anlaşılır. Eğer bizim zihnimizde gerek mesaj gerekse mesajın kaynağı hakkında önceden oluşmuş bir önyargı varsa, anlaşılması gerekenin yüz seksen derece tersi istikamette farklı algılama ve anlaşılmalar yaşanabilir. İletişime doğru ve tarafsız yaklaşılırsa; mesajı doğru ve eksiksiz okumak da mümkün olur.

Biliyoruz ki çocukların, bütün duyargaları görmeye, duymaya, anlamaya açık ve hazırdır. Çocukların tabii işleyiş içinde sadece görerek öğrendiği günlük rutin işler vardır. Bir de özel olarak bilgilendirmemiz gereken hususlar vardır. Eğer kimi hususları vaktinden erken öğretmeye başlamışsak, metot ve usulde yanlışlık yapmışsak çocuklar ya tam tersini yapar ya da öğrenmekten nefret eder ve yönlendirmek istediğimiz kaynağa kendilerini kapatırlar. Demek ki söylediğimiz sözler ve taleplerimiz ne kadar doğru olursa olsun, bir de bunların muhatabımızın seviyesine uygun cümlelerle ve uygun bir metotla verilmesi söz konusudur.

Bebeklikten çocukluğa, çocukluktan gençlik evresine geçen çocuklarımızın, kendisine, Rabbine ve iletişim içinde olduğu herkese karşı doğru bir duruş ve doğru bir yaklaşım biçimi içinde olması, temel değerlerin verilmesiyle ilgilidir. Bütün değerlerin çocuklara zorlanmadan ve kolaylıkla verilebilmesi için asgari dört hususun bilinmesi lazımdır:

1. Ne vereceğiz?
2. Ne zaman vereceğiz?
3. Nasıl vereceğiz?
4. Ne kadar vereceğiz?

Nelerin ne zaman verileceğiyle ilgili pek çok kaynak eser mevcut. Ben bu yazı kapsamında özellikle üçüncü maddenin açılımını yapmaya çalışacağım. Konuya başlamadan önce birkaç hususa değinmeliyim.

Birincisi; hayatın zorluklarını kolaylaştırabilmek için, şu üç ilkeyi yetişkinler olarak öncelikle bizler yerine getirirsek iletişim daha da sağlıklı olur kanaatindeyim.

1. Kolay gülümse.
2. Kolay mutlu ol.
3. Kolay affet.

Bu üç ilke, yapacağımız bütün çalışmalarda bize hız kazandıran ve başarı oranını artıran enerji kaynağı gibidir. Ayrıca, vermeyi düşündüğümüz bilgi ya da değerlere, önce bizler samimiyetle inanmalı, pratiği mümkün olanları yaşamalı ve muhatabımıza iyi niyet çerçevesi içinde hareket ettiğimizi hissettirmeliyiz.

İkincisi; çocuklardan bir şey yapmalarını isterken onları küçük görerek, emrederek, aşağılayarak ve inciterek değil; onları gelecek güzel günlerin asil temsilcileri gibi, lideri gibi, şerefli bir üyesi gibi görerek yaklaşım sergilemeliyiz. Eğer çocuğumuzun dostu olabilmişsek ve hadis-i şerifte de belirtildiği gibi ona "asil insan" muamelesi yapabilmişsek, her şey daha kolay gerçekleşecektir.

Üçüncüsü ise; her şeyin içini önce sevgi ve saygı ile doldurmalıyız, ondan sonra mesajın kendisine sıra gelmeli. Çocuğa davranışımız; bir gülü incitmeden okşar gibi, kıyamayarak koklamak gibi, bir kelebeği gözlerimizden kıskanarak seyretmemiz gibi olmalı. Her bir çocuk bu incelik ve narinliktedir, emin olun.

İyi alışkanlıklarımız bizi temsil eden kimlik kartlarımız gibidir. Çocuklarımızın kendi içinde ve toplumda dengeli bir gidişi yakalayabilmesi ve nitelikli bir kişiliğe sahip olabilmesi için doğru alışkanlıklarla donatılmış nitelikli bir hayata ihtiyaçları vardır. Bu ise bilinçli ve sabırlı biçimde gayret etmeyi gerektirir. Başarılı bir iletişim ve değer aktarımı için asgari müşterekler nelerdir? Bunlar bilinmeli ve ciddiye alınmalıdır.

Başarılı bir sonuç için:

1. Kendini sev.

2. Yaşamayı sev.

3. Yaptığın işi sev.

3. Kendini sevdir.

4. Söylediklerini yaşa.

5. Yaptırmak istediklerini sevdir.

6. Doğru bir metotla öğret.

ilkelerini (daha ilaveler yapılabilir) yerine getirmeliyiz.

Çocuklarımızda bir duyguyu, bir düşünceyi veya bir davranışı oluşturmak ya da geliştirmek istiyorsak, öncelikle onda buna karşı güçlü bir istek oluşturmalıyız. Bu da ancak severek yapacağımız bilinçli bir çalışma ile mümkün olur.

Çok önemli bir husus da şu: Biz yürüdüğümüz yolda ve uygulamalarımızda ne kadar samimi isek o kadar etkili oluruz. Söylediklerimizi ne kadar yaşıyorsak çocuğumuz da bunları yaşamak için o kadar istek duyar. Çocuğumuzun elini tuttuğumuzda yüreğimizden yüreğine geçen elektrik onu ne kadar ısıtıyorsa o da bizi ve değerlerimizi o kadar benimser. İnancımız bizi ne kadar iyi insan yapıyorsa çocuğumuz da o iyiliğin gücü kadar bize inanır; bizim peşimizden gelir ve inancımızı benimser. Hani "At süvarinin baktığı yöne doğru ilerler." derler ya, işte onun gibi. Ya da "Ağaca bakan keçinin, dala çıkan oğlağı olur." atasözünde işaret edildiği gibi. Bizi izleyen ve takip etmeye hazır halde bekleyen çocuklarımızın ne yapmalarını istiyorsak biz de onları yapalım; emin olun bu onlara yeter.

Bizi sevenlerin varlığı, özel ve sosyal hayattaki ilişki biçimimiz, sevgi, ilgi ve güven çemberi ne kadar sağlamsa duygular ve davranışlar da o kadar yerli yerine oturur. Böylece kolektif bilinç oluşur. Samimiyetimiz ve oluşturacağımız etki doğru orantılıdır. Sosyal onay insanın belini doğrultur, başını güvenle dikleştirir, yüzünü aydınlatır.

Tüm bu yaklaşımı sergiledikten sonra neler yapılabilir, onları da maddeler halinde sıralayalım:

1. Çocuğu çok ve şartsız sevelim; bilinçli uygulamalarla bize olan sevgisini pekiştirmeye çalışalım. Çünkü çocuk sevdiğinin ve kendisini sevenin sözünü dinler.

2. Çocuklarımızın beden ve ruh sağlığının yerinde olması için özel gayret sarf edelim. Bunlar olmazsa hiçbir şey yerli yerinde olmaz ve duramaz.

3. Kimse emir almaktan hoşlanmaz. "Gel", "Git", "Yapmak zorundasın!" ya da "Yapma" gibi emir ifadeleri kullanmayalım. Onun yerine rica edelim. Dayak ve ceza uygulamayalım. "Ben dili" kullanarak duygularımızı ve beklentilerimizi ifade edelim. "Gelirsen sevinirim.", "Yaparsan şöyle şöyle faydalı olur ki sen de mutlu olursun." gibi. Ayrıca zihin "Yapma!" diye kurduğumuz olumsuz cümlelerde, önce "yapmak eylemi"ni tasavvur ediyor, sonra onun olumsuzluk ekini algılıyor. Yani "yapma!" emri, beyni önce tersini yapmaya itiyor. Çünkü beyin negatif cümleyi işleme koymuyor, önce olumlu kök fiili yani "yap" kısmını işleme koyuyor, sonra olumsuzluk eki "ma" devreye giriyor. Fakat o zaman da iş işten geçmiş olabiliyor. Onun için mutlaka olumlu cümle ile söze başlayıp "Şunu yapabilirsin." ya da "Şöyle şöyle konuşman veya davranman daha iyi olabilir, ne dersin?" gibi yönlendirmelerde bulunalım. Ne kadar ilginç değil mi? Beyin bile olumsuz cümleleri sevmiyor ve tersini yapıyor. O zaman olumsuz cümle kalıplarımızdan ziyade olumluları kullanmayı başarabilirsek olumluları daha çok zihnimize yerleştirmiş oluruz.

4. Bir talepte ya da yönlendirmede bulunmuşsak hemen sonuç beklemeyelim. Esnek olalım, zamana yayalım, sevdirmek için her fırsatı kullanalım ve güvenelim. Aksini görsek bile güvenmeye devam edelim.

5. Talebimizi yerine getirmediğinde asla "Seni sevmeyeceğim." diyerek tehdit etmeyelim. "Bir dahaki sefere yaparsın." diye rahatlatıp yönlendirelim. Bunun yanında, yapmamasını gerektiren şartları inceleyip belki yapacaklarının dozunu biraz azaltmak ya da işin niteliğine göre birlikte yapmak denenebilir.

6. Eğer vaktinde örnek olup önce halimizle, sonra sözlerimizle çocuğu kuşatamamışsak; bizim boş bıraktığımız zihin ve gönül dağarcığını başkaları doldurur. Üstelik bu çoğunlukla iyi bir dolduruş olmaz. Çocuk yönünü başka tarafa döner ve adımlamaya başlarsa, bizden yana döndürmek ve o etkileri silip yenilerini yerleştirmek çok zor olabilir. Bu durumda bile kontrolü

kaybetmeden bilinçli ve sabırlı davranarak onu sevgiyle kuşatıp durumu anlamasına çalışmalıyız.

7. Çocuklarımızdan ilk etapta onlara zor gelebilecek bazı uygulamaları isterken, (mesela "abdest namaz, temizlik, düzen" gibi işlerde) "Haydi birlikte yapalım." diyelim. Böylece ilk adımı atmaları kolaylaşır ve tereddütleri daha kolay kaybolur.

8. İlk denemeden sonraki karşılayış çok önemlidir. Adım atma cesaretinin takdir edilmesi ve ödüllendirilmesi, yeniden denemeyi sabırsızlıkla bekler hale getirir.

9. Çocukların küçük adımlarını destekleyelim ve bunları önemsediğimizi hissettirelim.

10. Yapamadığı yerde, nasıl yapacağını göstererek tekrar denemesi için onları cesaretlendirelim. Düşerse tutulacağından emin olmasını sağlayalım.

11. Büyük düşünüp küçük adımlarla başlamaya yönlendirelim.

12. Büyük adım atmaya zorlayarak gözünü korkutmayalım, mükemmeliyetçi olmayalım.

13. Yapacağı şeylerle ilgili çevreden onay görmelerini sağlayalım. Daha önce bu işi başaranlardan örnekler verelim.

14. Genelde çocukların yanlış ve eksiklerinin üzerinde değil, küçük de olsa başladıklarının üzerinde durmuşsak başaracağına daha kolay inanır ve denemesi kolaylaşır. Kendisine de karşısındakine de güven duyar.

15. Her olumlu davranışını fark edelim, mutlaka takdir edelim ve zaman zaman ödüllendirelim. Tanıdıklarımıza duyuralım, övgü almasını sağlayalım ve evimizdeki panoda sergileyelim.

16. Anlama ve dinlemenin zeminini oluşturan kitap okuma çalışmaları çok önemlidir. Baskısı kaliteli, iyi, güzel anlatımlı ve resimli kitapları tercih edip mutlaka çocuklarımıza okuyalım ve birlikte değerlendirelim.

17. Öfkemizi kontrol edebilmekten ziyade öfkelenme sebeplerini anlamsızlaştıralım ve başarmak için çok çalışalım. Bu, çocuklarımızın bize saygısını arttırır.

18. Çocuğa Allah'ın büyüklüğünü, bize ne gibi nimetler verdiğini ve bizi ne kadar sevdiğini örneklerle anlatarak O'nu tanımasını ve sevmesini sağlayalım.

19. Çocuklarımızı asla Allah ile korkutmayalım.

20. Dini emirlere erkenden alışsın diye küçük yaşta kaldıramayacağı ve istemediği şeyleri yapmaya zorlamayalım. Bu, ileri zamanlarda dinden uzaklaşmalarına sebep olabilir.

21. Rabbimizi sevmeyi ve onu memnun etmeyi merkeze koyduğumuzda hayatın nasıl da dinamizm kazandığını ve Allah'a teslimiyetin yücelterek erdeme taşıyan psikolojisini, yüreğimizde hissedelim ve hissettirmeye çalışalım.

22. Fakirlere yardım etmeyi düzenli biçimde uygulayalım; bu iyi davranışı onlarda da yerleştirelim.

23. İyilik denemeleri yüreği devreye sokar, âtıllıktan kurtarır. Sevginin mahmurluğunu atmasına yarayacak çiğ damlaları gibi işlem görür. Bizzat çocuğun kendisinin iyilik yapmasına zemin hazırlayalım.

24. Zaman zaman, hatta mümkünse sıkça, camiye gidip cemaatle namaz kılıp o havayı teneffüs etmek çok önemlidir. Namazda ne okuduğumuzu ve bunun bütün bir hayat anlayışının içinde ne anlama geldiğini öğrenelim ve öğretelim.

25. Evde bazı vakitlerde namazı cemaatle kılalım.

26. Çocukları namaza alıştırma konusunda duyduğum ve iyi sonuç vermiş bir uygulamayı tavsiye etmek istiyorum. Altı-yedi yaşlarındayken bir yıl boyunca sadece akşam namazını kılsın. İkinci yıl iki vakit namazı birden (hangi vakti tercih ederse) kılsın. Üçüncü yıl üç vakit birden derken beşinci yıl çok güzel ve kolay

bir şekilde namaza alışmış olur. Ayrıca benim kendim uygulayarak test ettiğim bir uygulama da sürekli abdestli olmayı başarabilmek, namaz kılma alışkanlığını %99 kazandırmak anlamına geliyor. Çünkü abdestli olunca "Hemen kılıvereyim." psikolojisi oluşuyor ve daha kolay geliyor.

27. Sesli Kur'an okuyalım ya da dinleyelim. Kur'an'ın eşsiz ahengiyle mest olan ve nefes alan ruhlarımızla bir süre sarmaş dolaş kalalım. Çocuklarımızın da bu atmosferi teneffüs etmesini sağlayalım.

28. Rasulullah'ın (s.a.v.) hayatı, sahabeler ve diğer tarihi örneklerle evde gündemli sohbetler oluşturalım. Muhtelif sebeplerle bu rol modelleri hayata yayalım ve kaset, CD, sinema, tiyatro gibi destekleyici unsurlarla dinlemesi ve modellenmesi zevkli biçimde sunalım.

29. Evde iş yaptığımız zaman dilimlerinde, mutlaka dinlendiren ve ilham veren klâsik müzik, ilahi, Kur'an-ı Kerim ya da güzel konuşmaların dinlenmesini sağlayalım.

30. Allah (c.c.)'ın bir emrinden söz ederken; "Allah (c.c.) böyle istiyor." diyelim. O emrin kişisel ve toplumsal faydalarını anlatıp bilinçlendirelim.

Yapılacakları daha da artırmak mümkün. Fakat şunu da unutmayalım ki; her çocuğun bir yapısı, anlama, ifade etme, davranışa dönüştürme zamanı ve biçimi vardır. Hiçbirimiz çocuklarımıza yüzde yüz tesir etme gücüne sahip değiliz. Tam tasarruf hakkı Hz. Allah'a aittir. Biz sadece iyi örnek olup iyi yönlendirmekten sorumluyuz, gerisini Allah'a havale ederiz.

Rabbim yaptıklarımızı ve yapacaklarımızı hayır eylesin efendim.

ALLAH (c.c.) ÖĞRETMEN, DÜNYA OKUL, ALEM KİTAP, İNSAN ÖĞRENCİ

Akıl talep ederse, dünya ona cevap verir.

Yeryüzü; Allah'u Teala'nın bizim için bezediği kevnî ayetlerle dolu. Gören gözler için her ayet, okumak ve hayatı onunla dokumak üzere bizlere sunulmuş adeta. İnsan; ayetlerin muhatabı olan şerefli varlık. Akıl; sorumlu olmamızın sebebi olan en büyük nimetlerden birincisi. Okumak; düşünmenin sonucunda oluşan arama ve ihtiyaç duymanın zihni yönlendirmesi ile ibret, tahlil ve tespit amaçlı bir öğrenme eylemi. Talep etmek ise; hayatı bir öğrenme ve ders alma serüvenine dönüştürmenin alt yapısı.

Talep ve onu izleyen işlem basamakları doğru ve hiyerarşik bir sıra takip ederse, talep etmenin gerçek manası kavranmış ve talep etmenin gereği olan diğer gelişmelerin önü açılmış olur. Yani talep önce Yaradan'ımızın çizdiği helâl ve meşru bir zeminden kaynaklanmalı; ilk durağı Rabbimiz olmalı. Sonra; neyi niçin talep ettiğimizin bilincinde olmalıyız. Bizim için önemini iyi anlamalıyız ki talep gücümüz de yüksek olsun. Daha sonra ise talep edilene ulaşabilmek için talebin ve gayretin kesintisiz olması, doğru bir metot ve usûl kullanılması geliyor. Takılınan ve tıkanılan durumlarda ise, yön ve hedef değiştirmeden, yol ve yöntem değiştirilmeli. Ayrıca, elimizden geleni yaptığımız halde talep gerçekleşmeyebilir. Bu durumda, "Demek ki hayırlısı böyle imiş ve o benim nasibim değilmiş." diyerek, razı olmanın bir örneği sergilenmeli ki bu en güzel mertebelerden biridir.

Allah'u Teala̍, kullarının sistemlerini, bugün en ileri teknolojinin bile çözemediği bir ilim ve teknikle yaratmış; en iyi biçimde çalışması için gerekli kuralları vazetmiştir. Gelişmenin sınırının olmadığı bu işleyişte, her sistem bir yaratılış mucizesidir. Zerreden küreye her yaratılmış için bunu söyleyebiliriz. Bize gönderdiği ilk emir; "OKU". Ağacı yaprağı, otu toprağı, börtü böceği, iyiyi kötüyü, güzeli çirkini "oku" diyor. Olayları durumları, sebepleri sonuçları, olanı olmayanı "oku" ve "anla" diyor.

Tabi bu anlayış, okur yazarlığın gereğini yapabilmek için önemli. Bir gün önce kayıp düşülen bir yolda bugün düşmemek için tedbir alınması, o olayın okunduğunu ve o düşüşten alınan dersle tedbir üretildiğini gösterir.

Neredeyse hepimizin duyduğu bir fıkradır: Yolda karpuz kabuğu gören Temel, elleriyle başını tutarak, "Uyy anacuğum, pen yine düşeceğum!" demiş. Doğru, gerçekten de önceden düştüğü gibi düşecektir. Çünkü okur-yazarlık yoktur bu fıkrada. Düşüldüğü zaman karpuz kabuğu oradan alınmalıydı. Diyelim ki alındı da yeniden atmışlar ve yolda yine karpuz kabuğu var. Akıl, onu görünce tekrar üzerine basmayı değil; alıp atmayı veya en kötü ihtimalle çevresinden geçmeyi telkin etmeliydi. Burada bir akıl tutulması; geliştirilmemiş bir aklın sürüklediği vasat ve riskli bir hayat tarzı var.

Rabbimiz okumamızı ve aldığımız dersin gereğini yapmamızı istiyor. Sulanmamış ve bakımı yapılmamış çiçeğin görüntüsü, okuma gözlüğü ile baktığımızda bize şunları anlatır:

"İlgi göstermediğiniz her şey solar. Benim toprağımın kabartılmasına, yeterli su ve güneşe ihtiyacım var. Sevgi vermeyi de ihmal etmeyin. Sevgisiz bıraktığınız her şey, gerçek vasfını kaybeder. Ben ilgi ve sevgiyle yaşayabilirim; her canlı gibi."

İşte hâl dili ile bunları fısıldar aklımızın kulaklarına saksıdaki çiçek.

Kavga sebebi olan bir yaklaşım biçimini, sanki daha önce hiçbir şey olmamış ve üzüntü yaşanmamış gibi gene aynı şekilde sürdürenler, aslında akıllarını kullanamamaktan dolayı zayıf düşürenlerdir. Böyle davranmayı sürekli hale getirenler, akıl zafı yaşayanlar ve ders almayı bilmeyenlerdir. Sadece kendini düşünmekten, doğruları arama pusulasını şaşıranlardır. Doğrunun arayışını bırakmış, can simidi niyetine kendini haklı görme ve gösterme gayretine sarılmışlardır. Kulaklarını muhatabın rahatsızlıklarına tıkamış, sadece kendisini anlatma ve dinletme derdine düşmüşlerdir.

Bir anne-baba düşünün... Çocuğu ile iletişiminde yaptığı davranışın yanlışlığını kabul ediyor, pişman olduğunu söylüyor ve fakat "Bir daha bu üzüntüyü yaşamamak için ne yapmalıyım?" diye sormuyor. Tavsiye aldığı halde yine bildiğini yapıyor ve daha iyi olma yönünde bir irade sergilemiyor. Burada sadece okur-yazarlık eksikliği değil aynı zamanda görememe ve duyarlılık eksiği de var demektir. Çocuğa öyle davrandıkça çocuk sorunlu davranışlar sergiliyor. Kendi değişimini göze alamadığı için çocuğu "Sorunlu" diye etiketlemek, eleştirmek ve sürekli şikâyet etmek daha akıllıca gibi görünüyor ve kurban rolünü kendine yakıştırıyor. Burada, kolektif bir körlük ve doğru davranışa yönelten bilgiyi aramama hali vardır. Güya bu durumdan dolayı ve çözüm arayan anne tavrı, çoğunlukla çevresindekilerce de destekleniyor. Çünkü örneği çok. Sayıları arttıkça da kendilerini güçlü yani haklı görüyorlar. Okur-yazarlık sadece özlenen fakat ulaşılamayacak bir şeymiş gibi zihinlerinde yer ediyor.

Geçenlerde, deniz kenarında bir restorana davet edildim. Denizi seyrederek yemek yedik ve nefis bir manzarası vardı. Buraya kadar her şey normal, bir farklılık yok. Asıl farklılık bu güzelliğin içindeki bir ayrıntıda idi. Oturduğumuz yer denizin kenarı idi ve tam önümüzde yığınla balık vardı; bize adeta görsel bir ziyafet çektiler. Bunun nasıl olduğunu sorduğumuzda, restoran sahibinin balıkları beslediğini ve balık tutulmasına müsaade etmediğini öğrendik. Balıklar bile kendilerini seven ve koruyan, kendilerine değer verenlere yakın davranıyor; onlardan kaçmıyorlar. Beyefendi kendi eliyle balıklara yem veriyormuş ve balıklar kaçmıyormuş. Her canlı, kendisine verilen doğru ilgiye ve sevgiye, doğru karşılık verme eğilimindedir. Bizler eşimize ve çocuklarımıza, başkalarına gösterdiğimizin yarısı kadar ilgi ve sevgi göstersek, çerçevedeki manzaranın daha iyi olacağına inanıyorum.

Bir mekânı en güzel biçimde tefriş edelim. Fakat birkaç ay hiç kapısını açmayalım. Ondan sonra şöyle kapıyı açıp bir bakacak olsak, sizce ne görürüz? Siz davet etmediğiniz halde bir ton toz, yığınla örümcek... Hele de çok az bile olsa ekmek kırıntısı ya da meyve artığı kalmışsa, içerisi karınca ve böceklerin istilasına uğramıştır! Demek ki temizlemek ve süslemek önemli fakat bakımını yapmak ve ilgilenmek daha önemli.

Bir yuva kurulduğunda, taraflar başlangıçta birbirilerini seven bir yüreğe sahip iken, hiç bakım yapıp sevgiyi canlandırmadıkları, gönül tefrişini ihmal ettikleri için gönüllerinde birbirlerini ağırlayacak hal ve yer kalmaz. Kırılan kalp onarılmazsa, habire tahrip edici söz ve davranışlarla huzursuzluk derinleşir. Ondan sonra da; "Nasıl oldu anlayamadık!" denir. Anlayamazlar çünkü; "Her şey incelikten kırılır fakat insan kabalıktan kırılır."

Mutsuz ve huzursuz bir çocuğun davranışları doğru okunmazsa, adına yaramazlık deyip sataşmaya ve sürekli bizim istediğimiz gibi davranması için telkinde bulunmaya başlarız. Oysa ihtiyaçları giderilmemiş organizma sıkıntı üretir. "Çocuğum bu davranışları ile bana ne mesaj veriyor? Acaba ben ne yapmalı ya da ne yapmamalıyım? Çocuğumun mutlu olabilmesi ve kendi içinde dengelerini oturtabilmesi için ona nasıl yardımcı olabilirim?" soruları sorulmadan, o çocuğun anlaşılma ve sıkıntısına çözüm üretilme ihtimali yoktur. Çünkü davranışları yanlış okunmuştur. En basit ilişkiden tutun da en karmaşığına kadar, ilişkinin kontrolünün bizde olmasını istiyorsak (yani iyiye yönlendirme ve zarar görmesini engelleme), bu fazilete, bu sevaba talipsek, mutlaka ve mutlaka hem kitap okuma hem de davranış ve durumları okuma konusunda kendimizi eğitmeliyiz.

Dünya hayatının provası yok ve aynı olay bir kere daha yaşanmayacak. Yapılanların zaman geri alınarak telâfi edilmesinin imkânı da yok. Bunun için doğru bilgi, uyanık bir dikkat ve duyarlı bir kalp taşımalıyız.

MUHTEŞEM MAKAMA İHTİŞAMLI YÖNELİŞ

Kâinatın ve bütün yaratılmışların yöneticisinin huzurunda hicapla vaziyet alış ve ona yönelіştir namaz. Bir çağrıya, bir davete icabettir; Allah (c.c.) ile buluşma ve konuşmadır aynı zamanda.

Makamların, mevkilerin sahiplerini bulduğu; insanların şerefi ve kaliteli muhatap alınmayı en iyi şekliyle görebildikleri makamdır yöneldiğimiz. En çok sevilenin huzurunda samimiyetle, edeple, alnı ak, başı dik ve vakarla el bağlayışın görüntüsüdür, namaz. Her yönelenin başını yıldızlara ulaştıran heybetiyle, her zerreye mührünü vuran ibadettir.

Huşû ile namaza durmuş bir mü'minin görüntüsünden daha ihtişamlı bir görüntü olamaz. Çünkü mü'min, muhteşem bir makama yönelişin en tabii, en net ve en güzel ifadesi olan namazda, Yaratıcısı ile buluşmuştur. O'nun kulu olmakla, en şerefli mevkiyi hak etmiştir mü'minler. Ve yine mü'minler, O en güçlünün koruması altında O'ndan gelene teslim olmuşlardır.

Yarattıkları için en güzel olan ve en doğru yaşantı biçiminin esaslarını bildirdiği Kur'an-ı Kerim'e ve hayatını örnek almamızı istediği elçisi sevgili Peygamberimiz'e (s.a.v.) göre yaşamaya karar vermiştir inananlar. Bu sebeple en yüce makamın sahibi ve her şeyi yöneten Rabbimizin "kendisine yardımcı" payesi verdiği kullarıyla; belli saatlerde buluşarak mutabakatlarını hatırlattığı, İslamı anlama ve yaşama konusunda bilincin canlandırıldığı görüşme dilimleridir, namaz.

İnsanın kendisini ve kâinatı, en doğru bilgilerle ve en güzel bir şekilde yönetebilmesi, kimsenin kimseye haksızlık yapmaması, herkesin sorumluluklarını bilmesi ve yerine getirmesi konusunda yönlendirdiği donanım üssüdür, namaz. Çünkü namazda okuduğumuz sureler ve diğer ayetler, insanın hayat stratejisini ve perspektifini belirleyen bir anlam bütünlüğüne sahip. Her namazda okunan bu ilkeler ile Rabbin gücünü yanına alabilenlerin neler yapabilecekleri ve Rabbimizin kendilerine nasıl yardımcı olacağı da bilinçlerde canlı tutulur. Yani, sağlıklı bir gidiş için, bilinç aşılama ameliyesidir namaz. Bu sebeple hayatta ve ayakta dimdik, onurla, izzet ve şerefle duruşun tescilidir, namaz. Ve bilinçle yani hayatın temel dinamiği olduğuna inanılarak kılınan her namaz; yeniden, daha sağlam, daha güçlü duyguların, düşüncelerin temellerinin atılması demektir. Kimseye haksızlık yapılmayan, herkesin itibar gördüğü, samimiyetle tevbe edenin tevbesinin kabul edildiği makamdır namaz. Dünyanın en günahkâr insanı bile döndüğünde yüceler yücesi şerefli Yaratıcımız tarafından geri çevrilmediği, kabul gördüğü makamdır, namaz.

Namaz öyle bir ibadettir ki; mü'minlerin, rükûnları arasındaki çiçekli yollardan uçarak geçip meleklerle yarıştığı ve melekleri geçerek zirveye ulaştığı kutlu yöneliştir. Mutmain bir kalp ve mütebessim bir çehre ile imanını tazelemek, ahdini hatırlamak, azalan enerjisini yeniden artırarak şarj olmak ve hayatı dolu dolu yaşamak için bağlantı noktamızdır, namaz. Yani yeniden ve coşkuyla hayata başlayabilmek için donanma işlemidir.

Kederlerin eridiği, ümitsizliğin yok olduğu sevinç kaynağıdır, namaz.

Kavuşmayı şiddetle istediğimiz Rabbimiz ile bu günlük buluşma anlarımızda varlığımız bütün hücreleri ve zerreleriyle, teslimiyet ve huzuru yaşar. Bu kapı, dilek ve umut kapısıdır. Bedenin fiziki gücüne ve işleyişine katkısının yanında, manevi gıdasının da kaynağıdır.

Dünya hayatının yorucu işleri, insanların birbirlerini yıpratmaları ve kendi iç sıkıntısı ile bunalan ruhun, derin bir nefes alışla kasvetten kurtuluşudur, namaz. Yorulan beden, abdestle statik elektrik yükünden kurtulur, arınır, nurlanır ve namazla sükuna erer.

Ve ters işleyişlerin kararttığı ruhların, güneşle buluşup aydınlanma randevusudur, namaz.

Namaz, muhteşem makama ihtişamlı yöneliştir.

DUA DİLEKÇESİ

Dilekçe, içindeki dileği taşır; ne yazdıysan onu beklersin ve beklentin de seni taşır.

Dua; içimdeki düğümleri açtığım kutlu kapıya yakarışımın adı. Niyetimin söze, dileğe dönüştüğü an. Hedefe doğru yöneltip gerdiğim yaydaki ok. İhtiyaçlarımın, sözlerdeki anlamı. Ulaşmak istediğim şeye ve ulaştırmasını istediğim makama verdiğim sözlü dilekçe. Ve dualarımız Rabbimizle aramızdaki pırlanta bağ.

Hayatımızda duanın çok önemli bir yeri vardır. Bizi etkiler ve zihnimizi mevcut bilgilerle yönlendirir. Dua dilekçesinin içindeki talebe göre oluşmuş algılar ya da, o dileği oluşturan değer, inanç ve ihtiyaçlar, haklılığına inanan insanın beklenti yüksekliğini yansıtır. Oysa her an yanılma riski taşıyan temsil sistemlerimiz, silme, bozma ve genelleme ile özele indirgenmiş uyaranlar, zaten kişisel ve özel değil midir, zaten subjektif değil midir? O halde yüce Yaradan'ımıza ilettiğimiz dilekçenin baş köşesinde, yanılmanın en aza indirilmesi talebi ve bunun farkındalığı olmalı değil mi?

Bakışlarımızı, duruşumuzu ve hatta iş tutuş biçimimizi bile etkileyen beklentilerimiz, bunları bir an önce gerçekleştirme arzumuz, beklentimiz ve algılarımız çevremizi sarıp bizi kuşatır. İşte dualar, bu istek ve beklentilerin o yüce makama gönderilmiş halidir. Dualarımız kimi zaman elimizi kolumuzu bağlar, kimi zaman da yolumuzu açar. Bu da duayı hangi sebeple yaptığımız ve hangi soruya cevap aradığımızla ilgilidir.

Mesela; "Allah'ım ben bu çocukla nasıl başa çıkacağım, sen bana sabır ver." deriz.

Burada şikâyet edilen şey çocuğun fiili durumu, istediğimiz şey ise sabırdır. Bu, çocuğa etki edemeyeceğine inanıp Allah'a havale etmek ve katlanabilmek için de sabır dilemek demektir. "Bu çocuk değişmez, benim de yapabileceğim bir şey yok, bari sabrımı artır da dayanayım!" anlamına gelir. Oysa sabırla birlikte durumu iyileştirmek için neler yapabileceğimiz konusunu düşünsek, doğru soruyu sorarak doğru cevaba ulaşmaya çalışsak daha iyi olmaz mı? Böyle yaptığımızda dualarımız da ona göre şekillenir.

Bu durumun bir başka boyutu da şu: Ya çocuğun başa çıkamadığımız davranışı aslında normalse, biz nasıl davranacağımızı bilemediğimiz ve sabırsız olduğumuz için bize sabredilemez gibi geliyorsa ne olacak? Demek ki teşhislerimiz bazen bizi yanıltabilir.

Neye kavuşmak istiyorsak ya da nelerden kaçmak istiyorsak, dualarımız çoğunlukla onlarla ilgili olur.

Bununda bence iki boyutu var:

Birincisi; "Ben bu halde durayım fakat birileri adım atsın." ya da "Ben bir şey yapmadan Allah'ın yardımı ile şartlar olgunlaşıversin." der gibi sadece dileklerimizi söze döker ve bekleriz. "Ve zaten bir şeyler yapmak hatalı olandan beklenir. Ben haklı olduğuma göre o geri adım atmalı, o bir şeyler yapmalı." deyip kendimizi beklemeye ve durumu takibe alırız. Biz beklerken, ne yazık ki şartlar beklemez. Ve zaten sıkıntılı olan mevcut durum daha da ilerleyerek sıkıntının boyutları artar.

Diyelim ki muhatabımız da kendisini haklı gördüğü için, bizim durumu düzeltici hamle yapmamızı bekliyor; böylece iki taraf da bekleyip duruyor. Ve sonunda, sıkıntı probleme dönüşüp iki tarafı da mat ediyor. Artık yeni ve çok daha sıkıntılı bir süreç başlamıştır. Şimdi soralım: "Niye ben, önce o başlasın!" mantığının kime ne faydası oldu? Bu akıllıca bir bekleyiş mi dersiniz? Bunun çok zarar verici bir tutum olduğunu anlamak için illa boyumuza kadar sorunun içine gömülmek zorunda mıyız?

Bu anlayışın oluşturduğu dua şekli şöyledir: "Allah'ım, bu sıkıntıdan beni kurtar.", "Oğlumu şu yanlış alışkanlıktan kurtar.", "Şu ekonomik sıkıntımızı artık gider.", "Şu eşimin çenesinden beni kurtar." vb. dualarda, dua edenin sanki yapması gereken hiçbir şey yoktur da bütün suç şartlarda ya da muhatabın kendisindedir. Haşa Rabbimiz, sihirli değneğiyle bir dokunacak ve her şey istediğimiz hale geliverecekmiş gibi dua eder ve bekleriz. Sıkıntıları üreten biziz, o sıkıntıdan kurtulmak için ben ne yapabilirim ya da ne yapmazsam çözüme katkısı olur diye sormayız.

Sorunu tespit ettik, tamam sıkıntımız var ve sadece kurtulmak istiyoruz; o kadar. Peki ya sıkıntının kaynağı biz isek? Biz düzeldiğimizde sıkıntı da bitecekse ne olacak? Bu yanlış teşhis yanlış duaya, yanlış kişiyi suçlamaya ve durumu daha da karmaşık hale getirmemize sebep olmaz mı? Bu aynı zamanda kul hakkı demek değil midir? Bu durumda duamızı değiştirmenmiz, zihnimizi çözüme yönlendirmemiz ve yapmamız gerekenleri düşünüp kendimizden başlayarak düzelmeye karar vermemiz gerekmez mi?

Öyleyse bu durumda doğru dualardan birisi şu olabilir: "Allah'ım yaşadığımız sıkıntının kaynağını görmemi ve çözüm için bana ne düşüyorsa yapmamı nasip et. Beni doğru etkileyecek doğru insanlarla karşılaştığımda onları fark etmemi ve onları iyi örnek almamı nasip et. Doğru bilgiyi öğrenmem ve hayata geçirebilmem konusunda bana yardım et. Doğru adım attıktan sonra bunu sürdürebilmem konusunda sabrımı, azmimi ve kararlılığımı arttır. Doğru düşünmemi, doğru anlamamı, doğru konuşmamı ve doğru yaşamamı nasip et. Beni anlayışlı ve anlaşılır kıl." dedikten sonra, göreceksiniz ki zihniniz sizin üzerinizde radar görevi görecek ve size yapabilecekleriniz konusunda ipuçları verecektir. Devamla; "Allah'ım, oğlumun yanlış alışkanlığa yönelmesindeki ihtiyacını anlamamı ve gereğini yapmamı nasip et. Saygımı, sevgimi ve verdiğim değeri, nasıl davrandığımda anlayacaksa, öyle davranma bilgisi ve bilinci nasip et. Huzur dolu bir aile ortamını oluşturabilmek için elimden geleni yapabilmem konusunda bana yardım et. Yavrularıma iyi arkadaşlar, iyi alışkanlıklar nasip et ve bütün bunlar için iyi birer örnek olabilmemiz konusunda bize yardım et." diyebiliriz.

Dualarımızda kimi zaman da pozitif talep için, negatif cümle kuruyoruz. "Allah'ım sen başarısızlıktan koru!" demek yerine "Sen başarmamı nasip et!" ya da "Allah'ım, sen hastalıktan koru!" yerine "Sağlığımı koruyabilmem için dikkatli ve hassas olmamı nasip et, bütün vücuduma sıhhat bahşet!" diyebiliriz. "Sakın korkma!" deyip korkuyu hatırlatmak yerine, "Cesur ol, kendine güven, yapabilirsin, şöyle şöyle düşün, sen falanca zaman da benzer bir şeyi başarmıştın onu hatırla!" desek, daha iyi sonuç alırız. "Dikkatsizlik etme düşersin!" yerine, "Daha dikkatli ol, şöyle şöyle yaparsan düşmezsin, rahat ol." demek daha doğrudur. Bütün bu telkin ve dualarda hem zihne olumlu mesaj verip doğru yönlendiriyoruz hem de fail biziz. Bunun anlaşılması çok önemli.

Duaların gerçekleşmesi için ayrıca düşünce, hareket ve eylem içinde olmalıyız. Yani tedbirimizi alıp takdire ondan sonra havale etmeliyiz.

Başta sözünü ettiğim *ikinci boyut* ise; "Her şey yolunda gidiyor." dediğimiz durumlarda bu durumun devamı için hiçbir şey yapmaz, sadece dua ederiz. Mesela "Allah'ım evlatlarımı hayırlı eyle." deriz. Oysa hayırlı evlat yetiştirmemiz için Allah bizi sorumlu kıldı. Peki biz kime ve nereye havale ediyoruz bu sorumluluğu? Bunun için ne yapacağımızı eşimizle baş başa verip kaç kere konuştuk? Ne gibi tedbirler ürettik? Hiç! Hiç ekenler ne biçer sizce? Bence "hiç" bile biçemezler. Çünkü hiç ekilen topraklar o kadar çok işe yaramayan otlar büyütür ki onları görünce şaşıp kalabiliriz. Fakat bunun yanında içinde tek tük buğday ya da arpa da bulunabilir; eğer bir işe yararsa! Güzellikleri çaba ve emekle üretmek gerekir. Hiçbir fayda, emek ekmeden biçilmez. "Oğlum şöyle yap, oğlum şunu şunu yapma, hadi camiye git. Kızım o çocukla gezme, gel namaz kıl." gibi sözlerle oğlumuzu ya da kızımızı eğittiğimizi zannediyorsak yanılıyoruz. Yanıldığımızı da çok geçmeden çocuğun üzerinde oluşan davranış ve alışkanlıklardan anlayabiliriz.

İyi hali korumazsak o iyi hal çok kısa sürer. Koruyucu çalışmalar, iyileştirici çalışmalardan hem daha kolay, hem daha masrafsız, hem de daha faydalı ve kârlıdır. Ayrıca aklını kullanmanın bir göstergesidir.

İşte el açıp boyun büktüğümüz, kalbî ve fiilî dualarla yöneldiğimiz Rabbimizden; doğru algı, doğru yargı, doğru anlam ve doğru değer talep edelim. Bu doğrulukların hayatı da doğrultmaları için ekmek-aş talep eder gibi basiret, uyanıklık, aklı doğru kullanabilme ve Rabbi razı etme niyetiyle planlanan davranışların, kesintisiz olmasını talep edelim. Doğru olup doğru kalabilmenin gayreti inanıyorum ki, bizi havada tutacak kanat çırpışları gibi dengede tutacaktır.

Dua ile doğrulara yönelip gayret adımları ile zirveye yürüyebilmenin niyeti, hasreti ve beklentisi ile...

MİLLİ EĞİTİM BAKANLIĞINA DİLEKÇE

"Niçin Anneme Babama Anne-Baba Olmayı Öğretmediniz?"

Daha küçüktüm, benim için neyin gerekli olduğunu annem babam belirledi. Bunu yap şunu yapma dediler. Onlar büyüktü, akıllıydı, benim bilmediğim pek çok şeyi biliyordu. Ve onlar beni çok seviyordu. İyi şeyler yapmamı, iyi yerlere gelmemi istiyorlardı. Kendi bildiklerine göre, benim için daha da iyi olacağını düşündükleri şekilde, davrandılar ve yaptığımda benim için iyi olacağını düşündükleri şeyleri yapmamı istediler. Onların isteklerine kimi zaman karşı çıktım çünkü bana ters geliyordu ve zorlanıyordum. Kimi zaman isteklerini yapmadım, kimi zaman da istemeye istemeye de olsa yaptım. Her durumda da; "Sen bilmezsin!", "Bunları yapman gerekli.", "Mecbursun!" dediler. Gerçekten de mecburdum çünkü benim bilmediğime ve bilemeyeceğime inanmışlardı. Benim duygularımın ve düşüncelerimin hiçbir zaman bir muhatabı olamadı. Ya dinlemediler ya da dinleyip yine bildiklerini yaptılar.

Hep küçük yerine kondum. Kendi zihinlerindeki kalıba ite kaka, ve canımı acıtarak beni yerleştirdiler. Ben büyümek istiyordum fakat kalıp dar ve küçüktü, çıkmak için tekmelediğimde onlar da beni örselediler. Aklım ve tecrübelerim onların izin verdiği kadar büyüdü. Önce "beceremezsin" diye elimden alıp iş yaptırmadılar, boyum büyüdükçe alıştırmadıkları şeyleri yapmamı istediler. Yapmaya çalıştığım şeyler, acemiliğimle karşılaştı, bocalayıp şaşırmam onları da şaşırttı ve bana "Beceriksizsin, yapamıyorsun!" dediler. "Ders çalışmazsan hayatta başarılı olamazsın." dediler. Mutlu değildim fakat zorlanarak da olsa çalıştım ve iyi not aldım. İlla diploman olsun dediler, oldu. "Bir işe gir, iyi bir maaşın olsun" dediler; bir işe girdim. Daha çok kazanmam ve daha iyi standartlarda yaşayabilmem için durmadan sıkıştırdılar ve yönlendirdiler.

Onların beni yönlendirdikleri tarafta herkesin dilinde ve elinde para dönüyordu.

Zihinlerinden ve parmaklarının arasından insan olabilme ya da kalabilme endişesi kayıp gitmişti.

Anneciğim! Vaktiyle; "Dövülüp gelme, döv de gel!" diye akıl verdiğin ben, şimdi çevremdekilerden, "Nasıl daha zengin olabilirim?" diye hesap yapmayı öğrendim. Böyle düşünen insanların içindeyim. Hani geçen gün "Bizi hiç aramıyorsun..." diye sitem ettin ya anneciğim, zihin heybeme baktım, "İnsanlara, anne-babaya önem vermelisin." diye bir mesaj ve sizin örneklik ettiğiniz bir olayı hatırlayamadım.

Ben şimdi tam da istediğiniz gibi birisi oldum anneciğim. Üç arkadaşımı saf dışı bırakarak patrona yakınlaştım. Bunu nasıl yaptığım da bana kalsın. Ee her oyunun bir kuralı var. Hep önde ve kazanıyor olmanın da bir bedeli olacak. Allah'ın kuralları geçerli olmazsa senin kendin için koyduğun kurallar işleyecek. Nereye kadar diye soracak olursanız, birilerini tüketerek siz kazandığınızda gücünüz olduğu kadar ya da sizden daha güçlüsü çıkıp da hakimiyeti ele alıncaya kadar. "Ama bu doğru değil." diye itiraz edecek olursanız; "Önde ol, onu bunu geç, aman para kazanacak iş yap..." derken düşünmeliydiniz bunu.

Yetmedi anne, yetmedi baba... Sizin verdiğiniz ölçü hayatımı kuşatmaya yetmedi. Dışarıdan bakınca kazanıyorum; sırtım pek karnım tok görünüyor fakat gönlüm üşüyor anne. O makamı daha çok hak eden bir kişiyi saf dışı bıraktım. Acıma, merhamet, insan olabilme duyguları, hayat çemberime teğet geçti. Bu duygularımın fısıltıları o kadar zayıftı ki "Yapmalısın!" sesinin yanında çok cılız kaldı. Beni başarılı gösteren karnem elimde... Davranış notlarımın hepsi on. Hangi davranış, hangi on, anlayamadım. Öğretmenim bir kere bile davranışlarıma dikkat çekmemişken, annemin babamın gözleri nottan başka bir şey görmezken, bu notlar nasıl on oldu anlamadım ve bundan hiç haberim olmadı.

Yetmedi baba! Üniversitem ve işim, güçlü akıntıdan yana yol alan gemi gibi. Hayatı nasıl ve hangi değerlerle yapamam gerektiği adına karnemde de sizin yönlendirmelerinizde de bir şey yok baba. İyi insan olmak istiyorum bazen, hangi ucundan tutmam gerekiyor insanlığın bilmiyorum. Niçin insan olmanın okulu yok?

Anne ve babacığım! Sizler niçin insanlık rengi katmadınız hamuruma? Ben yeniden, sil baştan yazılımımı değiştirmek istiyorum. Format atacağım zihnime, bu sefer okulumu ben seçeceğim. Alacağım annemi babamı da yanıma, adam gibi adam, insan gibi insan olmuş bir öğretmen bulup insanlığın alfabesini öğrenmeye başlayacağım. Daha sonra karnelerdeki kriterleri hatta ondan önce ailelerin zihinlerindeki evlât imajını düzeltip insan olma bilincinin ve eğitiminin gerçek manasını yeniden oluşturmaya çalışacağım. "Zor olur." mu diyorsunuz? İnsanca yaşayamamanın acısından daha zor olamaz herhalde. Ben yola çıktıktan sonra, hava ve iklim şartlarına razıyım.

İnsan okulu, sınıf bir, mevcut; annem, babam ve ben.

Eh artık bize müsaade. Yolumuz uzun, yolcu yolunda gerek.

ANNEM AYNAMDI

Ben bir ailenin beş kızından biriyim. Şimdi bende anne olmaya hazırlanıyorum.

Geriye baktığımda annemin bize çok güzel bir ayna olduğunu görüyorum.

Annem bana çeyizimi hazırlarken "Kızım her işimizde besmele çekelim ki işimiz rast gelsin..." derdi, işlerime başlarken hâlâ bu öğüdü tutuyorum.

"Asıl çeyizin iyi alışkanlıkların ve güzel huyun olsun fakat bunun yanında elişi yapmayı da öğreteyim sana, böylece dikkatin gelişir. Bitir elinde başladığın her ne işin varsa, sabrın gelişir. Yanlış yapmışsan bir şeyi üşenme sök, yeniden daha iyisini yap, kendine güvenin ve titiz iş yapma becerin gelişir. Temiz giyin temiz iş yap, çevren temiz ve düzenli olsun, temizlik anlayışın alışkanlığın ve çevrendekilerin itibarı gelişir. Gidicilere değil kalıcılara önem ver; para gidici, şan şöhret gidici, mevki gidici, yiyip içtiklerin gidici, mevkisinden dolayı dost edindiysen onlar da gidici. Gidiciler bir vardır bir de bakmışsın ki yok oluvermiş.

Bunların yanında iyi alışkanlıklar kalıcı, güzel huylar kalıcı, iyiliklerin etkisi kalıcı, kişiliğin olumlu donanımı kalıcı. Şunu unutma ki üstündeki gidince, cebindeki bitince, geride kalan neyse, sen osun; ona yatırım yap." derdi.

Annem aynamdı...

Günün birinde evlilik kapımı çaldı. Yeni bir hayatın heyecanı bir rüzgâr gibi esti dünyamda. Kımıldadı her şey ve yer değiştirdi kimi alışkanlıklarım.

Kimilerini de yeniden edinmem gerekecekti, anladım bunu ilk günlerde. Her ne iş yapacak olsam, evde bunu annem nasıl yapıyordu diye düşünüyorum.

Elim alışmışsa bir işe, o işi kolaylıkla yapıyorum zor gelmiyor.

Annem aynamdı...

Babamı nasıl mutlu etmeye çalıştığını, onu memnun etmek için neler yaptığını hatırlıyorum. Koridorda yürürken koluna girdiğini, babamın yanında oturuyorsa elini tuttuğunu, yolcu ederken de içtenlikle sarıldığını ve dua ettiğini hatırlıyorum. Oysa biraz önce gizlice gözyaşlarını sildiğini görmüştüm.

Annem aynamdı...

Öfkeliyken babam, annem onu yan odaya alır, konuşturur, rahatlatır öyle yanımıza çıkarırdı. Çocuktuk işte... Her çocuk gibi hareketliydik. Ola ki babam bize tahammül edemez de bağırıverir diye ortamı hazırlar, bizi öyle karşılaştırırdı. Çocuklarının gözünde babaları zedelenmesin diye. Hep doğru anlamamız için bize anlatır anlatırdı niye böyle yorgun ve gergin eve geldiğini, yeri gelip sert konuştuğunda da bununla ne demek istediğini. Bir ihtiyacımızı giderse çarşıdan "Babanız, 'Hanım al bu parayı, benim tatlı yavrularımın ne eksiği varsa gör, memnun et onları, başka seferde beraber alışveriş yaparız' dedi." derdi. Babama şükran duyguları taşırdık. Sinirli anları gözümüzde büyümezdi. Şimdi düşünüyorum da yetişkin gözüyle, belki de haberi bile yoktu babamın onun adına söylediklerinden.

Annem aynamdı...

Babam, "İyi ki seninle evliyim, seni çok seviyorum..." dediğinde gözlerinin içi mutluluktan ışıl ışıl olurdu. Annem de o zaman babamın meziyetlerini sayıp dökerek kendisinin de ne kadar şanslı olduğunu anlatmaya çalışırdı.

Bir kere bile babamı yanımızda aşağılamadı. Biz kardeşler arasında tartıştığımızda; "Önce iyi yönlerinizi hatırlayın, öfkeniz geçince de o davranışı konuşun. Öfke anında birbirinize öğüt vermeyin ve uyarmayın. Kimse öfkeliyken bir şey anlamaya ve öğrenmeye müsait değildir." derdi.

Annem aynamdı...

Babam bizimle birazcık bile ilgilense, annem hemen bu davranışını över ve dua ederdi. Babamın bizi daha çok kuşatmasında inanıyorum ki bu saygı ve takdir dolu övgülerin çok payı vardı. Annem elini uzattı, babam tuttu. Annem gül tohumu ekti, birlikte demet yaptılar. İkisinin de rollerini daha iyi oynamasında annemin katkısı büyüktü. Babamın sert mizacı ve sevgiyi ifade edemeyen alışkanlığı, bu nazik, kibar, saygılı ve bilgi dolu yaklaşımlarla değişerek zamanla gelişti ve taşıdığı yoğun sevgiyi bize yansıtabildi.

Annem aynamdı...

Varlıkta da yoklukta da ne dediğini nasıl davrandığını iyi biliyorum. Babamın elinde parası azalsa ve ruhu daralsa, onu yatıştırır, rahatlatır, bize dua ettirirdi. İsrafı önleyelim derken; "Hem tedbir, hem tevekkül yavrularım..." derdi.

Annem aynamdı...

"Mutlu olmak çok önemli, bunun için çok şey gerekmiyor. Nefes aldığın için, hayatta olduğun için, insan olduğun için, düşünüp konuşabildiğin için mutlu ol yavrum." derdi. Yokluğu da yaşadık ailece fakat mutluluk ateşi hep içimizde yandı ve mutsuzluk soğuğu bize yanaşamadı.

Annem aynamdı...

Hep nazik oldu bize ve herkese karşı. Bir kere bile kaba söz duymadım ağzından.

Eşime sabretmem gereken durumları yaşadıkça gördüm ki hiç de kolay değilmiş bunu başarmak. Oysa bize çok kolay ve olağan gelirdi çocukken.

Annem aynamdı...

"İnsanların zarar görmeyecekleri şekilde konuşmak ve davranmak insanlık görevidir." derdi. Bu konuda kendisi hep önde giderdi. Özür mü dilenecek, ilk önce o dilerdi. Teşekkür mü edilecek yine o öncülük ederdi. Hayatı ne güzel anlamışsın canım annem. Şimdi sende gördüklerim bile, yap demediğin halde zihnime yerleşmiş. Bizi kitap gibi yazmışsın ki okuyalım diye.

Okuyorum ve sana hasretle, minnetle doluyorum.

Annem aynamdı...

Hayatı okumak, şiir okumak gibi güzel gelirdi sana. Bir ahenge dönüşürdü elinde ve dilinde. En zor durum en kötü olay bile, bir de bakmışız ki ders alınacak bir tiyatro şölenine dönüşüvermiş. "Bunda da vardır bir hayır, hayrı um ki kahır kalksın." derdi.

Annem aynamdı...

Azıcık üzgün görse bizi, hemen gül bahçesi kokulu kucağı bizim hüznümüzü baharın ılık rüzgârı gibi alır dağıtırdı. Bizi konuşturur, dinler ve "Bundan sonra şöyle şöyle davranırsan daha iyi olabilir, yine de sen bilirsin." derdi.

İpek elleri ne zaman gezinse saçlarımda, anne olmayı özler, varlığı, ilgi ve sevgisi için şükre dalardım. Hiç mahrum kalmadım ilgisinden ve sevgisinden.

Acaba onun için mi güçlü duruşum ve mutlu büyüyüşüm? Onun için mi korkuların benden korkuyor olması? Hayatı coşkuyla yaşayışım ve içindeki zorluklara karşı pes etmeyişim ondan mı acaba?

Annem aynamdı...

"İnsan evinde mutluluğu yakalayamazsa, kapıdan çıkınca hiç yetişemez." derdi. "Mutlu olmak ve mutlu etmek aslında insanlar için çok kolay." derdi. "Önce sen mutlu ol çünkü yaşamadığını yayamazsın, tanımadığını tanıtamazsın, anlayamadığını anlatamazsın. Mutlu olursan tebessümün bol olur, daha sağlıklı yaşarsın ve doğru davranmanın zeminini yakalamış olursun. Çünkü mutluluk tepkisel davranmanın ilacıdır. Karşındakine önce sen değer ver ve saygı duy ki, onun gönül toprağında sevgi filizi yeşersin. O filizin bakımı, eşine bakımındır. Sevgiyle bakım verirsen onu beslemiş olursun, aynı zamanda sen de beslenirsin. Sen eşini düşün ki o da seni düşünsün. Sen onu baş tacı yap ki o da seni sultanı yapsın. Sen ona sabret ve onu anla ki o da içi sevgiyle dolarak seni kuşatsın. Sen onu öne geçir ki o da senin elinden tutsun. Önce sen başla yavrum ve bunda acele et. Sen başlamazsan muhatabın başlar. İyi başlarsa sevap fırsatını kaçırmış; kötü başlarsa, iyiye yöneltme fırsatını kaçırmış olursun. Sen bu konuda gönlüne baş eğdir ve kulağına fısılda ki; faziletli ve erdemli hayatın sarayına giden yollar, kimi zaman çakıl taşlarıyla, kimi zaman dikenlerle, kimi zaman da toz toprakla muhatap olmayı gerektirebilir. Yolun sonunda mutlu olmak ve gülümsemek istiyorsan, o gülümsemeyi (yani sonucu) zihnine kazı; o görüntü, her zaman Yaradan'ı razı etmenin ve razı olmanın simgesi olsun. O, çekip götürsün seni uçururcasına engellerden. Aş git yavrum aş git, bir adım önde gidene yetişilmez."

Annem aynamdı...

Kendini koru ki sen, sen olarak kal. Kendini koruyamayanların ne kendisine ne de başkalarına hayrı olmaz. Böyleleri yük alanlardan değil, yük olanlardan olur ve kendi işini bile başarmakta sıkıntı çeker.

Annem aynamdı...

Bulaşıktan çıkarıp kurutunca ellerini, dinlenmek için bir koltuğa oturduğunda, hemen oracıkta bulunan kitaba yönelir; sörf yaparak sayfalarda bedeninin dinlendirirken, zihninin zenginleşmesine de katkıda bulunurdu.

Kitap okuyarak dinlenirdi.

Annem aynamdı...

Ne darıldı, ne kin tuttu. Gönlüne ağır gelenleri muhatabıyla konuştu ve affetti; hiç biriktirmedi. Anneciğim, acaba ondan mıydı kelebek gibi hafif oluşun ve çocuktan çocuğa konuşun.

Annem aynamdı...

Canım anneciğim, hep gülümseyen yüzün gözümün önünde. Yaşlar aksa da yanaklarımdan bir iki dakika sürmüyor hüznüm, o sendeki aydınlığı yayıyorum yüzüme, ışıltını gözlerime ve meşaleni elime alıp yeniden düşüyorum daha iyi olabilmenin yollarına.

Sen ne iyi bir modelmişsin bize anneciğim. Seninle o kadar güzel şeyler keşfetmişiz ki hayata dair… Fakat daha öğreneceğim çok şeyler var.

Söyle anneciğim ne olur! O kimi zaman yaşadığın hüznün, nasıl oluyor da sende eriyiveriyordu? Üzgün ve yaşlı gözlerle başını koyduğun yastıktan, sabah nasıl oluyor da hiç onları yaşamamış gibi mutlu kalkabiliyordun?

O sabır, o yaklaşım biçimi, hangi imbikten süzülüp gelen anlayışın sonunda oluyordu? Elindeki tesbih gibi çektiğin dualar hangi rüzgârla kuşatıyordu bizi?

Ve sahi anneciğim, babama ne söylüyordun ki sıkıntıları eriyip gidiveriyordu?

Babamın dağ gibi duruşunu nasıl destekliyordun anne? Bu kadar özgül ağırlığı yüksek nasıl olabildin anne? Galiba bunları da ben keşfetmeliyim.

Sana söz anne, senin kızın olmaya çalışacağım. Hani diyordun ya "Daha iyi olmamanın mazereti yok." Ben de mazeret tanımadan daha iyi olma yolunda, yürümekten de öte Allah'ın izniyle koşacağım anneciğim, emin ol.

ANNELER! KIZLARINIZI AYAKLARI ÜZERİNDE DURACAK ŞEKİLDE DENGELİ, ÖZGÜVENLİ VE BİLİNÇLİ OLARAK YETİŞTİRİN

Bir erkeğin veya kadının yetersizlik sorunu, çoğunlukla yeterlilik hissetmesi için tecrübelerine fırsat verilmemesi, kendisinin yetersiz olduğu fikrine inandırılması ve bunun telâfisi için bir şey yapılmamasındandır. Bunu da daha çok anne-babalar yapar.

Bugünkü yetişkinlerin en büyük sıkıntılarından birisi; anne-babalarından gördükleri yanlışları elemeden hayata katmaları ve kendilerini eğiterek daha iyilerini hayata ilâve etmekteki yetersizlikleridir.

Eser, mucidi yansıtır. Altındaki imza esere değer katar ya da kaybettirir. Çocuklar da anne-babaların sanatlarının test edildiği eserlerdir. *"Her çocuk bir cevher, anne-baba ise o cevhere şekil veren sanatçı gibidir. Esere değer kazandıran, sanatçının bilgi ve becerisidir."* Allah'u Tealâ'nın bize verdiği cevher, şekillenmeye müsait bir yapıda ellerimize teslim ediliyor. Onun nasıl şekil alacağı, hayatımızın bütününü nasıl kurgulandığımıza ve genel hayat tarzımıza bağlıdır.

Zayıf, yetersiz ve silik bir görüntü ile psikolojik olarak ayakta zor duran, sesi cılız, kendini ifadede zorlanıyor olarak görünmek; evlilik hayatına bir sıfır yenik başlamak ve ayrıca bir torba dolusu eksileri yanında taşımak demektir. Bu görüntü normal olma kulvarının ne kadar dışında ise aynı şekilde kasıntı, kendini ve görüşlerini korumaya hazır; muhatabı kim olursa olsun ona karşı gardını almış ve onu yaylım ateşine tutmak için tetikte bekleyen bir görüntü de o kadar anormaldir.

Kızı evlilik yaşına gelmiş ailelerin çoğu bir talip çıktığında, "Ne iş yapıyor, ekonomik durumu nasıl, evi arabası var mı?" diye soruyorlar. Acaba ehliyet verilirken; "Bu delikanlı iyi eş olur." diye bir şerh düşüyorlar ve ehliyetini de veriyorlar da, bunun için mi aileler ehliyeti ve arabası olmasını önemsiyorlar? Ev tapusu alırken, "Bu gence biz ahlâklılık ve doğru kişilik tapusu da veriyoruz." diyorlar da onun için mi anne-babalar kızlarını verecekleri gencin evi var mı diye soruyorlar.

İnsan neyi önemserse, onu öne alır. Kızını vereceği gencin önce yakışıklılığına dikkat eden anneler-babalar, bunu kendi zihinlerinde ve hayatlarında öne aldıkları için damat adayında da buna öncelik vermek isterler. Bu tip anne-babalar, daha çok şık giyinmeye, bir ucundan giysisinin markasını göstermeye ve bu şekilde dikkat çekmeye aşırı özen gösterirler. Çünkü görüntü, ilk dikkat çeken şeydir; bir kere dikkat çekildiyse, ondan sonrası "Kadının fendi erkeği yendi." yapabilir ve şirinliklerle işi bir noktaya çekebilir. Peki ya sonrası, "Nikâhta keramet vardır efendim, hele o zaman gelsin, düşünürüz." mü diyeceksiniz? Hayır efendim, hayır, siz düşünmeyi baştan yanlış yöne kurguladığınız için; "Eğri cetvel doğru ölçmez ve yanlış kantar doğru tartmaz." gerçeğinden habersizsiniz bence. Bu mantıktan inanın bana doğru bir işleyiş çıkmaz. Olsa olsa yolu yokuşa süren ve geri dönülmek zorunda kalınan bir çıkmaz sokağa yolunuz çıkar ki bu da; "eziyetlerden eziyet beğen" filminin senaryosudur.

Evde olması gereken, duyarlı ve düşünen bir zihin yapısı barındıran yaşama biçimi yoksa bunu çocuğa öğretmek son derece zordur. Belki kişi talep eder ve Allah da yardım ederse, hayat dönemeçlerinden birinde bir uyarıcı görüntü ya da benzer bir mesajla, bulunduğu noktadan daha doğru bir gidiş için sinyal verip şerit değiştirmeye başlar. Evde eşine, sürekli kendisini korumak ve savunmak zorunda kaldığı bir muhatabı gibi davranan anne, kızına model olur. Zihin gördüğünü kaydeder ve sezgileri de içselleştirir. Yani evde bir kişilik inşa edilir, mimarları ise anne-babadır.

Ahiret hayatının olduğunu fikren kabul etmenin pratiğe yansımadığı yaşama biçimlerinde çocuklar, "bilip söylenir fakat yaşamaz" gerçeğini görüp çoğunlukla aynen uygular. Düşüncelerinin ve duygularının, kendisini konuşturduğunu ve davrandırdığını bilip ona göre tedbir üretmek; bilgi kaynağı, dost ve çevre oluşturmak için bilinçli bir gayret, ancak dünya ve ahiret saadetini hesaba katanların tercihi olagelmiştir. Hiçbir şey kendiliğinden sizin olmaz ya da kalıcı olmaz; ona emek verip bedel ödemedikçe.

Çocuklarının eline doğru yaşama malzemesi ve doğru ölçme araçları vermeyen anne-babalar, çocuklarını karanlık bir hayat yaşamaya mahkûm ederler. Eşine nasıl davranacağını bilmeyen, yapacaklarını eksik veya yanlış yapıp yapmaması gerekenleri yapan, bunlar söylendiğinde ise savunmaya geçen bir hanım tipi, insanın ömründen ömür çalar. Hele de bu hanımefendinin ailesi tarafından da korunup savunuluyor ve üstüne üstlük, damadın en basit söz ve hareketlerini ele alıp "Sen de böylesin!" deniyorsa her konuşma bir sataşma malzemesine dönüşebilir.

Damadın ailesi de kendi oğullarını korumaya başlarsa, işte o zaman ortalık gerçek bir savaş alanına dönüşür ki kılıçlar çoktan çekilmiştir. Kızını tutan fakat yanlışlarını tutmayan, hataları korumadan doğruya sevgiyle sevk eden, ayrıştırıcı çekiştirmeler yerine birleştirici yönlendirmeler yapacak ebeveynlere ihtiyacımız var. Kızını verdiği delikanlıyı oğlu gibi görüp; "Kızım nasıl davranırsa eşi ondan memnun olur, eşin memnun olması aynı zamanda Allah'ın memnun olması anlamına gelir." diyen bir anne modeline ihtiyacımız var. Kızının sadece teknik başarısına ve görüntüsüne yani fiziğine yatırım yapıp kimyasını ihmal eden anne-babalar, sadece kendi istediğini bilen, karşısındakinin istediğini gereksiz gören, varsa yoksa kendi ailesi, diğerleri olmasa da olur mantığı ile evlât yetiştirdiklerinde, bırakın o eş ve aile için olmasını; böyle bir insan dünya için bir sıkıntı kaynağıdır.

Okul okumuş fakat insanı okumayı öğrenememiş, kitap okumuş fakat duyguları, sevinci, hüznü okumayı öğrenememiş, pahalı bir gömleğin kıymetini bilirken insana kıymet vermeyi öğrenememiş, para kazanmayı öğrenmiş fakat para için insanın harcanmaması gerektiğini öğrenememiş, konuşmayı öğrenmiş fakat yeri geldiğinde susmayı öğrenememiş, başkalarını idare etmeye kalkışıyor fakat daha duygularını idare etmeyi, düşüncelerine sözlerine yön verebilmeyi öğrenememiş, herkese kendi doğrularını telkin etmeyi öğrenmiş fakat karşısındakinin de doğru düşünebileceği gerçeğini öğrenememiş, kendisinin dinlenmesini ve anlaşılmasını bekleyip talep ederken, daha kendisi sakince dinleyip anlamaya çalışmayı öğrenememiş, kendisine yapılan her uyarıda karşı çıkıp savunmayı öğrenmiş fakat, haklısın, ben bunu yanlış yapmışım af edersin demeyi öğrenememiş, tenkit etmeyi bildiği kadar iyi ve güzel yönleri görüp takdir etmeyi öğrenememiş, kirletmeyi bildiği kadar temizlemeyi, bozduğu halde düzeltmeyi, kırdığı gönülleri tamir etmeyi öğrenememiş; hanımefendiler, gelecek nesiller açısından da aile kurumunu selâmeti açısından da kişisel iletişim açısından da bir talihsizlikler yığını yaşatmaya müsait bir yapı taşırlar...

Aile olmanın bana göre iki ayağı vardır, biri seçim, diğeri geçim. Seçimin çok isabetli olması, geçinilebileceği anlamına gelmiyor. Güzellik, para, şöhret vb. tercih edilme sebepleri; günlük hayatın içindeki alışkanlık ve tutumlar ortaya çıktıkça ve kişiye rengini veren inançları devreye girdikçe geri plânda kalmaya başlıyor. Yüzü güzel olup sözü güzel olmayanlar, parası kadar aklına yatırım yapmayanlar, şöhreti olup yatırımını bedenine yaparak gönlünü ve aklını kısır bırakanlar, daha evliliğin başlangıcındayken kan kaybetmeye ve kan kaybettirmeye başlarlar.

Anneler; ailenin mimarı, diğer bir tabirle yuvayı yapan, dişi kuştur. Büyüklerimiz, "Erkek seldir, kadın göldür", "Erkek direk, kadın yürek" demişler. Hz. Allah, kadın ve erkeği, birbirlerinde bulunmayan özelliklerle donatarak, tamamlayıcı ve zenginleştirici bir unsur olarak birbirlerine hediye etmiştir. Hanımefendiye, ailede yetiştirilirken düzgün bir aile inşa modeli verilmemiş; sıradan, günübirlik, kısa vadeli ve kâra odaklı bir strateji öğretilmişse, uzun yol arkadaşı olamama sıkıntıları yaşanır. Bilerek tercih edilmeden yaşanan bir hayat, mutsuzluk feryatlarının ağzı kapatılarak, kul hakkının altında ezilmeye mahkum edilir.

Nereye gideceğinin yol haritası elinde olmayanlar ya da nereye gideceğini bilmeyenler, önüne gelen yollara saparak, hayatı sadece gün gün, saat saat tüketir ve sonunda kendilerinin de tükenmiş olduklarını görürler. Bilinçli bir din anlayışı ve kendini Allah'ın emirlerine göre donatma (yaşantısını imar etme) tercihi, insan olma ve insan kalabilme sürecini başlatır. İşte her şey bu noktadan sonra olması gereken rengi ve ahengi alır. Ortak nokta olarak Allah'a teslim olma yolunda birleşip bütünleşebilmek; insanın duygularını dizginlemesine ve sınırları korumasına vesile olur. Allah'tan istenen doğru olabilme ve doğru durabilme duasıdır insanı sabrettiren, acıya katlandıran ve ahirete hazırlandıran. Bu anlayışın ve yaşayışın eşiği, insan olabilme bilincinin beşiğidir, aile.

Hanımefendiler, sorumluluklarını kuşanacak erdem ve kalitede bir modelden yoksunsa bu, toplumun yoksunluğu ve ailenin yoksulluğu demektir.

Anneler! Kızlarınızı, ayakları üzerinde duracak şekilde dengeli, özgüvenli ve bilinçli olarak yetiştirin! Unutmayın ki toplumun kalite ayarı hanımefendilerden geçer; çünkü erkeği de onlar yetiştirir.

ANNELER! OĞULLARINIZI ÖTEKİ DÜNYANIN DA OLDUĞUNU BİLEREK YETİŞTİRİN

Annelerin yetersizliği, aciz erkek ve kız evlâtların yetiştirilmesi demektir.

Sorumluluk almaya alıştırılmamış erkek evlâtlar, anne-babasından devraldığı anlayışı eşi üzerinden de devam ettirir. Çünkü şimdiye kadar ona hep haklı olduğu söylenmiştir ve o da buna inanmıştır. Onun için hep o haklıdır. "Öyle davranmak zaten eş olarak senin görevin. Sen de kim oluyorsun ki eşinin karşısında konuşuyorsun! Erkeğe lâf söylenmez. Kadınsan kadınlığını bil, haddini bil!" denerek, yanlışı korunan ve daha tehlikeli hale getirilen bazı erkek evlâtlar, herkesi budayarak var olma savaşı verir.

Yanında bulunanlar depresyona girmeye başlayınca, kargaların bile güleceği bir iddia atarlar ortaya. "Müslüman depresyona girmez. Senin imanın zayıf."

HAYIR! O cümlenin doğrusu şudur: "Müslüman depresyona sokmaz."

Cinsiyet olarak erkek olmak, aynı zamanda yeterli olmak anlamına gelmez.

Yeterlilik, aile hayatında kendi rollerine hazırlanarak kazandırılır. Hayatın bir ucundan tutmayı ve kendine düşeni severek yaptıktan sonra, diğerlerinin sorumluluklarını da kolaylaştırıcı bir işlev görmesi beklenir erkekten. Oğulları adına düşünüp oğulları adına karar veren, onun iyiliğini sadece onların bilebileceğini söyleyip kendisini düşünmesine ve kararlarını almasına zemin hazırlamayan anne-babalar, çocuklarını yetersiz bırakarak en büyük kötülüklerden birini yapmakta; evlâtlarını hayata karşı acemi ve yetersiz bırakmaktadırlar.

Özellikle de yakınlarının hayat alanını daraltan ve onlara yük olan bu beyefendiler, kendileri haklı olduklarında direnip kimseye söz hakkı vermemeye devam ettikçe çözümden uzaklaşırlar. Bu cendereden çıkış yolu bulamayanlar, pek çok psikolojik bozukluğun kapısını çalmaya başlar Çocuklarının karşısında da aciz, yetersiz ve sıkıntı fabrikası bir baba imajı çizdikleri için, hayatında kendisini rol model olarak gören çocukları açısından da durum hiç iç açıcı değildir.

"Benim dediğim olacak!"

"Ben erkeğim, nasıl beni dinlemezsin?"

"Ben öyle diyorsam öyledir."

"Kadın dediğin eşi ne derse ona itaat eder."

"Annemle iyiysen benimle de iyisin, ona göre, annemin kaşı kararmayacak." gibi. Daha ilâve edebileceğimiz, geliştirilmemiş ve karşısındakinin gelişme potansiyelini de köreltip sindirmeye ayarlı kişilere ait bu cümlelerimiz, günlük hayatımızda ne yazık ki tonlarca var.

Peki, öyle değilse nasıl?

Sorun üreten anlayış ve yaşama biçimine baktığımızda, oluşturulmuş pek çok yanlış inanç ve yanlış yargının hayatı nasıl zorlaştırdığına şahit oluyoruz. İnsan hafsalasının anlamakta güçlük çektiği olaylar ve tepkiler, budanmış anlayış ve köreltilmiş düşünce biçimlerinin, kendisi gibi olmadığı için karşısındakini anlayamadığını ve anlamak için gayret gösterme cesareti bulamadıklarını görüyoruz. Bu durum kişiyi hayatın dışına itecek bir aşağılama; tenkit ve yetersizleştirme sonucunda zamanla hayatı savaş alanına çevirmesiyle oluşur.

Bu geliştirilmemiş akıl ürünü olan fikir ve dayatmalar, eşim Zekeriya Erdim beyefendinin tabiri ile "Akıllının aklına dokunuyor."

Şimdi binlerce örneği mevcut bulunan hallerden birkaç senaryo üretelim...

Bir beyefendi var. "Benim anneme gitmek zorundasın, fakat ben senin annene düğünde kırıldım; asla onunla muhatap olmak istemiyorum!", "Annem her gün inmeni istiyorsa aşağıya ineceksin. Ne isterse yapacaksın, buna mecbursun! Yoksa ben ne yapacağımı bilirim." veya;

"Ya Orhan Bey, şu faturaları bir yatırıversen..."

"Bugün değil, sonra yatırırım. Hem sen niye yatırmıyorsun? Hep hazır ekmek düşmanısınız, hazıra alıştınız tabi n'olacak."

"Fakat küçük çocuk var, ben dışarı rahat çıkamıyorum, bugün boşsun ve faturalar iki haftadır bekliyor."

"Evde yarım saat kaldım, dırdırınla burnumdan getirdin. Allah senin... Ben dışarı çıkıyorum."

Ve kapı çarpılarak dışarı çıkılır. Evin hanımı da ağlayarak çocuğunu emzirmeye devam eder. Bu evliliğe ve böyle bir hayata sitemler eder. Bununla nasıl başa çıkacağına dair kara kara düşünmelerini kaldığı yerden sürdürerek hayatın diğer kısımlarını da güç bela sürüklemeye çalışır.

Bu tabloya bir de çocukların yanında yapılan kavgalar, yetersizliğinden dolayı ve hayatı nasıl yaşacağını bilmemenin ortaya çıkması, bunu bir daha ortaya çıkarmamak için aşağılamaların dozunun artması; erkeğin zayıflığının ve başka yöntem bilmemesinin en belirgin özelliklerinden biri olan şiddetin devreye girmesiyle eşlerin frekansları daha da çok karışır ve hayat artık sürüklenerek götürülen bir yük haline gelir. Çocuğun en masum hareketliliği, en küçük gürültüsü bile anneye katlanılmaz gelmeye başlar. Yıkanacak bir iki parça bulaşık, kadının gözünde dağ gibi büyür. "Bugün camları sileceğim..." (demek ki camdan sağa sola bakacaksın) sözünü ahlâksızlıkla eşdeğer tutan bir anlayışla; "Biraz dışarı çıksak, çok bunaldım..." sözüne karşılık "Kadının iyisi evinde oturandır..." deyip buna dayanak olarak ayet/hadis kullanan ve buna karşılık kendini hiçbir şeyden mahrum bırakmayan ve eve hiç zaman ayırmayan, katı inançlı ve dini istediği gibi eğip bükebileceğini zanneden beyefendilerle nasıl başa çıkacağını bilemeyen hanımefendiler; hayata küsmüş vaziyette, depresyonla sarmaş dolaş ve eziyet elbisesi içinde kendilerini setretmiş vaziyetteler.

Bunları yazarken ben bile, "bu tip insanlar çoğunlukta değildir"e inanmak istiyorum. Fakat tahmin edilenin aksine, üniversitenin bilgi yüklediği zihinler bile ailenin insanlık ayarından nasiplerini almamışlarsa eğer buna dahil oluyorlar. Bilgi, dış yüzeyleri aydınlatıyor fakat içerisi ne yazık ki zifiri karanlık...

Dışarıda herkesin hayran kaldığı muhteşem, melek gibi bir insan... Fakat içeride, o haliyle asla ve kat'a ilgisi olmayan, zehir zemberek davranan, aykırı bir başka varlık beliriveriyor.

Her erkeği, olduğu gibi kadını da bir anne yetiştiriyor. Erkeğe aklını geliştirme fırsatı vermiyor da kızına veriyor mu? HAYIR. Çünkü çocuklar neredeyse fabrikasyon olarak yetiştiriliyorlar. İlk çocuktaki bilgi miktarı ile son çocuktaki bilgi oranı tecrübe dışında aynı ve bu tecrübeler de olaylardan ders alacak şekilde değil de kendini haklı çıkaracak şekilde sabit fikre dönüştürülmüşse, o zaman sıfıra sıfır elde var sıfır bile diyemiyoruz çünkü ibre sıfırın altında artık eksileri göstermeye başlamıştır.

Anneler! Erkek evlâlarınızı yetiştirirken, "Erkektir, ne yapsa uygundur." mantığından hareketle,

"Oğlumuz bacamızı tüttürecek..."

"Kız evlât ele gidip el olacak..."

"Biz oğlumuzun yanında kalırız..." diyerek sürekli yanlışı beslerseniz, o yanlış bir gün sizi de devre dışı bıraktırabilir. Eşinizin size yaptığından rahatsız oluyorsunuz; fakat oğlunuzun aynı şeyi gelininize yapmasına ya ses çıkarmıyorsunuz ya da onu destekliyorsunuz. Aynı şeyler kızınıza yapılsa kıyameti koparıyorsunuz fakat gelininiz söz konusu olunca oğlunuzu haklı çıkarıyorsunuz.

Siz böyle yapmakla oğlunuzun kul hakkı almasını ve ahirete kabarık bir hesapla gitmesini; hatta cehennemde yanmasını sağlayacak şekilde davranıyorsunuz, farkında mısınız?

Peki bu arada kayınpederler ne yapıyor? Tek taraflı dolduruşa geliyorsa, o da gelinini haksız görüyor ve oğlunun yanında yer alıyor. Eğer aklını kullanan ve oğlunu tanıyan bir baba ise, oğlunun daha doğru davranması için onunla konuşmaya çalışıyor. Eğer anaerkil bir aile ise bu girişimler, yetersiz gayretlerin zayıf sesi ile kaybolup gidiyor. Babaerkil bir aile ise, kayınvalide sessiz sedasız bu işleri kotarıyor ki bazen büyük babanın ruhu bile duymuyor, dönen dolapların farkına varmıyor. Çok adil ve dengeleyici kayınpeder ve ya kayınvalideler yok mu; tabi ki var fakat (Allah sayılarını artırsın) o kadar az ki çoğunluğun içinde görünmez oluyorlar.

Armut genelde dibine düşüyor ve yanlış yola itilen gençler, başka alternatif aramazlarsa, o kulvarda ölüp gidiyor. Fakat ardında gözü yaşlı ve "bir kere gun yuzu gormedim" diye ağlayan hanım; babalarına sitem yağdıran evlâtlar bırakarak...

Hayat seçimlerden ibaret... Okuyarak, düşünerek, dua ve ibadetlerle dine sıkı sıkı sarılıp hayata aktarmaya çalışarak perspektif genişliği kazanmazsak, anne-babalarımızın yönlendirmesi bazen bizlerin de kötü akıbeti olabiliyor.

Kötü akıbetten Rabbim hepimizi muhafaza eylesin ve bizlere geçmişlerimizin yanlışlarını tekrar ettirmesin...

MEĞER BABA OLMAK (1)

Hayatın evlilik cümlesinde özne olarak başlayıp müstakbel baba olduğunda kimi zaman fiil, kimi zaman da yüklem olarak devam eden bir sorumluluk, güzellik, zenginlik ve eylem adamı olmakmış **baba olmak**.

Meğer **baba olmak**, daha evlenir evlenmez, eşi ile birlikte birbirlerini daha iyi tanımaya çalışmak, saygıda kusur etmeyip sevgiyi büyüterek kişisel farklılıkları bir zenginlik saymak, Allah takdir ederse müstakbel evlatları için sağlam bir zemin oluşturmaya çalışmakmış. Aile fertlerinin birbirlerine destek olarak korumaları, doğru bilgi ile bilgilenerek geliştirmeleri, evde adeta bir okul gibi okuma ve paylaşma zamanları oluşturmakmış. Hakikati görmeyi ve kendimizi değiştirme gücünü böyle bulacağımızı düşünerek, bilgiyle evin atmosferini aydınlık kılmakmış **baba olmak**. Doğru bilgiye teslim olmakmış; kendi menfaatine ters gelse bile eşinin doğruluğuna, çocuklarının yararına olan hususlara muhalefet etmemekmiş **baba olmak.** Dosdoğru olmak; bunun için de doğru yaşama biçimine ve doğru dostlara ülfet etmekmiş, **baba olmak.**

Baba olacağını anladığında bebeğin anne karnındaki kıpırtılarını yüreğinde duymak; onu doğduğunda, kollarında minicik kalan cüssesiyle sarıp sarmalamak, saçlarını koklamak, ellerinden öpmek, "Çok şükür, çok şükür baba olma şerefine kavuştum." diye şükredeceği zamanı iple çekmekmiş ve adam gibi bir baba olabilmek için kolları sıvamakmış **baba olmak.**

Meğer **baba olmak**, ayakları yerden kesiveren öyle güçlü bir heyecanmış ki. "Babacığım" diyerek kollarına atılan şirin bir yavrunun sevgisi ve heyecanı, o anda duyulan mutluluk ve huzurun ne kadar da olgunlaştırıcı ve eğitici olduğunu fark ederek tebessüm edebilmekmiş **baba olmak**. Şimdinin ve ilerideki güzel günlerin gülümseten hayallerini kurabilmek; baba olabilmenin hem çok ağır, hem de doyulmaz bir mutluluk kaynağı olduğunu keşfedebilmekmiş.

Meğer sadece bu sıfatı taşımak, yine bekârlığındaki gibi tek kişilik yaşamak; "Sen annesin. Başka ne işin var, çocuğu sen terbiye edeceksin elbette!" diyerek kendini geliştirmek, sevap kazandıracak ve yapmadığında da sorumlu olacağı görevlerinden kaçmak; faturayı tek başına eşinin ödemesi için üstüne yıkmak değilmiş **baba olmak.**

Bu durum; gerçek insan olmayı ve babalığı kendi babasından görmemiş olmak, iyi örneklerle karşılaşmamış olmak ve bunun yanında da daha iyisini yapmak için, kılını bile kıpırdatmamakmış.

Meğer, negatif elektrik yüklü bulutların gerginlik yağmuruyla ıslanmamak ve enerji kaybederek verimsiz olmamak için önce eşinin gönlünü almakmış. Eşi ne kadar huzurlu ve mutlu olursa bu durum, çocuklarına ve kendisine de yansıyan bir berekete dönüşürmüş. Meğer eşinin huzurunu önemsemekmiş **baba olmak.**

İyi eş olmanın iyi baba olmaya, eşini hoş görüp desteklemenin mutlu olmaya ve hem kendisinin hem de eşinin bünye direncinin artmasına vesile olduğunu bilmekmiş **baba olmak**. Mutlu yuvalar ve çocuklar, mutlu annelerin el emeği göz nuru imiş. Akıllı babalar, eşini mutlu etmenin bir çift tatlı söz, bir güler yüz ve dengeleri sağlayan değer vermeyle başarılabildiğini bilirmiş.

Meğer; "bana göre" diyerek, "git-gel"leri, "olur-olmaz"ları, "yap-yapma"ları belirlemek değilmiş. Bir durumun "babaya göre"si varsa, "anneye göre"si de vardır. Her şeyi "bana göre" penceresinden bakarak belirleyen babalar, muhatabını yok sayıyor demekmiş. Gide gide bu yok saymalar, muhatabın da onu bir gün yok saymaya başlayabileceğinin sinyaliymiş. Yok sayılanların hayatla bağlantıları zayıflarmış. İşte eşini yok saymakla onun yok olmayacağının bilincinde olup, bu tavrın ailedeki herkesi manevi gıdasız bırakacak bir mahrumiyet tutumu olduğunun farkında olup, bundan köşe bucak kaçmak ve daha iyi tutumlarla gıdalanmak demekmiş.

Yok sayılanlar (hatta hiç sayılmayanlar), ihtiyaç ve taleplerini ifade ederken muhataplarını kimi zaman dinliyormuş gibi yapar, susup zihninde kendi savunmasını hazırlamak, kimi zaman onu susturup hiç dinlememek, kimi zaman da dinleyip yine bildiğini okumak eğilimindedir. Onların ihtiyaçlarını biriktirmelerine, hiç olmadık bir biçimde ve zamanda ya içte patlamalar yaşayıp depresyona, ya da dışta patlama yaşayıp agresifleşmeye (saldırganlaşma) yol açacağını bilmekmiş **baba olmak**. Allah'ın var ve şerefli saydığı bir kulunu, diğer bir kulun hiçbir sebeple adam yerine koymamaya hakkı olmadığını bilmek, bunun Yaradan'a bir başkaldırı olduğunu fark edip bundan Allah'a sığınmak ve herkese şerefli bir insan muamelesi yapmakmış **baba olmak**.

Babalık üniformasını giyip rozetini taktıktan sonra, bu rolü hakkınca yerine getirebilmek için kendi içindeki potansiyel yetenek ve değerleri aktif kılmaya çalışmakmış **baba olmak**. Çevresindekilerin kendisine ve zihinlerindeki babalığa uymuyor-yakışmıyor gerekçesiyle karşı çıkıp tenkit ettiği uygulamaları; "Düşünceleriniz size göre olanı ifade ediyor, oysa bizim realitemiz bize göre." diyerek doğru uygulamalarını aksatmadan sürdürebilmek ve eşinin, çocuklarının gönlünü (dolayısıyla da kendi gönlünü) sevgiyle mamur edebilmekmiş **baba olmak**.

Babasından gördüğü babalık biçiminin iyi taraflarını almak; ailedeki hemen herkesi yok sayan, hep kendi bildiğini ve istediğini dayatan, kimsenin duygularını ve ihtiyaçlarını kale almayan, enerji üretmek yerine habire enerji tüketen tavrının (varsa) farkında olmakmış **baba olmak**. Bu gidiş, değerleri ve güzellikleri üretmek yerine tüketen; ayakta tutup geliştirmesi gerekirken düşüren ve muhatabında takat bırakmayan bir tarzmış. Bunun kendindeki etkisini hatırlayıp gayret yolundan yürüyerek bilgi çağlayanında arınıp yeniden daha iyi bir tarz ile donanabilme mücadelesi verebilmekmiş **baba olmak**.

Çocukların, "Benim babam senin babanı döver!" övünmesinin ardında, gözlerindeki baba imajının ne kadar güçlü olduğu varmış meğer. Çocuklara göre baba demek; güvenilecek, sığınılacak bir kale misali ailesinin ardına sığınabileceği bir konummuş. Babalarını model alan çocuklarını görüp daha doğru bir model olabilmek için niyet etmek, başarılı bir metod için dua ve kesintisiz gayret göstermek, iyi bir baba olabilmenin mücadelesini verebilmekmiş, meğer **baba olmak**.

Çocuklarının ufkunu açmada, aklını aktif kılmada ve onları kendi zamanlarında yaşamaya hazırlamada; onları dinleyerek, yeri geldiğinde onlara fikir sorarak, her bir evladına yaş ve olgunluklarına göre sorumluluk vererek, onların hayatta doğru bir gidişi tutturmalarını ve huzurlu bir yaşama biçiminin önemini çocuklarına aktarabilmekmiş meğerse **baba olmak**.

Meğer helal rızık kazanmanın, kazancını evi için harcamanın ve bir eşe ve çocuklara sahip olmanın huzuru ile sağlam adımlarla ve onurla hayat yolunda yürüyebilmekmiş **baba olmak**.

Akşam olup yorgun argın eve geldiğinde, evi ve işini birbirine karıştırmadan, gülümsemesini yüzüne yayarak, eşi ve çocuklarıyla hiç olmazsa20-30 dakika nitelikli beraberlik geçirerek; hem onlara hem de kendisi sevgi, güven ve enerji yüklemek, doğru bir ilgi ile hayata daha coşkulu ve daha sıkı tutunmanın aşısını yaptırabilmekmiş **baba olmak**.

Sevgisizliğin ve ilgisizliğin burukluğunu, eşinin ve çocuklarının gözlerinde okumamak için elinden geleni yapıp sürekli gayret halinde olmakmış **baba olmak**.

Eşinin herhangi bir sebeple evi dağınık, sofrayı boş bıraktığı zamanlarda, "Canın sağolsun, üzülme, insan her zaman aynı performansı gösteremeyebilir. Benim de sizlere karşı nice eksiklerim olabilir, birbirimizi hoş görmeliyiz. Ekmek, domates, zeytin var mı evde?", "Var" "O halde onları yiyelim ve şükredelim, bunları bulamayanlar için de dua edelim." diyerek herkesi rahatlatıp olgunluk örneği ve güzel bir hayat dersi verebilmekmiş **baba olmak**.

MEĞER BABA OLMAK (2)

Meğer, **baba olmak**, bir yoksulluk halinde sofradaki son ekmek dilimini (kendisi aç olduğu halde), ben doydum diyerek çocuğuna yedirmekmiş.

Parasız kalıp sıkıntıya düştüğünde, çocukların "alalım" diye bildirdiği ihtiyaçları; "Olur yavrucuğum, tabi alırız fakat şu sıralar biraz yoğunum, bir süre sonra alabilir miyiz?" derken içi yanmak ve helâl bol rızık için gayret yolunda sabırla, pes etmeden yürüyebilmekmiş baba olmak. Ve her şeye rağmen gözlerindeki umut, yüz ifadesindeki onur ve dimdik dağ gibi duruşuyla, evin direği olarak, eşinin ve çocuklarının gönlünü doldurabilmekmiş **baba olmak.**

Evde herkes uyuduğunda, ay başını nasıl getireceklerini hesap edip para yeterse rahat uyumak, para yetmezse uykuyu yıldızlara arkadaş olarak gönderip, kendi iç sesleriyle diyaloga geçmek ve tedbir alıp gayret ettikten sonra, tevekkülle nefes alıp rahatlamaya çalışabilmekmiş **baba olmak**.

Yaptığı yanlış bir hareketten dolayı korkuyla babasının gözüne bakan çocuğunun yanına çömelip; "Üzülme, bir dahaki sefere daha dikkatli olursun. Benim de çocukken buna benzer çok hatalarım oldu. Bunlar dikkat ettikçe azalıyor. Dert etme, gel seninle şu işi yapalım." ya da "Azıcık sohbet edelim." diye çocuğun gönlündeki dağ gibi ağırlığı ve gözlerindeki korkuyu kaldırıp sevincin kanatlarını takabilmekmiş **baba olmak**.

Kendisi çocukken, babasının bir bakışıyla olduğu yerde çivilenmiş gibi donakaldığı; yürek dolusu çaresizlik, değersizlik ve aşağılanma duygularıyla boğuştuğu zamanları hatırlayıp evlatlarını bundan korumak ve ilişki zeminini sağlam tutabilmek için gönülden duayla bilgi dolusu tedbirle el ele yürüyebilmekmiş **meğer baba olmak.**

Babası evden çıkarken ağlayarak bıraktığı annesinin, günü nasıl mahzun geçirdiğini, gönlü nasıl kırık ve enerjisiz olduğunu hatırlayıp kendi hanımına bunları yaşatmamak ve tam tersi, çok mutlu edebilme başarısına ulaşabilmek; bunun devamı için şartsız gayreti, olmazsa olmazı bilmekmiş **baba olmak.**

Maddi iflası yaşasa bile, gerçek iflası, sevgi, güven ve dayanışmanın tükenmesi olarak görmekmiş babalık. Her ilişkinin mutlaka iki boyutu olduğunu bilip suçlama rüzgârının savunma yağmuru getireceğini; bunun için suçlamadan, kişiliği aşağılamadan yaklaşmayı tercih etmekmiş. Eşinin duygu zenginliğine, sevgi üretimine, saygı boyutuna ve doğru ilgi ile aile temelini sağlam tutmaya özen göstermekmiş **baba olmak.**

Bağırıp çağırarak konuşmanın, insanı boğan kurallarla onları yaşatmaya çalışmanın, kendi koyduğu kuralların ve zihnindeki inançların doğruluğundan emin olup hiç sorgulamamanın ve sonuçlarından da anlamamanın faturasının, kredi kartı limitini çok çok aşacağını ve kul hakkı batağına saplayacağının farkında olmakmış **meğer baba olmak.**

Asık suratlı olmakla ciddi olmanın aynı şey olduğunu zannederek, beton gibi bir yüzle eve girip kendisine yaklaşanları üşüten, yaralayan ve onların da yüzlerinin asık olmasına sebep olan, babalığı öğrenememiş baba olmaktan korkan ve bundan kaçınmak için candan bir baba olabilmeye çalışmakmış **baba olmak.**

Evde dolaşması bile çocuklarının yüzünü aydınlatan, babalarına şaka yapan, omzuna ve sırtına binen ve "at baba" diye şarkılar söyleyen çocukların cıvıltısını ruhunun neşesi bilen, oynarken onlarla çocuklaşıp günlük ritmi yaşarken sorumlulukları hatırlatan sevimli bir otorite ve davetkâr bir ifade ile çocuklarına yaklaşıp onları kuşatabilmekmiş **meğer baba olmak.**

Ricasız bir şey istememek, teşekkürü bol olmak, öfke anında bile ağzından kötü bir söz çıkmaması için tedbir üretmek, güzel hitaplarla çocuklarına ve eşine seslenmek ve sevgi sözcüklerini bol kullanarak gönülleri beslemek; "İyi ki varsın ve benim babamsın babacığım!" dedirtebilmekmiş **baba olmak.**

Eşinde ve çocuklarında gördüğü farklılıkları budayıp onları kendi istediği kalıba sokmak yerine, her farklılığı bir zenginlik vesilesi sayıp asgari müştereklerde buluşabilmekmiş **meğer baba olmak.**

Babalarının evde olduğu zamanları iple çekecek kadar çocuklarının kendisini sevmelerini başarabilmek; hem büyük, hem güçlü, hem güven kaynağı hem de çok sevgili bir baba imajı oluşturabilmekmiş **babalık.**

Eşine olabildiği kadar doğru ve güzel davranarak kendisine dönecek bir enerji kaynağı oluşturabilmek; çocuklarının nasıl baba olacağına dair zihinlerinde güçlü ve etkin bir baba modeli çizebilmekmiş **baba olmak.**

İnişli çıkışlı hayat yolculuğunda, çocuklarının doğru bir rotada ilerleyebilmeleri için hayat prensiplerini zihin defterine yazdırabilmek, Allah'la (c.c.) bağlantılarını güçlü tutabilmenin önemine inandırabilmek ve önlerini aydınlatan bir model olarak Peygamberimizi (s.a.v.) gündemlerinin başköşesine yerleştirebilmekmiş **baba olmak.**

Meğer baba olmak; eşinin ve çocuklarının duygu değişim rüzgârlarıyla üşümeleri; bu sebeple de soğuk ve sıkıntılı sözler sarf etmeleri karşısında kenetlenmiş elleri asla bırakmadan; kimi susarak, kimi hafif tebessümlü cevaplar vererek onları sakinliğin güvenli limanına yavaşça çekebilmekmiş. Ve onlar rahatlayınca; "Buyurun, şimdi konuşalım canlarım..." deyip, ailece öfke fırtınasına tutulmaktan koruyabilmekmiş ve ilişkinin kontrolünü elinde tutabilmekmiş.

Helâl rızık için, bereket için, sevgi yağdıracak iyi niyet ve güven bulutlarının aile atmosferinden eksik olmaması için elinden geleni yapmak ve dua zırhını da hiç üstünden çıkarmamakmış, **meğer baba olmak.**

İhtiyacı olan şeyleri çocuklarına yeterince verememenin, o ihtiyacı dışarıda aramaya sevk ettiğinin bilincinde olup ihtiyaçları gidermeye özen göstermek ve ortaya çıkan her sıkıntının arkasındaki ihtiyacı görüp onu ortadan kaldırmaya çalışabilmekmiş **baba olmak.** Bu ihtiyaçların başında şartsız sevgi, güven, saygı, doğru ilgi göstermek ve onlara değer verip dinlemenin geldiğini bilerek samimi bir gayretle, hangi yaşta olursa olsun, öğrenmeye, hayata geçirmeye ve yanlış olanı doğrusuyla değiştirmeye açık olabilmekmiş, **baba olmak.**

İnsan olma zemininde de babalık rolünü iyi oynayabilmesi için, muhataplarının zeminlerinde durup onların penceresinden bakabilmeyi bilmekmiş **baba olmak**.

"Seviyorum ve koruyorum mazereti ile steril ortamlar oluşturup çocuklarını toplumdan tecrit ederek büyütmek, onların kendi kararlarını vermelerine yardımcı olmak yerine onların adına düşünüp karar vermek babalık değildir" diyebilmek ve çocuklarının kendileri olabilmeleri için destek olabilmekmiş, **meğer baba olmak.**

Bir beraberlikte, sevgi-saygı ve ilgi varsa, orada dayanışma, geliştirme ve koruma vardır; yoksa hiçbiri yoktur. Var olanların kırıntıları da mutluluk aydınlığını sağlayamayacak kadar zayıftır ve cam kırıkları ışıltıları mesabesinde kalır.

Güzel söz eken, güzel duygu ve davranış biçer; saygı eken sevgi biçer. İlgi eken, sorumluluk ve bağlılık biçer; af eken güven ve huzur biçer. Düzen eken, alışkanlık biçer. Sabır eken, olgunluk biçer. Tedbir eken, rahatlık biçer. Tebessüm eken, mutluluk biçer. Güzel rol eken, güzel bir oyun biçer. Değer eken, saygınlık ve onur biçer. Güven eken, cesaret ve olgunluk biçer. Velhasıl ne ekersek onun çoğalmışı ile karşılaşırız. Aile, güzel gönüllü eş ve çocukların barınağı olmalı. Gönüller, ne ekersen onu büyütecek münbit topraklar gibi. Aklını kullanan baba, kendine ekilmiş olumsuzluk tohumlarını sık sık temizler ve yerine daha iyilerini ekerse, gönlü daha iyi ve güzelleriyle dolar. Bir hadis-i şerifte belirtildiği gibi "Her kap, içindeki ile terler." Netice olarak bizden yansıyanlar da taşıdıklarımızdır.

Çocuklarımız bize bakarak ne taşıyacaklarını ve nasıl yaşayacaklarını öğrenirler; ilave bilgilerle de karar verirler. İşte baba, okuyarak, dinleyerek, dinlenerek, eğlenerek, düşünerek, istişare ederek hayat gemisinin rotasını doğru tutmaya; önce insan olmaya sonra rolünün içini iyice doldurmaya çalışır. Toplumdaki her ferdin birbirine hayatı kolaylaştırması, sorumluluklarını yerine getirmede, önünü açmada ve destek olmada kendisini sorumlu hissetmesi ve bunu bir insanlık borcu olarak görmesi, gerektiğinin bilincinde olabilmekmiş **baba olmak.** Evlatlarına da bu anlayışı örnek olarak ve örnek bularak benimsetmeye çalışabilmekmiş.

Aynı zamanda, ömür boyu her rolün daha iyi oynanabilmesi için öğrenci kimliğini saklı ve aktif tutmanın, "Yaşadığım her gün, daha donanımlı ve nitelikli baba olabilmem için bir fırsattır." anlayışının canlı örneği olabilmekmiş **baba olmak.**

Güzelliklerin kaynağı olabilmek, meğer baba olmak için yarışabilmekmiş.

Her babaya bu yarışta başarı dileklerimizle...

AKLI GÖRMEYENLERİN GÖZÜ DE GÖRMEZ

Birinci düşme gözün görmemesinden,
ikinci düşme aklın görmemesindendir.

Allahu Tealâ (c.c.) insanı akıl almaz güzellikte, muhteşem bir ilimle ve sistematik bir işleyiş içinde yaratmıştır. Bu işleyişin kanunlarını da hem kendi içinde var etmiş hem de diğerleri ile etkileşim içinde olacak şekilde ilişkilendirmiştir. Kâinatın içindeki diğer bütün yaratılmışların da kendine has kanunları vardır ve Yaratıcımız her bir varlığın özgün yapısına bu kanunları kodlamıştır. Sahip olunan ilişkiler ağı, varolan yapının özgünlüğünü (yani sahip olduğu işleyişin gerektirdiği kurallar çerçevesindeki bütünlüğünü) koruyacak ve geliştirecek bir özellikte ise, o sistem varlığını geliştirerek sürdürür ve ulaşabileceği en üst seviyeyi, en mükemmel formatı rahatlıkla yakalar. Yok eğer ilişkilerde bunun tam tersi söz konusu olursa gelişme çabaları baltalanır ve bu kodlar, türünün en güzel örneklerini sergileyecek şekilde değil de varlığı zor tanınacak şekle sokar; rahat bir işleyiş içerisinde geçecek ömür, hayata tutunma mücadelesi vererek heba olma tehlikesiyle karşı karşıya kalarak geçer.

Bu durumdaki bir insan; varlığını en yüksek potansiyelde gerçekleştirebileceği ve enerjisini artarak sürdüreceği bir süreci yaşamak yerine, baltalanmış ümitlerinin ulaşılamayacak hayalleri ile geçen sancılı bir yolun yolcusu haline gelebilir. İnsana verilen en büyük ve önemli nimetlerden birincisi olan akıl, onu işletmesini bilenlerin elinde, insana en yüce ufukları işaret eden bir rehber olabilir. Açlıktan ölmek üzere olan, varlık mücadelesi veren bir akıl ise ancak var olanı güçlükle elde tutabilecek bir duruma düşer.

Aklını geliştirme ve güçlendirme; ancak akıllı insanla aklını geliştirmemiş insanın, düşünme, anlama, yaşama ve doğru olanla yanlış olanı kavrama yanında, asgari müştereklerde buluşma becerisi açısından da farkını bilenlerin önem verdiği bir husustur.

Akıl, gelişmeye ve sıçrama yapmaya müsait bir yapıdır. Oysa alışkanlıkların sabitleştirdiği inançlarına sıkı sıkıya sarılan ve adeta aklın gelişmemesi için olağanüstü çaba harcayanların elinde cüce kalır. Bu, kendi bildiğinden başka doğru tanımayan ve doğru diye inandıklarını da test etmeye yanaşmayanların tavrıdır. Bunların adı dindar da olsa fark etmez çünkü inandıkları kriterlerin kaynağını din değil, alışkanlıkları oluşturur ki; Kur'an bu tavrı "atalar dini"ne bağlılık olarak tanımlar ve eleştirir. Din inancı, kimi zaman sadece ibadet etme biçiminde kalır ve okuduklarının anlamı mensubunun gönlüne ve hayatına nüfuz edemez. Kimi zaman da inanç yalnızca dilde kalır ve yeri geldikçe destek olarak kullanılan bir materyalden öteye geçmez. Oysa dinimizin en sık vurguladığı hususlardan biri "inanmak" ve bu inandığını "amel" yani eylem haline getirebilmektir.

İnsan gönlü; düzgün bir inancın hayat katan yaşantısında kendini ifade ederse insan, insan olduğunu ve yaşadığını anlar ki; kulluğunun ve içinde yaşadığı muazzam âlemin farkına varmaya başlar. İnanç, insanı dengeye sevk eder ve dengede tutar. Aşırılıklar ruhu bunalttığında, imdada yetişen ve can simidi niyetine feraha çıkaran ayetler ile hadisler, insanı aşırılıklardan orta yola/ yönteme yani "sıratı müstakim"e yöneltir.

Her halinde Rabbi ile sarsılmaz bağlarını istiğfar, tazim, secde, tefekkür gibi vasıtalarla güçlendiren insan, ona yaklaştıran her şeyi yanında hazır bulundurmak ve gerektiği anda kullanmak ister.

Akletmekle inanmayı sık sık yan yana vurgulayan dinimiz açısından anne-babaların en önemli görevlerinden biri de verilen nimetlerin amaçlarını ve kullanma biçimlerini çocuklarına öğretmektir. Çünkü hayata hazırlanırken kendisine verilen akıl nimetinin nasıl kullanılacağını öğrenmek, bir rehberlik ister.

Bir insanı diğerinden ayıran en önemli özellik; fiziksel ve kimyasal farklılıkların yanında önce aklını sonra da kendisine verilen nimetleri geliştirmesi ve kullanma biçimidir. Aklın kullandıkça geliştiğini ve Rabbimizin aklımız sayesinde bizi muhatap aldığını düşünürsek daha çocukluktan itibaren aklı geliştirmenin ve işletmenin önemi daha çok ortaya çıkar. Aklını geliştirmiş ve onu doğruların emrine vermiş bir insanın hayatı, onun ulaşabileceği çok güzel erdemli seciyeyi işaret eder. Şartlar ne olursa olsun, kimlerle muhatap olunursa olunsun; akıl, eğer doğru kullanıma göre kurgulanmışsa çözüme yönelik ve insanı merkeze alan bir işleyiş kazanır. İnsan, aklı sayesindedir ki anlık değil geleceği de kuşatan bir görüş derinliğiyle hayata bakar. Zararına da olsa doğrulardan taviz vermez. Hakkın ve hakikatin yanında olma gayretini ömür boyu sürdürür.

İşte bu şekilde örnek bir aile yapısında büyüyen çocuk, düşmeye değil, düşüren etkiye odaklanır ve onun bir daha kendisine engel olmaması için tedbirini alır. Şartları ve ortamı suçlamak yerine, mazeret üretmenin kendisine bir katkı sağlamayacağını bilir. Kendisini düşmeye götüren zayıflıklarını ve gözden kaçırdığı ilkeleri gündemine alıp, düşmemenin gayreti içine girer. Zaten insanın ve dünyanın işleyiş kurallarını birazcık bilen biri, düşmeden yürümenin çoğunlukla mümkün olmadığını da bilir ve bu düşmeleri en aza indirecek stratejileri öğrenir. Her yanılmada kendisini eleştirenlerin, her seferinde kendini zayıflattığının ve düşmeye daha hazır hale getirdiğinin bilincindedir. Tedbir için kendini ezmesi de gerekmez.

Akıl, sadece Rabbinin doğrularını esas aldığında ve bunu sünnetle eşleştirdiğinde, kişisel çıkarlar minimize olur ve insan hadiselere daha evrensel bakmaya başlar. Kendini korumaya yönelen ayakta tutmaya destek olan ve aklı yüksek frekansta çalışanların tutumu, bilâkis oluşan özgüven ve sosyal imajla, gücüne güç katar. Bir sistem, odaklandığı nokta hedefine atışlar yaptıkça, görüş keskinliği ve isabet artışı yaşar. İşte bunlar; usta olanlar ve bununla hayatını farklılaştıranlardır.

İnsan zihni, aradığını görmeye programlanmış. Buna seçici algı diyoruz. İnsan neyi arıyor ve neye malzeme bulmak için çırpınıyorsa, zihin onları diğerleri arasından seçiyor ve algımızın oltasına takıyor. İnsan, "Bana neye mal olursa olsun, ben doğruların peşindeyim." dediğinde zihni de bu bakış açısına uygun malzemeleri fark ederken, karşısındakini suçlama eğilimindeki bir zihin de bu yönde malzeme bulmakta gecikmiyor. Önemli olan elimizdeki malzemenin ne olduğu ve ne kadar olduğu değil, bunun neye hizmet ettiğidir ve hangi soruyla elde edildiğidir.

"İnsan yanılmadan, elmas yontulmadan mükemmel olmaz." diyor bir düşünür. Akıl; yanlışı görerek tedbir üretmek, bile bile bir daha yanlış yapmamak ve daha iyisini yapabilmek için kullanıldığında, doğruların içinden bile en iyisini seçmeye gayret eder. Günlük hayatımızdan bir örnek verelim. Diyelim ki kendimizi temize çıkarmaya alışmış bir anne-babayız. Hep bu tavrı sergilemeye alıştığımız için şikâyet eden çocuğumuzu itaatsizlik ve yanlışta ısrar etmekle suçluyoruz; kendimizin yanlışlarını görmüyoruz. Çünkü buna inanmak işimize gelmiyor. Böylelikle doğruyu bulmaya odaklanması ve çözüm üretmesi gereken akıl, çocuğumuza yanlış davranmaya ve sonuçları doğru okumamaya programlanıyor.

Doğru davranmayı hayatının merkezine koymayıp kendi yaptıklarını haklı görmeye odaklananlar; sebepleri kendi dışında aradıkları için sık sık düşüp kalkmalar yaşarlar.

Sebepleri düzeltmeden sonuçların da düzelmeyeceğini akıl onlara söylemezse, göz bildiği gibi görmeye devam eder. Çünkü akıl, sebepleri görmeye yönlendirilmemiştir.

Hep kendi yaptığını haklı görmeye devam edenler, sonuçları başkalarına fatura ettikçe, istedikleri sonuçtan uzaklaştıklarının farkına varmaz ve şikâyet etmeye devam ederler.

İnsan, bilmeden hata yapabilir, yanlışa düşebilir ve yanılabilir. Eğer akıl; bunların bir daha olmamasını gerçekten istiyorsa artık bilerek bu kulvardan uzaklaşmaya başlar ve bu yanlış yaklaşımları tekrarlamamaya özen gösterir.

Akıl, soru ile çalışır; neyi aradığımıza göre malzeme toplar. "Ben nasıl daha iyi ve daha doğru bir insan olabilirim? Ben, Allah'ımın (c.c.) memnun olması için nasıl davranmalıyım? Ben, nasıl daha iyi bir eş, anne-baba ya da evlât olabilirim?" soruları, hayata hayat katar. İşte bunlar, daha iyi olmak için aklın bütün fonksiyonlarını harekete geçirir. Eğer anne-baba isek ve yanlışlardan kurtaran sorularımız yoksa bunun çözümünden çok uzağız demektir.

Dualarımızın bizim zihnimizi etkileme ve bizi sevk etme gücü olağanüstüdür. Dua, güçlü bir isteği ifade eder. Bu güçlü istek aklı ne tarafa yönlendirirse; akıl, o istikamette adeta uçar. İnandıklarımız doğru ise (ki bu, doğru bilgi demektir), bu inancın gücü kadar gönlümüz bunu arar. Ellerimizi açarken, gönlümüzün de açıklığı kadar gayretimiz oluşur. Güçlü istekler ve onu takip eden metot ve eylem, sabırla buluştuğu oranda, düşmelerimiz aklın aydınlığında en aza inecektir.

Aklın görmediğini göz görmeyecektir; çünkü beyne öyle bir komut verilmemiştir. Akıl ararsa göz ona malzeme verir. Anne-babaların çocuklarına yapacakları en önemli iyiliklerden biri, neyi isteyeceklerini ve nasıl dua edeceklerini onlara öğretmeleridir. Doğruyu aramayanın, onu bulması da tesadüfidir. Tesadüfler de kırk yılda bir gelir ve kalıcı olmaz. Kalıcı ve erdemli insan olma basamaklarını tırmandıracak doğrulara kilitlenme anlayışında olmamız ve bunu çevremizdekilere de telkin etmemiz; hayata geçirmemiz lâzım.

Bu da çoğunlukla hayata yön veren aile görgüsü yanında; edinilen doğru bilgilerin hayata geçirilerek aktifleştirilmesi, doğru bir bakış açısına sahip olunması ve doğru bir çevre ile mümkündür. Doğru yaşayabilmek ve bunu çocukların da yaşamak isteyecekleri bir biçimde sunabilmek, değer aktarımında ve değerlerin benimsetilmesinde çok önemlidir. Dualarımızda, yaratılış gayemize uygun biçimde yaşamamıza yardım edecek materyalleri isteyen kullar olabilirsek; materyallerin başında, aklımızı da en iyi biçimde geliştirmek ve onu düşünebilecek olgunluğa yüceltebilmek alışkanlığı ile anlayışının olduğunu anlayacağız.

Hayata doğru yerden tutunabilenlerden; gözlerinden önce aklı görebilenlerden olabilmemiz duasıyla...

GÜÇLÜ RÜZGÂRLAR, KÖKLERİ ZAYIF AĞAÇLARI SÜRÜKLER

"Güçlü rüzgârlar, kökü derinlerde olan ağaçları sallar, sarsar; fakat deviremez. Ağaç için bir iyilik yapmamız istense ya da ona gelecek zararları önlememiz gerekse, yapılacak şey güçlü fırtınaları engellemek yahut ağacı koruma altına almak değildir. O ağacın derinlere kök salabilmesine ve güçlü olmasına zemin hazırlamaktır."

Evde, masasında çalışırken, aniden cam açılıp içeriye güçlü bir rüzgâr gelse masadaki kağıtlar uçuşur ve sağa sola dağılır. Sonbaharda mevsim gereği rüzgârlar azıcık sert esse yerde kaldırabileceği güçte ne varsa havaya savurur. Hatta biraz daha güçlü esip fırtınaya dönüşürse damdaki kiremitleri, küçük ağaçları, gecekonduların damlarını alıp sağa sola fırlatabilir. Burada etkiyi belirleyen iki unsur vardır; rüzgârın gücü ve eşyanın direnci. Rüzgârın önündeki cisimlerin zayıf, güçsüz ve tek başına olmaları, onların çok uzaklara bile kolaylıkla sürüklenmelerini (neredeyse) garantiler.

Rüzgâr, hafif olursa tehlike arz etmez. Fakat muhatabı, önündeki nesne, çok zayıfsa hafif rüzgârdan bile etkilenir. Rüzgârın yeni yetme bir fidana yaptığı etkiyle, derinlere iyice kök salmış güçlü bir ağaca yaptığı etki şüphesiz ki aynı değildir. Birinin bağlandığı nokta yani kökleri yüzeysel ve zayıf, diğeri derinde ve daha sağlamdır. Yani destek aldığımız, tutunduğumuz, beslendiğimiz ve bize güven veren merkez hattı güçlüyse, biz de güçlüyüz demektir; zayıfsa bu bizim de zayıf olduğumuz anlamına gelir.

Zayıf olanlar, bağlantı noktalarından daha kolay kopar ve sürüklenir. Güçlü olanlar ise kolay kolay kopmaz ve sürüklenmez.

Belediye otobüslerinde ya da dolmuşlarda bazen ayakta kaldığımız olur. O zaman düşmemek için çevremizdeki uygun demirlerden tutunarak destek alırız. Bazen şoför bir virajı hızlı alır ve yolcular aksi yöne savrulurlar. Eğer o esnada elimiz demiri gevşek tutuyorsa, koltuğun kıyısında oturuyorsak, ya da hiç tutunmadan yaslanarak gidiyorsak, Allah korusun bu savrulmayla düşebilir ve sağa sola çarpabiliriz. Demek ki tutunmak ve destek almak, savrulmayı ve zarar görmeyi engeller.

Bir de psikolojik rüzgârlar vardır ki güçlü estiklerinde fırtınanın zararıyla mukayese edilemeyecek tahribatlar yaparlar. İnsanlar yetişkinlik çağına erişip hayata atılıncaya kadar pek çok gelişim evrelerinden geçerek olgunlaşırlar. Bu aşama, doğum öncesi ve bebekliği kapsayan çağdan itibaren, "çıraklık okulu" kabul ettiğimiz ailede başlar. Aile fertlerinin ve çevremizdeki yakınlarımızın da katkılarıyla gerçekleşir. Kendini, çevreyi, insanları ve dini tanımak, çalışmayı sevmek, güven içinde büyümek bu devrede gerçekleşir.

Bir çocuk, ailesinin kendisini sevip değer verdiğini bilirse, bu sosyal çevresine de güçlü bir bağla bağlanır. Eğer temel güven duygusunun oluştuğu ve geliştiği dönemlerde eksik ya da yanlış yaklaşımlar yüzünden bu bağ yeterince sağlam oluşamamışsa rüzgârlarla savrulmaya hazır bir yapı var demektir. Peki güçlü bağlarla dengeli yaşayanlara, güçlü rüzgârlar isabet etmez mi? Eder elbette. Fakat böyleleri sağa sola meyillense de dengesi bozuluyor gibi olsa da çoğunlukla kısa sürede kendini toplar ve ayağa kalkar. Tutunduğu dal kavi, ayakları merkezde sabit olduğu için bu böyledir.

Bir merkeze bağlanmak ihtiyaçtır. Bizler, din müessesesiyle Allah'a sarsılmaz bağlarla bağlıyız. Bizi doğrularda sabit kılan, Allah'la olan mutabakatımızdır. Bu bağ ne kadar güçlü olursa direncimiz de o derece yüksek ve güçlü olur. İnanmak fıtrî bir ihtiyaçtır. Bu ihtiyacı, gerçek bağlantı noktalarıyla ve doğru merkeze bağlanarak gidermeyenler, bağlanacakları başka merkez ararlar. İnançsızlık ve şüphe rüzgârları, bağlantıları olmayanlar ya da zayıf olanları kolaylıkla sürükleyebilir. Sürüklenenler ise bu ihtiyacı gidereceğini düşündüğü her limana demir atma eğilimi içindedir.

Ailesinden yeterli ilgi, sevgi ve değeri göremeyen gençler, bunları bulma arayışına girer. Özellikle de gençleri etkileyebilmek için dış ortamda çeşitli tehlikeler ve tuzaklar hazır bekler. Ve bunlar öyle güçlü rüzgâr oluştururlar ki donanımsız, ailesiyle bağlantıları zayıf ya da kopuk gençler, kolaylıkla o yöne sürüklenebilir. İnsan, aç olduğu şeyin arayışına girer. "Gel bize katıl, her istediğine kavuşursun, bizim adamımız ol. Şu önemli görevi sana verelim, sen bizim için önemlisin, erkek adam cesur olur." diyen sıcak bir çağrı, üç dört gün aç kalmış birisine, "Gel şu sıcak çorbayı iç." demek kadar caziptir.

Evde adam yerine konmayıp sürekli eksiği bulunan, beğenilmeyip eleştirilen, aşağılanan gençler, arkadaşlarının ikram ettiği sigarayı kendisine erkek havası versin, kabul görsün, reddedilmesin diye içer. Sigarayı içerken, tutuşuyla, üflemesiyle oluşan havanın, kendisini yetişkinlere ve itibarlı birine benzeteceğini düşünerek benimser. (Bu arada, yazar-çizer-sanatçı bazı kardeşlerimizin, elinde sigarasıyla poz vermelerini ve uluorta yerlerde içmelerini doğru bulmuyorum. Kendi şahıslarında yanlış bir alışkanlığı benimsetme, sevdirme ve cesaretle başlatma rolü oynadıklarının farkında olmaları gerekir diye düşünüyorum.) Başlangıçta, "Ben tiryaki değilim, istediğim zaman bırakabilirim." der ve bu düşünce onu ilerletir. Daha sonra bir de bakar ki çelik halatlarla kuşatılıvermiş ve ne yazık ki kurtulması da zannettiği kadar kolay değil.

Zararlı alışkanlıklara başlamak böyledir, internet alışkanlığı böyledir, hırsızlık ve yalancılık dahi böyledir. Hatta çete, örgüt ilişkileri ve uyuşturucu kullanımı da böyledir.

Bunların neredeyse tamamına yakınının kökeninde; bozuk, sevgisiz ve huzursuz bir aile ortamı yatar. İlgiye ihtiyacı olanlar, ilgiye götüren rüzgâra kapılırlar. Sevgiye ihtiyacı olanlar sahte de olsa kısa da sürse o özledikleri sevginin peşinden sürüklenirler. Sevginin gölgesinde bir anlık nefeslenmek bile insana çok cazip gelir. Evli oldukları halde eşlerinden hak ettikleri sevgiyi, ilgiyi ve yakınlığı göremeyenlerin sürüklendikleri çukurlar yürek parala-yıcıdır. Özellikle gençler, kendi değerlerine ters düşse bile, ilgi gördükleri kaynağın gösterdiği istikamette yürürler, ilgi ve sevgiyi gördükçe de bu sürer. Geçici rahatlık ve doygunluk için ciddi riskler alabilirler. Demek ki psikolojik rüzgârlar, bağlantısı güçlü olmayanları bir noktadan diğerine rahatlıkla savurur durur.

Bir de bunun diğer versiyonuna göz atalım, yani madalyonun diğer yüzüne. Aslında hayatımızın her safhasında rüzgârlarla karşılaşırız. Bunların bir kısmı itici-motor güç olarak her zaman vardır. Fakat biz farkında olup da kullanıma sunmadığımız için olumlu rüzgârlarla olumlu yönlere gönderemediğimiz insanımız, olumsuz rüzgârlara hedef olmaktadır.

Aslında hepimizin, özellikle de çocuklarımızın bu motive edici itici güce çok ihtiyacı var. Köyde büyüyen çocukların bildiği bir oyun vardır. Bir buğday ya da arpa başağını ters olarak iki avucunuzun içine alın ve ellerinizi ufak ufak ileri geri hareket ettirin. Başağın hızla ilerlediğini göreceksiniz. İşte tıpkı bunun gibi güzellikler ve yeteneklerle dolu olarak geldiğimiz dünyada, minik minik olumlu rüzgârlar, bize ilerleme ve gelişme imkânı verir. Çocuğumuzun iyi davranışlarını, her güzel ve doğru sözlerini, başarılarını överek "Aferin, çok iyiydin. Seni çok seviyorum, iyi ki sen varsın, ne güzel yapmışsın, çok beceriklisin..." gibi sözlerle sevgi rüzgârları oluştursak her sözümüze zihinleri açık yavrularımız; bu sözlerimizle çok mutlu olacaklar ve hızla mesafe kat edeceklerdir, buna inanabilirsiniz.

Tabi yerinde ve sürekli doğru davrandığımızda bu böyledir. Eksik yönlerini değil, güçlü ve iyi yönlerini fark edersek; bize inanır ve güvenirler. Bu tutum, çocuğumuzla aramızda kopmayacak bir çekim ve sevgi bağı oluşturur. Yer çekimi de bizim dengemizi sağlamıyor mu? Biz hem takdir edip hem de tavsiyelerimizi yaşayarak onlara model olursak kolektif bir bilinç oluşturmuş oluruz ki bu bilincin rüzgârı bazen bizi ve çocuklarımızı ömür boyu ılıman iklimlerde bulundurup sütliman koylarda mehtapla buluşturur.

İnsanlar sevildiği ve sayıldığı merkezi terk etmek istemezler; sevdiklerini memnun etmek isterler. Biz memnuniyet kriterlerimizi, erdemli değerlerden seçersek, "Hangi tohuma su dökersek o tohum yeşerir." gerçeğinde olduğu gibi sevgiyle üzerinde çalışılan bu özellikler gelişir ve güçlenir.

İşte daha küçük yaşlardan itibaren erdeme sevdalı yetişkinlerin güçlü rüzgârları, küçük erdem yolcularının yelkenlerini şişirir, yüzlerini okşar, gönüllerini ferahlandırır ve onlara pupa yelken yol aldırır. Böylece bu rüzgâr, onları saygınlık zirvesine taşır. Taşınanlar da etraflarında yeni rüzgârlar oluşturur. Çünkü mutmain bir yüreğin sevgiyle çarpışındaki ahenk ve yaydığı enerji halesi, gözleri kamaştırır. Yürek gücünün hayran bırakan seyri, doğruya açık yürekleri kenetlenmek üzere merkeze çeker.

İnanarak yol almanın ve harika rüzgârlara bilinçlice kendini bırakmanın sonucunda, her adımda enerji yüklenir o gönüle, o ömre. "Ben doğru yolda kaybolmuş kişi görmedim." diyor Sadi-i Şirazi. Ne güzel ve ne doğru bir söz. O doğru yolda yürüyenlere de yanlış yönlerden rüzgârlar isabet eder. Fakat onların bağlantıları çok güçlü olduğu için rüzgârlar sadece güçlerini ve dirençlerini artırmaya yarar.

Dua rüzgârdır, sevgi rüzgârdır, dostluk rüzgârdır. Güven veren sevgi dolu bakışlar rüzgârdır. Rüzgâr umuda yolculuktur. Rüzgâr, kendi içinde rotayı bulanların, yakınlarının ve çevresindekilerin de rotalarını bulmaya yönlendirmek için kullandıkları sihirli bir enerjidir.

Bizim oluşturduğumuz rüzgârların gücü; bilgimiz, görgümüz ve tecrübelerimizden derlediğimiz ışığı, önce kendi ruhumuza sonra hayatımıza yayabildiğimiz kadardır, iletişim gücümüz kadardır, sevgi gücümüz kadardır ve karşımızdakini tanıyıp saygı duyduğumuz kadardır.

Eğer rüzgârlarımız istikrarsızsa, bir söylediğimiz ötekini tutmuyor, rüzgârımızın hangi yönden geleceği belli olmuyorsa etkimiz de istikrarımız gibi gel-gitler şeklindedir. Gel-gitler; yelkenleri şişirir gemiyi ilerletmez, yerinde saydırır ve alabora eder.

Dualara açık makama, gönüllerimiz gibi ellerimiz de açık. Doğruları yaşama bilinci, güçlü rüzgârlar oluşturabilme becerisi ve doğru yolda ilerleme iradesini güçlü bir bilinçle senden istiyoruz ey Rabbimiz…

İŞ HAYATI İLE AİLE HAYATI ARASINDA DENGE

Patronlar ve çalışanlar! Aile hayatınız bu iş temponuzdan nasıl etkileniyor?

İş hayatınızın başarılı olması için gösterdiğiniz gayreti, ailedeki fertler ile aranızdaki iletişimin güzelleşmesi için de gösteriyor musunuz?

Ekonomik yönden rahat olmak mutlu olmak için gereklidir fakat yeterli değildir, bunun farkında mısınız?

İş hayatınızda çok çalışıp yorulmanız, sizin evdeki sorumluluklarınızı ortadan kaldırır mı? Ya da istediğiniz gibi sert ve kırıcı davranma, bağırıp çağırma hakkını size verir mi?

İş hayatının yoğunluğunu ve ona ayrılacak zamanı belirleyen sizsiniz.

Aile hayatı daha mı az önemli ki sadece yatmak ve dinlenmek için eve gidiyorsunuz; çocuk sesine bile tahammül edemiyorsunuz? Acaba farkında mısınız; bu şekilde soğuk, ilgisiz, evle ilgilenmeyen ve sadece para kazanmak için var olan bir baba imajı oluşturunca çocuklarınız da sizi modellemekte?

Akşam eve gelince emirler yağdıran, bağırıp çağıran ve yüzü sürekli asık olan bir baba, sevgiden ziyade korku oluşturur ve sevgi ile korku yan yana bulunmaz; korku, sevgiyi bastırır.

Para, insan ihtiyaçlarını gidermek üzere bir araçtır. Para çok olunca sevgi ihtiyacı azalmaz ve bu boşluğu para gidermez. Parasıyla sevgi satın almış bir iş adamını tarih yazmamıştır. Sadece parası için ona yaklaşanlara, son kuruşuna kadar servetini harcadıktan ve terkedildikten sonra durumunu anlayan iş adamları çoktur.

Babanın görevi sadece para kazanıp onun dışındaki her şeyi hanımından beklemek ve ikide bir bunu başına kakmak değildir. Nasıl ki para kazanmak erkeğin boynunun borcu ise eşine iyi davranarak onun gönlünü kazanmak da öyle boynunun borcudur. Çocuğunu ve eşini, gecenin bir yarısına kadar bekletip kendisi iş toplantılarında sabahlayan iş adamları, aslında aile fertlerini kendisinden mahrum ediyor gibi görünse de asıl mahrum olan kendileridir.

Yüzü sürekli asık, ciddi durmak zorunda olduğunu düşünen, ailedeki her ferdi de işyerindeki elemanı gibi gören anlayış (hatta onun gibi bile göremeyen); kişiyi içten içe teknik, duygusuz ve sevgisiz bir hayata mahkum eder. Bu da ileri vadede yalnızlık demektir.

Para yakınlık getirmez, sevgiyle harmanlanmadıktan sonra...

Parayı kazanınca herkese karşı görevini yapmış olduğunu düşünen, eleştiriyi kabul etmeyen, "kendisine göre"lerle hayatı götüren ve aile bireylerinin fikrine her zaman kulaklarını tıkayanlar, karşısındakilere de ona karşı kulaklarını tıkamalarını öğretmiş oluyorlar. Vakti zamanında dinlemeyerek hiçe sayılan çocuklar, büyüdüklerinde babalarını modelleyecek ve artık güçlenen bedenleri zayıf kalmış baba duygusu ile kendi bildikleri gibi davranmaya çalışacaklardır. Onları bu halde görmeyi hayal etmeyen baba, yaptığı fedakârlıkları hatırlayacak, içi burkulacak fakat onları bu hale getiren sürece hiç bakmayacak sürekli gündemini işleriyle doldurduğu için boş bıraktığı eşinin ve çocuklarının gönlünü duyarsızlıkla doldurduğunu göremeyecek ve anlayamayacaktır.

Anlayamadığı durumlardaki sorunun üstünü örtme, karşısındakileri suçlama ve yüksek perdeden konuşarak kendisini haklı gösterme gayretleri yine aktifleşecek; bir bir topladığı malzemelerle yastık savaşı gibi mazeret savaşı yapılacaktır. İlişkiler ve iletişim savaşının galibi yoktur, çünkü iki taraf da kan kaybeder. Beyefendi kendini haklı çıkarsa da bu yaptığı, "dökülenin kabını doldurmayacağı" gerçeğinde olduğu gibi, boş kalan sevgisiz yürekleri doldurma anlamına gelmeyecektir. Mazeret bulmak için yapılan gayretler, o davranışı beslemek anlamına geleceği için herkes fikrinde sabit fakat bir taraf pes etmiş olarak tartışma biter.

Eşi, "İşyerindeki insanı istiyorum ben... O çok nazik, kibar, çalışanlarına saygılı, özel günlerde hediye alan ya da tebrik ve teşekkürü bol olan insan, eve gelince nereye gidiyor?" dediğinde, "Sen öyle davranılmayı hak etmiyorsun ki!" diyerek kendisinin bile inanmadığı kim bilir kaçıncı yalanını ve kırıcı, incitici sözünü söylemiş olur. Bir insan, karşısındakinin hak ettiği gibi davranıyorsa, bunu neye göre belirliyor? "Acaba işyerindeki o yabancı insanlar hangi kriterleri karşıladığı ve neleri taşıdığı için böyle davranmayı hak eder?" diye insana düşündürür. İnsan taşıdığını yansıtır, kendi lâyık olduğu standarda göre davranır. Bu asil bir tarzdır ve kişilere göre değişmez. Eğer değişiyorsa, burada bir arıza var demektir.

İnsanların davranışlarına şekil veren, rollerine yüklediği anlam ve verdiği değerdir. Para getirecek bir müşterinin size sağladığı avantaj, eve mutluluk üretecek bir hanımefendinin yayacağı atmosferden daha mı önemlidir? O insanlar geçici, para da geçici; fakat yaşanan ilişkiler ve onların oluşturduğu atmosfer kalıcıdır.

Diyelim ki çok kazandınız, sadece Türkiye çapında değil, dünya çapında marka oldunuz. Fakat bir gün iflasın eşiğine geldiniz ve bütçeniz de sıfırı gördü.

Şimdi ne olacak dersiniz?

Parasal ilişkinin zarar görmesinden dolayı sizden uzaklaşacak insanlardan sonra dönecek yeriniz evinizdir, değil mi?

Peki, para için kırdığınız gönüller, yaralanmış ilişkiler, buz gibi atmosfer ve hiç yatırım yapmadığınız aile hayatı?..

İşte sizi karşılayacak soğuk tablo bu, memnun musunuz oluşturduğunuz bu dünyadan?

Parayı sadece araç olarak görüp eşinize ve çocuklarınıza sıcak, sevecen ve duyarlı yaklaşımlarda bulunsaydınız da; bu süreci kenetlenerek ve daha az zararla atlatsaydınız güzel olmaz mıydı?

Kazancın en büyüğü, aile fertlerinin gönlünü kazanmak; mutluluğun en büyüğü, gönüllerini sevgi dolu sözler ve içten ilgili yaklaşımlarla mesrur etmektir. Böyle yatırım yapsaydınız da şimdi zoraki yaşanan beraberlik yerine sımsıcak ve güçlü bir aile bağınız olsaydı daha iyi olmaz mıydı?

Ekilmeyen tarladan, ekmediğiniz ürünü biçmeyi düşünmek ne kadar gerçek dışı ise, emek vermediğiniz aile ilişkilerinde de birdenbire sıcak ve güçlü bağlar beklemek hayaldir. Ne ektiniz ki ne bekliyorsunuz? Hangi emeği harcadınız, hangi bedelleri ödediniz? Kendi katı kurallarınızın dışında kimin fikrine önem verdiniz? Ben mutsuzum diye ağlayan eşinize; "Sana rahatlık batıyor, gözüne dizine dursun, yediğin önünde yemediğin ardında!" demenin ötesinde ne gibi çözümler getirdiniz? Bir yük taşıyıcı hamal bile evine giderken taze sıcak bir somun goturuyor, bu mu yani aslolan?

Kadın üretkendir. Eskiden evinin her şeyini üretebilen kadın artık ekmek parası kazanma işini de yapabiliyor. Zaten mecbur kalan her insan, limon satar yine helâlinden eve bir parça rızık götürür. Aslolan, para kazanmanın yanında; aile bireylerini sıkıca sarsılmaz sevgi ve güven bağlarıyla kenetleyecek iletişimi oluşturabilmektir.

İnsanın kalitesi evde belli olur. Bir insan evde nasıl davranıyorsa onun yapısı odur. Dışarıdaki yapı kamuflajdır. Dışarıda melek, içeride zehir zemberek insanlar; kendi rollerini öğrenememiş, erkeğin hayatının sadece iş hayatından olduğunu modellemiş ve hayatı yanlış ya da eksik yaşıyor demektir. Bu insanlar, çocuklarına ve eşlerine yerli yersiz sürekli bağırıp onları eleştirdikleri için zihinlerindeki mutsuzluk kayıtları mutluluk kayıtlarından daha çoktur. Zihin ağırlıklı olarak ne tarafa daha çok kayıt yapmışsa ona göre düşünmeye ve davranmaya eğilimli hale gelir. Zihin tarafından sürekli böylesi davranışlar önde tutuldukları için, yaşanan güzel zaman dilimlerinde bile insanlar gülüyormuş ve mutluymuş gibi rol yaparlar.

Muhataplarının bağırmaması ve bu yuvayı da çocuklardan dolayı sürdürmek zorunda hissettikleri için artık onun istediği gibi davranmaya çalışan, "Aman bağırmasın da önemli değil, o ne istiyorsa öyle olsun..." diyen, yasak savma kabilinden yapmacık ve gerçek dışı davranmaya başlarlar. Bu rol davranışlar muhatapların üzerinde çok iğreti durduğu halde, kendi istediği gibi davranan aile üyelerini hizaya getirdiğini düşünen beyefendi, muzaffer bir komutan edasıyla kişisel terörünü artırmaya başlar.

Bu arada unutulan pek çok şeyin yanında çok önemli bir husus daha vardır ki o da "zararlıyı biriktirmek, patlamayı hızlandırmak demektir" gerçeğidir. Çevresindeki insanların doluluk oranı arttıkça, patlama sinyalleri de baş göstermeye başlar. Bunu gösterme cesareti olanlar gösterir, bardaklar tabaklar havada uçuşur. Fakat bu tepki de beyefendi tarafından yine şükürsüzlük olarak algılanır, gelen çok güçlü bir sorunun habercisi gibi algılanmaz ve tanıdık reflekslerle, tepki savar cümlelerle, kendini temize çıkarma gayretlerine kurban edilir. Bu tip ailelerde depresyon önce gelen kapı komşusu iken, giderek can ciğer aile ferdi ya da evden birisi gibi, sürecin bir parçası olmaya başlar. Bu da ilişkiyi gözden geçirmek için yetmez. Hep kendini haklı gören anlayış, muhatapları dinleme zahmetine katlanmadığı ve dolayısı ile kendisini göremediği için, sürekli başkalarını görmekten kendi üstünde başında olanları göremez ve bundan dolayı da sıkıntılarını temizleme fırsatı bulamaz.

Ayrıca düşünülmesi gereken çok önemli bir boyut da duygusal boşluğun, sözlü ve fiili şiddetin ve ilgisizliğin yol açtığı ahlâki dejenerasyon. Sürekli acı ve aşağılayıcı sözlerle birbirlerinin gönlünü yaralayanların, sorunun düzelmesi için çaba harcanmadıkları veya çabanın yeterli olmamasından dolayı, cinsel hayatları da sekteye uğramaktadır. Giderek monotonlaşan hayat gibi cinsel hayat da mecbur oldukları için kişileri bir araya getiren sıradan bir ritüele dönüşür.

Hem duygu boşluğu, hem ilgisizlik hem de giderek eziyet vermeye başlayan cinsel hayat, diğer sıkıntılara ilâve olunca insanları savurmakta ve ailelerin dağılmasına sebep olacak facialar yaşanmaktadır. İş hayatında sürekli bayanlarla birlikte olan beyefendiler, iş gereği diye Allah'ın koyduğu sınırları aşmışlarsa, bir aile babasına yakışmayan görüntüleri giderek normalleştirme çabalarıyla, artık bir iş hayatı tarzına dönüşmeye başlar. Yaşanan parantez içi ilişkiler, bir şekilde hissedilip ya da görülerek tespit edilince evde zaten ipleri zorla elinde tutan hanımefendinin, tahammülünün bitmesine sebep olur ki inanç ve değer yapısına göre, onda da bazı değer erozyonuna uğrama belirtileri baş göstermeye başlar. Televizyon ve internet, aslında birer nimet olabilecekken teknolojiyi organize eden ellerin niyeti ve kullanıcıların seçimi doğru olmadığında, ailelerin yıkılış mimarı olarak boy gösterebiliyor. Evin hanımefendisi de boş gönlüne göz kırpan alternatif ilişki biçimlerinden birini seçtiğinde, internette tanışmalar, chatleşmeler, görüşmeler, buluşmalar derken, beyefendinin gece kalmaya ayarlı iş toplantılarına, hanımefendinin chatleşme görüşmeleri de eklenince, ikisi de yanlış yola sapıyor. Aile ve insanlık haklarına yakışmasa da çarpık ilişkiler boy göstermeye başlıyor.

Kendisine her türlü hareket tarzını yakıştıran beyefendi, "Ben erkeğim sen kadınsın, ben yaparım sen yapamazsın!" diyerek durumu açıklamaya ve sınırları bildirmeye çalışsa da; o da biliyor ki Allah'ın sınırları, helâl ve haramları, kadına da erkeğe de aynı...

Erkek olmak, daha fazla ahlâk dışı harekete hakkı olmak manasına gelmez.

Erkeğin yanlışa gitmesi, kadının da yanlışa gitmesine hak tanımaz. Bu noktada insanlar Allah'la olan bağlarının gücü nispetinde direnç gösterebilirler. Fakat karşımızdakinin de insan olduğunu, belli bir tahammül gücü bulunduğunu, ahlâki yozlaşma olmazsa bile duygu kırıklığı içinde ve sürekli itilip kakılarak hayatla bağlantısının çoktandır kopuk olduğunu hatırlayalım. Uzun yıllar baş edemediği huzursuzluk ve mutsuzluk neticesinde artık sabredemediği için kişiler "Ne olacaksa olsun, artık çekemiyorum!" noktasına gelir ve yirmi-yirmi beş yıllık evlilikler kopabilir. Şimdiye kadar zaten zoraki bu yıllara gelmiş ve hep hayattan kopuk yaşanmıştır o en güzel yıllar. Artık dayanacak gücü kalmayınca, çocuklar da büyümüş olur ve "Bu iş burada biter!" deyip bitirir.

Bu arada çocuklarda da ayrı ayrı senaryolar yazılır. "Babam gibi birisiyle evlenmeyeceğim!" diyerek her sözüne evet diyen yetersiz birisiyle evlenip mutsuz olandan tutun da; "Bu huzursuzluktan kaçmak için daha iyi olur sandım." denilen ve hiç de iyi olmadığını kısa zaman sonra gören, acele karar verdiğini anlayıp ve boşanma sürecine gelinmiş birkaç yıllık evlilikler yaşanır. Babasından göremediği ilgiyi görmek için yaşlı erkeklere ilgi duyan kızlardan, babalık rolünü yanlış bir aktörden öğrenen oğullara varıncaya kadar bir dizi yanlışlık, körpe zihinleri bloke ediverir.

Daha pek çok zararı sayıp dökebileceğimiz ve örneği bol bir konu; babalık yapamamak ve eş olamamak. İş adamı olduğu kadar ve (hatta ondan da çok ve öncelikli olarak), evin idaresinden ve fertler arasındaki saygı, sevgi ve dayanışmadan sorumlu olan baba, azar ya da tenkit merkezi değildir. Sorumluluklarını bildiği halde yapmaması, bu vazifelerinden onu muaf tutmaz. Anne-babanın boşluğunu, yanlış alışkanlıklar ve yanlış arkadaşlıklar doldurur. Eşlerin aralarındaki boşluğu ise mutsuzluk ve hatalar doldurur. Ailede üyeler güzel ilişkilerle güçlenmeli iken; kötü ilişkilerle aralarındaki bağlar ve muhabbet zayıflar.

Hayat hep seçimlerden ibaret. Öyle ya da böyle olması gerektiğini, belli bir anlayış ve inanca göre seçeriz. Bu anlattıklarım sizin hayatınızda olmayan gerçekleri içeriyor olabilir. Bilelim ki bunlar tahmin ya da zan değildir. Toplumun çoğu kesimlerinin yaşadığı gerçeklerdir. Böyle olmamak için ne yapılması gerektiğini bilmek, çevremizde böyle yaşayan ve ne yapacağını bilmeyenlere karşı, bizim kendi saadetimizi muhafazamız açısından da önemlidir. Bu toplum siz, biz, onlar ve diğerleri dediğimiz insanlarda oluşuyor. "Aza nereye gidiyorsun demişler, çoğa…" karşılığını vermiş.

Eğer bu gidişin önü alınmazsa, hem Allah hem de kullar katında ciddi veballer yükleneceğiz; hızla bozulan ve bizim de bozulmasına seyirci kaldığımız bir dünyada yaşamak zorunda kalacağız. Bu bozulma, sessiz kalan herkesi içine alacak bir anafora dönüşebilir.

Siz, aile fertlerine karşı para kazanmanın dışında gönül kazanmak için ne yapıyorsunuz?

Bugün vefat etseniz, arkanızdan nasıl düşüneceklerini tahmin ediyorsunuz?

Size düşeni siz gayret edip yapmadan, bunu sizin adınıza kimsenin yapmayacağının farkında mısınız?

Kendinizi bu tablonun dışında tutarak, "Biz iyiyiz Allah'a şükür…" demenizin, ailedeki kaç fert tarafından kabul gördüğünü hiç kendinize sordunuz mu?

Aile bireylerinin sizin evdeki konumunuz ve rolleriniz açısından ne düşündüğünü hiç sorma ihtiyacı duydunuz mu?

Eğer siz yaşarken bunu sormazsanız, musallada "Nasıl bilirdiniz?" sorusuna, usulen "İyi bilirdik." denmesi de bir teselli olamaz. Asıl yaşarken bunu sormalı ve hem sözleriniz hem de davranışlarınız, en az dışarıdakilere gösterdiğiniz nezaket ve saygı çerçevesinde (ki evdekiler bundan çok daha fazlasını hak ediyor) güzel olmalı. Sizden nezaket görmeyi özlediğinde, "Keşke müşterisi olsaydım..." dememeli eşiniz. Çünkü ailede mutluluk gözlerden okunmazsa sözlerden hiç okunmaz...

Evde eşi ile mutlu olan bir hanımefendi dünya ile barışık; evde eşi ile mutsuz olan bir hanımefendi dünya ile kavgalı gibidir. Evdeki en ufak işin bile gözünde büyümesinden tutun da en sevdiği hobileri bile yapma isteği duymamasından çocuklarına çok gereksiz yer ve zamanlarda abartılı tepkiler vermesine kadar, huzursuzluk her şeyi hüzün rengine boyar.

İnsan değerlidir, bu sebeple değer görme en baş ihtiyacıdır. Her şeyi olan ve değer görmeyen bir hanımefendi, değer göreceğini düşündüğü şeyleri keşfetmeye çalışır ki; bunun içinde bazen (inanç durumuna göre) hiç de hoş olmayan şeyler bulunabilir. Sevgi değer gördüğü yere akar. Öyleyse eş olarak sizden değer görsün ki sevgisi size aksın. İhtiyaçları kabarıklaştıkça sıkıntılar da buna paralel kabarır. Bir de bakmışsınız ki psikosomatik hastalıklar boy göstermeye başlamış. Çünkü ihtiyacı giderilmemiş organizma sıkıntı üretir.

BEŞİNCİ BÖLÜM

"GÖNÜLLER YAPMAYA GELDİM"

BİLEMEDİM

Yaşadıklarım, bir bütünün parçasından ayrı kalışımın sancısıymış, bilemedim. Benim yapmam gerekenler yapılamadığı içinmiş o sıkıntılar. Oysa ben habire dışarıda aradım sebebi.

Ben bütünüm sandım, yapılacakların olmadığı yerde bütünlük olmuyormuş, bilemedim. Çocuğum asi dedim, eşim dinlemiyor dedim, mutsuzum dedim. Fakat döktüğüm ekmek ve yemeklerin, besmelesiz başlanan işlerin, şükürsüz geçen günlerin ruhumu daraltacağını bilemedim.

Ben bunalıp daraldıkça, kendime dönmek yerine başkalarına döndüm. Onlara dönünce onları gördüm. Hatalarını aradım, buldum da. Onların hatalarının görülmesi ya da düzeltilmesi, kendimi düzeltmek anlamına gelmiyormuş, bilemedim.

Namazıma bakmadım yıllardır. Yatıp kalkarak dua okumayı namaz kılmak sandım. Ruhu olmayan namazın beni düzeltmeyeceğini, bilemedim. Tespih çekme çokluğu ile avuttuğum gönlüm, onu hayatıma geçirecek bir etki oluşturamadığım ve anlamından bihaber olduğum bu çabamdan etkilenmedi. Ne dediğimi ve hareketlerimin bana ne dediğini düşünmedim. Düşünmediğim anlamlar içime işlemedi. Yüzeysel kaldı yaptıklarım ve ben derinlere inemedim. Düşünmenin, tefekkürün sadece büyük zatlara ait bir yetenek olduğunu sandım. Allah'ımızın her birimizin gönlüne kendisini nakşettiğini ve derinleşmemizi istediğini, bilemedim.

Dualarımla sığındım Rabbime bu yaşa kadar. Fakat tamamlanmak için değil, ulaşmak istediğim hedeflerim için dua ettim. Dualarımda eyleme ve benim yapacaklarıma ait bölümün ağırlıkta olması gerekiyormuş; ben sadece sonuç için el açtım, ağladım, yalvardım. Bunu yeterli sandım. Böyle sonuç alınmazmış, bilemedim.

Hep Yaradan'ımdan bekledim, kendi yaptıklarımı değiştirip düzeltmeden, bedel ödemeden ve konforlarımı terk edip o yolda yorulmadan; fiilî dua ile kavlî duayı birleştirmeden sonuç alınamıyormuş, bilemedim.

Bir kalp kırmanın beni de içten içe kırıp küçülttüğünü, bilemedim. Hep içimdeki "Ben haklıyım!" diyen söze kandım, karşımdakinin haklı olacağını söz olarak kabul etsem de gönlümle onaylamadım. Haklıymışım gibi davrandım. Haklılığın kalesine sığınınca, diğerleri muhalif ve suçlu görünürmüş, bilemedim.

Huzursuzluğun sesi yükseldikçe, suçladıklarımın beni gerçek sebepten uzaklaştırdığını gördüm. Sofradan arttığı için yemeklerin, bayatladığı için çöpe giden ekmeklerin feryatları, aslında tüketilmemeleri gerekenleri tükettiğimi haykırıyordu bana. Kendimden bir şeyler gidiyordu, ben küçülüyordum sanki. İsrafın varlığı daralttıkça ruhumu, dışarı yönelttim bakışlarımı. Oysa içe dönmeli, ne yapıyorum, nasıl yaşıyorum bir bakmalıymışım, kendimi mercek altına almalıymışım, bilemedim.

Bir haram lokmanın, insanın dengelerini bozduğunu, çökerttiğini ve insan kalabilme becerisini köreltttiğini kimse bana anlatmadı, ben de öğrenmemiştim. Dikkat etmem gerekirken, "bir şey olmaz, ufak bir şey" avuntusuyla dikkatimden uzaklaştırmıştım. İnsanın duyarsızlığı kadar derinlere çöktüğünü, uçurumun kıyısına gelince fark ettim. Birileri öğretmese bile nasıl yaşarsam daha iyi olacağımı benim öğrenmem gerekirmiş, insan olmanın temel sorumluluğu buymuş meğer... Bilmeden bilmediği bir yolu yürümenin akıl kârı olmadığını, bilemedim.

Hayvanlara ve bitkilere bile iyi davranmak gerekiyorken çevresindekileri adam yerine koymamanın, kişinin kendisinin adam olmayışıyla ilgisi varmış. Karalamak yaralamakmış; eleştirilenler, tenkit edilenler, aşağılara düşermiş. İyilik yapmak adına eleştirmek, bilmeden zarar vermekmiş, hep savaş içinde olmakmış, hep kan kaybetmek ve kan kaybettirmekmiş, bilemedim.

Kendini yetiştirmek, bir iki cümle bir şey bilmek değilmiş. Bilen, davranışlarının güzelliğiyle anlaşılırmış, konuştuğuyla değil. "Hayatındaysa bir şey, o şey senindir; hayatında değilse bir şey, konuşsan da o şey senin değildir." diye bir hakikat varmış. Yaşamaya yeterli ağırlığı vermeyi, bildiklerimizi önce davranışa geçirmeyi, zor da olsa doğru bildiklerimiz ile yaşamayı yeterince becerememişim. Hayatın akışını cüzi irade ile benim yönetebileceğimi, en ufak bir ayrıntının bile çok önemli ve anlamlı olduğunu, bilemedim.

Bir çivi eksikse batarmış bir gemi. Tutacağı bir el yoksa kayıverirmiş bir insan, gülümsemesi yoksa bir yüzün kutuplardan bir demet kar olurmuş konuşulanlar. Her şey bende başlayıp bende bitermiş, bilemedim.

Sadakam azsa zenginliğim de azmış. Gönül zengin olmadan kese dolmuyormuş. Üç kuruşluk hesap için harcanan sevinçlere hiçbir şey değmiyormuş. Vermeye âşık olmadan, bereket sevgilisine kavuşulamıyormuş. Yaşamadığım değerlerimi taşıyıp durmak bana pahalıya mal oluyormuş. Beni ben yapacak minik detaylar olmadıkça, bunlar ruhuma dolmadıkça, açlıktan bunalan ruhum sıkışıyor ve daralıyormuş. Bense bunu çocuğun gürültüsünden, eşimin istediğimi almamasından, değer görmediğimden sanıp onlara patlıyormuşum ama asıl sıkıntılar benim içimdeki boşluktan geliyormuş. Razı olup rıza gösteremediklerimin arkasında besmeleyle pişmeyen aşın, sevgiyle yaslanmayan başın, şükürle bitmeyen işin etkisi varmış, bilemedim.

Huzurla ve huşu ile kalkmayınca namazdan, iliklerin titremeyince okunan ezandan, secdede kendi yaptıklarına ya da yapamadıklarına dökmediğin gözyaşından kalp mahrum kalınca, her şey dert, her şey sıkıntı, her şey huzursuzluk kaynağı gibi gelirmiş, bilemedim.

Kendisini düzeltmekle meşgul olunca insan, diğer sıkıntıların düzelmesi için önce kendine düşeni yapar, geriye kalanlar için sonra daha kolay "Bu da benim imtihanım..." diyebilirmiş, bilemedim.

Kendimi ve işlerimi düşünmekten, başkaları hep ilgi alanıma teğet geçti. Yaptım yapmasına biraz yardım fakat, sıcacık bir gülümsemenin, saygı ile ve sır tutarak dinlemenin ya da bir iç sıkıntısını gidermenin, sıkıntıda olanlara yardım edivermenin, yüzlerce rekât nafile ibadetten daha hayırlı olduğunu, bilemedim. Faydalı olmanın ağırlığını, toplum için önemini ve bana katacaklarını bilemedim.

Önemini bilemediklerim yokken kendime gelemedim. Ömrüm geçip gitmiş, geri çeviremedim. Bir yaşıma baktım, bir yaşadıklarıma. Ben bunları baştan bileydim, şimdi daha farklı ve daha iyi yerlerde olurdum diye düşündüm. Yine de şükrettim; son nefesimi vermediğime, bunları yapamayacak durumda olmadığıma ve mezarda olmadığıma... Yaşım sekseni bulsa da Allah'ın kullarına uzattığı merdiveni yukarı çekmeğe hazır. Tırmananlar yükseliyorsa, tırmanacağım inşallah.

Allah'ım, bilemediklerimi bildirecek arayış, hayata geçirecek inanç ve kararlılık ver. Son nefeste bile af mümkünse ve o ne vakit bilinmiyorsa; acilen benim iç dengelerimi oluşturacak anlayış ve yaşayışın hayatımda olması için gerekeni nasip et ve talebimi kabul et. Anladım ve öğrendim ki, içten denge kurulmazsa, dıştan ancak denge bozulurmuş. Cümle kulların ile birlikte dengede olayım, dengede kalayım ve dengede olunmasına katkıda bulunayım; ne olur Allah'ım!

Zerrelerin adedince yakarışımızı makbul say ve cevap lütfet Allah'ım...

ATMOSFER ISINMAZSA KARLAR ERİMEZ

Kâinatta hiçbir şey birbirinden bağımsız ve birbiriyle bağlantısız değildir. Mevcut olan her şey, bir düzen içinde işleyişini sürdürür. Bu işleyiş genelde etki-tepki mekanizmasına göre gerçekleşir ve her olay birbirine bağlı halkalar halinde, sebepler ve sonuçlar zincirini oluşturur.

Bu ilke etrafında atmosferi değerlendirdiğimizde, gerçekleşen hava olaylarının güneşe bağlı olduğunu görürüz. Güneşe yakınlık ısıtır, uzaklık soğutur. Ekvatorda hiç kar yağmaz çünkü hep yakınlık söz konusudur. Kutuplarda ise kar hiç eksik olmaz. Bu da ısının düştüğü yerde, soğuğun hakim konuma geçmesindendir.

Güneşin ışığını ve ısısını daha uzak bir açıyla gönderdiği kış mevsiminde, soğuğun boyutlarına göre gökyüzü de bir duruş sergiler. Kar, kış, boradan sonra damla damla rahmet, çiçek çiçek bereket yeryüzünü renklendirir ve etrafa hayat verir. Dünyanın bulunduğu konuma göre bu hayati düzen, bir ahenk içerisinde sürer gider.

Atmosferin güneşin etkisiyle ısınıp soğuması gibi insanların da bir atmosferi, mevsimi vardır; onlar da ısınır, soğur. Atmosferde bunu sağlayan güneş iken, insanlar arası ilişkilerde güneşin etkisini sağlayan şey, kalplerde doğan ve batan sevgidir. Öyle insanlar vardır ki yanlarında buz kesilirsiniz. Öyleleri de vardır ki onların yanında herkes hayat bulur. İşte bunu sağlayan şey, bizden karşımızdakine yansıyan mesaj ve ifadenin sevgi dolu ya da sevgisiz oluşudur. Ne ile dolu isek bizden yansıyan da odur. Karşımızdaki göz bunu görür, akıl okur, kalp hisseder.

Güneş ışınlarının, en ücra köşelere kadar teklifsiz ve karşılıksız biçimde ışı ve ışık taşıması gibi, o muazzam sevgi gücü de kalplerde etkisini gösterir. Yakınlaştırır, kaynaştırır, azı çoğaltır, yalnızı ve zayıfı güçlü, eksiyi artı haline dönüştürüverir. Pek çok olumsuz duygu, bu sevgi ateşi karşısında karın güneşte erimesi gibi erir gider. Bir de bakmışsınız ki atmosfer ısınmış ve karlar eriyivermiş.

Eğer gönülde kış uzun sürmüş, karlar çok uzun süre kalmış, üzerine ilave karlar yağmış ve hava giderek soğumuşsa; karlar koşar adım buzlanır. Erimesi de buzlanma nispetinde zor olur ve zaman alır. Kış mevsiminden sonra nasıl ki havaya, suya toprağa cemreler düşüp kainatı kademe kademe ısıtıyorsa; gönüllerde tabakalanan buzları eritmek için de sevgi, ilgi, samimiyet cemrelerine ihtiyaç vardır. Ardından da güçlü ve yakıcı güneş ışıklar gelmeli, hem de kesintisiz olarak...

Günlük işleyiş içinde bazen değerler kayıyor ve eşyaya verdiğimiz önemi insana vermiyoruz. Yaşadığımız olayların etkisiyle bazen kendimizi haklı görüyor, haksız gördüğümüz muhatabımızı acımasızca kırıyoruz. Üstelik pek çok mazeretin arkasına sığınarak, yaptığımızı savunuyor ve suçlamaya devam ediyoruz.

"Saldırganlık, bilgisizliğin yani cahilliğin bir şubesidir." Haklı olmak kırmayı gerektirmez. Bir atasözünde denir ki; "Boş başakların başı yukarda, dolu başakların başıysa aşağıdadır." Daha "eşim" dediği can yoldaşıyla, "canlarım" dediği yavrularıyla barışık yaşamayı, onlara saygı duymayı öğrenememiş bir insan, dünyayı yönetmeyi öğrense ne çıkar? Bu, görünüşte kazanmak fakat iç cephede kaybetmek demektir.

Allah (c.c.) insan gönlünü çok önemsiyorken bizler ne yazık ki haddimizi aşıyor ve insanı basite indirgiyoruz. Bu yaklaşım aslında karşımızdakinden çok bizi yaralıyor, farkında değiliz.

Üzülen, kırılan insanın morali bozulur, neşesi kaybolur. Aynen havanın birden bozulması gibi havası soğur. Gönül ovası soğuyan insan üşür ve bu soğukluk muhatabına yansır. Eğer hemen samimi bir düzeltme girişiminde bulunulursa, hatalar telafi edilirse; atmosfer de hemen düzelir. Bir rahatsızlığı başlangıç aşamasında teşhis edersek tedavinin daha kolay olacağı ve rahatsızlığın kısa süreceği gibi, gönül ovası yeniden sevgi güneşiyle ısıtılmalıdır ki karlar buzlanmaya fırsat bulamasın. Bunun için samimi ve tarafsız yaklaşmak, doğru zamanda ve doğru kelimelerle konuşmak çok önemlidir.

Bunu sağlayan içten bir ilgi, iletişim bilgisi ve genel bilinçtir. Eğer hemen üzücü yaklaşım kesilmezse ya da düzeltici girişimler başlatılmazsa ve tüm bu tutum ve tavırlara olumsuz ilaveler de yapılırsa, ne yazık ki gönül ovasına karlar yağar.

İnsanı ayakta tutan moralidir. Morali bozuk, canı sıkkın bir insan, pek çok hastalığı misafir etmeye aday ev sahibi bir beden durumundadır. Üzüntü, insanı neşesiz ve verimsiz yapar. Gönül ikliminin karlı ve buzlu olması, uzun süre böyle kalması, her gün sırtında bir torba taşla dolaşıp iş yapmaya çabalayan kişinin haline benzer. Bu durum, insanın adımlarını yavaşlatır, canını acıtır ve kişiyi zamanla yorar.

Gerçek insan olma özelliği taşıyorsak; karşımızdaki insanın acısı, üzüntüsü, bizim de gönlümüzü acıtmalı, içimizi yakmalı ve "Nasıl yardımcı olabilirim?" diye çırpınmamıza sebep olmalı. Bırakalım bizim sebep olmadığımız üzüntülerle ilgilenmeyi; bizler, hemcinslerimize yırtıcı canlıların yapamayacağı eziyeti yapıyoruz ve ne acı ki çoğu kez bundan rahatsızlık da duymuyoruz. Üstelik haklı olduğumuza inanıyor ve bunu savunuyoruz. Yani, haklılığın kalesinde emin olup güçlü olmaya ve savunma mekanizmalarının sahte güvenine sığınıyoruz.

Lütfen aynayı içimize tutalım, insan yönümüze bir bakalım. İçimizde öyle bir mıknatıs var ki negatif tutum ve davranışları çekerek, bizi içinde insan olmayan, elbiseleri taşıyan askılara benzetiyor. Bu mıknatısları bulalım ve içimizden söküp atalım. Böylece insanca yaşamanın özgürlüğüne ve hafifliğine kavuşalım.

Biliyoruz ki her eşyanın bütünlüğünü koruyan bir mukavemet çemberi vardır. Bu çember herhangi bir etkiyle kırılırsa o eşyanın bütünlüğü bozulur (balon çok şişirilirse patlar, lastik uzun süre haddinden fazla çekilirse esnekliğini kaybeder, porselen tabak sert bir yere çarparsa kırılır). İnsanın da dayanma gücünün bir bir sınırı vardır. O gücü aşan etkilerle karşılaşırsa kırılır.

Gönül için, çok hassastır anlamına gelen "sırça köşk" ifadesi kullanılır. Yıllar önce yol kenarında gördüğüm bir çeşmenin üzerinde şu ibare yazılıydı: *"Şu çeşme ne güzelmiş su içecek tası yok, kırma insan kalbini yapacak ustası yok."* Ne güzel söylemişler. Her insan iyilikten ve iyi sözden anlar. İnsanları kötü olmaya iten şey, yanlış davranışlar ve kötü çevre şartlarıdır. Bunlar düzelirse insan da düzelir. İyi değerlerin üzerine kezzap etkisi gösteren tahrip edici yanlış davranışları sürekli ilave edersek, bir süre sonra tanınmaz hale gelirler. Sürekli yıpratılan, yaralanan, itilip kakılan, hep kötü davranışa maruz bırakılan bir insan, zamanla, kötü davranmaya ayarlanmış bir robota dönüşebilir.

Dinimizde bir insanı öldürmek haramdır. İnsana insanca davranmamakla ise belki kişi bedenen ölmez ama onu insan yapacak özellikleri öldürülmüş olur. Elbette en doğrusunu Allah bilir, fakat bunun diğeri kadar daha tehlikeli ve ağır bir durum olduğunu düşünüyorum.

İnsanın kendisini iyi hissetmesini sağlayan kaliteli insan ilişkileri çok önemlidir. Bu, "İnsan önemlidir." gerçeğini, hayati bir nüans olarak fark etmemizle başlar. İnsanlık ailesi, herkesin birbirini sevip sayması ve koruması ile bir bütünlüğe kavuşur. İnsan ilişkileri bir sanattır. Bu sanatı bilenler gönül ovasına kar yağdırmamaya çalışır. Kazara karayel ya da poyraz esse, hemen ne yapacağını şaşırır, gayret eder, koşturur, gerekirse yalvarır yakarır veya yardım ister. Yani ne yapar eder, güneşin doğuşunu sağlar, gönül deryasına demir attırır. Böylece süt liman bir atmosferi yakalar. İşte beceri budur.

Mesela; her şeyi dört dörtlük denecek derecede güzel ve başarılı bir hanımefendi, eşini tanıyıp ona sevgi dolu bir atmosfer sağlayamıyorsa, onu önemsemiyorsa, kendini yenilemiyor, bilgilenmiyor ve gerektiğinde kendine düşeni yapmıyorsa, diğer başarılarının fazlaca bir anlamı yoktur. Bir beyefendi de işinde başarılı, saygın, herkesin iyi tanıdığı bir şahıs iken, evdeki herkese cehennem hayatı yaşatıyorsa o da başarı sayılmaz. Gerçek başarı, iki tarafın da birbirlerine azami değer vermeleri ve her şeyden önce birbirlerinin gönlünü fethetmeyi başarmalarıdır. İddia ediyorum ki; iki taraf da isterse normal şartlarda bir haftaya kalmaz hanımefendi beyefendisini, beyefendi hanımefendisini kendisine aşık edebilir. İnanın o zaman, sürekli taktığımız at gözlüğünden kurtulur ve hayatı daha net, daha güzel görürüz. Ayrıca -bir başka ifadeyle- Mercedes araba ile patikadan gidiyorken E-5'e transfer olmuş gibi rahat yol alırız.

Biz yetişkinler, çocuklar gibi yanlışa yanlışla karşılık vermeyi terk edip de manzaraya bilinç gözlüğüyle bakmaya çalışırsak, etrafımız da değişir. Bilmeliyiz ki, gönül ovası karlı buzlu olunca kazalar da çok olur. Sevgi sözleri söyleyerek, içten davranarak ve yanlışı terk ederek atmosferi ısıtalım ki; gönüller kardan çok sevgi sağanaklarıyla neşvü nema bulsun, topraklarımız yeşersin.

Gönlü harap olmuş bir insanın, yıkılacak başka neyi kalmıştır ki... İnsan odur ki gönül kırmaz, kırmışsa acilen onarır. Gönül hepimizin sırça köşkü, tek sığınağımız...

Dileyelim ki sevgi güneşimiz gönül ovasından hiç eksik olmasın ve ekvator düzleminden hiç kaymasın...

DÜNYANIN EĞİMİ VE DÜŞÜNDÜRDÜKLERİ

Dünya, güneşle arasındaki eğiminden bir milim sapma gösterse, yeryüzündeki bütün dengeler altüst olur. Bu yüzden aralarındaki bu ideal eğimi korumak zorundadır. Yaratılmış her şeyin en ideal düzeyde çalışması; yaratıldığı istikamet, konum ve duruş üzere olmasıyla, yani ilk başlangıçtaki en uygun çalışma düzenini muhafaza etmesiyle mümkündür.

Bu fiziksel kanunun kişiler arası ilişkilerde de yeri vardır. İnsanlarla iletişimimizi sağlayan sözlerimizin de bir eğimi vardır. Eğer bu eğim korunmazsa ve bozulursa, insanların düzeni de alt üst olur. Hatta o kadar ki duygu ve düşüncelerimizin eğimi biraz kaysa bakışlarımız, sözlerimiz, ellerimiz ve ayaklarımız; bazen bizim bile nasıl olduğuna şaşıracağımız şeyler yapar ve hissettirir. Durum böyle olunca da diyebiliriz ki;

- Eğimi değişmiş bir söz, kaldırabilecekken düşürür.

- Eğimi değişmiş bir söz, ısıtacakken buz tutturur.

- Eğimi değişmiş bir söz, ilerletebilecekken geriletir.

- Eğimi değişmiş bir söz, diriltebilecekken öldürür.

- Eğimi değişmiş bir söz, mutluluktan uçurabilecekken, üzüntü ile kanatlarını yaralayıp kırar.

- Eğimi değişmiş bir söz, hayatı toz pembe gösterebilecekken, zifiri karanlık gösterir.

- Eğimi değişmiş bir söz, dünyanın en güçlü insanı yapabilecekken en zayıf insanı yapar.

- Eğimi değişmiş bir söz, hayata coşku ile sarılmayı sağlayabilecekken küstürüp hayattan kopmaya sebep olur.

- Eğimi değişmiş bir söz, açabilecekken kilitler.

- Eğimi değişmiş bir söz, güldürebilecekken ağlatır.

- Eğimi değişmiş bir söz, kenetleyebilecekken ayırır.

- Eğimi değişmiş bir söz, gösterebilecekken gözden kaybettirir.

- Eğimi değişmiş bir söz, yüceltebilecekken aşağılara düşürür.

- Eğimi değişmiş bir söz, değerleri karesiyle hatta küpüyle çoğaltılabilecekken eksilere düşürebilir.

- Eğimi değişmiş bir söz, temizleyebilecekken kirletir.

- Eğimi değişmiş bir söz, doğru yolda tutabilecekken yoldan saptırır.

- Eğimi değişmiş bir söz, insan yapabilecekken canavarlaştırır.

- Eğimi değişmiş bir söz, duyarlı yapabilecekken kör ve sağır yapar.

- Eğimi değişmiş bir söz, frekansları düzeltebilecekken karıştırır.

- Eğimi değişmiş bir söz, barış getirebilecekken savaşa sebep olur.

- Eğimi değişmiş bir söz, iyileştirebilecekken hasta yapar.

- Eğimi değişmiş bir söz, yol buldurabilecekken yol kaybettirebilir.

- Eğimi değişmiş bir söz, insan yüreğini yumuşatabilecekken kaya gibi sertleştirir.

- Eğimi değişmiş bir söz, dünyayı dost ve kardeş gösterebilecekken, yabancı ve düşman gibi gösterir.

- Eğimi değişmiş bir söz, önce sahibine sonra ilişki içinde bulunduğu herkese zarar verir.

Eğer gönül dünyamızın eğimi değişirse, biz de karanlıklar içinde kalırız. Düşünenler, konuşanlar, yazanlar yani yaşayanlar, yani biz insanlar; geceyi gündüze, acıyı tatlıya, teki çoğa, yoğu vara ulaştırabilecek eğimi taşıyabilelim ki insanlık güneşi ile insanın dünyası arasındaki eğimi de bozulmasın.

Bütün insanlığın ideal eğimde ve ideal uyumda sevgiyle kalması duası ile...

KURTARICI KARELERİNİZ VAR MI?

Her birimizin zihninde çocukluğumuzdan itibaren kaydolmuş pek çok kare vardır. Kimini hatırladığımızda yüreğimiz burkulur, hüzünlenir ve aradan onca zaman geçmesine rağmen, gözyaşlarımızın akmasına engel olamayız. Kimini hatırladığımızda ise, duygulanır ve yine gözyaşı dökeriz. Fakat bu seferki hüzünden değil, o zamanki minnet, şükran ve vefa duygularındandır. O belki de küçük gibi görünen bir cümle, bir tavır ve bir yaklaşım biçimi, bazen bir ömür boyu onur ve güven yaşatır insana. Bir amirin memuruna; "Sen bu dairenin bel kemiğisin." demesi, bütün gönül ağırlıklarının sırtından atılmasına sebep olacak bir güven ve motivasyon verir; ciddi bir performans artışı sağlar.

Çocuğunuzun "Eyvah, şimdi annem kıyameti koparacak!" dediği bir yanlışına karşılık annenin, "Senin canın sağ olsun, sana bir şey olmasın, önemli olan bu. Her şeyin bir telâfisi vardır, Allah can kederi vermesin. Bir dahaki sefere daha dikkatli olursun. Senin şöyle şöyle çok güzel özelliklerin var ve sen benim canım yavrumsun. Hem eksiği ve yanlışı olmayan insan yoktur. Bizler bile yetişkin olduğumuz halde istemeden nice hatalar yapıyoruz. Aslolan, dikkatli olmaya çalışmak ve bile bile yanlışa düşmemektir." deyip korkusunu yatıştırarak ona sarılmanız ve gönlüne su serpmeniz, kolay kolay unutulmayacaktır.

Yaptığı bir beceride yüreklendirilip takdir ve taltif gören çocuk, bu anları en derinlere kodlar. Çünkü bu doğru ilgi, yüksek frekanslı duygu oluşturur ve bu duygular adeta can simidi işlevi görür. Bu olumlu tavırlar sürekli hale getirilirse, gelecek nesillere aktarılabilecek güzel bir mirasa dönüşebilir.

Zor zamanınızda sizin elinizden tutanı asla unutmazsınız. Size çok sıkışık bir zamanınızda doğru akıl vererek müşkülünüzün hallini sağlayan dostunuzu hep hayırla yad edersiniz. Sizi toplum içinde, haklı gerekçelere dayandırarak da olsa mahcup eden birisi ile de hiç karşılaşmak istemezsiniz ve onu gördükçe, bütün tazeliği ile o duyguları yeniden yaşayıp strese girersiniz.

İnsanların zihninde olumsuz kareler oluşturmak için öyle uğraşıp kafa yormaya gerek yok. Sıradan ve özensiz davranın, duygularınıza göre hareket edin, ağzınıza geleni söyleyin yeter. Fakat olumlu ve kurtarıcı kareler oluşturabilmek için öncelikle insan olabilmek ve kalabilmek gibi bir idealinizin olması lâzım.

Her davranışın bir öğretmen olduğunu varsayacak olursak, hem öğretiyor, hem öğreniyoruz. Gözlerimiz, sözlerimiz ve yaptıklarımızla çevremizdekilere ya "Değerlisin" ya da "Değersizsin" mesajını veriyoruz. İkisi de insanın içindekinin dışa yansımasıdır.

Bir insan nasıl davranıyorsa, ona inanır ve inandığını iletir. Bir hadis-i şerifte, "Her kap içindeki ile terler." buyruluyor. Bu sözden mülhem, "Bir kap içinde ne varsa dışarıya onu sızdırır." diye bir atasözümüz de var. İşte bizden yansıyanlar, muhatabımızın duygu durumuna ve içinde bulunduğu pozisyona göre çabuk unutulur ya da hiç unutulmaz.

İnsanlar olarak her birimiz, zaman zaman sıkıntılar yaşarız. Bunların kiminden kolay kurtulur, kiminden de kurtulamayız. Bazen o kadar daralıp bunalırız ki, hani küçük çocuklar oyunda mızıkçılık yapar ve "Ben oynamıyorum" diye oyundan çıkar ya, biz yetişkinler de bu noktaya gelebiliriz. İşte bu çetin zamanlarda sizi anlayacağını düşündüğünüz ve tarafından değer gördüğünüz kaç insan varsa, (bunların başında anne-baba gelmeli), biz hayata o nispette sağlam tutunuruz. İnancımızı doğru dürüst yaşamak için bile bu dayanışmaya ve değer alış verişine ihtiyacımız var.

Kendimizi bir yere ait hissetmeye ihtiyacımız var. Değer gördüğümüzü bilmeye ve özellikle de aile fertleri ile yakın durduklarımızın gözünde vazgeçilmez olmaya ihtiyacımız var.

Pek çoğumuzun "olmazsa olmaz" türünden dostları vardır. Onların bu değerde olmalarının bize göre haklı bir gerekçesi vardır ve geçmiş yaşantımızda mutlaka olumlu bir paylaşım, etkileşim ya da ortak değer oluşturan bir tecrübe yaşanmıştır. Zihnimizde onlara ait anlamlı bir kare kodlanmıştır. Zaman zaman tekrarlanan tecrübeler bu değeri güçlendirmişse, inancımız daha da artar. O insana, hep bu olumlu ve anlamlı tecrübenin pozitif penceresinden bakarız; ona uygun değerlendirmeler yaparız. Çünkü artık, o bizim için çok değerlidir. Onun onayı da bizim için ayrı bir öneme haizdir. Ondan gelen eleştiriler bizi çok ilgilendirir; o değeri korumak ve yıpratmamak için pek çok fedakârlığı göze alabiliriz.

"İnsanlar da çiçekler gibidir, ilgi ve değer gördükleri yerde, en güzel renkleriyle açarlar." özlü sözünde belirtildiği üzere ilgi ve onay; özgüven, değerlilik duygusu ve cesaret için çok önemlidir. İnsan değer gördüğü yerde kendini iyi hisseder ve orada bulunmaktan mutluluk duyar. Ayrıca, ilgi görmek, ilgi göstermeyi de davet eder.

Rahmetlik anneciğimin Kur'an-ı Kerim'i elinden, zikir çekmeyi dilinden hiç düşürmemesi; onu özlediğimi her hatırlayışta, beni o kanala çekiyor. Ona verdiğim değer; onun sevdiği ve sevindiği şeyleri yapmaya sevk ediyor beni. O bana; şunu yap, bunu yap dememişti fakat onun ne yaptığına ve nasıl yaşadığına dair kareler hâlâ çok taze bir şekilde zihnimde. Bence bunu sağlayan en güçlü şey aramızdaki içten sevgi, değer görme, değer verme ve bunların sonucunda oluşan bağlılık.

Sevdiğinize yakın olabilmek için bazen onunla aynîleşiyorsunuz, ona benzemeye çalışıyorsunuz, onun sevdiği şeyleri sevmeye başlıyorsunuz. O dostluğu, yakınlığı, bağlılığı koruyup yaşatmak ve kendinizi ona daha yakın hissetmek adına, onun yaptıklarını yapmak hoşunuza gidiyor; öyle davranmayı tercih ediyorsunuz. Görülüyor ki vaktiyle paylaşılmış değerli zaman dilimleri ve oluşan anlamlı bir dostluk, kareler halinde zihne kodlanıyor ve bunlar o anınızı şekillendirdiği gibi, geleceğinizi de etkiliyor.

Bir arkadaşımın bana anlattığı ve beni çok etkileyen yaşanmış bir olayı sizlerle paylaşmak istiyorum. Arkadaşım bir gün, sokak ortasında yatan ve sahipsiz olduğunu düşündüğü hasta bir kediyi evine getiriyor. Bakıyor ki kedinin bacağı kırık. Veteriner arkadaşına götürüyor ve bakımını yaptırarak evine tekrar getiriyor. Fakat kedi fenalaşıyor, tekrar veterinere götürüyor. Kediye serum takılıyor ve veteriner "Bu gece burada kalsın, gerekirse akşam haberleşiriz." diyor ve arkadaşım evine dönüyor. Kedi nasıl oldu diye akşam aradığında ise şu çok çarpıcı tespiti öğreniyor. "Kedinin durumu pek iyi değil çünkü yaşamak için mücadele etmiyor, galiba kediyi kaybedeceğiz."

Evet, tahmin doğru çıkıyor ve kısa bir süre sonra kedi ölüyor. Eğer bu bir ev kedisi olsaydı, kendisini seven ve akşam eve gelişini bekleyenlerin, geciktiğinde merak edenlerin, başını okşayan ve kendisine şakalar yapan çocukların, yaşadığı güzel zaman dilimlerinin zihninde kaydı olurdu; bu da hayatı ona daha yaşanılır kılardı. Sokak kedisinin kendisini ait hissettiği bir yeri ve yaşamayı anlamlı kılacak bir bağlantısı olurdu. Oysa bu kedi, mücadele edeceği bir ilgiyi ve değeri hissedememişti.

Beni çok etkileyen bu yaşanmış olayda, çocuklarına, arkadaşımın kediye verdiği değer kadar bile değer vermeyen, ikide bir onları evden kovan ve adam yerine koymayan anne-baba tavırlarını hatırladım; içim acı ile doldu. Sahipsizlik kediyi bile yaşamdan soğutuyor. Ya ilgisiz, sahipsiz bıraktığımız çocuklarımız; onlar bu durumla nasıl başa çıksınlar?

Kuvözde tutulan prematüre (düşük doğum ağırlıklı) bebek, annesi elini tutarsa, sırtını sıvazlarsa ve başını okşarsa, daha kolay kilo alıyor ve kuvözden daha hızlı çıkıyor. Yoğun bakımda yaşama mücadelesi verenlerin başında, sevdiği insanların onun önemini, değerini ve ona duydukları ihtiyacı ifade ederek, dayanmasını, mücadele etmesini, kendilerini terk etmemesini söylediklerinde; bazen iyileşme ibresinin yükseldiğine çok şahit olunmuştur. Hiç duymaz denilen durumdaki hastaların bile, bu yaşatan daveti duyduğu ve cevap verdiği de, zaman zaman şahit olunan bir durumdur.

Ayrıca, inancımızın "İnananlar kardeştir." düsturuna uygun olarak, insan ve kardeş olduğumuzu hatırlatan kareleri, her birimizin zihnine samimi içten yaklaşımlarla ve Allah için kodlamak, bizim insanlık ve din kardeşliği görevimizdir diye düşünüyorum.

Allah'ın var, kadir, kaim, daima kullarını gören, bilen ve her türlü ihtiyacını gideren; insanlara çok değer veren ve onların isteyip gayret etmesi karşısında, onlara mutlaka yardımcı olan ve daha pek çok özelliği olduğunu gösteren ve bildiren mesajlar; Allah'ın ayakta ve hayatta tutucucuların en iyisi olduğu gerçeğini düşündürür. Yaratanına dayananın ve onun istediği gibi yaşamaya çalışanın, en büyük kurtuluşu yakaladığını hissettirmek, yaşanabilecek bütün zihinsel ve psikolojik boşluklara ilâç gibidir. Zihnimizde, inancımızın önemine ve kişisel değerimize dair anlamlı ne kadar kare varsa, dayanma gücümüzün de o kadar güçlü olacağını düşünüyorum. Bunların oluşumu için gayret etmeyi de insanlığa hizmet olarak görüyorum.

Bugün, çevrenizdeki kaç insana "kurtarıcı kare" oluşturacak şekilde davrandınız? Kaç kişi sizi tanıdığı için şükretti, mutlu oldu? Bugün kaç kişi sizin tavrınızla hayata daha sıkı tutundu? Oluşturduğunuz her kare, inananların güçlü olmasına katkıda bulunacaktır. Unutmayalım ki güç verdiğimiz kadar (hatta daha fazla) güç kazanırız. Haklı olmak yetmez, aynı zamanda güçlü olmak gerekir.

Rabbimizden, haklılığımızın daim, gücümüzün üstün olması niyazıyla efendim.

BUMERANG VE ESRARENGİZ DÖNÜŞÜ

Bumerang sözlükte şöyle anlatılıyor: Avustralya yerlilerinin dilinde, ileri fırlatıldığında geri dönüp eski yerine gelen, ağaçtan yapılmış av aleti.

Acaba hangi çapraz eğim, duruş ya da açı farkı bunu sağlar? Nedir hiçbir aletin geri dönmediği gidiş noktasından onu geriye döndüren? Gül sunduğumuzda kimi zaman taşla karşılık görebiliyorsak; nedir bu geri dönüşteki farklılık? Verende mi, alanda mı yahut takdim tarzında mı eksiklik ya da yanlışlık? Yoksa sadece "Gül sunabilmek, bahçıvan olabilmek ve en önemlisi de, bilmesi gereken en üst makamın yapılanı biliyor olması yeter." diye mi düşünmeliyiz? Ve yeri geldikçe gül takdimine devam etmenin, gül kokusuna aşinalığı ve kalpte yumuşamayı birlikte getireceğine dair inancımızı da asla yitirmeden devam mı etmeliyiz? Geri dönüş mutlaka olacaksa, bunun güzelliklerle dolu olması nasıl sağlanmalı?

Bumerangın geri dönüşü bize neleri çağrıştırıyor, bize neler söylüyor, neler öğretiyor? Bumerangın dönüşünü, hayatın hangi kesimine nasıl yerleştirmeli ki bize ayna görevi yapsın? Ellerimiz, aklımız ve duygularımızla ördüğümüz ömür ilmiklerine bu ayna ile bakacak olsak, nasıl bir görüntü yansır kırılan güneş ışıklarından gözlerimize? Döner mi her şey, döner mi zaman bumerang gibi geriye?

Öyle şeyler vardır ki dönüşü yoktur. "Hızla yol alıyorum bindim ömür denen gemiye, bilirim asla dönemem bumerang gibi geriye." söyleriyle de ifade edebiliriz bunu. Boşa geçirilen zaman, verimsiz geçirilen ömür, kaybedilen güven ve dostluk; geriye dönmeyeceklerden sadece birkaçı. Öyleyse bir düşünelim, neleri ileri doğru gönderiyoruz, neler geriye döner? Geri dönenler ileriye gönderdiklerimizse, neleri nasıl göndermeliyiz ki geri döndüklerinde karşılaştıklarımızdan memnun olalım ya da pişman olmayalım? Bugün yaşadıklarımız da aslında önceden gönderdiklerimizin geri dönmüş şekilleridir. Halimizden, karşılaştıklarımızdan memnun muyuz? Daha iyi standartlarda bir hayatı yakalayabilmek için bugünden ve dünden aldığımız dersler var mı? Eğer yoksa kendimize "Niye yok?" diye sormalıyız.

Hz. Allah (c.c.) Kur'an-ı Kerim'de; "insanın karşılaşacağı şeylerin sadece kendi yapıp ettiklerinin sonucu" olduğunu sıklıkla vurgular. Yanlış yaptığımızda yahut günah işlediğimizde, hesabımıza fazladan günah yazmıyor, işlediğimizin tam karşılığını veriyor, yanlışı yapmaktan vazgeçersek de sevap yazıyor. Oysa iyilik, hayır ve güzel amel ile ibadet söz konusu olduğunda fazlasıyla mükafatlandıracağını ve hatalardan da samimiyetle tevbe edersek affedeceğini bildiriyor. Ayrıca yapılan hayırların, Rabbimizin rızası düşünülerek atılacak adımların "bire yedi yüz veren başaklar" gibi bereketli olacağını ve sevaplarla karşılık göreceğini beyan ediyor. Bu durumda iyiliklerden yapıp ettiklerimiz, bereketli bir toprağa ekilmiş tohum gibi bol ürünle bizi karşılayacaktır. "Her sesin yankısı, büyüyerek geri döner." sözünde olduğu gibi.

Bugün başkasına diye yaptığımız bazı yanlış ve kötü davranışlar, yarın dönüp dolaşıp önümüze gelecek, ayağımıza dolaşacaktır. Aslında bize başkalarına kötü davranıyormuşuz gibi görünse de, gerçekte kendimize kötülük yapmış oluyoruz. Kötülüklerden öncelikle temiz bir şekilde yaratılmış olan ruhumuz zarar görüyor, yıpranıyor ve bu durum ona ağır geliyor. Sonra, yaptığımız kötülükler iletişimi bozuyor, güveni sarsıyor, işleri aksatıyor, kalbi kırıyor, verimi ve ürünü azaltıyor ve bizi tekrar kötülük yapmaya alıştırıyor. Ayrıca Allah'ın göstereceği tepki de hiç aklınızdan çıkmamalı. Bütün bunlar ileriye dönük zarardır ve bir gün önümüze çıkacaklardır.

Yanlış ve kötü davranışlar, bazen bize yapılan yanlışlara bir tepki-karşılık olarak da yapılabiliyor. Böyle davranıyorsak bu demektir ki şartlara bağlı olarak iyilik yapıyor ve iyi kalıyoruz. Kötü ve yanlış davrananın önünde, doğruluğu her zaman ve ne pahasına olursa olsun savunanlar olmayacak mı? Her yanlışa yanlışla, her kötülüğe kötülükle karşılık vereceksek, onlardan ne farkımız kalır? Şartların bozuk havalar gibi esip gürlediği zamanlarda, fırtınaların hiçbir zarar veremediği kaya gibi sağlam, sabit ve heybetli duruşun, doğrulardan şaşmamanın örneğini ne zaman vereceğiz? Bu özlem ne zaman gerçekleşecek?

Aydınlık ufuklara taşıyan doğruluk güneşi, sürekli kara bulutları taklit edip karararak karşılık verenlerin ufuklarında nasıl belirsin? İyilik ve doğruluk büyüyerek genişler ve sahibine döner. Buna inanan ve bu sebeple b yönünü değiştirmeyenler; haksızlığın zayıflık, haklılığın güçlülük olduğunu ve haklı olanın, er geç galip geldiğini dünyaya ispat edeceklerdir.

Sancılı doğumlar, yeni bir canı müjdeler. Sabırlı yürüyüşler, dünyanın fethedilebileceğinin ayak seslerini duyurur. Geri dönüşün olacağına duyulan kesin inanç, ağır ve zor adımları taşımayı mümkün kılar. Dünyada değilse bile ahirette karşımıza çıkacak görkemli bir hayat, fevkalâde bir dönüştür. Bu iyiliklerin bizim dışımızdaki insanlara ulaşması ise ayrı bir mutluluktur. Yalnızca rıza-yı ilahiye yönelik iyilikler ve doğru davranışlar, yeryüzüne kucak kucak çiçek tohumu serpmek gibidir. Bu da yeryüzünü gül bahçesine çevirir. Karşılıksız iyilik yapan o yüce insanları, Rabbim heybetli, imanlı, kararlı ve izzetli bir komutan edasıyla, örnek olsunlar diye gönüllere yerleştirir. İşte sürükleyici cazibe! Coşkuyu ve koşuyu sürekli kılan özendirici mükâfat.

Bilelim ki bütün yaşadıklarımız bumerang gibi dönüp bizi bulacaktır. Karşılaşmanın zafer ya da hüsran olması çoğunlukla bize bağlı. Bazen de geri dönüş, biz imtihan dünyasında bulunduğumuz için parlak bir sonuç olarak bize yansımayabilir. O zaman da hayırlısının böyle olduğunu ve istikamet üzere olmanın en büyük mükâfat olduğunu düşünüp güzel bir teslimiyet içinde bulunmamız gerekir. Aslında mevcut durumu ve sonucu nasıl algılayacağımız bize bağlı.

Geri dönüşe pek çok örnek verilebilir, işte ilk akla gelebileceklerden birkaçı:

- Toprağa ne kadar emek vermişsek, ürün o denli bol olur.

- Susuz ve sevgisiz bırakılan çiçek solar, bakımı iyi yapılan çiçek ise en güzel renkleriyle günlerce boy gösterir, adeta tebessüm ve teşekkür ederek; "Bakın buradayım." der.

- İyilik ve yardımlaşma; gönül huzuru, çok bol sevap, başkalarına örnek olabilme mertebesi, insanların takdirini kazanma ve iyiliğe devam azmi kazandırır.

- Gülümsemek, başka tebessümlere sihirli bir çağrıdır ve ortalığı hemen yumuşatıverir. Ayrıca, olumlu ve mutlu bir atmosferin de mimarıdır.

- Aldığımız dualar, bizi mutlu ve huzurlu kılar, onlar sayesinde işlerimiz rast gelir, yüzümüz nura dönüşür, sıkıntı ve belaları bizden uzaklaştırır, Rabbi razı eder.

- Doğru seçilmiş bir kitabı okumaya ve düşünmeye ayrılan zaman, bilgi ve bilinç olarak bize geri döner.

- Çocuğumuza yıllarca gece-gündüz demeden verdiğimiz emek, gösterdiğimiz sabır ve hoşgörü, en önemlisi de şartsız sevgi; sağlam bir kişilik, nitelikli bir insan kazanımı olarak bize geri döner. Bu insandan torunlarınızın torunları bile fayda görür.

- İnsanlara sevgi, hoşgörü ve sabırla yaklaşmak; kini, nefreti ve öfkeyi, güneşin buzu erittiği gibi eritecek. Toplum, manevi soğukluktan üşümekten kurtulup sevgi güneşi ile ısınacaktır. Bu ise muazzam bir geri dönüştür.

- Aynaya ve hayata tebessüm ederek bakarsak, görüntünün bize dönüşü de içimizi ısıtıp rahatlatacak bir tebessüm yumağına benzer.

- Olumlu bir bakış açısıyla pozitif bir enerji taşırsak, çevremizdekilere yaydığımız bu enerji, gönüllerin el ele tutuşmasını gerçekleştirir.

- Temelini kaliteli bir malzeme ve iyi bir işçilikle attığımız evimiz, güven veren bir sağlamlık ve dik duruşla, yıllar boyu bizi buyur eder.

- Sağlığımıza verdiğimiz önem, bize iyi çalışan bir sistem olarak geri döner.

Kısaca, yaptığımız bütün iyilikler ve diğer doğru davranışlar, her zerresine tonlarca sevap ve mutluluk sıkıştırılmış bumerang gibi bize geri döner. Ayrıca, takdir, teşekkür, dua; sevgi ve iç huzuru yayar gönüllere.

Biz alışkanlık ve duygu olarak hangi yönümüzü geliştirmişsek, o daha çok ortaya çıkar. İyiliği ve doğru davranışı önemsemişsek, çoğunlukla bizde onlar dışa vurur. Böylece geri dönenler de iyilik ve güzellik olur. . Olumlu duygu, düşünce ve davranışları edinmeli ve korumalıyız ki hiçbir zaman onlarsız kalmayalım. Konumuzla ilgisi olan küçük bir öyküyü sizlerle paylaşmak istedim.

Yaşlı Kızılderili...

Yaşlı Kızılderili reisi kulübesinin önünde torunuyla oturmuş, az ötede birbiriyle boğuşup duran iki köpeği izliyorlardı. Köpeklerden biri beyaz, biri siyahtı ve on iki yaşındaki çocuk kendini bildi bileli o köpekler dedesinin kulübesi önünde boğuşup duruyorlardı. Dedesinin sürekli göz önünde tuttuğu, yanından ayırmadığı iki iri köpekti bunlar. Çocuk, kulübeyi korumak için biri yeterli gözükürken niye ötekinin de olduğunu; hem niye renklerinin illa da siyah ve beyaz olduğunu anlamak istiyordu artık. O merakla sordu dedesine.

Yaşlı reis, bilgece bir gülümsemeyle torununun sırtını sıvazladı.

"Onlar" dedi, "benim için iki simgedir evlat."

"Neyin simgesi?" diye sordu çocuk.

"İyilik ile kötülüğün simgesi. Aynen şu gördüğün köpekler gibi, iyilik ve kötülük içimizde sürekli mücadele eder durur. Onları seyrettikçe ben hep bunu düşünürüm. Onun için yanımda tutarım onları."

Çocuk, mücadele varsa kazananı da olmalı diye düşündü ve her çocuğa has bitmeyen sorulara bir yenisini ekledi:

"Peki, sence hangisi kazanır bu mücadeleyi?"

Bilge reis, derin bir gülümsemeyle baktı torununa.

"Hangisi mi evlat? Ben hangisini daha iyi beslersem!"

Peki biz hangi yönümüzü destekliyoruz Kimlere yakın davranarak mevcut yapımızı kuvvetlendiriyoruz?Hangi bilgi kaynakları, biz kulağımızı ve gönlümüzü kendisine açtıkça, bizi kuşattı? Ve bu kuşatılmışlık bizim hangi yönümüzü güçlü ya da zayıf kıldı?

Rabbim taşıdıklarımızı ve yaşadıklarımızı hayır eylesin. Hayra ve iyiliğe olan talebimizi artırsın.

Yaptıklarımız ve yapacaklarımız hayır olsun inşallah.

BÜYÜTECİ NEREYE TUTALIM?

Büyüteç; normal bir bakışla göremediğimiz detayları görmemize yarayan mercekli, cam bir alettir. Hangi cismin üzerine tutulursa o cismi, merceğin özelliğine göre defalarca büyütür. Biz de bu sayede daha derinlemesine görür ve detaylar hakkında bilgi sahibi oluruz. Böylece ya merakımızı gideririz ya da işimizi daha kolay yaparız. Belki tedbir alırız veya başka bilgilerle birleştirerek daha ileri mesafelerde tespitler yapar, bilgileniriz.

Acaba insan ilişkilerinde neler büyüteç yerine geçer? Neleri küçük görülmesi gerektiği halde büyütüyor; neleri büyük ve önemli olduğu halde küçük görüyor ya da görmezden geliyoruz? Siz hiç insanların duygularını, düşünce ve davranışlarını büyüten bir alet duydunuz ya da gördünüz mü? Ben duymadım ve görmedim. Fakat bu saydıklarımızı büyüterek büyüteç yerine geçen, söyleyince sizin de hatırlayacağınız bazı şeylerin olduğunu biliyorum.

Hemen birkaç örnek sıralayalım. Bir annenin, çocuğu kazara halıya çay-şeker döküp kirletti diye, bunu gözünde normalden fazla büyütüp abartarak tepki gösterdiğine hiç şahit oldunuz mu?

Ya da bir beyefendinin, akşam eve geldiği zaman ev dağınıksa, yemek yapılmamışsa veya çocuklar biraz gürültü yapmışlarsa; ev dolusu bağırarak bütün ev halkının o akşamı kırık-dökük bir psikoloji içinde geçirmelerine sebep olduğunu duydunuz mu ya da şahit oldunuz mu?

Peki, bulaşık yıkamaya çalışırken kazara tabak kıran küçük kıza takınılan olumsuz tavra hiç rastladınız mı?

Eşine ya da komşusuna kızarak çocuklarını döven, sonra da oturup onlarla birlikte ağlayan veya büyük pişmanlıklar yaşayan annelerin durumlarını da bu listeye ilave edebiliriz.

Ciltlerce kitap yazılsa da yine de bitmeyecek olan bu yanlış örneklerin yaşanmasının en önemli sebeplerinden biri, bizi böyle davranmaya sevk eden bilgi ve görgü temelinin eksik ve yanlış atılmasıdır. Bizi biz yapan, şekillendiren ve temsil eden, alışkanlıklarımızdır. Onlar, benliğimizin üzerine ilave edilen kimlik etkilerinin sonucunda oluşur ve kişiliğimizi ifade eder. Çocukken aileden ve çevreden aldığımız etkiler, betona yazı yazılmış gibi kalıcı olur... İnsan bildiği kadar düşünür ve davranır.

"Bilgi güçtür ve önümüzü aydınlatan ışıktır." ilkesini öğrenmeden yaşadığımızda, çoğunlukla büyüteci yanlış noktalara tutup yanlış ve abartılı şeyleri görürüz. "Nasıl davranırsak olumlu tesir yapar, nasıl davranırsak zarar verir?" **Yanlış bilgi ve yanlış inanç, yanlış davrandırır**. Bu da ciddi iletişim arızalarına sebep olur. Eğer bilgi önümüzü aydınlatan ışıksa ve yanlış bilgi yanlış davranışı tetikliyorsa, tek çıkar yol doğru bilgi ile donanıp halimizi değiştirmemizdir. Bu bilgilerin uygun yerde ve zamanda kullanılması, büyüteci uygun noktaya tutmak gibidir. Çünkü biliyoruz ki yanlışlarla doğruları, iyilerle kötü davrananları birbirinden ayıran fark, doğru bilgiyi öğrenmek ve hayata geçirmektir. Doğru bilgiyi sabırla uygularsak, zifiri karanlık bir gecede güneş doğmuşçasına aydınlanmış gibi oluruz.

Baştaki örneklere dönecek olursak... Anne, çayı veya şekeri taşırken döken çocuğa yaklaşımında büyüteci hatanın üstüne tutmuş oldu. Oysa bir çocuğun gönlünün kırılması ve motivasyonunun bozulması yanında, yaptığı hata ne kadar küçük kalıyor, değil mi? Anne büyüteci çocuğun iş yapma isteği, gayreti ve cesareti üzerine tutsaydı; çocuk bu özelliklerinin fark edildiğini, takdir gördüğünü anlar ve daha da geliştirme isteği ile dolardı. Annenin tavrı da başka olumlu yönleri görmeye sevk ederdi.

Ne yazık ki biz anneler çoğunlukla, çocuğun hangi yönüne vurgu yapıp geliştireceğimizi bilmiyoruz. Zannediyoruz ki yanlışlarına vurgu yaparak fark ettirirsek hatalı davranışlar daha kolay düzelir. Oysa çoğunlukla aşırıya kaçan bu eleştiri biçimimiz ve konuşma üslubumuz, çocukta eksiklerini daha iyi görme ve düzeltme isteği oluşturmuyor. Bilâkis çocuk kendini aşağılanmış, beceriksizlikle itham edilmiş hissediyor. En çok sevdiği ve güvendiği insanlar olan anne-babası tarafından, kimi zaman da başkalarının yanında; "Sen zaten neyi beceriyorsun ki! Senden adam olmaz, ben senden memnun değilim, beni sürekli üzüyorsun!" gibi, kişiliğini etiketleyen yanlış müdahalelerle eli ayağına dolaşıyor ve adeta biz ebeveynler tarafından başarısızlığa itiliyor.

Oysa davranışına vurgu yaparak "Dökülsün önemli değil, sana bir zarar geldi mi yavrucuğum? Bir dahaki sefere şöyle şöyle tutarsan daha iyi olur. Sen zaten bana yardımcı olmaya çalışıyordun, sana çok teşekkür ederim canım. Ben senin yaşındayken, senin kadarını bile yapamıyordum. Bu beceriler yapa yapa ve zamanla kazanılır. Dert etme, istersen yeniden deneyebilirsin." diye teşvik edilse daha iyisini yapabilmesi için tekrar deneme isteği uyandırabiliriz. Kimi zaman yanlış tutumumuzla, var olan isteği bile köreltiyoruz.

Beyefendi ise eve geldiğinde gördüğü eksiklere değil de eşinin ve çocuklarının iyi yönlerine büyüteci tutabilir ve "Canın sağ olsun hanımcığım. Sen her zaman elinden gelenin en iyisini yapmaya çalışıyorsun. Bugün yapamamışsın, ne yapalım sağlık olsun, senin canın sağ olsun, üzülme. Sen benim canımsın. Gelin çocuklar, evi şöyle bir güzel toparlayalım. Sonra da Allah ne verdiyse sofrayı biz kuralım. Domates ekmek varsa o bile yeter. Allah olmayanlara da versin. Haydi, iş başına tatlı yavrularım, bugün annenize biz ikramda bulunalım." deyiverse, emin olabilirsiniz ki hanımı hasta olsa bile bu yaklaşım onu iyileştirir. Evin içi huzur ve mutlulukla dolar, aile bahçesinde huzur ve sevgi çiçekleri açar.

Bazen de evin hanımı, eşinin çalışamadığı ya da moralinin başka şeylere bozuk olduğu zamanlarda onun ayağa kalkmasına yardımcı olmak ve ona destek olmak yerine bir çelme de kendisi takarsa o zaman yabancıdan ne farkı kalır? İnsanın başına her şey gelebilir. Yeter ki moral yerinde olsun, diğer zorlukların üstesinden gelinir nasıl olsa. Kendine gelmesini, yeniden başlayabilmesini sağlayacak olumlu sözlere, güvene ve sevildiğinin önemsendiğinin bilinmesine ihtiyacı vardır. Bu da büyüteci olumlu yönlere tutarak sağlanabilir. (Bunlar minik iyilikler bile olsa...)

Bu iki davranış da birer seçimdir. İyi ve doğru seçimler, iyi bilgilerle donanıp doğru yaşamayı önemseyenlerde görülür. Bizler hayatı birbirimize dar etmek için değil, daha yaşanılır hale getirmek için varız.

"Bilmeyen el hüner üretmez." sözünde belirtildiği gibi, el yordamıyla yapılan iş, çoğunlukla istenen sonucu vermez. Bizler ne yazık ki el yordamıyla anne-babalık yapmaya, arkadaş, akraba, kısaca insan olmaya çalışıyoruz. Daha tam anlamıyla kendimizle bile barışık değiliz. Hayat arkadaşımızla ve yakınlarımızla el ele, gönül gönüle, güçlü ve mutlu bir şekilde yol alabilecekken; pire için yorgan yakıyoruz. Basit ve belki önemsiz şeylerden dolayı tedavisi imkânsız yaralar açıyoruz. En güçlü olması gereken aile kurumunda bile tek kişilik dünyalar oluşturmuş, kabuğumuza çekilmişiz. Sanki zırhımızı, giymiş, ateş etmek için tetikte bekliyoruz. Adeta tahrip etmek için yaratıldık ve savaşmak için evlendik! Elimizde bir büyüteç, sürekli hata arıyoruz. Zihnimiz de bizi hataları bulmaya yöneltiyor. Oysa yaptığı iyilikleri, başardığı işleri, olumlu yönleri büyüteçle arasak ne kadar da çok şey bulacağız. Sürekli hata-eksik aradığımız için olumlu yönleri görmeye fırsatımız ve imkânımız kalmıyor. Dolayısıyla da hataları için uyarmaktan, "Sen yanlış yapıyorsun, sen değişmelisin!" diye mücadele etmekten; sevgiye, övgüye ve kendini geliştirmeye zaman kalmıyor.

Yönümüzü zihnimizde taşıdıklarımız belirler. Biz çevremizdekilere; "Sen iyisin, başarabilirsin, şöyle şöyle yaparsan daha iyi olabilir, üzülme." dersek onlar da başarıya doğru daha kolay yol alır. Hiç kimse düşmeden ya da tökezlemeden yol alamaz. Hayırlı yol arkadaşı, tam düştüğünde yardım edip destek olan ve kalkmasına yardım edendir. Hatta daha da iyisi, düşmeden önce, daha dayanıklı olması ve düşmemesi için içten ve anlamlı katkılarla, psikolojik bünye direncini artıran; olumlu bir sonuç için elinden geleni yapandır.

Doğru davranmadıkça sevgi ve iyi niyet yeterli olmaz. Geliştiren, güven veren, özgür bırakan fakat kontrolsüz bırakmayan, yaraları saran fakat yara açmayan, hoşgörülü, esnek bir yaklaşıma, yani bilinçli bir sevgiye acilen ihtiyacımız var. Ne yazık ki bizler, manen öldüren bilinçsiz bir sevgi ve beceriksizleştiren koruyuculuk içerisindeyiz. Bir de meziyetmiş gibi bununla övünüyoruz.

Rabbim cümlemizi görülmesi gereken olumlu yönleri gören, büyüteci sadece olumlu ve başarılı yönlere tutan ve örtülmesi gereken yönleri de örtenlerden eylesin inşallah efendim.

TURNUSOL KAĞIDININ GÖSTERDİKLERİ

Hemen hemen her maddenin, kalite ayarını belirleyen ve bir mihenk taşı anlamına gelebilecek ölçüleri ile testleri vardır. Hatta uzmanları, bir malzemeyi gördüklerinde, ellerinde bir iki evirip çevirmekle onun kalitesi hakkında kesine yakın tahminde bulunabilirler. Görünüşü, rengi, ışıltısı, ağırlığı, gibi özellikler belirleyici olur. Aslolan, karışıklık olmadan özgün yapı ve kalitenin bulunup bulunmadığının anlaşılmasıdır.

Orjinallik aranması gerektiğinde, bu işi tespit edecek kriterler vardır. Mesela ipeğin saf olup olmadığını anlamak için minik bir ipliği ya da parçası yakılır. Naylon ise kıvrılır yanar, kül olur, ipek ise top olur erir. Gümüş olup olmadığı tespit edilecek bir yüzük, kireçle badanalanmış bir duvara sürtülür ve siyah bir çizgi oluşursa gümüş olduğuna karar verilir.

Turnusol kâgıdı da böyle bir test için kullanılır. Bu kagıtla, sıvıların asit ya da baz olup olmadığı anlaşılır. "Sıvıya batırıldığında kağıdın rengi maviye dönerse baz, pembeye dönerse asittir." denir. Herhangi bir kâğıt bu sıvılara batırılırsa bu reaksiyon görülmez. Çünkü sıradan bir kâğıt, o özellikleri belirleyecek bir düzenlemeden geçmemiştir. Hani, belli bir amaç gütmeyen sıradan davranış ve yaklaşımlar sıradan sonuçlara götürür ya, işte onun gibi, amaca uygun hazırlanmamış malzemelerden de istenen sonuç alınamaz. Demek ki asit baz farkını ayırt etmek için elimizde turnusol kâğıdı gibi bir kıstasa ihtiyaç vardır.

Bunu insanlar arası ilişkilere de uyarlayabiliriz. İnsanların kalitesini, nitelik ayarını nasıl anlarız? Turnusol kâğıdının tanıtıcı ve test edici özelliği, günlük olaylarda ne tür bir ölçüm cihazına tekabül eder? Ne yaparsak olumlu, ne yaparsak olumsuz özellikler açığa çıkar?

Bir insanı "tanıyorum" diye birilerine tavsiye ettiğimizde, "O şahısla iş ilişkisi yaşadınız mı, yolculuk yaptınız mı?" diye sorulur. Yani her şeyin yolunda gittiği zamanlarda, insanların kalitesi, yapısı anlaşılmaz. Ne zaman ki farklı pozisyonlar oluşur, işte o zaman, insanların sabır, fedakârlık, anlayış, güvenilirlik veya benzeri özelliklerini kullanması gerekebilir. Bu durumda tercih ettikleri yaklaşıma göre değerlendirme yapılır. Yani muhtelif yer ve zamanlarda karşılaştığımız olaylara verdiğimiz tepki ve gösterdiğimiz tavır; turnusol kâğıdının renk vermesi gibi bizim yapımızı yansıtır.

Zengin olduğumuzda nasıl oluruz, neye benzeriz? Nasıl düşünür, nasıl davranırız? Hangi küçük dağları biz yarattık zannederiz ve kendimizi hangi dev aynalarında görürüz? Ve bu imkânların hiç gitmeyeceğine dair hangi güvence ile böyle tepeden bakar ve küçümseriz; bir zamanlar aynı tastan çorba içip de şimdi fakir kaldığı için küçümsediğimiz dostlarımızı? Taşıdığımız bir unvan da sahip olduğumuz bir makam da bizi hep aynı akıbete mi uğratır? Güzel isek çirkin bulduklarımıza, şöhretli isek normal yaşayanlara hangi psikoloji ile yaklaşırız? Aslında bu durum, bir kabın, içinde ne varsa dışına onu sızdırmasıdır. İşte, kalite ve sağlam bir karakter de böyle olaylar ile değişiklikler sayesinde test edilir; zihin kabının içinde ne olduğu ortaya çıkar.

Böylelikle birisi bizi üzdüğünde, sabrımız bittiğinde, öfkemiz kabardığında, her zamanki yüzümüz mü yoksa asıl içte olup da görünmeyen ve aynaların göstermediği yüzümüz mü ortaya çıkar? Özümüz neye ayarlı? Kaç derecelik duyarlılık ve erdem taşıyoruz ya da taşımıyoruz?

İhtiyaç sahibi birilerine bir şeyler vermemiz gerektiğinde, merhamet etmemiz beklendiğinde; biz bunu ne kadar gösteriyoruz? Haksızlıkla, yolsuzlukla yani haramla daha çok kazanma imkânı bulduğumuzda; biz hangi yolu tercih ediyoruz? Taşıdığımız direnç neyi nereye kadar yapmamıza müsaade eder? Kazandıran haramı mı, yoksa az kazandırsa ve zarara uğratsa bile helali mi tercih ettirir bize?

Makam ve mevkiimiz yükselince, eğer erkeksek çevremizde pervane olan hanımefendilere nasıl davranırız? Neleri değiştirir, neleri çoğaltırız ve hangi değerleri bizim yanlışlarımıza kılıf yapabilmek için eğip büker ya da esnetiriz? Azıcık ters düştüğümüz için aramızın açıldığı bir dostumuz; ortak dostlarımıza, vaktiyle paylaştığımız sırlarımızı anlatırsa ona bir daha nasıl güveniriz? Onunla mezara gitmesi gereken bilgiler sağda solda konuşulursa sadece ona değil, diğer "güvenirim" dediklerimize de inancımız sarsılmaz mı? Aramızın açılması, turnusol kâğıdı gibi onun yapısını ortaya çıkarmaya yaramıştır. Menfaat çatışması yaşayınca; kardeş, akraba ve dost demeden çıkarı neyi gerektiriyorsa öyle davranan insanlar, kendilerinin göstermedikleri faziletli ve izzetli çizgiyi başkalarında bekleyebilirler mi? Ve böyle davrananlar, kaç kişinin güvenini erozyona uğratırlar? Çalışanlarınızın sizin yanınızdayken yaptığı işle siz olmadığınız zamandaki iş yapış ve tutum sergileyiş şekli; onun davranışlarını hangi testten geçirir dersiniz?

Bu örnekleri çoğaltmak mümkün. Biliyoruz ki kaliteli olmak önemli fakat kaliteli kalabilmek daha önemli. Dürüst ve güvenilir olmak önemli ve fakat böyle kalabilmek daha önemli. Zannediyorum hayati soru şu; her halükârda testin olumlu çıkması nasıl sağlanmalı? Nasıl olmalı ve nasıl kalmalıyız? Sıvı cisimler gibi bulunduğu kabın şeklini alan esnek, kaypak, emniyetsiz bir yapı ve görüntü; testin menfi çıkmasına sebep olur. Geçici menfaatler uğruna ebedî avantajlardan fedakârlık etmek, ciddi bir akıl zaafı göstergesidir. Hiçbir çıkarın ray değiştirmemize sebep olmaması için hangi ilkelerle yaşayacağımız net olmalı. Aslında güçlü iradesiyle, güven veren söz ve fiilleriyle iyi örneklere ihtiyacımız var.

Bu niçin biz olmayalım? Namazla başı yıldızlara ulaşan, Kur'an'la semalarda dolaşan, kararlı ve bilinçli inanan tek bir mü'min bile (bir taşın göle atılmasıyla oluşan halkaların gölün kenarlarına kadar büyüyerek ulaşması gibi), bereket haleleri yayar ve onun testleri hep olumlu sonuçlanır.

"Alışkanlıklar kişinin kimlik kartı gibidir.", "Yapılanlar yapılacakların teminatıdır." ve "İnsanın iyisi zor zamanda belli olur." Bunlar gibi daha pek çok atasözü ve vecize, turnusol kâğıdı niteliğindeki ayraçları işaret eder. Kimse anlamasa, bilmese ve hatta engellese bile erdemli yaşamak; bütün test yöntemlerini iflas ettirir. Doğru düşünmek, doğru anlamak ve doğru yaşamak; toprağa yediveren güller ekmek gibidir. Yeter ki tohum toprağa düşsün, devamını Allah getirecektir.

Bilinçli bahçıvanlarımız bol, güllerimiz muhteşem ve testlerimiz olumlu olsun inşallah...

ÇİZİLEN KARİKATÜRLER YA DA KABIN İÇİNDEKİLER

Bir sistemi sistem yapan, yapıdaki ana bileşenlerdir. Ana bileşenlerin çözülmesi/dağılması, o yapıyı sistem olmaktan da çıkarır. Sistem olarak kalabilmek, asli unsurları muhafaza etmeye bağlıdır. Maslow'un ihtiyaçlar hiyerarşisine inancı da eklersek, bu, var olarak özgün ve özgür olmanın temelini atmak demektir.

Değer ve inançları, kişinin kendisi ve konumunu anlamlandırabilmesi için acil bir ihtiyaçtır. Değerlerini koruyamamış, inançlarını pratiğe aktaramamış olanlar, diğer kişilik yapısının özgün ve özgürlüğünü, sınırlarını ve anlamlarını belirleyecek bir mihenk taşından yoksun kalmışlar demektir. Bu, istikrarsızlık anlamına gelebilir. Çünkü ilkeler, prensipler, kriterler ve bizim yönümüzü gösteren niyet, kaynağını inanç ve değerlerden alır. İnsanın koruması gereken değerlerinin olması, pek çok şeyi anlamlı kılar ve hayatın hemen hemen her unsuruna tad ile mana katan bir etki yapar.

İnanç ve değerlerin insanın iç ve dış boyutuna yaptığı güçlü etki ve katkılar vardır. İçte güçlü bir istekle kök salmamış ve yüzeyden derinlere inememiş inançlar, insanı o inancın öngördüğü yaşama biçimine ve sonucuna götürmez. Oysa bilinçli bir tercihle hayata yansıyan inanç ışığı, aydınlatmadık alan bırakmaz. Kişinin dünya ve olaylarla ilgili algısı, bu inancın ışığıyla şekillenir.

Eğer zihin, hareket biçimini ve esneme sınırını inançlarıyla belirlemiyorsa ve sübjektif yaklaşımlarla, duruma göre hareket ediyorsa, o zaman bir kıstası, bir referans noktası da yok demektir. Bu durumda ölçü ve görüntüleri bazen hırs, bazen nefret, kin, bazen yanlış bilgi ve yanlış yorumlamalar belirler; kişinin gidişatını çok farklı alanlara doğru yönlendirebilir.

İfade ettikleri, kişinin zihninde ve gönlündekilerdir. Bunların güzel ya da çirkin olması, ne taşıdığına bağlıdır. Bir değere adanmayanlar, adanmanın ne demek olduğunu bilmedikleri gibi, nasıl davranacaklarını ve böyle bir yaşamın ne anlama geldiğini de bilmezler. Ruh sağlığı yerinde, normal bir insan, yüzeysel biçimde bir şeye inansa bile, başka bir insanın kutsalına saldırmaya haya eder. Haya ve edebi bazı alimler; "aklın sureti olarak" tanımlamışlar.

Birileri çıktı karikatür çizdi. "Bununla ne demek istedi şimdi?" diye düşündüğümde, Allah Rasulü'nün (s.a.v.) yaşadığı bir hadiseyi hatırladım hemen:

Kendisine gelerek; "Ey Muhammed, ne kadar çirkinsin!" diyen bir bedeviye "Haklısın" demiş. Yine bir başka zaman kendisine gelerek; "Ey Allah'ın Rasulü (s.a.v) ne kadar güzelsin!" diyene de "Haklısın" demiş. Bunun hikmeti sorulduğunda ise; "Ben onların aynasıyım, herkes bende kendisini gördü." demiş.

Allah Rasulü'nü tanımadığı halde, onun öğretisini bilmediği halde, Müslümanlardan bir zarar görmediği halde, o istisna insanı, sevgili peygamberimizi temsilen o resimleri çizebiliyorsa; o kişinin aynalara yansıyan suretini anlamak zor değil. O resim, çizenin iç dünyasının karanlıklarını bize yansıtıyor. Zihin dar kalıplarla düşünmeye alışınca, aydınlık ufukları görme şansı olmuyor. Güneşe örtü çekmeye çalışınca, elindeki perdenin sadece kendisini karanlıkta bıraktığını fark etmiyor. Kendileri kara gözlük taktığı için her şeyi kara gördüğünü fark etmiyor. Kendi içini yakıp kavuran zararlı düşüncelerin ucu, nereye dokunuyor fark etmiyor. Yanlış karikatür çizmekle saygısızlığının tescil edildiğini, bununla o imaja ve inanca zarar verme ihtimalinin bulunmadığını bilmiyor. Bu mantıkla kendisine ne kadar zarar verdiğini bilmiyor. Farkındalıkların tükendiği, inanç azığının olmadığı, doğru bilgi ışığından yoksun birisinin, karanlıkta el yordamıyla yaşamasının resmidir bu.

Aslında her hadise turnusol kağıdı işlevi görür; o hadisenin rengini ve kimyasını bize gösterir. Bir kap, içinde taşıdığının sırrını ifşa eder turnusol kağıdıyla. Biz de görmüş olduk ki bu karalamaları yapan, yakıcı bir zehir taşıyor kabında. Her kim ne taşıyorsa, onun fayda ve zararıyla ilk muhatap olandır. Bu inanç ve düşüncenin, başkalarından çok şahsın kendisine zararı vardır.

Yoğun üzüntü ve merhamet duygularıyla Rabbimden hidayet diliyorum. "Aşırı giden her şey, zıddına inkılap eder." diye bir söz vardır; aşırı uçtakiler her zaman karşı kutba gitmeye müsait bir zemindedir. Halit bin Velid (r.a) gibi, gelecekte İslam'ın hadimlerinden biri olmasını Yüce Rabbimden niyaz ediyorum.

Biliyoruz ki bazı şerlerden pek çok hayır çıkabilir. Yine biliyoruz ki Rabbimizin gücü her şeye yeter ve bu O'na zor değildir. İnşallah hidayet yağmurları, içindeki zehirinin akmasına ve gönül toprağında inancın filizlenmesine vesile olsun. Ve öyle bir çınara dönüşsün ki Hz. Ömer (r.a) gibi inananların kalkanı olsun.

Rasulullah'ın (s.a.v) yöntemi ile hidayetine (ona ve aynı kini taşıyanlara) dua edelim. İman ve akıl ile de şerlerinden muhafaza için tedbir alalım. Tek yürek gibi birleşen mümince hassasiyetler, gönüllerinde hayranlık ve şaşkınlık uyandırsın inşallah.

NİYETİNİZ DOĞRU, SONUÇ YANLIŞSA, İŞLEM HATASI VAR DEMEKTİR

Niyetiniz kartallar gibi uçmaksa, sürüngenlerle düşüp kalkmayın çünkü insan, arkadaşına benzemeye meyillidir.

- Niyet, elinizdeki malzeme ile çalışır.

- Niyet bozulunca sözler sancılanır.

- Niyetiniz bir kristale şekil vermekse, ona uygun hassas aletler ile çalışmalısınız, marangoz testeresi ile değil.

- Doğru bir niyetle başlanmayan hiçbir şey, sahibine hayır getirmez ve zararından da asla kurtulamaz.

- Göz ışığın yardımıyla görür, aradığını niyet buldurur.

- Niyet sıkıntılara göğüs gerdirir, acılara ve mahrumiyetlere sabrettirir.

- Niyetiniz doğru sonuç yanlışsa, işlem hatası var demektir.

- Bugün toplumda sorun kaynağı haline gelen evlâtları yetiştiren anne-babaların da niyeti iyiydi, peki ya sonuç?

- Niyet, yanlışa götüren eyleme engel olamıyorsa, bilgi açlığından ölüyor demektir.

- Niyet yol buldurur, yöntem sordurur, gayret ettirir, sonuç aldırır.

- Kişinin bütün hücreleri, niyetinin enerjisini taşır.

- Niyetiniz size rengini verir.

- Niyete doğru bilgi yol göstermezse, sadece niyet kişiyi selamete çıkarmaz.

- Niyetin iyi olması, sonucun iyi olmasına yetmez.

- Zihindekiler eyleme dökülürken şekil alır. O şekil niyete paralel değilse sonuç, üzüntüye sonuna kadar açılan bir kapı olabilir.

- Akıl, uygulamanın metodunu-usulünü sorgulayarak niyete yardımcı olursa; "NİYET HAYR, AKİBET HAYR" olur.

- Gözler, sözler, eller, ayaklar jestler, mimikler, beden dili ve enerjisi birer enstrüman; akıl orkestra şefi; niyet ise bestedir. Hepsinin önünde aynı beste vardır ve bütün enstrümanlar onu seslendirir.

- Bakışlarınızı o tarafa ya da bu tarafa yönelten niyettir.

- Harfleri hece, heceleri kelime ve kelimeleri cümle yaparken organize gücü ve şekli niyetten kaynaklanır. Niyetiniz sözlerinizi çiçek buketine ya da dikene çevirir.

- Niyet gözlüğü ile bakar ve okuruz.

- Aslolan; Rabbimizin "oku" emriyle olayları, durumları, insanları, kendimizi, tabiatı, börtü böceği, sırf "O"nun rızası için okumak, sonra da alınan derse hikmeti de katarak hayatı dokumaktır.

- Niyet önümüzdekileri gösterir ya da gözden kaçırmamıza sebep olur.

- Niyet yol buldurur, yol bildirir, yolda oldurur, durdurur ya da yürütür; güldürür yahut ağlatır.

- Niyet iz yapar gönlümüzde de yolumuzda da.

- Niyet elimizden tutar nefsin karanlık denizlerinde ve bilgi meşalesi de önümüzü aydınlatır.

- Bozuk iletişim yolunda zikzaklar çiziyorsa ayaklarımız, niyet arabamız bizi, iman+bilgi= sabır tamir bakım servisine götürebilmeli.

- Niyetine güvenerek yola çıkıp da metotsuzluğun karanlığında kaybolanlar, doğru bilgi ile yollarını aydınlatmadıkça, kendilerini güvende hissedemezler.

- Niyetini bilgi ile desteklemediği için, niyeti iyi bir evlat yetiştirmek olduğu halde, çocuğuna yaptığı yanlışlarla niyetini gölgede bırakanlar, hatalarının rüzgârı ile pişmanlık vadisine savrulurlar. Buna rağmen sonuçtan hâlâ karşısındakileri sorumlu tutmaya devam edenler ise o vadiden hiç çıkamayacaklar demektir.

ALTINCI BÖLÜM

GÖNÜLDEN SÖZE DÖKÜLENLER YAHUT SÖZÜN ÖZÜ

TESPİT OLTAMA TAKILIP AKIL SEPETİME DÜŞENLER

Hastalıklar ilaç sevmez fakat
ilaç almazsanız, "yanlış alışkanlıklar hastalığı"
kendini size sevdirir.

Pişmanlıklarından mazeret harcı ile güvenlik duvarı örenler,

Yollarını köşe başındaki oklara göre ayarlayıp gidecekleri yere bir türlü varamayanlar,

Her söze kulak verip, fikir karmaşasıyla kilitlenme yaşayanlar,

Başkalarının istediği gibi olmaktan kendi benlik semtine henüz adım atamayanlar,

Doğru olanın kendi bildiği olduğunu sanıp, zikzak yapa yapa yaşam bohçasını yırtanlar,

Sorgularıyla oluşturdukları yanlış yargılarını, doğru soru boyasına daldırıp yeni bir renk ve ahenk oluşturamayanlar,

Olumlu iz bırakayım derken, başkasının bıraktığı izi bile karıştırıp sadece insanların yollarını ve kafaları karıştırarak karmaşa oluşturanlar,

Oturduğu yerden, en önemli işinin konuşmak ve eksikleri-yanlışları bulmak olduğunu sanarak tenkit ede ede çevresindekileri bir şey yapamaz duruma getirenler,

Evlatlarını güvensizliğe ve cesaretsizliğe sürükleyen tenkit ve aşağılama keseri ile sürekli yontanlar,

Karşındakinde bir eksiklik görünce hemen sözleri kaydırak yapıp onunla muhatabının güvenlik alanına girerek, haklı görünmek istemenin ses yüksekliğiyle ortalığı talan edenler,

Her olayda ve durumda kendine bakmayı unutup hep karşısındakini gören ve bundan dolayı da iyi iş yaptığını sanıp, arınmamış lekeli bir yüzle toplum içinde salınanlar,

Akıllı olmanın para kazanmak ve rahat yaşamakla eş değer olduğunu sanarak, paranın delik deşik ettiği bedeninden değerlerin akıp gittiğini ve içinin boşaldığını fark edemeyenler,

Kendini okumayı bilmeyenin, başkasını okusa bile kara cahil sayıldığını bilmeyenler,

Gözdeki ışığı, yüzdeki hüznü, gözyaşındaki çaresizliği göremeyenin, gönül gözünün kapalı olduğunu bilmeyenler,

"Ben öyle demek istememiştim, öyle anladıysan o senin sorunun!" diyenlerin, anlaşılır olamamanın iletişim kapısına vurulmuş koskoca bir kilit olduğunu ve aslında bizatihi kendisinin sorunu olduğunu bilmeyenler,

Duayı sadece sonuçlar için yapıp sebep oluşturma kayığını kullanmadığından niçin sahile hâlâ varamadığını düşünüp duranlar,

Bahçıvanın yeni dikilmiş fidelerini sulamak için bilek kalınlığındaki tazyikli suyu fidelerin köküne tutup, hepsinin can damarlarını açığa çıkarıp hayattan kopmalarına sebebiyet vermesiyle, aslında hiç sulamaması arasında fark olmadığını bilmeyenler,

Ve bu kuralı çocuklarına da uygulayarak onlara nasıl bir sıkıntı takdim ettiklerinin farkında olmayanlar,

Doğru cevap dairesine, doğru soru merdivenini kullanarak ulaşabileceğini bilmeyenler,

Toprağın her tohumu artırarak büyüttüğünü unutup, sürekli olumsuzluk tohumu ekerek diken ve yabani ot büyütüp sonrada bunlar nerden çıktı diye şaşırıp kalanlar,

Eline diken batacak diye ömür boyu gül bahçesine uğramayanların asla gül tutamayacaklarını ve onun güzelliği ile kokusundan faydalanamayacağını bilmeyenler,

Ve gül ekmeden gül bitmeyeceğini bilmeyenler,

Asık suratlı olmakla ciddi olmanın aynı şey olduğunu zannedip sürekli etrafına negatif elektrik yayarak kendisini ve çevresindeki herkesi karanlık içinde bırakanlar,

Baba olmanın bir eve girip çıkmak ve para kazanmaktan ibaret olduğunu sanıp eşine ve çocuklarına bir tebessümü, bir tatlı sözü çok görerek, duygu ve paylaşım fakirliğinden ve sevgi açlığından ölmek üzere olduğunun farkında olmayanlar,

Karşısındakine; "Sen de kimsin?" dediğinde aslında kendisinin kim olduğunu henüz anlayamamış olduğunu bilmeyenler,

Aşağılamanın, kendisini değersiz görmekten kaynaklandığını bilmeden, yücelmenin yükselmek olduğunu zannedip boyuna merdiven çıkan, sonra, yükseklerde üşütüp hasta olan ve hala bunun kendisindeki eksiklikler sonucu olduğunu bilmeyenler,

Yüzmeyi öğrenmeden denize atlayıp sonra da niye su üstünde kalmadığını düşünenle, hayat denizinde nasıl yüzeceğini öğrenmeden hayata atılarak insanlar arasındaki bağları parça parça edip ondan sonra da niye bu kadar kopuk ve yalnız kaldığını anlayamayanlar arasında bir fark olmadığını bilmeyenler,

Eşleri ve çocukları olduğu halde sevgi köprüsü kurup onların gönül şehrine varamadıkları için hep ayrı, yalnız, yarım ve mahzun kalmalarının sebebini bir türlü bulamayanlar.

Kendi içini aydınlatmadan başkalarını aydınlatamayacağını bilmeyenler,

Her doğru bilginin insanı aydınlattığını, bilgilenme süreci kesintiye uğradığında insanın karanlıkta kalmış gibi olduğunu, yürümekte, iş görmekte ve yaşamakta zorlanacağının farkında olmayanlar,

Zihnine kaydettiği her bilginin, yani taşıdıklarının kendisini taşıdığının farkında olmayanlar ve gördüklerine, yaşadıklarına dikkat etmeden sadece sonuçlara kızarak kısır döngü içerisinde sıkışıp kalanlar,

Daha iyi olamamanın sebebini hep şartlarda ve başkalarında arayarak, daha iyi olmaktan fersah fersah uzaklaştığının farkında olmayanlar,

Kendi elleriyle zihnini geçmişe kilitlediğinde, ayaklarının geleceğe adım atamayacağını bilemeden kilit üstüne kilit vuranlar,

En önemli işlerinin ders vermek, haddini bildirmek yani savunma kılıcıyla herkese saldırmak olduğunu zannedip bir türlü ders almaya ve öğrenmeye sıra getiremeyenler,

Nereye gitmesi gerektiğini açık seçik gözünün önünde tutup da, attığı her adımı seçtiği tarafa doğru yönlendirmek yerine, herkesin yönlendirmesiyle yön değiştirerek bir türlü amacına ulaşamayanlar,

Düşünme ve aklını kullanma aracına binerek, gitmesi gereken her tarafa çok rahatça gidebileceği öğretilmediği için, araçsız kalıp dağ bayır yürüyerek taban patlatanlar ve bunun değişebileceğinin farkında olmayanlar,

Nasıl olması gerektiğinin bilgisi elinde olmadığı için nasıl olduğunun bilincinde olamayanlar ve teşhis edemedikleri durumlarına çare üretemeyenler,

Beyninin çalışma yöntemini bilmemekle, elindeki son model arabasının nasıl çalıştığını bilmemek arasında fark olmadığını bilmeyenler...

Bunlar, sürekli yaptığımız için alıştığımız alışkanlıklarımız olabilir. Onlara gülen bir maske takıp, bizi rahatlatan gerçek yüzleriymiş gibi algılamaya alışmış da olabiliriz. Maskeyi kaldırınca göreceklerimizin, bize bazı gayretler, fedakârlıklar, mahrumiyetler yükleyeceğini, rahatımızın bozulacağını ve alışkanlıklar zincirimizi kırmanın pek o kadar da kolay olmayacağını tahmin ediyor ya da biliyor olabiliriz. Bu durumda ya gittikçe ilerleyen yanlış alışkanlıklar hastalığından, "benim dışımda herkes suçlu" diyerek iyileşmeye niyetimizin olmadığını açıklamış oluruz ya da deriz ki: "DAHA İYİ OLMAMANIN MAZERETİ YOK."

Bu anlayış bizi duaya ve gayrete sevk eder. Sonra da; "Ya Rabbi doğruları görmeyi, sevmeyi ve onları hayatımıza katarak yolumuzu yordamımızı doğrultmayı nasip et!" deriz. "Ya Rabbi bana neye mal olursa olsun yalnızca doğruları tercih etme basireti, iradesi, sabrı ve başarısı nasip et!" diye yalvarırız. O zaman da doğru düşünme ve yaşama biçimiyle insanların iç ve dış dengelerini koruyacak bir donanımla onu yaratan Rabbimizin nimeti bize ulaşır ve doğru ile yanlışı ayırt edebilecek hassas bir teraziye sahip oluruz. Terazi dengeniz hiç bozulmasın.

Tespitlerin tespit edildiği ve seçicicilik algısı oltasına takılması temennisiyle...

DİLE MALZEMEYİ AKIL VERİR, AKILA MALZEMEYİ BİLGİ VERİR

Okulu bitince okuması da biten,

Gazete sayfalarına bir göz atmayı, televizyonlardaki magazin ağırlıklı haberleri dinlemeyi kültürlü olmak ve bilgilenmek zanneden,

Kaba güçle sözünü dinletmeyi başarı sayan,

Susturduğu insanların (çocuğu ya da eşi) içinde biriken olumsuz duygu ve tepkilerin, barajı deviren su birikintisi gibi, hem içte hem de dışta yıkıma sebep olabileceğinden habersiz olan,

"Seni seviyorum" diye dil ucuyla söylediği sözün, davranışlarıyla da "değerlisin" mesajını vermezse, insanların bunu sevgi diye algılamadıklarını bilmeyen,

Başarıyı "teknik yönde ilerleme, para kazanma, ev ocak sahibi olmak" diye anlayarak, içini sevgi ve ilgi ışığının aydınlatmadığı evlerde zifiri karanlıktan, kimsenin gözünün kimseyi görmediği ortamlarda yetişen ve bu karanlığın sebebini salt maddi parıltılarda arayan,

Bilgisiz yaşamanın hayatı el yordamıyla yaşama olduğunu bilmeyen insanlara, iki çift sözümüz var.

Başarı; önce kişinin kendi içinde uyum ve dengeyi yakalamasıyla başlar.

Başarı, bugün de hayatta olmakla başlayıp nefes alıp yaşayabilmek, düşünebilmek, iyi niyet taşıyabilmek, hayır ve doğruluk üzere yaşayabilmek, hayatı ve güzellikleri paylaşabilmek olarak devam eden bir sebep ve sonuçlar zinciri üretir.

Başarı; sevdiklerine, "seni seviyorum" diyebilmek, onlardaki iyilik ve güzellikleri görebilmek, bunları iftiharla söyleyebilmek, her iyi ve doğru yaşayan insanı bir değer olarak görüp mutlu olabilmektir.

Başarı; helâl olarak sahip olduğu bir dilim ekmeği, iki zeytini ve bir tas suyuyla karnını doyurup, "Çok şükür ya Rabbi, olmayanlara da ver!" diyebilmek, daha iyisi için şükür ve ümitle kesintisiz çalışmaktır.

Başarı; eşinin ve çocuklarının sağlık ve mutluluklarını birinci sıraya alıp ailede önce bunları tesis etmeyi sağlamaktır.

Ailede inancımız çerçevesinde, sorumluluklarımızın iyi yapılması, Allah katındaki hesabımızı azaltır. Bunun için inancımızın sınırları ve yaptırım gücünü daima aktif tutmalıyız.

Ailede sık sık duygu yoklaması, ihtiyaçların tespiti katkı plânları ve sevgi dolumu yapılmalı. Yanlışların tahribatının birikmemesi için olumsuz duyguların ifadesine fırsat tanınmalı.

Başarı; her ferdin ŞARTSIZ sevilmesidir. Her fert özeldir ve güzeldir; aile bireylerine bu gözle bakmayı bilmemiz gerekir. İyilikleri görürsek, iyilikler; olumsuzlukları görürsek de olumsuzluklar çoğalır.

Aileyi; insanın mutlulukla dolduğu, her türlü sıkıntısının paylaşım iksiriyle eridiği, dayanışmanın, paylaşmanın ve kenetlenebilmenin adresi olarak hayata geçirebilmek, başarıdır.

Başarı; yatırımlarımızın yata, kata, arabaya paraya bağlanıp aile fertlerinin hep aynı uyarıcılarla kısır döngü içerisinde, kendini geliştirmeden tekdüze yaşadığı, giydiği, yediği, içtiği ve yaşadığı bir anlayıştan, kendini ve etrafındakileri sıyırarak eşyaya olması gereken değerin olması gereken oranda verildiği, ailede her bireyin zihinlerinin mamur edildiği, insanın gelişim sürecidir.

Başarı; birbirini kaybetmeden kıymetini bilmektir. Sevgiyi, saygıyı, merhameti tüketmeden üretebilmektir.

Başarı; ailedeki bireylerin tek tek kendilerini değerli ve başarılı hissetmelerini sağlayabilmek, aile ortamındaki herkesin pozitif enerji depolayabilmesidir. İnsanlar bu ortamda aşağılık kompleksine kapılmadan ve insanları küçümsemeden kendi değerlerini de bilirler, özgüven kazanırlar.

Başarı; düşse bile kalkabileceğini bilmek, çocukları ve eşine de bu anlayışı aşılayabilmektir.

Başarı; helâl rızıkla doymak, çalışkan olmak, insana değer vermek, doğru davrandığı için huzurun rahatlatıcı ritmiyle yüreklerin çarpmasıdır.

Kısaca başarı; insan olabilmek ve insan kalabilmek için ömür boyu mücadele edebilmeyi göze almaktır.

SÖZÜN ÖZÜ

İyi söz yaklaştırır, kötü söz uzaklaştırır.

İyi söz iyi yapar, kötü söz kötü yapar.

Takdir üretir, tenkit tüketir.

İnsan sevmediği bir şeyi içten gelerek yaşayamaz.

Yanlış bir davranıştan doğru bir sonuç çıkmaz.

Söylenilen şeyin insanın davranışlarında görülmesi en güçlü öğretme biçimidir.

Bir insana bir davranışı kazandırmak istiyorsanız, önce onun gönlünü kazanın.

Önce gönülde sevgi, sonra zihinde bilgi, daha sonra davranışlarımızda örnek oluş ve son olarak da doğru örneklerle karşılaştırmak; bir inancı benimsetmenin aşamalarıdır.

Sevmeden ve sevdirmeden yapılan işten istenilen sonuç alınamaz.

Din eğitiminde kaba söz ve zorlama dinden soğutur.

Sevgiyle verilmeyen hiçbir şey gönülde yer etmez.

Ramazanda coşkuyla yaşanan iftar ve sahur, çocukların zihinlerine çok güçlü bir şekilde kaydedilir.

Camiye gitmek, insan ruhunu sakinleştirir. Kişinin kendisini hafiflemiş ve huzurlu hissetmesini sağlar. Anne ve baba ile birlikte camiye giden çocuk, bunu zihnine bir bütün olarak kaydeder ve zorlandığı durumlarda bu kayıtlar adeta çocuğa pusula görevi görür.

Manevi feyzin yoğun olduğu üç aylarda, Kur'an-ı Kerim ve hadis-i şeriflerle bilinçli bir ilgi, kurulan gönül bağının güçlü olmasını sağlar.

Allah'ı seven bir çocuk, Allah'ın emirlerini de sever.

İnsanın, bilhassa çocukların kalbi, dini sevmeye ve yaşamaya müsait bir formatta yaratılmıştır. Onu bozup karartmadıkça, her türlü doğru mesaj, münbit bir toprağa ekilen tohum gibi kabul görüp yeşerir.

Din hayattır. Dini doğru anlamak, yaşamak ve anlatmak her Müslümanın boynunun borcudur.

Din, girdiği gönlü mamur eder. Dinden uzak bir gönlün atmosferi kararır ve dengeler alt üst olur.

İnsana saygı duymak, hayata saygı duymaktır. İnsana saygı duyan ölçülü konuşur.

Dinlemesini bilmeyen, sadece kendisini dinler ve karşısındakini anlayamaz.

Güzellik aramasını bilmeyenler, sürekli hataları ve yanlışları arar.

İnsanı asıl savuran şey yanlış yapması değil, doğruyu aramamasıdır.

İnsan, zihnine doğruları arama komutunu vermezse, doğruları göremez, her gördüğünü de doğru zanneder.

Zihninde kendisini Allah'a yaklaştırma derdi olmayanlar, başkalarıyla uğraşırlar. Kendini değil, hep karşısındakileri görürler.

İyi olmaya çalışmayanlar, kendilerini kötülüğe giderken bulurlar.

İyilik önce niyeti doğrultmakla başlar ve herkes hakkında hüsnü zan etmekle devam eder.

Karşılıksız iyilik yapmak, insanı besler ve moral olarak güçlendirir.

Çocuklar, söylediklerimizden çok halimizi örnek alırlar.

Çocuğu dünyaya getirmek değil, ona insan olmayı öğretmek marifettir.

Kötü sözler yıkıcı, iyi sözler yapıcıdır. Etrafındakilere sürekli bağıran ve azarlayanlar, gönül kırdıklarının farkında olmalılar.

Her hanımefendi, evini cennete çevirecek bir yeteneğe, her beyefendi de yeterli ve tutarlı olabilecek bir donanıma sahip olarak doğar.

Sahip olmak önemli, fakat onları ortaya çıkarıp hayata geçirmek daha önemli.

Zamanının çoğunu dışarıda geçirip evinde sadece televizyon izleyenler, evdeki sorumluluklarını unutmuş gibidir.

Kendisine düşeni yapmayı ihmal edenler, Azrail'le karşılaşmadan düzelmezlerse, pişman olup geri dönme zamanı bulamazlar.

Kendi kendine; "Ben iyiyim" demek önemli değil... Senin iyi olduğunu eşin ve çocukların da onaylarsa sen gerçekten "iyisin" demektir.

Korkutarak iletişim kuranlar, daha iyisini bilmedikleri için bu yöntemi kullanırlar.

Her kötü söz, sevginin köküne balta vurmak gibidir, giderek ilişkiyi koparır.

Kötü söz kötü yapar, iyi söz iyi yapar.

Kötü söz eğriltir, iyi söz doğrultur.

Kötü söz soldurur, iyi söz oldurur.

Kötü söz uzaklaştırır, iyi söz yaklaştırır.

Kötü söz karartır, iyi söz ağartır.

Kötü söz kapatır, iyi söz açar.

Kötü söz düşürür, iyi söz ayağa kaldırır.

Kötü söz tüketir, iyi söz üretir.

Kötü söz gönül kırar, iyi söz gönül yapar.

Kötü söz yara açar, iyi söz yara sarar.

Kötü söz ağlatır, iyi söz güldürür.

Kötü söz soğutur, iyi söz ısındırır.

Kötü söz istek söndürür, iyi söz istek oluşturur.

Kötü söz küçültür, iyi söz büyütür.

Kötü söz aşağılar, iyi söz değer katar.

Kötü söz kirletir, iyi söz temizler.

Kötü söz negatif kayıt yapar, iyi söz pozitif kayıt yapar.

Kötü söz kötümser yapar, iyi söz iyimser yapar.

Kötü söz şaşırtır, iyi söz sakinleştirir.

Kötü söz denge bozar, iyi söz denge kurar.

Kötü söz bildiğini bile unutturur, iyi söz unuttuğunu bile hatırlatır.

Kötü söz gönül kırar, iyi söz gönül yapar.

Kötü söz gönül bağlarını koparır, iyi söz gönül bağlarını güçlendirir.

Kötü söz savurur, iyi söz tutar korur.

Kötü söz çaresiz bırakır, iyi söz çare buldurur.

Kötü söz dibe iter, iyi söz yukarı çeker.

Kötü söz öfkeyi ve nefreti tetikler, iyi söz sevgiyi ve bağlılığı artırır.

Kötü söz olumsuz yönleri ortaya çıkarır, iyi söz olumlu yönleri ortaya çıkarır.

Kötü söz dışarıya iter, iyi söz içeriye çeker.

Kötü söz başlayacak olanı vazgeçirtir, iyi söz vazgeçmiş olanı başlatır.

Kötü söz o mekânı durulmaz yapar, iyi söz o mekânı huzurlu yapar.

Kötü söz, sözün sahibiyle arasını açar; iyi söz, sözün sahibiyle arasını düzeltir.

Kötü söz üretimi baltalar, iyi söz üretimi artırır.

Kötü söz nefret kapısını açar, iyi söz sevgi kapısını açar.

Kötü söz organizmayı bile bozar, iyi söz bozulmuş organizmayı bile düzeltir.

Kötü söz hasta yapar, iyi söz iyileştirir.

Kötü söz dünyayı dar eder, iyi söz daracık yeri cennet eder.

Kötü söz sahibini aşağılar, iyi söz sahibini yüceltir.

Kötü söz onur kırar, iyi söz onurlandırır.

Değerli Okurumuz,

İş dünyası, kişisel gelişim, yönetim, başarı-motivasyon, üretim, pazarlama, insan kaynakları, eğitim, edebiyat, tarih, maneviyat, sağlık ve çocuk konularıyla ilgili yayınlarımızı:

- Size en yakın kitapçınızdan, www.hayatyayinlari.com adresimizde satış noktaları bölümündeki kitabevlerinden alabilirsiniz.
- 0212 613 11 00 - 0530 290 99 78 nolu telefondan sipariş edebilirsiniz.

Yayınlarımızla ilgili görüş ve düşüncelerinizi

twitter.com/hayatyayinlari veya

facebook.com/hayatyayinlari adresimize iletmeniz bizlere ışık tutacaktır.

Kitap ihtiyaçlarınızı Hayat Yayın Grubu ile temin edebilir, varsa kitap çalışmalarınız bizimle paylaşarak hayata katabilirsiniz.

İlginize teşekkür ederiz.

Saygılarımızla,

Hayat Yayınları